비건을 경영하다

소비자, 생산자, 투자자가 스마트하게
살기 위해 알아야 할 현장의 메시지

식문화 혁신은 바로 오늘 식단부터!
인생 10만 끼의 비밀,
당신의 남은 식사 수는 얼마이며
그 식단은 무엇인가요?

비건을
경영하다

조은희 지음

매일경제신문사

추천사

조은희 대표의 《비건을 경영하다》를 접하며 새삼 '사람들이 가진 식견과 능력이 사람에 따라 남다를 수 있구나' 하는 사실이 새롭게 다가왔다. 조대표와 함께 대학 시절을 같이 보냈음에도 불구하고 신변잡기와 놀이 이외의 진지한 고민을 이꼐한 기억이 별로 없어서인지 비건이라는 다소 생소한 영역의 이야기를 이처럼 재미있고 다채롭게 풀어내는 재주를 확인하는 재미가 꽤나 쏠쏠했다. 조대표는 그간 오랜 시간을 해외 금융계에서 보냈고, 국내에서 유학원을 운영했으며 '오픈박스' 프로젝트를 수행하면서 제품 생산과 비즈니스 모델의 런칭 경험을 통해 소통의 역량을 키워온 덕분인지 식품시장의 특성, 숙제, 그리고 비전까지를 새로운 대체식품의 관점에서 유쾌하게 풀어내고 있어 여러분들이 편하게 일독할 수 있을 것으로 기대한다.

최근 2년 넘는 시간 동안 우리 모두를 괴롭힌 코로나19 감염병도 사실은 환경의 변화에서 비롯된 재앙으로 이해하는 전문가들이 적지 않다. 환경에 대한 인류의 파괴와 공격은 기후변화뿐만 아니라 인간 생활의 모든 영역에 지대한 영향을 미치고 있는데, 우리가 먹고사는 문제도 예외가 될 수는 없다. 《비건을 경영하다》에서는 식량을 생산하는 데 소모되는 자원에 대한 다양한 예시와 재미있는 분석을 통해 왜 육식 위주의 식단을 대체 또는 대용식품을 통해 해결해야 하는지를 보여주고 있다. 이는 단순히 개인의 취향이나 건강에 대한 문제를 넘어 대체(대용)식품에 대한 도전과 연구가 인간 스스로 삶의 환경을 지켜내는 데 얼마나 큰 역할을 할 수 있는지를 설명하고 있다. 지난 2년여 식품의약품안전처에서 일하면서 미래 식품산업의 발전방향과 새로운 푸드테크의 개발에 대한 많은 전문가를 만나 보았다. 이분들의 숙제는 좀 더 환경 친화적이면서도 건강에 긍정적 영향을 미치는 식품의 개발, 더군다나 이러한 새로운 식품이 우리의 미각을 충족시켜야 한다는 실로 달성하기 어려운 목표를 추구하고 있다. 우리의 미래가 보다 안락하고 안전하면서도 행복하기 위한 여러 조건들이 충족되어야 하겠지만, 먹고사는 문제가 환경을 지키고 건강을 유지할 수 있는 방향으로 해결되는 것이 최우선 과제의 하나가 되어야 한다고 믿고 있다.

비건이든 또는 대체식품이든 (아직 용어에 대한 논의가 좀 더 필요한 부분이란 점을 인정할 수밖에 없지만) 어떤 이름으로 불리더라도 미래의 새로운 기술은 건강하고 지속 가능하면서 맛도 있는 마법과 같은 식품을 우리 식탁에 올려야 한다. 그러기 위해서는 더 많은 이들이 대체(대용)식품을 향한 도전과 환경 친화적인 식품의 소비문화에 대해 이해하고 지지하는 것이 절대적으로 필요한 시점이다. 심지어 감염병마저도 식품생산의 영향이란 사슬에서 벗어날 수 없다는 점을 떠올린다면, 이러한 주제에 대해 보다 많은 이들이 이해하고 이러한 노력을 지지하는 것이 얼마나 중요한지 새삼 강조할 필요는 없다고 생각한다. 오늘은 명칭조차도 통일되어 있지 않지만, 미래를 향한 도전이 우리의 식생활과 식탁에서부터 생각의 변화로 출발해야 한다고 믿는 나는, 조대표의 재미있고 의미있는 먹을 거리에 대한 남다른 지식과 새로운 시각으로의 초대에 많은 이들이 응하길 기대해본다.

김강립
연세대학교 보건대학원 특임교수
前 보건복지부 차관
前 식품의약품안전처장

들어가며

'가짜 고기', 혁명은 시작되었다

"비건 버거, 아직도 안 먹어봤어? 셀럽들이 먹는 건데."

"뭔지는 잘 모르지만 먹어봐야지, 유행에 뒤질 순 없으니까."

"콩으로 만들었다는데, 고기처럼 핏물이 흘러! 맛도 좋은걸!"

"환경이나 건강에 좋다고 해서 먹으려는데, 고기랑 비교해 비싸."

"매출을 높이려고 비건 고기의 맛과 질감을 진짜 고기처럼 만들었죠. 회사로서는 최선을 다했지만 정작 구매자인 소비자가 비건에 관한 잘못된 인식을 갖고 있어 이를 어떻게 바꾸어야 할지 모르겠어요."

"정부는 일찍이 2020년대 집중 육성할 유망식품에 비건식품을 포함하고, 관련 정책 및 적극적인 지원책을 마련했어요. 다만 소비자에게 어떻게 홍보해야 할지 난감한 상황입니다."

"투자 시장이 ESG 바람으로 술렁거리기는 한데, 정말 비건 아이템이라면 수익보장이 확실한가요?"

언젠가부터 '비건'을 말하고 있습니다. 소비자, 생산자, 투자자, 정부 … 결국 모두가 말입니다. 그런데 '비건'이 무엇이죠? 그리고 어떤 의미를 지닌 시장인가요? 홀연히 식품시장의 핫 키워드로 등장했지만 그 개념에 대해 불분명하게 인식하고 계신 분들이 많은 것이 사실입니다. 그래서 개념부터 정확히 짚고 넘어가보겠습니다.

'비건(Vegan)'이라는 용어는 식물성 섭취를 지향하는 베지테리언(Vegetarian)에서 파생되었습니다. 베지테리언 유형 중에서 동물성 섭취를 가장 엄격하게 배제하는 이들을 '비건'이라 하죠. 지금껏 식품 산업계와 언론매체들은 이 '비건'의 개념을 빌려와 새로운 단백질 시장을 통칭했습니다. 그래서 사람과 시장이 동일시되는 오류가 생겼고 용어에 혼동이 있었지요. 새로운 단백질 시장이 식물을 기반으로 시작한 것도 용어 혼동의 큰 원인이었고요. 그런데 새롭게 대두된 단백질 시장은 기존의 베지테리언 식단 시장을 넘어섰어요. 바야흐로 100억 인구를 바라보는 미래 식량의 핵심 솔루션으로 각광받고 있습니다. 실제로 이 새로운 단백질 시장은 그 기대에 맞게끔 대단위 규모의 생산을 요구받고 있고요. 그래서 이 시장은 과학 기술과 접목해, 식물기반 외에 발효기반, 세포기반, 곤충기반 등의 다양한 토대 위에서 발전하고 있어요. 양상은 다르지만 모두 기후위기에 맞서는 식품 산업계의 대응이자, 기존의 동물성 단백질 식품을 대안하려는 목표를 공유하고 있습니다. 새로운 단백질 시장이 전 세계적으로 '비건' 시장이 아니라 '대용 단백질(Alternative Protein)' 시장으로 명명되고 있는 이유도 여기서 연유합니다. 단지 비건이냐 아니냐의 문제를 넘어선다는 말입니다. 그런데 아직까지는 독자들에게 어색한 용어입니다. 따라서 이 책에서는 '비건'으로 제목을 달고, 내용에서는 '대용 단백질'이라는 용어를 사용합니다. 의미적으로 맞기는 합니다만 괜한 오해를 살 수 있는 '가짜 고기'라는 용어는 가급적 피했고요.

비거너도 아닌 필자가 '대용 단백질'을 주제로 책을 쓴 것은 앞으로의 시장 변화에 주목해서입니다. 비거니즘을 추앙하거나 독려하고자 하는 것이 아닙니다. 그저 지금의 전 지구적 위기에 맞서 다음 세대를 염려하며, 그들에게 기대를 거는 지성인이라면 '대용 단백질' 시장에 관심을 가져야 함을 역설합니다. 비즈니스 프로듀서인 필자 역시 일찍이 '대용 단백질' 시장이 미래 먹거리를 주도해야 한다는 소신을 지닌 바, 2015년부터 글로벌 '대용 단백질 시장'을 꾸준히 관찰하고 분석해왔습니다. 물론 하루가 다르게 발전을 거듭하는 시장을 이해하는 일이 쉽지만은 않았지요. 매일 아침이면 새로운 브랜드나 제품이 런칭하는 뉴스에 마음이 설렜습니다. 한편으로는 소리 소문 없이 사라진 업체들을 지켜보는 아쉬움은 묻어야 했고요. 돌이켜 보면 급속한 성장세를 보인 후, 지금 이 시장은 부풀 만큼 부푼 것 같습니다. 혹시 시장이 과대 평가된 것은 아닌지, 버블은 아닌가 싶을 정도죠. 이런 시장 상황을 마주한 일반 소비자, 스타트업, 식품 기업, 투자자들은 여기저기서 왈가왈부, 갑론을박, 결국에는 자기주장만을 쏟아내고 있습니다.

이 책이 태어난 배경이 여기에 있습니다. 하루 3끼, 일 년이면 1,100번을 마주하는 식단에서, '대용 단백질' 시장과 관련된 정확한 정보 및 통합적인 사실을 찾기가 어려웠습니다. 기후위기의 솔루션으로 등장한 새로운 먹거리임에도 불구하고 말입니다. 그래서 지금이야말로 '대용 단백질' 시장을 제대로 진단할 필요가 있다는 판단을 했습니다. '비건 시장은 대체 언제 어디서 시작된 것일까? 그리고 지금 어디에 있고 어디로 가고 있을까? 그 끝은 무엇일까?'를 말입니다. 결론적으로 이 책은 그 해답을 찾기 위한 미래 먹거리 이야기라 할 수 있습니다.

주지하다시피 인류 먹거리의 근원지는 지구입니다. 그래서 이 책 역시 많은 지면에 지구 이야기가 자주 등장합니다. 만약 우리의 식문화가 현재의 상태를 유지하는 탓에 지구 환경이 오염되면 인간이 먹는 먹거리 역시 질적으로나 양적으로나 문제를 겪게 될 것이 자명하지요. 이는 환언하면 우리 식단을 바꿈으로써 지구 환경을 변화시킬 수 있다는 의미이기도 하고요. 그래서 필자 역시 미래식량을 책임지는 일원이 되겠다는 마음가짐으로, 비건 스타트업을 비롯해 투자자, 생산자, 소비자 등 시장 주체들을 위해 필요한 가이드가 되고자 필드를 뛰어다녔습니다. 그렇게 열심히 국내외 여러 비건 비즈니스 프로젝트를 진행하는 과정에서 얻은 경험 및 지혜의 소산이 바로 본 서입니다. 이 책은 총 4개의 장으로 구성되어 있습니다.

1장은 비건 시장이 주목받게 된 배경에 대해 이야기합니다. 비건 시장의 성장은 그야말로 폭발적이었습니다. 유관 업체 수만 해도 2020년 이래 3년 만에 2,000여 개로 증가했을 정도로요. 과거 세상을 떠들썩하게 했던 2000년도 IT 버블 때보다도 더 큰 성장세입니다. 당시 미국 기준, 1996년 677개, 1997년 474개, 1998년 281개, 1999년 476개, 2000년 380개로 총 2,000여 개의 IT 기업이 탄생한 것과 비교해도 그 성장 속도가 대단히 빠름을 알 수 있지요. 여기에는 분명한 이유가 있습니다. 그래서 먼저 비건 시장의 등장 배경부터 짚고 갑니다.

2장은 비건 시장과 관련된 용어의 개념 및 의미를 설명합니다. 이 책의 목적은 분명합니다. 모르면 결코 약이 될 수 없는 우리의 먹거리 이야기입니다. 그렇다면 '~라 하더라' 같은 소문이나 '~인 것 같아' 같은 막연한 추측에 우리의 건강과 삶을 맡겨도 될까요? 그래서 2장에서는 비건과 관련해 횡행하고 있는 용어들을 쉬운 이야기와 함께 풀어냈습니다.

3장은 비건 시장의 현재 상황을 살펴봅니다. 이 장은 다소 깊고 무거운 이야기들이 많습니다. 그래서 최대한 독자님들의 편한 이해를 돕고자 많은 사례와 함께 흥미롭게 서술하려 애썼습니다. 또한 필자는 정치계나 관련 업계와 이해관계가 전혀 없는 만큼 누구 눈치 보는 일 없이 자유롭게 소신을 피력했고요. 3장을 통해 호평이든 비판이든 비건 시장의 현재 모습을 있는 그대로 보실 수 있을 것입니다. 독자 여러분 스스로 시장 현황을 판단하는 데 도움이 되길 바랍니다.

4장은 경영적 관점에서 비건 시장이 지닌 비전을 제시합니다. 앞선 1, 2, 3장을 통해서 알게 된 정확한 정보와 사실을 기반으로, 소비자는 의식 있는 선택적 구매 행위로, 생산자는 소비자의 니즈를 반영한 제품을 생산, 판매할 수 있도록 유도합니다. 이를 위해 성공 사례로 꼽히는 기업 비즈니스 모델에 유망한 '대용 단백질' 스타트업의 구상을 비교 분석한 내용도 도움이 되리라 기대합니다. 4장을 통해 시장 참여자 모두가 유용한 경영적인 비전을 얻으셨으면 하는 마음입니다.

'대용 단백질', 우리의 미래 먹거리인 만큼 분명 모두가 올바로 알아야 하지만 필자가 앞장서고 싶지 않은 주제이기도 했습니다. 식품이란 본질적으로 삶 자체와 연관될 수밖에 없는, 깊고 방대한 주제이기도 하거니와 시장 내 이해관계가 얽혀 있어 다루기 조심스러운 면도 있으니까요. 물론 어렵고 부담스럽다고 피하지 않았습니다. 무거운 주제일지라도 최대한 흥미롭게 전하고자 소제목마다 많은 예시를 담았습니다. 글을 읽다 보면 시장의 전말이 자연스럽게 보이도록 전개했고요. 그러니 소비자 독자, 스타트업 독자, 기업가 독자, 투자자 독자, 정부기관 독자 모두 부디 이 책을 통해 '대용 단백질' 시장에 대한 올바른 이해를 바탕으로 우리의 삶과 건강을 지켜내는 즐거운 실천에 동참해주셨으면 하는 바람입니다. '대용 단백질' 시장의 성패는 결국 기존 식품 산업과 마찬가지로 비용, 가격, 기술, 수요의 조합에 달려 있는 바, 모든 시장 참여 주체들의 조화로운 노력이 필요하기 때문입니다.

진정으로 기대합니다. 결국 최적의 조합을 찾아내는 플레이어가 미래 '대용 단백질' 시장을 이끌어갈 것입니다.

자, 그럼 대용 '대용 단백질'에 대한 필자의 진단과 제안이 성공의 조건이 될 수 있을지, 함께 출발해보시죠!

조은희

비건지능 퀴즈

워밍업으로 문제 먼저 풀어보고 시작할까요? 만약 정답을 다 맞히신다면, 그리고 각 문항들이 '비건' 시장과 어떤 연관이 있는지도 아신다면, 이 책은 읽지 않으셔도 될 것 같습니다.
(답은 책 본문에 수록되어 있지만, 미리 궁금해하실 독자님을 위해 다음 페이지에 답을 공개해 놓았습니다.)

1. 세계 최고의 부자였습니다. 현재는 먹거리에 대한 포트폴리오 투자의 대가죠. 대용 단백질 스타트업의 일등 투자가이고 미국 최대의 민간 농지(서울면적의 1.7배에 해당) 소유자입니다. 그는 누구일까요? 힌트를 드리면, 《How to Avoid a Climate Disaster, 2021》, 《How to Prevent the Next Pandemic, 2022》의 저자입니다.

2. 고대 철학자 피타고라스, 천재 만능 예술가 레오나르도 다빈치, 영양학의 선구자 존 하비 켈로그, 세계적인 테니스 선수 세레나 윌리엄스, 카레이서 황제 루이스 해밀턴, 전 미 대통령 빌 클린턴, 파워풀 팝가수 비욘세, 어벤저스 배우 베네딕트 컴버배치, 그리고 SSG 랜더스 프로야구 투수 노경은의 공통점은 무엇일까요?

3. 베지테리언 유형 중, 식물성 섭취와 함께 동물성으로는 계란만을 섭취하는 경우를 '오보(ovo) 베지테리언'이라 합니다. 동물성 중 유제품 섭취만을 허용하는 유형은 무엇이라 부를까요?

4. 소금과 나트륨은 같지 않습니다. 세계보건기구와 식품의약품안전처가 권장하는 하루 '나트륨' 섭취량 2,000mg은 '소금' 몇 그램에 해당할까요?

5. 급격한 고기 수요 증가는 선진국형 소비지향뿐 아니라 완전 ____이라 불리는 영양소 섭취를 원하는 데에서 기인합니다. 고기(동물성)의 ____은 9가지 필수 아미노산이 모두 함유되어 있기 때문이죠. 동양에서는 ____이 콩 또는 콩기반 식품으로 섭취되어 왔고요. ____은 무엇일까요?

6. 식당의 일인분 고기양 180~200g은 보건복지부가 권장하는 하루 단백질양과 밀접한 관계가 있습니다. 그렇다면 성인남성(19~49세)의 하루 '단백질' 권장 섭취량은 몇 그램일까요?

7. 돼지로부터 1kg의 식용 (고기) 단백질을 얻기 위해, 6.4kg의 곡물사료를 먹여야 합니다. 가금류는 3.3kg, 계란은 2.3kg이고요. 과연 소의 경우에는, 몇 kg의 곡물사료를 먹여야 할까요?

8. 농장 〉 저장 및 운송 〉 가공 〉 도소매 유통 〉 식당 및 집으로의 여정 중, 각 단계에서 발생하는 식량 손실 및 낭비의 합은 식량 총생산량 중 36%에 이릅니다. 가장 큰 로스가 생기는 단계는 어디일까요?

9. 성인 기준으로 하루 평균 서양인은 100g, 동양인 150g, 아프리카 원주민 400~500g, 채식을 많이 하는 일부 아프리카 부족은 750g, 한국인은 크고 푸짐했던 예전의 양에 비해 식생활이 변한 요즈음에는 현저히 적어졌습니다. 무슨 양을 말하는 것일까요?

10. 전 세계적으로 지구환경의 변화와 미래 먹거리, 특히 단백질에 대한 대응이 계속되고 있습니다. 식물기반, 발효기반, 세포기반, 곤충기반의 다양한 대용 단백질이 적극적으로 개발, 생산되고 있지요. 당신이 투자자라면, 카테고리별 포트폴리오를 어떻게 구성하시겠습니까?

답안과 내용 수록 챕터

1. 빌 게이츠 (1장 02)
2. 베지테리언 (1장 05)
3. 락토(lacto) 베지테리언 (2장 02)
4. 5g (2장 01)
5. 단백질 (2장 03)
6. 50–70g (2장 03)
7. 25kg (3장 02(3))
8. 농장(11%) 집 및 식당(10%) (4장 03)
9. 응가(똥) 양 (4장 03)
10. 성공적인 투자로 수익을 거두시길 바랍니다.

차례

추천사 - 5
들어가며 _ '가짜 고기', 혁명은 시작되었다 - 8
비건지능 퀴즈 - 14

1장
왜 지금 '비건' 시장에 주목해야 하는가?

01. 3년 만에 2,000업체로 증가 - 29

고마워요, 코로나!
CES도 주목한 대용육

02. 빌 게이츠는 왜 '농업'과 '비건'에 지속적으로 투자할까요? - 36

어려운 질문, 쉬운 답
제프 베조스, 디카프리오, 제이 지, 빈 탈랄 왕자는 왜 끊임없이 '대용 단백질'을
노래하나요?
네슬레, 유니레버, 켈로그… '나비처럼 날아 벌처럼 쏘아대다'

03. SK㈜는 화산 곰팡이를 단백질로 월척, 미래에셋은 스타트업 대주주 - 43

역시 다이나믹 한국! 치밀하게 그리고 한 몫!
국내 스타트업, 뉴욕 한복판에서 반짝이다

04. 사명(社名)에서 'Meat(육류)'를 'Protein(단백질)'으로 바꾼다? - 51

신인이 잠자는 거인을 깨우다
왜? 기후변화 해결에 동참? 혹 그린세탁?
나란히 동반성장

05. 베지테리언 마이크 타이슨, 칼 루이스의 근육 비결은요? - 57

뽀~빠~이, 살려주세요

콩밥을 먹자

06. MZ세대, 유튜브, 인스타그램은 왜 '비건'의 ARMY일까요? - 61

지구를 첫째로, 맛을 둘째로 생각합니다

리모컨 대신 스마트폰

처음으로 소비자로서 성인이 되었습니다

소비자는 놀라운 힘을 가지고 있습니다. 여전히 왕!

07. 100억 명 먹여 살리는 방법은요? 대신 지구는 죽이지 않고요 - 67

나 이제 알아요

안다고 달라지지 않아. 난 배불러 죽겠는데, 넌 배고파 죽겠어?

[선험 사례] '비건'은 '전기 자동차'와 같아요 - 73

같은 공감대, '대안'

'토끼와 거북이' 우화로 배우는 백투더 퓨처

'콩 자동차' 그리고 또 지구문제

'석기시대가 돌이 없어서 끝난 것이 아니다'

'Fake it, till you make it' 될 때까지!

'Save 2 Broken Hearts'

2장
'비건'은 무슨 뜻일까요?

01. 가까이하기엔 먼 주식(主食)과 주식(株式) 사이 - 85

대안으로 먹자, 대용육

코코아는 짜다. 눈에 보이지 않는 소금

02. 베지테리언은 채소만 먹어요? 난 잡식성인데, 너는 비건? - 93

베지테리언, 식물성 Lover

대용육, 지구 Lover

03. '단백질'과 사랑에 빠진 나, 너, 우리 - 96

오늘은 '무엇을' 먹었나요? 동물성 단백질 vs. 식물성 단백질

세상에 공짜란 없다

내일은 '어떻게' 먹을까요? 6대 영양소 vs. 소.지.설.

04. 대용육이 축산업의 미래를 종식? - 105

소는 초(草)능력

화나면 잡아먹을 거야

고마워요, 소!

05. 설국열차 '바퀴벌레 영양바', 수퍼마켓에 진열 - 111

귀뚜라미~ 오랜만이야, 반가워~

딱정벌레가 자라서 초콜릿으로 폴짝

06. '진짜 고기 없는' 소시지는 무엇으로 만들어졌나요? - 115

다재다능한 단백질

07. 깨알 같은 제품 뒷면의 '라벨', 해독할 수 있어요? - 120

발음할 수 없다면, 먹지 말아라

경고합니다

08. '푸드테크'는 유행어일까요? - 125

프랑켄슈타인 햄버거 3억 9,000만 원

푸드 X 혁신

09. Green은 다 똑같은 '그린'? - 132

Green, 컬러풀에서 원더풀로

Go Green! 습관은 운명을 바꾼다!

[등장 배경] 테슬라, '탄소 배출권' 팔아 세계 1위 부자 - 138

식목일은 3월

말, 정말 안 들어

도둑맞은 지구, 실종 16년째. 걱정할 시간이다

그것이 알고 싶다

Not my crime, Still my sentence 왜 우리가 뒤집어써?

3장
'비건' 시장의 현주소

01. 짧고도 긴 비건의 역사 - 153

짧은 120년, 긴 3000년

콩, 넌 누구냐? 중국의 아픈 손가락, 중국이 낳고 미국이 길러

날개 달은 콩

농심 라면 스프 안의 조용한 콩, 시끄러운 콩고기 버거

02. 푸드테크 이전, 동양사람들의 지혜 - 160

등잔 밑은 어두워

발효, 동양에서 잠들다 서양에서 테크로 부활

03. 푸드테크와 함께, 어설픈 맛 따라 하기 - 166

지방, 그대는 치명적인 유혹

(1) 괜찮은 시작 - 167

너와 함께라면 지구 끝까지

누가 누가 잘났나, 인재 쟁탈전

IP to Table, 똑같은 고기 맛, 세포 하나가 8만 개 버거로

Okay! 우리가 팔아 줄게, 하지만…

(2) 사라진 선한 의도, 의도하지 않은 결과 - 188

Don't Look Up? 솔직할 때다

쉬운 표적, 더 이상 편리 뒤에 눈감지 않는다

BTS보다 무서운 ARMY

산 넘어 산, 콜레스테롤 대신 소금 덩어리?

Just Look Up! 기회다

(3) 숨겨져 있던 복병 - 200

1:99 맥도널드는 소중한 벗이다, 하지만 진리는 더 소중한 벗

적과의 동침, 뺏긴 밥그릇

가성비 제로, 병 주고 약 주고

바나나 우유 아니고, 바나나 '맛' 우유

고기의 르네상스 '저렴한 고기' '비싼 채소'

넘사벽, 미래는 변할 수 있다

[상장사는 어지러워] Fool's Gold, 벗을까, 벗길까 - 219

우물쭈물하다 이럴 줄 알았다

창문을 볼 것인가, 거울을 볼 것인가

오늘 안 팔리면 내일도 안 팔리나

4장
'비건'을 경영하다

01. 설국열차는 수정되어야 한다 - 231

    (1) 빅머니, Winner takes it ALL - 231

        혁신의 등장

        IT버블의 교훈, 성공하는 영화는 10%다

    (2) 굿머니, Survive first! to win - 238

        닫힌 문을 열자

        정상의 교훈, 노다지 '광대한 보통 사람들'

[성공 비결 사례_유니클로] - 253

02. 푸드테크를 넘어서 - 256

    (1) 나보다 나은 '우리' Win-Win - 256

        음식을 요리하지 않아요

        신의 선물, '당신 덕분에'

    (2) '진짜'와 대화 - 265

        백투더 레알(real), 무조건 된다 말고 대신에 본질에 충실해야지

        보너스 트렌드, 셰프의 윙크

        별★ 볼 일이야

03. '잘 먹고' '잘 싸자' - 278

　나는 스님입니다. '손님이 원하시는 대로'

　'덜' 먹고 '더 잘' 먹자

　눈맞춤에서 입맞춤으로, 이제는 '대장맞춤'

04. 궁극의 비건 - 290

　'대통령 님, 불고기 말고 콩국수, 플리즈'

　우리는 일상, 그들은 혁신

　Now Asia goes, goes the World, 아시아에서 세계로

[정리해볼까요?] - 303

　알면 쉽습니다

　아는 만큼 보입니다

참고자료 - 308

[일러두기]
이 책의 시사성 정보의 마지막 업데이트는 2022년 6월입니다.
미달러 대 원화 환율은 @1,300을 적용합니다.
슈퍼, 유튜브, 콘셉트(국어 표준) 대신 수퍼, 유투브, 컨셉(영어 발음)으로 표기합니다.

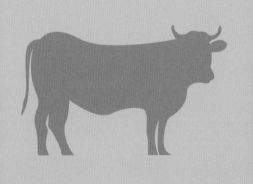

1장

왜 지금
'비건' 시장에
주목해야
하는가?

'비건' 시장이 주목받게 된 배경에 대해 이야기합니다.
세상을 떠들썩하게 했던 2000년도 IT버블 때보다도 더 폭발적입니다.
분명한 이유가 있습니다.

01

3년 만에
2,000업체로 증가

고마워요, 코로나!

'위기는 기회다'라는 말을 많이 합니다. 지구 단위의 코로나 위기에도 역시 이 말은 통용되었죠. 코로나를 기회로 삼은 홈딜리버리(Home Delivery)나 OTT(over-the-top) 산업이 대표적인 경우이고요. 비대면 사회에서 소비자는 온라인을 선호했고, 그 효과는 홈딜리버리와 OTT로 이어졌습니다. 코로나로 온라인 쇼핑과 배달 서비스, OTT 등 집콕 산업이 괄목할 만한 성장을 이룬 것입니다. 그런데 집콕과 관련 없는 비즈니스인 '푸드테크(FoodTech)' 업계에서도 흥미진진한 일이 벌어지고 있습니다. 푸드테크가 코로나 시대를 기회로 삼은 것 같습니다. 상관관계가 별로 없을 것 같은데 왜 그랬을까요? 그 이유를 알기 전에 먼저, 관련 비즈니스가 얼마만큼 성장했는지부터 살펴보겠습니다. 그것이 우선인 것 같습니다.

푸드테크라는 이름 아래 시작된 '대용 단백질(Alternative Protein)' 기반 산업의 성장은 〈자료 1〉을 보면 증명됩니다. 2018년 1월에 21개에 불과하던 '대용 단백질' 업체가 2021년 1월에는 총 2,000여 업체로 급속히 확장되었습니다. 아울러 '대용 단백질'과 관련해서 부설된 기술지원 기업, 해당 원료 제조공장, 관계지원 기관과 인증협회의 론칭도 비즈니스 뉴스의 헤드라인을 줄곧 장식해왔고요. 코로나 시대와 소비자 접점인 언택트 산업도 아니었는데, 무엇이 이런 '뻥튀기'를 가능하게 했을까요?

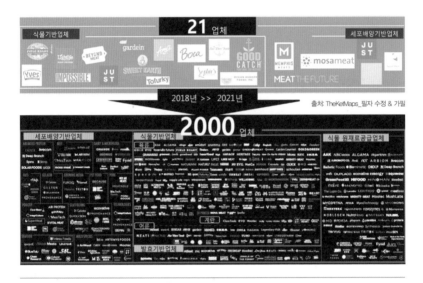

〈자료 1〉 글로벌 '대용 단백질' 업체/브랜드 증가 현황

코로나 팬데믹 시기의 글로벌 식품 시스템은 주요 원재료의 공급 중단, 생산 공간 접근 제한, 제품 유통 중단 등으로 심각한 변화를 겪었습니다. 지금도 상당수는 여전히 그 혼란 속에 있어서 시장의 미래가 불확실성에 빠져 있고요. 그러나 이러한 외부 제약에 아랑곳없이 '실험실'에 기반을 둔 '대용 단백질' 업체들은 지속해서 새로운 제품을 개발했고, 계속해서 출시할 수 있었습니다. 고기 패티를 대용하는 '비건 햄버거'의 식

물성 패티 외에도 돼지, 닭, 생선, 우유, 치즈 등의 동물성 단백질을 대안하는 수많은 식물기반 '대용 단백질' 식품들이 소개되었죠. 귀리 우유, 아몬드 우유 등이 흔한 예입니다. 비건이라는 단어를 활성화시킨 런던 소재 비건 인증기관, 비건 소사이어티(Vegan Society)는 2022년 3월, 6만 번째 비건 제품을 등록하는 활황을 누리고 있습니다.

코로나 발생 원인이 동물과의 관련성인지는 아직 밝혀지지 않았습니다. 그러나 인류는 코로나를 통해 가축으로 인한 바이러스 감염에 대한 광범위한 관심을 갖게 되었죠. 가축 생산에서 증가하는 이러한 위험의 인지는 동물성 단백질에서 '대용 단백질' 시장으로의 전환을 촉발시키기에 이르렀고요. 위기 인식은 광우병 때보다도 더 컸습니다. 작업자들이 코로나 감염이 되면서 미국 내 도축 공장은 연쇄 폐쇄되었고, 결과적으로 육류 공급량의 차질을 초래했어요. 상대적으로 '대용 단백질' 시장의 활성화는 촉진되었죠. 70년 전통을 가진 쇠고기 가공업체 캐인Kane Beef, 100년 이상 유제품을 제공해오던 낙농 회사 딘Dean Foods과 보든Borden, 그리고 육류 생산업체 비아이BI Foods도 결국 2년에 걸쳐 모두 파산했습니다. 코로나의 후유증은 너무 큽니다. 그러나 위기는 누군가에게는 기회를 제공합니다.

현재 '대용 단백질' 시장에서 가장 주목받고 있는 스타트업, 잇 저스트Eat Just, Inc.의 CEO 조시 테트릭Josh Tetrick의 인터뷰 내용은 위기가 어떻게 기회를 불러오는지를 알려줍니다.

"코로나는 세상을 멈추게 했지만, 또한 세상을 변화시켰습니다. 더 많은 사람들이 지금까지의 음식 시스템이 무언가 잘못되어 있고, 변화가 필요하다는 것을 인식하게 되었습니다. 동물성보다는 식물성 기반의 음식을 선택하는 것은 그 변화가 어떻게 일어날 것인가에 대한 한 예입니다. 우리는 이것을 유행이라고 보지 않습니다. 이 세상에서 무언가가 바뀌어야만 하고, 그 변화는 나와 내 가족이 먹는 것에서 시작되어야 합니다."

글로벌 육가공업체인 카길Cargill의 전략 책임자 칼로스 바가스Carlos Bargas의 설명도 주목할 만합니다.

"건강한 소비자들이 팬데믹을 겪으면서 음식에 대해 새삼 감지한 무엇이 있습니다. 우리의 역할은 소비자가 인지한 그 무엇에 어떻게 대응할 것인가에 있습니다. 그것은 바로 건강에 대한 염려인데, 카길이 '대용 단백질' 개발을 시도한 주요한 동기입니다. 이것은 기존 축산업계에도 유망한 신호입니다."

이처럼 '대용 단백질' 시장은 코로나의 직접적인 수혜를 받았습니다. 식물기반, 세포기반, 발효기반의 대용육, 대용 달걀, 대용 유제품, 그리고 식용곤충을 아우르는 이 시장이야말로 어떤 산업보다도 코로나의 최대 수혜를 받은 것이 아닌가 싶습니다. 그렇지만 식물성 햄버거? 가짜 고기? 비건 버거? 이런 음식을 들어본 적도, 먹어본 적도 없는 사람은 여전히 많을 것입니다. 그럼에도 코로나의 전파 속도만큼이나 급속하게 뻥 튀겨진 '대용 단백질' 시장의 규모는 시장의 존재감뿐만 아니라 성장 잠재력을 확인시켜주기에 '우선은' 충분합니다.

CES도 주목한 대용육

CES(Consumer Electronics Show)는 국제 전자제품 박람회입니다. 그런데 3년 전, CES 2019에 어울리지 않는 한 업체가 관람객을 맞이했습니다. '임파서블 푸드Impossible Foods'라는 햄버거 회사였죠. 뭐죠? 기술 전시회에 먹거리가 웬 말이죠? 임파서블 푸드는 실리콘 밸리에서 탄생한 식물기반 대용육(Plant-based Alternative meat)업체입니다. 과학기술을 바탕으로 실험실에서 대두(大豆: 메주콩)를 원료로 단백질을 분리하고 헤모글로빈을 추출했죠. 헤모글로빈이란, 적혈구 안에 있는 철분을 함유한 붉은색 단백질입니다. 식물인 콩에서 과학기술을 이용해 이것을 추출했다는 것입니다. 임파서블 푸드는 이들로 고기의 맛과 식감을 구현해 식물성 햄버거 패티를 만들었고요. 당시 CES에 참가했던 국내 IT 관계자들도 얼떨결에 접했던 임파서블 푸드의 햄버거 시식 경험을 2~3년간 자랑스럽게 주변에 이야기하고 다녔죠. CES에서 이 햄버거를 제공한 이래, 기술이 접목된 음식에는 푸드테크라는 단어가 따라다니기 시작했습니다. 식품 산업도 테크 산업으로 불리며 곧 유행어로 자리 잡았고요. 그 후 우리 삶의 가장 밀접한 식생활을 기술로 혁신하려는 시도가 모두 푸드테크라고 불렸습니다.

3년이 지난 뒤, CES 2022에서는 상황이 사뭇 달라졌습니다. 소비자 전자산업의 신제품과 기술에 대한 프레젠테이션을 주최하는 CES는 그동안 주로 TV, 전화, 자동차 및 기타 신기술 장치에 중점을 두었죠. 하지만 해가 거듭되면서 기술과 건강 및 식품의 융합에 대한 관심이 높아지면서, 2022년에 처음으로 푸드테크라는 범주를 공식 세션으로 인정했어요(〈자료 2〉). 전 세계 푸드테크 시장 규모가 2019년의 2,200억 달러(약 266조 원)에서 오는 2027년까지 연평균 성장률 6%를 유지함으로써 3,425억 달러(약 445조 원)까지 증가할 것이라 예상했기 때문입니다(이후 원달러 환율은 @1,300원으로 고정).

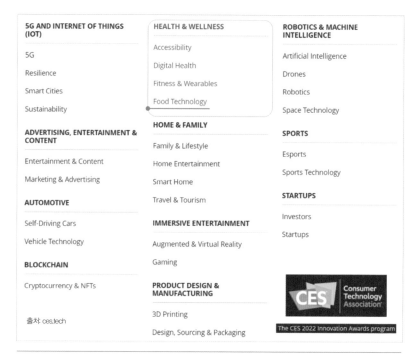

〈자료 2〉 CES 2022 범주: '푸드테크'를 공식세션으로 인정

사실 지난 100년간의 '푸드테크'는 단순했습니다. 식품에 적용된 기술은 어떻게 해야 잘 키우고 잘 자라게 해서 단위 면적당 최대의 수확량을 올릴 수 있는가에 초점을 맞추어왔어요. 하지만 인구 증가와 지구 환

경 이슈에 맞물려, 향후 100년을 이끌어갈 푸드테크는 달라져야 한다는 공통 인식이 대두된 것입니다. 아이디어와 기술을 기반으로 식품의 의미를 새롭게 만드는 것, 즉 새로운 가치를 탄생시키는 것에 초점을 맞추어야 한다는 영예와 부담을 동시에 안게 된 것이죠. 작금의 '대용 단백질' 시장은 '푸드테크'라는 조명 아래 그 빛을 발하고 있는 것입니다.

식량 문제와 환경 문제, 그리고 영양에까지 새로운 가치를 만들어내고자 하는 '대용 단백질' 시장은, 식탁 위의 혁명을 주도하는 '푸드테크'의 리더임이 증명된 셈입니다.

빌 게이츠는 왜 '농업'과 '비건'에 지속적으로 투자할까요?

어려운 질문, 쉬운 답

2021년 1월, 미국 토지보고서(The Land Report)는 마이크로소프트^{Microsoft} 창업자, 빌 게이츠^{Bill Gates}가 미국 최대의 민간 농지 소유자라는 기사를 게재했습니다. 빌 게이츠는 '세계 1등 부자' 타이틀은 잃었지만, 대신 '미국 1등 농지 보유자' 타이틀을 획득했죠. 빌 게이츠가 소유한 농지는 자그마치 서울 면적의 1.7배에 달하는 크기입니다. 그런데 농지 소유는 빌 게이츠만의 전유물은 아닙니다. 수퍼 부자들은 이미 미국 내에 남한 면적의 1.7배에 해당하는 농지를 열심히 사들여 그 땅을 소유하고 있습니다. 도대체 왜 그럴까요?

미국에서 농지는 주식, 채권 같은 전통 투자 자산 대비 수익률이 높고 변동성은 낮은 이점을 가지고 있습니다. 물가가 오르면 농지 수익률이 함께 오르는 특성도 갖고 있어서, 인플레이션 헤지(hedge: 금융 위험 대비책) 상품이 되기도 하죠. 1992년부터 30년간 미국 농지의 연평균 수익률은 11%를 유지해왔어요. 이에 더해 농지가 매력적인 투자 자산이 된 이유는, 농지 면적은 줄어드는데 식량 수요는 계속 늘어나고 있기 때문이죠. 농지가 매일 주거 지역과 공장 등으로 바뀌고 있는 반면, 상대적으로 식량 수요는 세계 인구 증가로 인해 오히려 계속 늘어나고 있습니다. 개발도상국의 생활 수준이 올라가면서 1인당 칼로리 섭취량 또한 크게 늘어나고 있고요.

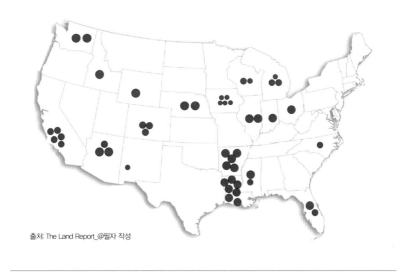

출처: The Land Report_@필자 작성

〈자료 3〉빌 게이츠가 미국 내 소유한 농지 ● 총 268,984에이커 (약 3억 2,800평: 서울면적의 1.7배)

〈자료 3〉은 미국 내 빌 게이츠 소유의 농지를 표시한 지도입니다. 19개 주에 걸쳐 약 269,000에이커(약 3억 2,800만 평, 서울 면적의 1.7배)에 해당하는 면적입니다. 지난 15년 동안 농지 1에이커당(약 1,224.2평) 평균 가격이 약 75% 상승했습니다. 미국토지신탁(AFT, American Farmland Trust)에 따르면, 오늘날 미국 농지의 40%는 농부가 소유하고 있지 않아요. 비농업인을 위한 미국 내 투자 옵션의 증가와 더불어 해외 투자 유입으로, 예컨대 2020년 한 해에만 비미국인 토지 소유권은 240만 에이커로 증가했고, 2009~2019년까지 비미국 기업이 소유한 농지의 양은 60% 증가했습니다. 이런 것을 보면, 답은 단순합니다. 부자들이 미국의 농지를 이토록 사들이는 이유는? '돈이 되니까!'입니다.

제프 베조스, 디카프리오, 제이 지, 빈 탈랄 왕자는 왜 끊임없이 '대용 단백질'을 노래하나요?

돈에 달린 영민한 눈들은 농지만 사들이는 것이 아닙니다. 기후변화 해결에 동참하고자, 혹은 미래 수익을 위해, 목적은 다르지만 '대용 단백질' 분야에도 상당히 많은 눈이 쏠려 있습니다. 2009년에 설립한 식물기반 대용육 스타트업 비욘드 미트Beyond Meat는 업계 최초로 2019년에 상장한 후 100배의 성장 기록을 보였죠. 10년 만에 100배가 성장한 것입니다. 경쟁업체 임파서블 푸드는 2011년에 설립된 이래 2021년 말까지 21.2억 달러(약 2.8조 원)에 이르는 자금을 유치했고요. 발효를 기반으로 하는 '대용 단백질' 분야도 만만치 않습니다. 2013~2020년까지 약 10억 달러(약 1.3조 원)의 투자가 이루어졌어요. 실현 불가능할 것이라 여겨지던 세포기반 배양육 분야에도 막대한 투자가 행해지고 있습니다. 이 분야는 2020년과 2021년 각각 한 해 동안 3.7억 달러(약 4,810억 원)와 2.5억 달러(약 3,250억 원)의 투자 모집에 성공했어요. 놀라운 것은, 세포기반 배양육 분야는 겨우 100개 미만의 신생 기업들로 구성되었음에도 불구하고 이 시장에 투자가 들어왔다는 점입니다.

셀럽들은 '대용 단백질' 투자 시장에서도 주연의 역할을 마다하지 않습니다. 오스카상 수상자인 배우 레오나르도 디카프리오Leonardo DiCaprio, 테니스 선수 세레나 윌리엄스Serena Williams, 가수 제이지Jay-Z와 케이티 페리Katy Perry, 구글 공동창업자 세르게이 브린Sergey Brin, 아마존 CEO 제프 베조스Jeff Bezos, 사우디 왕자 빈 탈랄Al Waleed bin Talal Al Saud, 전 미국 농무부 장관 앤 베네만Ann Veneman 등 유명인들이 투자의 대열에 합류했어요. 빌 게이츠 역시 농지 이외에도 다양한 미래의 단백질에 적극적으로 투자하고 있죠.

특히, 디카프리오는 자신의 영화뿐만 아니라 환경 운동가로서 기사의 헤드라인을 장식합니다. 지난 20년 동안 기후변화와 환경보존 및 재생을 위한 지속 가능성 운동에 참여했죠. 그 헌신의 공로로 2014년 유엔 평화의 메신저로 선정되었습니다. 스코틀랜드에서 열린 COP26(제26차 유엔 기후변화협약 당사국 총회) 회담에서도 목격되었고요. 푸드테크 분야에서 그는 가장 바쁩니다. 대용 유제품 제조업체 퍼펙트 데이Perfect Day, 세포기반 대용육 회사 알레프 팜즈Aleph Farms와 모사 미트Mosa Meat 등 그가 투자한 회사에서 고문 역할을 담당하고 있습니다.

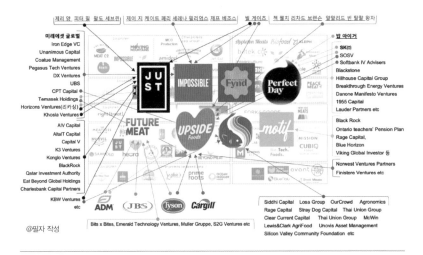

〈자료 4〉 글로벌 '대용 단백질' 투자 현황 (2021)

　〈자료 4〉는 '대용 단백질' 개발로 주목을 받고 있는 일부 스타트업들에 대한 투자 현황을 보여주고 있습니다. 필자는 투자 라운드의 정도에 따라 업체를 선별했습니다. 식물기반 업체(잇 저스트(대용 달걀), 임파서블 푸드(대용육)) 경우는 투자 시리즈 F 이상, 발효기반 업체(네이처 파인드(대용육), 퍼펙트 데이(대용 우유), 모티프(대용육))와 세포기반 업체(잇 저스트(대용육), 업사이드 푸드(대용육), 퓨처 미트(대용육), 블루날루(대용어))는 시리즈 B 이상을 유치한 경우입니다.

　비욘드 미트에 투자한, 트위터 공동 창업자 크리스토퍼 이삭 스톤 Christopher Isaac Stone의 인터뷰에는 수많은 투자자들의 뜻이 담겨 있습니다.

　"먹거리는 진정한 소셜 네트워크입니다. 전 세계 사람들에게 '대용 단백질'을 제공해, 지구 환경을 구하고자 하는 장대한 비전에 압도되어 투자를 결정했습니다."

네슬레, 유니레버, 켈로그…
'나비처럼 날아 벌처럼 쏘아대다'

'대용 단백질' 분야는 일반 투자자들만의 텃밭은 아닙니다. 초국적
(metainternational) 전통 식품업체들도 벌떼처럼 날아들고 있죠. 수익 면에서
이들은 식품시장의 노른자 자리에 이미 앉아 있습니다. 네슬레^{Nestle}는
2017년 식물기반 대용육업체인 스윗 어쓰^{Sweet Earth}를 인수해, 2019년 인
크레더블 버거를 출시했죠. 인크레더블 버거는 같은 해 한국의 롯데리
아에서 아시아 최초로 그 맛을 선보였고요. 유니레버^{Unilever}는 훨씬 이전
인 2007년 식물기반 대용육 스타트업을 창업하고, 더 베지테리언 부처
^{The Vegetarian Butcher}를 인수해 2019년 12월부터 유럽 버거킹에 식물성 재료
공급을 확보하고 있습니다. 켈로그^{Kellogg's}는 근래에 작물 유전학 회사인
벤슨힐과의 파트너십을 체결해, 고급 대두 성분을 자사 소유인 식물기
반 대용육업체 모닝스타 팜즈^{Morningstar Farms}에 공급하고 있고요. 육류대
용뿐만이 아닙니다. 세계 최대 유제품 기업 다농^{Danone}은 식물기반 대용
우유업체 화이트 웨이브^{WhiteWave}를, 오츠카 제약회사는 식물기반 대용
유제품업체 다이야^{Daiya}를 인수했습니다.

다음의 〈자료 5〉에서 보듯이 단백질 식품을 주목하고 있는 많은 기
업들이 '대용 단백질' 시장에 적극적으로 대응하고 있습니다. 단기간에
수많은 M&A(Mergers&Acquisitions, 인수합병)와 투자 사례가 이어지고 있죠.
스타트업들이 절대적으로 따라잡을 수 없는 재빠른 움직임입니다. 코로
나로 기회를 얻은 힘 있는 자본의 신속한 투입은 '대용 단백질' 시장을

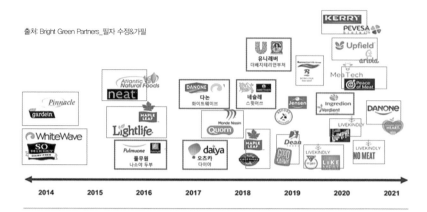

출처: Bright Green Partners_필자 수정&가필

〈자료 5〉 단백질 시장 내 주요한 인수합병 현황 (2014–2021)

민첩하게 부풀리고 있습니다. 이렇게 가열된 시장은 '대용 단백질' 제품에 대한 더 많은 혁신을 부채질하고 있는 것입니다.

03

SK(주)는 화산 곰팡이를 단백질로 월척, 미래에셋은 스타트업 대주주

역시 다이나믹 한국! 치밀하게 그리고 한 몫!

미국 서북부에 자리한 옐로스톤 국립공원은 수퍼 활화산으로 유명합니다. 경기도 면적에 달하는 공원 전체가 분화구에 해당하죠. NASA(미항공우주국)의 후원으로, 이 화산의 지열촌에서는 다른 행성에서 서식 가능한 생명체에 대한 연구가 진행되었습니다. 이 과정에서 단백질로 전환 가능한 곰팡이(푸사륨 균주)가 발견되었어요. 이를 기반으로 네이처 파인드Nature's Fynd가 설립되었습니다. 역시 손 빠른 투자자들이 여기에 몰려들었죠. 2012년 빌 게이츠에 이어 2019년 제프 베조스, 마이클 블룸버그Michael Bloomberg, 앨 고어Al Gore, 리처드 브랜슨Richard Branson, 알리바바의 잭마Jack Ma, 소프트 뱅크의 손정의孫正義 회장의 투자와 후원이 가세했어요.

SK(주) 또한 일찍이 2012년, 이곳에 290억 원의 투자를 진행했습니다. 투자 시기로 보면 제프 베조스나 손정의 회장보다 훨씬 앞섰습니다. '대용 단백질' 시장은 이제 서구의 전유물이 아닌 것입니다. 국내 육가공업체뿐만 아니라 대기업들도 유사한 게임에 앞다투어 가세하고 있어요.

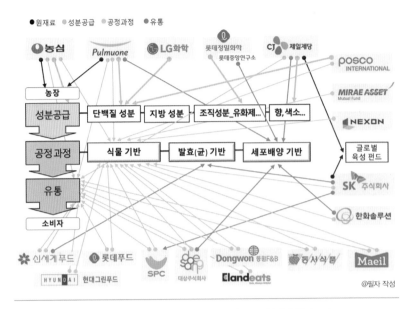

〈자료 6〉 국내 대기업의 '대용 단백질' 시장 참여 현황 (2021)

투자와 수입을 중심으로, 혹은 독자적 푸드테크 기반으로 바쁘게 제품을 출시하면서 국내외 유통 시장의 반응도 커지고 있습니다. 글로벌 관련 뉴스에서는 한국 기업 기사가 종종 특집을 장식하죠. 아래는 한국 기사를 기업별로 정리해 설명해놓은 것입니다. 한눈에 볼 수 있도록, 필자가 〈자료 6〉에 국내 기업들이 참여한 부문에 따라 요약해서 이미지화했습니다.

　그린 비즈니스 분야를 주요 조직으로 개편한 SK㈜는 네이처 파인드 투자에 이어 발효기반 대용 유제품 회사인 퍼펙트 데이에 투자해 이사회 의석을 확보했습니다. 완두 기반 대용육으로 유명한 미트리스 팜 Meatless Farm 으로부터는 기술력을 도입했고, 중국 조이스 바이오JoysBio Group

와는 대용육 육성 펀드 조성을 하는 등, 2021년 한 해 동안 약 1억 달러(약 1,300억 원)를 이 시장에 투자했죠. 식품 외에, **SK 종합화학**이 2025년 상업화 가동을 목표로 하는 친환경 PP(Polypropylene, 폴리프로필렌) 재활용 공장을 착공한다는 소식까지 들립니다. PP란 플라스틱 수요의 25%를 차지함에도 불구하고, 오염된 불순물 제거가 어려워 소각되어 오던 플라스틱의 한 종류입니다. 결국, PP소각을 재활용으로 변환시킨 거죠. ESG 원칙을 통해 지속 가능한 비즈니스 모델과 기술을 지원하겠다는 SK 그룹의 광범위한 노력에 부합하는 투자 사례입니다.

국내 기업 가운데 금액으로 가장 눈에 띄는 주자는 **미래에셋 글로벌**입니다. 맛으로 투자자를 사로잡은 임파서블 푸드에 세 차례에 걸친 투자(시리즈 A, F, G)를 통해 10% 대주주 반열에 올랐죠. 임파서블 푸드의 상장 지연으로 고민스럽긴 하지만, 어쨌든 발 빠른 투자는 인정할 만합니다.

제품의 수입 전개는 **동원F&B**가 가장 빠르게 움직였습니다. 2018년 비욘드 미트의 식물성 패티를 독점 수입해, 코스트코를 비롯한 도소매 시장과 레스토랑을 중심으로 국내 소비자에게 선보이고 있죠. 2022년에 샐러드 카페, 크리스피 프레시Crispy Fresh를 오픈해 비욘드 미트를 포함한 다양한 메뉴를 출시했습니다.

롯데그룹도 계열사별 움직임이 바쁩니다. **롯데푸드**는 식물기반 대용육 자사 브랜드 제로 미트 제품과 네슬레의 식물기반 스위트 어썸Sweet Awesome 수입 버거를 출시했습니다. 이어서 국내 버거업계 최초로 자사

기술을 활용해 만든 식물성 패티를 사용한 햄버거, 리아 미라클 버거를 롯데리아에서 판매했고요. **롯데 정밀화학**은 육류의 식감과 향을 내는 데 필수적인 원료인 메틸셀룰로스 계열 소재 생산에 1,800억 원 규모의 투자를 진행했습니다. **롯데중앙연구소**는 3D-바이오 프린팅 기술을 활용한 배양육 기술 및 제품 개발을 위한 업무 협약을 체결했어요.

라면 수프에 사용하는 콩고기의 오랜 역사를 지닌 **농심**은 자회사인 태경농산의 자체 공법 HMMA(High Moisture Meat Analogue, 고수분 대용육 제조 기술)을 기반으로 브랜드, 베지 가든 론칭과 함께 20여 가지의 식물기반 제품을 출시했습니다. 2022년 4월에는 롯데월드에 비건 레스토랑, 포레스트 키친도 오픈했습니다.

두부의 장인, **풀무원**은 2021년 풀무원 미국법인에서 식물성 지향 식품 브랜드 플랜트 스파이어드Plant Spired를 론칭했습니다. 또한, 어류 세포를 배양해 대용 해산물을 생산하는 혁신 식품기업 블루날루BlueNalu와 업무 협약을 체결한 바 있죠. 국내에는 비건 레스토랑 플랜튜드PLANTUDE를 오픈했고요. 풀무원은 '대용 단백질' 입장에서 나눌 이야기가 많습니다. 4장에서 더 자세히 다루겠습니다.

대상㈜은 국내 세포기반 배양육 선도 기업인 스페이스 F와 배양육 및 세포 배양용 배지(Medium) 사업을 위한 전략적 파트너십 계약을 체결했습니다. 배지란 세포의 배양 과정에 꼭 필요한 영양물질이죠. 대상이 구축한 글로벌 영업 네트워크와 배지 원료 생산기술에 스페이스 F가 보유한 세포배양 기술을 접목해 시장 경쟁력을 확보한다는 방침입니다. 대상은 이에 앞서 무(無)혈청 배지(동물 혈청 대신 합성물질로 대체한 배지) 전문기업 엑셀 세라퓨틱스와도 업무 협약을 체결한 바 있습니다.

SPC 그룹은 미국 실리콘 밸리의 식물기반 대용 달걀을 생산하는 스타트업 잇 저스트와 파트너십을 체결하고, 국내 공장에서 이들의 제품인 저스트 에그Just Egg를 직접 생산합니다. 파리바게뜨 등 SPC 그룹 자사 유통망을 통해 제품 판매에 적극적으로 돌입했습니다.

신세계푸드는 영국의 발효기반 대용육 브랜드 퀀Quorn의 제품을 노브랜드 버거를 통해 선보였습니다. 노 치킨 너겟이 그 메뉴죠. 2021년에는 자사 브랜드 베터 미트Better Meat를 론칭해 대용육 제품 콜드햄을 선보였고요.

CJ제일제당은 2021년 국내외 스타트업들과 미국 '대용 단백질' 전문 펀드 등 10여 곳에 투자했습니다. 미요코 크리머리Miyoko's Creamery, 플렌터블Plantible, 시오크 밋Shiok Meats 등 미래 대안 식품 관련 기업들이고요. 또한 글로벌 '대용 단백질' 전문 펀드 중 최대 규모인 우노비스Unovis에도 투자해 시장 동향을 파악하고, 유망 스타트업의 투자 및 협업을 추진하고 있습니다. 가장 눈에 띄는 차별적인 행보는 성분에 대한 연구 및 투자입니다. 천연 시스테인(L-Cysteine)을 세계 최초로 대량화하는 데 성공하고, 플레이버 엔 리치FlavorNrich 브랜드를 론칭했습니다. 시스테인은 식물성 식품에 고기 맛을 내는 향으로서, 여기서의 이 천연 성분은 청정 라벨링 수요를 충족하는 중요한 요소입니다. 클린 라벨 개념은 2장에 자세하게 살펴볼게요.

한화 솔루션이 최근 미국 세포기반 대용어(魚) 스타트업 핀레스 푸드 FinlessFood가 진행하는 3,400만 달러(약 420억 원) 규모의 투자 시리즈 B에 참여했습니다. 핀레스 푸드는 어류에서 줄기세포를 추출해 배양한 뒤 어류와 유사한 맛의 대용어를 만드는 스타트업입니다.

국내 대기업 외에도 크고 작은 '대용 단백질' 업체들이 고군분투 중입니다. 글로벌 트렌드에는 늘 우리 기업이 우뚝 서 있죠. 전 인류의 미래 식량을 함께 책임지는 행보입니다.

국내 스타트업, 뉴욕 한복판에서 반짝이다

일찍이 국내 식물기반 대용육 개발에 선두를 지킨 스타트업이 있습니다. **지구인컴퍼니**입니다. 설립자 민금채 대표는 배달의 민족 배민쿡, 밀키트 사업부를 담당하던 이력이 있죠. 그 시절에 눈여겨보았던 재고 농산물에 대한 관심이 대용육 개발로 발전했습니다. 버려진 대두 껍질에서 분리한 단백질 그리고 밀 단백질을 사용해 식물기반 브랜드, 언리미트Unlimeat를 론칭했습니다. 특이한 점은 글로벌 시장이 주력하는 햄버거 패티가 아니라, 국내 입맛을 고려해 불고기 대안 제품을 출시한 차별성이죠. 'K-푸드로서의 정체성을 갖고 기술 고도화와 함께 수출을 더욱 활발하게 해, 세계에 우리 제품을 알린다'라는 목표는 민 대표의 자랑스

출처: 지구인컴퍼니

〈자료 7〉(좌)뉴욕타임스퀘어에 '지구인컴퍼니'의 미국 출시를 기념하는 광고판
(우)지구인컴퍼니의 브랜드 '언리미트' 불고기 제품

러운 포부입니다. 지구인컴퍼니의 입장을 공유하는 포스코가 그들의 해
외 확장 지원을 했고요. 2022년 초 뉴욕 타임스퀘어 광고판에 지구인컴
퍼니의 상품이 등장했습니다(〈자료 7〉). 미국 출시에 대한 선전 포고였어
요. 미국 시장은 온라인 소매업체 울타리몰Wooltari Mall에서 시작했습니다.
LA 한인식당 정육점에서도 다양한 메뉴로 만날 수 있죠. 아울러 크라
우드 펀딩을 활용해 미국에 식물성 육포 라인을 론칭했습니다. 지금은
대용 풀드 포크, 만두, 다진 고기 및 치즈로 제품을 확장 중입니다. 40
개국 13,000개 점포를 전개하는 까르푸Carrefour 매장에 입점 가능한 어워
드 수상 뉴스도 들립니다.

기억해야 할 또 다른 국내 스타트업은 **알티스트**입니다. 알티스트는
국내에서 '대용 단백질' 식품을 대중화하는 데 가장 먼저 앞장선 업체입
니다. 식물기반 대용육 브랜드, 고기대신으로 일찍이 롯데마트에 신을

보였죠. 고기대신이라는 브랜드를 사용할 만큼 대용에 대한 개념을 강하게 갖고 공격적으로 시장을 선도했지만 국내 유통시장은 만만치 않습니다. 롯데마트가 식물기반 제로미트 브랜드를 론칭하고 동일 선반대에 나란히 진열한 것입니다. 두 브랜드가 모두 존속할지, 한 개만 남을지 모르겠지만, 필자는 스타트업과 대기업이 상호 레버리지 효과를 본 사례로 해석합니다. 대기업 롯데마트는 새로운 시장에 대한 테스트 마켓으로 신생 기업 제품을 활용했습니다. 신생 기업 알티스트는 대기업에 기대어 초기 브랜드 홍보의 충분한 혜택을 받았죠. 대기업이 동종업계에 진출하면서 받은 긴장과 도전의식은, 알티스트가 비건 참치, 비건 육포 등의 후속 제품을 출시하게 했고요. 소비자 접점에서의 제품라인 확장과 스낵을 선호하는 MZ세대의 니즈를 반영해 편의점으로 유통망을 확장한 점이 돋보입니다.

국내에서 처음으로, CES 2022 푸드테크 세션에 참가한 스타트업이 있습니다. **양유**입니다. 아몬드를 활용한 식물기반 대용 치즈를 선보였죠. 여러 유산균을 섞어 동물성 발효와 유사한 기능을 발현시켜 일반 동물성 치즈의 맛과 식감을 구현하는 핵심기술이 양유의 경쟁력입니다.

크지는 않지만, 광도가 높은 반짝이는 별들입니다. 이들 기업의 미래가 기대됩니다.

04

사명(社名)에서 'Meat(육류)'를 'Protein(단백질)'으로 바꾼다?

신인이 잠자는 거인을 깨우다

2020년 기준으로 1위 타이슨 푸드^{Tyson Foods}, 2위 제이비에스^{JBS USA}, 3위 카길^{Cargill Meat Solutions corp.}, 4위 시스코^{SYSCO corp.}, 5위 스미스 필드^{SmithField Foods Inc.}, **5.5위?**, 6위 호멜^{Hormel}, 7위 내셔날 비프 패킹^{National Beef Packing Co LLC.}, 8위 퍼듀^{Perdue Farms}, 9위 오시^{OSI Group}, 10위 코그나라^{Cognara Brands LLC.} ... 이것은 무슨 순위일까요? 그리고 필자가 왜 5.5위를 끼워 넣었을까요?

미국 기반의 글로벌 Top 육가공업체의 순위입니다. 이들은 수십 수백 년간 사육, 도축, 가공, 유통의 공정 프로세스를 소유하고 글로벌 시장을 장악해왔습니다. 그런데 재미있는 것은 이들 업체가 스스로 대용육 제품을 출시하거나 그 분야의 인수 또는 합병, 그리고 투자에 적극적인 점이죠. '대용 단백질' 시장을 주목하는 것은 스타트업만이 아닌 것입니다. 예컨대 이 시장의 성장성을 간파한 육가공업체가 투자를 통해 자사의 대용육 연구 개발 속도를 향상시키려는 전략을 추구하고 있습니다.

식물기반 대용육 선두 스타트업 비욘드 미트의 지분 6.5%를 보유하던 타이슨 푸드가 비욘드 미트가 상장하기 전에 이를 매각하고, 자체 대용육 브랜드, 레이즈드 앤 루티드Raised&Rooted 를 론칭한 것이 한 사례입니다.

타이슨 푸드, 호멜, 제이비에스 등의 육가공업체들이 아직 '대용 단백질' 범주에서 큰 존재감을 갖고 있지는 않습니다. 하지만 '진짜 고기' 부문에서 줄곧 승리한 기업이고 비욘드 미트 같은 블루칩을 선별할 수 있는 기업이죠. 무엇보다도 중요한 사실은, 이들이 오랜 경험을 통해 소비자의 행동, 식품 가공 및 소비자들이 갈망하는 제품을 만드는 방법을 이해하고 있다는 점입니다. 신인 스타트업들이 무시무시한 거인을 깨워놓은 셈입니다.

왜? 기후변화 해결에 동참? 혹, 그린세탁?

수십 수백 년 동안 동물 기반으로 창출되는 수익이 전체 매출의 70%에서 100%에 육박하는 것이 육가공업체 비즈니스 모델이었습니다. 그런데 이들이 그들의 비즈니스 모델에 반(反)하는 테크 모델, 즉 동물 기반을 보완하고자 하는 대용육으로 전환하는 아이러니한 행보는 무엇을 의미하는 것일까요?

2010년 11월에 상위 10대 육가공업체의 기업 가치는 약 700억 달러였습니다. 5년 후인 2015년 11월에는 약 1,100억 달러로, 다시 5년 후인

2020년 11월에는 1,300억 달러로 증가했죠. 그러나 2020년 11월에 그들은 놀라운 결과를 보았습니다. 상위 10개 회사 중, 두 업체가 '대용 단백질' 회사인 비욘드 미트와 임파서블 푸드라는 것을 발견했으며, 두 업체의 가치를 합산하면 140억 달러에 이르는 것을 본 것입니다. 필자가 육가공업체 순위에 끼워놓은 5.5위가 바로 이들이 차지한 실적이죠. 타이슨 푸드가 시장의 성장성은 인식했지만, 이들이 업계 6위 안으로 등극할 줄은 몰랐겠지요. 게다가 매각해버린 비욘드 미트가 상장 후 주가가 10배 가까이 급등할 것은 상상도 못 했을 것입니다. 또한, 2017년부터 2020년 말까지 4년 동안의 동물성 단백질과 '대용 단백질' 업체의 성장 실적은 더 큰 놀라움을 주었습니다. 제이비에스, 타이슨 푸드, 호멜, 메이플 리프와 같은 기존 동물성 단백질을 취급하는 기업들은 평균 22% 성장했지만, 당시 인용된 '대용 단백질' 회사인 미트 테크MeaTech, 모던 미트Modern Meat, 비욘드 미트 및 베리 굿 컴퍼니Very Good Food Company는 1,200% 나 성장한 것입니다.

덧붙여 전통 육가공업계는 코로나 바이러스 대유행으로 추가적인 압박을 받았습니다. 바이러스 발생으로 공장이 폐쇄되어 육류 공급망에 큰 타격을 입혔죠. 2020년에는 200억 달러 이상의 손실을 본 것으로 보도되었고요. 이미 스트레스를 받고 있던 기존 육가공업체는 또한 코로나로 인한 소비자 선호도의 변화와 공급망 중단으로 인해 증가하는 재정적 압박에도 직면했습니다.

대용육의 총 시장 규모는 아직은 세계 육류 시장의 2% 미만의 미미한 수준입니다. 하지만 고기와의 유사성과 맛에 대한 높은 상업적 잠재력에 힘입어 식물기반 및 세포기반 대용육은 1조 달러 규모의 기존 육류 산업을 혼란에 빠뜨릴 엄청난 잠재력을 가지고 있는 것입니다. 또한 대용 가금류 및 대용 달걀 시장과 대용 해산물 시장에서 유사한 변화가 불 것으로 시장은 예측하고 있습니다. 기득권을 가졌던 동물성 단백질 플레이어는 이러한 다급한 환경에서 '변환' 이외의 방법이 없었습니다.

나란히 동반 성장

글로벌 Top 육가공업체들은 이러한 새로운 현실을 반영하기 위해 사명(社名)까지 변경해 대응하고 있습니다. 카길은 스스로를 'Cargill Meat Solutions'라고 불렀으나 이제는 'Cargill Protein'이라는 변화된 정체성으로 표현합니다. 타이슨 푸드는 'A Meat Leader' 대신 'A Protein Leader'라고 변경했으며, 메이플 리프는 '캐나다 최대 식품 가공업체'가 아닌 '선도적인 **단백질** 소비자 회사'라고 명명하고 있습니다. 전통적인 육가공업체는 더 이상 육류 회사가 아닌 단백질 회사로 식별되기를 원하며 시장의 트렌드를 인식하고 있는 것입니다. 식품 산업의 기득권자였던 글로벌 곡물 공급업체가 식품 기술 연구소와 협업을 맺는 것도 역시 같은 뜻의 반영입니다. 대표적인 곡물 공급업체 에이디엠[ADM], 잉그레디온[Ingredion] 등은 식물성 원료의 대량 공급을 위한 R&D혁신 연구소와 생산 공장도 곳곳에 구축 중이죠. 동시에 '대용 단백질' 시장에 거대한 투자를 집행하며(참고: 자료 4), 나란히 동반 성장의 목소리를 내고 있습니다.

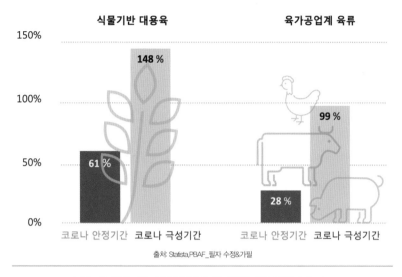

출처: Statista,PBAF_필자 수정&가필

〈자료 8〉 식물기반 대용육업계와 육가공업계의 성장(판매) 비교

〈자료 8〉은 코로나가 극성을 부리던 기간과 코로나가 안정화로 접어든 기간에 식물기반 대용육과 육가공업 육류의 소매 판매율을 비교해놓은 것입니다. 두 업계 모두 성장세를 보이고 있죠. 글로벌 곡물, 육가공업들의 동반 성장의 목소리가 반영된 것입니다. 그런데 여기서 주목할 점이 있습니다. 앞서 살펴본 대로 100여 년 역사를 지닌 전통 육가공업체들의 연이은 파산에도 불구하고 육가공업계가 성장세를 보이는 점입니다. 살아남은 자들이 있는 것입니다. 포트폴리오 재구성 등으로 코로나 팬데믹 상황에 민첩하게 대응할 수 있었던 Top 육가공업체들이 그들이죠. 타이슨 푸드, 카길 등 빅 미트(Big meat) 기업들이 변함없이 시장을 점유하고 있는 것입니다. 또한 대용육 판매의 성장률은 소비자가 '대용 단백질'에 높은 기대를 걸고 있다는 것을 엿볼 수 있는 중요한 장면입니다. 육류이든, '대용 단백질'이든 결국 소비자들의 '단백질 가치'에 대한

수요는 증가하고 있음이 증명된 것입니다.

글로벌 육가공업 1위 업체 타이슨 푸드의 CEO가 인터뷰한 다음의 내용에서 현실을 직시할 수 있습니다.

"당신이 그들(대용육)을 이길 수 없다면, 그들과 함께하십시오. 모든 형태의 단백질에 대한 수요는 전 세계적으로 증가하고 있습니다. 그들과 함께 성장하고 싶습니다."

8위 업체인 퍼듀의 미션도 경청해봄 직합니다.

"우리의 비전은, 프리미엄 단백질에서 가장 신뢰할 수 있는 브랜드가 되는 것입니다. 프리미엄 육류 단백질이 아니라 프리미엄 단백질입니다. 그것이 소비자들이 가는 곳입니다."

Meat(육류)를 Protein(단백질)으로 대체한 CEO가 부르짖는 최소한의 자존심이 프리미엄 단백질인 것입니다.

05

베지테리언 마이크 타이슨,
칼 루이스의 근육 비결은요?

뽀~빠~이, 살려주세요

고대 철학자 피타고라스Pythagoras, 천재 만능 예술가 레오나르도 다빈치Leonardo da Vinci, 영양학의 선구자 존 하비 켈로그John Harvey Kellogg, 세계적인 테니스 선수 세레나 윌리엄스Serena Jameka Williams, 울트라 마라톤 챔피언 스콧 쥬렉Scott Jurek, 카레이서 황제 루이스 해밀턴Sir Lewis Carl Davidson Hamilton, 축구 스타 알렉스 모건Alex Morgan, 전 미 대통령 빌 클린턴Bill Clinton, 파워풀 팝가수 비욘세Beyoncé, 어벤저스 배우 베네딕트 컴버배치Benedict Cumberbatch, 그리고 SSG 랜더스 프로야구 투수 노경은의 공통점은 무엇일까요? 이들은 소위 '베지테리언(Vegetarian)'입니다. 그들의 식단은 누구보다도 많은 양의 식물성 식품으로 구성되었다는 의미죠. 시금치만 먹으면 초인적 힘을 내던 뽀빠이 이야기가 사실이었나요?

〈자료 9〉 "Less and Well" ("덜 먹고 잘 먹기")

　　적절한 양의 건강한 '고단백' 식품을 섭취하면 포만감을 느끼고 체중을 유지하며 근육 손실을 예방할 수 있습니다. 그런데 고단백 식품이라는 말을 들으면 무엇이 떠오르죠? 시금치요? 솔직히 우리의 현재 식습관으로는 채소가 고단백 식품이라 말하기 어렵습니다. 다만 결론부터 말하면, 단백질 식품이 고기, 생선 같은 동물성 식품만은 아니라는 것입니다. 뜻밖에도 단백질은 식물성 식품과 동물성 식품에 골고루 들어있습니다. 각각 함유하고 있는 영양소가 상호보완적이라는 점도 놓치지 말아야 합니다. 채소 중 시금치는 많은 단백질을 함유하고 있죠. 만화 〈뽀빠이〉가 등장한 이유입니다. 하지만 시금치만으로 뽀빠이나 운동선수들의 근육이 만들어지지는 않습니다.

식물성 식품은 채소, 과일, 곡물 그리고 해조류를 모두 포함합니다. 베지테리언은 채소만을 섭취하는 것이 아닙니다. 2장에서 자세하게 설명하겠지만, 동물성 식품을 줄이고 식물성 식품을 늘리는 이들이라고 이해해야 합니다. 동물성 식품과 식물성 식품은 각각의 장단점이 분명하죠. 채소는 섬유질과 수분 함량이 매우 높아서 단백질 요구량을 충족하기 훨씬 전에 포만감을 느낄 수 있어요. 칼로리는 낮고 섬유질, 비타민, 미네랄이 풍부하죠. 곡물은 양질의 고단백을 함유하는 식물성 식품이고요. 알칼리 식품인 해조류가 피를 맑게 해주고, 염분 배설을 돕는 성질이 있다는 것은 이미 상식입니다. 붉은 육류는 고단백 식품으로서 필수 아미노산을 모두 함유하고 있지만, 동시에 섭취되는 지방을 고려해야 합니다.

중요한 것은 식물성, 동물성의 구분이 아닙니다. 대체가 아닌 '보완'이 중요합니다. '대용 단백질' 시장 역시 이러한 상호보완적인 목표에서 시작되었죠. '함께'라는 접근이 필요한 것입니다. 뽀빠이의 터질 것 같은 팔뚝 근육은 '식물도 중요해'라는 외침이자, 식물기반 '대용 단백질' 등장 배경의 주요한 상징입니다.

콩밥을 먹자

단백질을 조금 더 분석해보면 누구나 '필수 아미노산'을 이야기합니다. 단백질의 기본 분자인 아미노산 중, 필수 아미노산은 체내에서 스스로 합성이 되지 않기 때문에 반드시 음식으로 섭취해야 하므로 그 중요성이 강조되어왔죠. 특히나 동물성 식품인 육류에는 9종의 필수 아미노산이 모두 함유되어 있어서 고기에 '완전 단백질'이라는 왕관이 씌워졌습니다. 1~2가지 필수 아미노산이 부족한 식물성 단백질이 하찮게 여겨지게 된 이유입니다. 그렇다면 완전함을 누리고 싶다면 어떻게 해야 할까요?

필자가 '알쓸신상(알면 쓸모 있는 신비한 상식)한 비밀' 하나를 공유하고자 합니다. 단백질 관점에서 보면, 식물성 식품인 흰 쌀밥은 불완전한 단백질입니다. 필수 아미노산 중 라이신(Lysine)이 부족하기 때문이죠. 하지만 메티오닌(Methionine)은 풍부해요. 상대적으로 대두, 완두 등의 콩에는 메티오닌이 부족하고 라이신이 풍부하고요. 따라서 이를 함께 섭취하면 필수 아미노산을 모두 얻을 수 있습니다. 상승작용을 일으켜 완벽한 단백질 효과를 내는 것입니다. 서구에서는 꿈도 못 꿀 우리만의 '식물성 완전 단백질' 비법 아닌가요? '콩밥'을 먹자고요!

06

MZ세대, 유투브, 인스타그램은
왜 '비건'의 ARMY일까요?

지구를 첫째로, 맛을 둘째로 생각합니다

〈자료 10〉 MZ세대 미닝아웃: 좋아요, 싫어요

FAO(Food and Agriculture Organization of the United Nations, 국제연합식량농업기구)는 수십 년 만에 고기 섭취가 감소할 것이라고 추정합니다. 통상 MZ(밀레니얼과 Z)세대라 불리는 젊은 세대가 추진하는 '대용 단백질 소비에 대한 긍정적인 생각'이 세계적인 유행이 될 것이라는 가정이죠. 그들이 '대용 단백질' 소비를 긍정적으로 생각하는 이유는 무엇일까요? '환경 보존'이 71.4%로 가장 많습니다. 그다음으로는 동물 복지, 건강한 식습관,

식량난 대비 순입니다. 실제로 전 연령대의 조사에서는 건강상의 이유가 70%로 가장 많은 반면, MZ세대만 따로 조사했을 때는 환경 보존을 가장 많이 꼽습니다. 국내 조사도 세계적 추세와 다르지 않음을 보여줍니다. 불과 2년 전, 그토록 '맛'에 매달리던 트렌드와는 확연하게 다르네요. 소비행위를 통해서 자신의 신념을 표출한다는 '미닝아웃', 그들만의 '가치 소비' 확대가 '대용 단백질' 시장에서도 충분히 발휘될 것이라는 이야기입니다. 그렇다면 이들은 어디에서 이런 미닝을, 이런 가치를 도출했을까요? 이들을 따라가 살펴볼게요.

리모컨 대신 스마트폰

지출할 돈이 있고 아직 확고한 쇼핑 습관에 정착하지 않은 MZ세대를 확실하게 사로잡은 힘은 무엇일까요? 2009년 비욘드 미트가 설립되었을 때만 해도, 아무도 그들이 누구이며 그들의 목표가 무엇인지조차 알지 못했습니다. 그러나 10년 후, 비욘드 미트는 210억 달러(약 27조 3,000억 원) 가치의 세계적인 트렌드로 성장했죠. 과연 식물기반 대용육으로 그토록 큰 제국을 건설하기 위해 그들은 무엇을 했을까요? 동상이몽이지만 같은 질문입니다. 광고주는 항상 18~34세의 인구 통계를 탐냅니다. 전 세계 인구의 절반(53.6%)이 소셜 미디어를 이용하지요. 트렌디 한국은 89.3% 이용으로 세계 2위 이용국입니다(1위는 아랍에미리트연합국 99%). 싱가포르 84.4%, 미국 72.3%, 중국은 64.6%이죠. 결국 이 시대에 성공 방법론은 늘 SNS로 귀결됩니다.

비욘드 미트는 SNS에 월 단위로 고객이 만든 콘텐츠를 게시해 브랜드의 진정성을 느끼게 했습니다. 다양한 방법으로 인플루언서 마케팅도 동원했고요. 제시카 체스틴Jessica Chastain, 스눕 독Snoop Dogg, 크리스 폴Chris Paul 등이 마케팅에 참여했죠. 경쟁 제품과의 비교도 놓치지 않았어요. 초기에는 진짜 고기버거와 싸웠고, 곧이어 같은 대용육 경쟁자인 임파서블 푸드와 진검승부를 벌였습니다. 대용육의 선구자, 비욘드 미트조차 팬데믹 초기까지는 식료품점 진열대에 선반 하나 가질 수 없었습니다. 그러나 비욘드 미트의 소셜 미디어 활용으로 성공의 퍼즐이 완성되었죠. 이는 브랜드가 소셜 미디어 계정으로 무엇을 해야 하는지 보여주는 대표적인 예로 남아 있습니다.

소셜 미디어 때문에 더 많은 젊은이들이 비건에 대해 이야기하든, 소셜 미디어 사용자가 젊기 때문에 비건에 대해 이야기하고 있든, 결과적으로는 젊은이들이 비건 운동을 주도한다는 것입니다.

처음으로 소비자로서 성인이 되었습니다

필자의 사무실에 젊은 두 친구가 있습니다. 그들의 나이는 각각 30살, 그리고 23살입니다. 그들은 어쩌다 MZ세대 구분 안에 들어와 있죠. 이들이 제품의 라벨을 보지 않고 제품을 사거나 먹는 것을 보는 것은, 매우 드문 경우입니다. 이들의 성화에 필자도 브랜드만 보고, 또는 광고만 보고 제품을 구매하지 않는 습관은 오래되었습니다. 이들은 '내가 먹는 음식이 실제로 내 몸에 어떤 영향을 미칠까?'라고 생각하는 것입니다. 이에 대해 스스로 교육하는 데 기꺼이 시간을 할애한다는 의미이고요. 이제는 자신의 음식이 지구뿐만 아니라 내 몸에 미치는 영향까지 고려하기 시작한 것입니다. 결국 밀레니얼과 Z세대와 같은 젊은 소비자는 '의식 있는 식품의 섭취'로 수요 트렌드를 주도하는 지배적인 힘이 되었습니다. 나이로도, 의식으로도 말이죠. 그들은 향후 20~30년 동안 '대용 단백질'을 포함한 식품 산업을 지배하게 될 것입니다.

흥미로운 점은 이들 사이에도 차이가 있다는 것입니다. M과 Z의 차이죠. 부모 세대가 된 M, 그리고 경제적인 상황이 더 풍요로우면서도 차별화된 가치를 지닌, 이제 겨우 성인이 된 Z.

식품 산업 고문인 데이빗 포탈렛David Portalat의 조언을 경청해볼게요.

"Z세대는 친구에게 인스타그램을 하고, 엄마에게 문자를 보내며, 피자를 동시에 주문할 수 있습니다."

IRI(Information Resources, Inc.) 자문, 린 길리스Lynne Gillis는 이렇게 표현합니다.

"Z세대는 다른 사람들이 벽을 볼 때, 창을 봅니다. 그들은 그들이 원하지만 찾을 수 없는 환경을 만나는 것을 두려워하지 않습니다."

Z세대는 밀레니얼 세대보다 개인화된 마케팅 활동을 더 호의적으로 보고 구매하는 제품을 통해 경험을 추구합니다. 식품 및 음료 마케터들은 현재 밀레니얼 세대 소비자의 욕구와 필요를 충족시키는 데 더 큰 관심을 기울이고 있지만, 경영진은 Z세대를 잊어서는 안 됩니다.

소비자는 놀라운 힘을 가지고 있습니다. 여전히 왕!

2022년 4월, 미국의 이유식 브랜드 거버^{Gerber}가 식물기반 대용식으로 유아 식품시장에 뛰어들었습니다. 이 시장이 유아뿐만 아니라 성인도 타깃으로 하는 양수겸장의 시장인 점은 주목할 대목입니다. 거버의 CEO인 타룬 말카니$^{Tarun\ Malkani}$는 매우 교과서적인 이야기로 그 포문을 엽니다.

"부모들이 음식과 기후 가치에 합당한 식물성 단백질 식품 옵션을 더 많이 원합니다. 거버의 식물성 라인은 유기농 유아용 간식, 식사 등 여러 가지 기준에 맞는 영양을 제공합니다. 우리의 모든 제품은 탄소 중립 인증을 받았으며, 기후변화에 대한 우리의 노력을 더욱 증진시키고 있다는 것을 자랑스럽게 생각합니다."

거버는 2007년 네슬레에 인수되었죠, 전술한 것처럼 거버의 식물성 라인은 네슬레의 강도 높은 '대용 단백질' 시장 참여의 일관성 위에 포함되어 있습니다. 네슬레 CEO인 마크 슈나이더$^{Mark\ Schneider}$는 "모든 동물성 단백질을 식물성 대용물로 대체하는 것을 적극적으로 모색하고 있다"라고 설명한 바 있습니다.

'대용 단백질'이 전 세계 유아의 입맛까지 사로잡는다? 이들은 M세대 주니어이면서 Z세대에 이을 새로운 연결의 세대입니다. 비록 M세대의 의사결정에 의해 만들어진 시장이지만, 유아와 어린이가 거버의 식물성 기반 대용식을 섭취하는 것은 기존 시장에 많은 영향을 미칠 수 있습니다. 그들은 직접 에너지 시스템을 제어할 수 없지만 '먹는 것'으로 기후에 미치는 영향을 제어할 수 있죠. 왜냐하면 그들의 식생활 변환으로 인해 '대용 단백질'이 좋은 식품으로 인정받으면 식탁을 공유하는 주변 친구에게 영향을 미칠 수 있고, M세대 부모와 그들의 조부모에게도 즉각적인 영향을 미칠 수가 있기 때문입니다.

2022년 4월, 재미있는 사례가 있었죠. 우연히 겹쳐졌던 두 딸의 생일 파티에서 생긴 일입니다. 채식주의자가 아닌 두 아버지, 배우 존 트라볼타John Travolta와 벤 스틸러Ben Stiller에게는 각기 22살 딸과 20살 딸이 있습니다. 그들이 Z세대 딸들이 원하는 '비건 식사'로 딸들의 생일을 축하한 것입니다. 이렇게 특별한 식탁의 주도권은 이미 자녀 세대에게 넘어갔습니다.

이러한 어린이 입맛 잡기 추세가 식품 산업에서 어떻게 해석될까요? 필자는 이러한 흐름이 소비자의 구매 결정에 중요해진 정도를 넘어 더 넓은 주제에 적용할 좋은 테마라고 생각합니다. 기업 행동을 주도하는 것은 소비자의 힘이기 때문이죠. 기업이 추구하는 일의 상당 부분은 소비자가 말하고 행동하는 것에 대한 반응입니다. 소비자, 특히 MZ세대는 자신이 무엇에 관심을 갖고 있는지, 왜 결정을 내리는지에 대해 점점 명확하게 표현하고 있습니다. 지속 가능한 기업은 끊임없이 이러한 소비자의 목소리를 들어야만 할 것입니다.

07

100억 명 먹여 살리는 방법은요?
대신 지구는 죽이지 않고요

나 이제 알아요

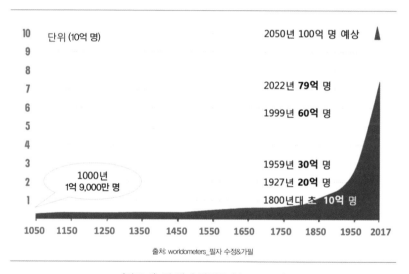

출처: worldometers_필자 수정&가필

〈자료 11〉 전 세계 인구증가 (1050–2022)

2022년 4월 기준, 세계 인구 추정치는 79억 명입니다. 인류 역사의 스펙트럼(〈자료 11〉)을 펼치면, 인구 증가 속도는 비교적 느린 편이었죠. 기원전 1만 년 전에는 400만 명이 지구에 살고 있었고, 서기 1000년에는 1

억 9,000만 명으로 늘었습니다. 그 후 1300년대에 발생한 전염병 페스트가 세계적으로 유행하면서 세계 인구는 약 50% 감소합니다. 하지만 산업혁명을 계기로 인구가 다시 폭발적으로 증가했어요. 1800년대 초반 인구가 10억 명이 되었죠. 공중 위생의 향상과 항생제 발견으로 1959년에는 30억 명까지 증가했고요. 그런데 1960년에 FAO에서 무서운 발표를 합니다. 2000년까지 인구가 2배로 증가할 전망인데, 우리가 가진 식량공급 체계로는 이 인구증가 속도를 따라가기 어렵다는 어두운 전망이었죠. 다행인지 불행인지 이 예상은 빗나갔습니다. 1999년 인구는 FAO의 예측대로 2배인 60억 명에 이르렀지만, 농축산업 기술자들 덕분에 식량 위기를 피할 수 있었습니다. '농업 생산성 개선'과 '공장식 축산업'의 구축, 즉 인간의 기술이 식량 부족 위험을 해결해버린 것입니다. 실제로 1940~2010년 사이에 전 세계 옥수수 생산량은 5배로 증가했습니다. 어떻게 그리고 왜 옥수수 생산량을 확대시켰는지는 다음 장에서 구체적으로 살펴볼게요.

그런데 FAO 보고서 발표 당시, 특히 주목받은 내용이 동물성 단백질이 어마어마하게 부족할 것이라는 점이었습니다. 축산 기술자와 과학자들은 '나중에 진짜 고기 없이 살게 될까?' 하는 의구심에서 이때부터 대용육 연구를 시작했죠. 국내에서도 1960년대부터 쇠고기 파동이 계속되면서 육류 가격이 널을 뛰기 시작했고, 이때부터 대용육 개발을 착수했습니다. 우리는 당시 이것을 콩고기 또는 인조육이라고 불렀어요(〈자료 12〉). 1978년 해표 식용유를 만들던 동방유량이 식용유를 짜고 남은 탈지대두로 콩고기를 만든 게 최초의 제품으로 알려져 있습니다. 개발 당시에는 좀 비싸긴 했지만, 1980년대부터는 가격이 낮아지면서 상용화되었습니다. 하지만 콩 비린내와 골판지 씹는 듯한 식감으로 인해, 어려운 경제 시절임에도 불구하고 구매로 이어지기는 어려웠죠. 1990년대 들어 국민소득이 늘고 고기 공급도 충족하면서 콩고기를 구매할 이유는 점점 없어지게 되었고요. 콩고기 단독 식품의 판매는 저조했지만, 우리가 즐겨 먹는 짜파게티나 사발면 스프에 마치 고기인 양 간접적으로 슬쩍 들어가게 되었습니다.

〈자료 12〉 (좌) 1989년 5월 19일 광고 / (우) 1977년 12월 9일 기사

그런데 2000년대 들어서 세계적으로 새로운 트렌드가 불었습니다. 유럽이나 미국 같은 선진국에서 채식주의자들이 늘어났죠. 소득이 점점 늘어남에 따라 건강에 신경 쓸 여유가 생긴 것뿐만 아니라 동물의 생존권과 환경에 대한 관심도 커진 것입니다. 이러한 사람들이 많아지면서 문제가 생겼어요. 사육 기술의 발전으로 공급이 충분해지고 가격도 저렴해진 고기를 못 먹는 일은 없어졌지만, 공장식 축산업이 동물권과 환경권이라는 가치와 크게 충돌하게 된 것입니다. 비윤리적인 공장식 축산과 그 과정에서 나오는 온실가스가 인류와 지구의 건강을 해친다는

목소리가 커지기 시작했어요. 현재 축산물이 배출한 가스는 전체 온실가스의 18.4% 정도입니다. 인류를 위해서 고기를 생산하면 역으로 인류가 힘들어진다는 이야기죠. 이런 상황 인식에 따라 채식주의자를 넘어 지구의 모든 인류가 '대용 단백질'을 바라보게 되었습니다. 여기에 더해 UN은 2050년 인구를 100억 명으로 예상하고 있고요. 필자는 여기서 또 의구심을 던집니다. 인류의 역사에서 다시 인구 100억 명을 먹여 살리는 방법은 무엇일까요? 지난 60년 동안 했던 것처럼 과학을 통한 새로운 방식의 다양한 단백질 공급으로 가능할까요? '테크'로 불리는 더 발전된 기술로 이것이 가능할까를 묻고 싶습니다.

이런 고민을 하는 사이 코로나 쇼크가 닥쳤습니다. 코로나 팬데믹은 지구와 인류의 건강, 그리고 웰빙에 대한 기존의 사고에 의문을 던졌죠. 지구 공동체를 위해 더 빠르고 파격적인 대책이 나오지 않으면 안 된다는 점을 인식시켰습니다. 100억의 인류가 먹고살아야 하는 문제도 마찬가지입니다.

안다고 달라지지 않아.
난 배불러 죽겠는데, 넌 배고파 죽겠어?

인류의 역사에서 인구가 가장 비약적으로 증가한 18세기 이후의 성과는 온갖 혁신적 기술에 맞물린 경제 성장의 혜택입니다. 새로운 기술은 새로운 형태의 에너지를 사용하게 했죠. 과학은 식량이나 질병 등 인류의 기본적 압박을 모두 극복하게 했고요. 코로나까지도요. 그러나 동시에 엄청난 불평등이 초래되었습니다. 어떤 지역의 행운스러운 일이 다른 곳에는 불운으로 대체되었죠. 전 세계는 극단의 불평등 상태에서 에너지와 물질을 사용했습니다. 결과적으로 선진국, 개발도상국, 후진국의 경계가 분명해져갔습니다. 지구의 가파른 성장 추세는 정치적으로 혹은 또 다른 어떤 면에서든지 조절하기 어려워졌고요. 같은 날 지구 이편에서는 비약적인 경제발전과 다이어트 뉴스가 나오고, 저편에서는 기아로 굶어 죽는다는 뉴스가 동시에 송출되고 있습니다. 내가 배고프지 않으니 저편 뉴스는 화성 이야기쯤으로 들립니다.

이미 2010년대 중반에 기아(饑餓)가 급속히 확대되기 시작했습니다. 불편하게도 2020년에는 절대적으로 기아가 급증해 인구 증가율(1.03%)을 앞질렀죠. 2020년 전체 인구의 약 9.9%가 영양 결핍을 겪었습니다. FAO, IFAD(국제농업개발기금), UNICEF(유엔아동기금), WFP(유엔세계식량계획), WHO(세계보건기구)가 공동으로 발간한 보고서가 세상에 경고하고 있습니다. 5개 기구의 수장은 보고서 서문을 이렇게 시작했어요.

"이전의 보고서에서도 이미 수백만 명이 식량 위험에 처해 있다는 사실을 세상에 알렸습니다. 불행히도 전염병은 전 세계 사람들의 생명과 생계를 위협하는 우리 식량 시스템의 약점을 계속해서 드러내고 있습니다."

전 세계 79억 인구 중 40억가량의 인구, 즉 50% 이상이 잘 먹지 못하고 있습니다. 아주 못 먹는 것은 아니지만, 올바르게 먹지 않거나 제대로 먹지 않고 있습니다. 게다가 그중 8억여 인구는 먹을 것이 없어 굶어 죽고 있죠. 전 세계는 극단적 영양 불균형 상태인 것입니다. 유럽, 북미

를 비롯한 선진 국가들의 가장 큰 문제는 과소비입니다. 현대인의 질병
과 환경문제가 과식에서 비롯되고 있죠. 이제 전 세계적으로 '덜 먹자'라
는 트렌드로 번지고 있어요. 육류 1kg을 생산하는 데 필요한 곡류(사료)
의 양은 25kg(소 기준)입니다. 이를 얻기 위해 인건비는 저렴하고 방대한
토지를 가진 저개발 국가에서 농사를 지을 수밖에 없습니다. 생산한 옥
수수를 비롯한 곡식은 사람이 아닌 가축이 먹습니다. 일부 소수 계층을
제외한 저개발 국가의 대다수 사람들은 먹을 것이 없어 기아에 허덕이
고요. 이것이 오늘날의 현실인 것입니다.

이렇듯 비효율적인 생산과 과다한 육류 소비의 반향으로, 세계 최고
의 과학자들은 식물기반, 발효기반, 세포기반 등의 '대용 단백질'을 해결
책의 일부로 인식했습니다. 통제된 환경 농업과 같은 새로운 식품 기술
은 식품 생산에서 배출되는 직접적인 온실가스를 실질적으로 감소시킬
수 있기 때문입니다. 또한, 이 식품 기술은 농업, 임업 및 기타 토지 이
용에 대해 대규모로 탄소 배출은 감소시키고 이산화탄소를 저장하는 성
과도 가능하니까요(구체적인 내용은 다음 장에서 설명하겠습니다.). 아울러 각종
기관은 육류를 덜 먹는 방향으로 나아가는 캠페인을 지속하고 있습니
다. 비건이나 채식을 지향하는 사람들이 등장하는 것도 이 같은 흐름인
것입니다.

[선험 사례]
'비건'은 '전기 자동차'와 같아요

같은 공감대, '대안'

2025년 네덜란드와 노르웨이, 2030년 덴마크와 스웨덴과 인도, 2035년 중국과 캐나다와 태국, 그리고 미국(캘리포니아주), 2040년 프랑스와 영국, 그리고 스페인… 이 연도는 무엇을 의미하는 것일까요?

이는 내연기관 자동차(ICE Internal Combustion Engine)의 판매 금지 연도입니다. 이들 대부분 국가는 자국에서 더 이상 내연기관 차량을 판매할 수 없다는 법률을 통과시켰습니다(출처: Berylls Strategy Advisors).

이산화탄소는 온실가스의 농도를 높이는 지구 온난화의 주범입니다. 내연기관 자동차는 탄소를 과도하게 배출하기 때문에 찬밥 신세가 되었죠. 이들이 발생시키는 탄소는 전체 탄소 배출량의 11.9%를 차지합니다. 영국은 대기오염만으로 1년에 약 4만 명이 사망하고, 약 600만 일 이상 근로자의 병가를 초래해, 사회적 비용이 33조에 이른다고 하죠. 이쯤 되면 내연기관 자동차 판매 금지의 목적이 자명합니다(출처: OWD 2020).

이 시점에서 전기 자동차(EV Electric Vehicle)가 현란하게 등장합니다. 전기 자동차는 환경문제를 야기하는 가솔린, 디젤, LPG, 그리고 천연 가스를 원료로 하는 내연기관 엔진을 배터리와 전기모터로 교체합니다. 이렇게 내연기관 자동차를 대안한다는 사명 아래 테슬라, 현대 등의 자동차업계와 국내외 소비자들은 이미 열광하고 있죠. 비건 시장 역시 환경문제의 주범으로 몰린 축산업에서 제공되는 동물성 단백질인 소, 돼지, 가금류, 해산물, 유제품 등을 대안하는 노력이 계속되고 있고요. 앞서 푸드테크 기반의 수많은 스타트업이 붐업되고 있음을 보았습니다.

기후변화에 대응하기 위해 자동차업계는 전기 자동차로, 그리고 식품업계는 '대용 단백질'로 '대안'한다는 같은 공감대를 갖고 있는 것입니다. 자동차업계의 혁신적 전환 경험이 '대용 단백질' 업계의 지표가 되어 왔고요. 이들은 역사적으로도 유사한 경험들을 주고받았죠. 이에 필자는 간략하나마 전기 자동차업계의 앞선 경험을 이끌어내어, '대용 단백질' 업계의 교훈으로 전하고자 합니다.

'토끼와 거북이' 우화로 배우는 백투더 퓨처

1905년까지 육로 운송 시장은, 마차와 수레에 의존했던 만큼 대부분 (약 97.5%) 말에 의해 움직였습니다. 마차의 말똥으로 인한 탄소 배출과 말똥에 꼬인 파리들이 매개가 된 장티푸스의 오랜 발병에 전기 자동차 (1865년)와 가솔린차(1887년)가 구세주로 등장했죠. 하지만 수요가 늘지 않다가 1800년대 말, 말똥 대 위기(Great Horse Manure Crisis)에 직면하고 나서야 1901년부터 자동차의 대량 생산은 시작되었고, 20년 만에 시장 점유율이 완전히 바뀌었습니다. 자동차 시장 점유율은 95%로 증가한 반면, 마차 시장 점유율은 5%로 떨어졌죠. 결국 1917년에 말이 끄는 마차는 운행을 멈추었고요.

이 당시 자동차 점유율에서 재미있는 점은, 지금의 신개발처럼 여겨지는 전기 자동차의 점유율이 38%에 이르렀다는 것입니다. 하지만 원유의 대량 발견으로 원유 가격이 하락하면서 가솔린차가 대세가 되고, 동시에 전기 자동차는 암흑기에 들어섭니다. 자본주의 성장은 변함없이 경제적 효율이라는 관점을 특성화합니다. 환경은 문제가 되지 않았던 것입니다. 그러나 세상은 또 변합니다. UN에 의해 교토의정서(1997년)와 파리협약(2015년)이 채택되면서, 다시 세상은 급격한 기후변화의 문제로 전기 자동차 생산이 법적 의무화 단계까지 와 있습니다. 또한 2000년대에 들어 자동차 주요 부품이 분해성 콩 플라스틱으로 대체되고 있고요.

비건 시장으로 돌아가 보면, 사료로 쓰이던 콩은 크고 작은 세계의 전쟁 와중에서 식량난의 해결책이 되었습니다. 콩의 영양학적 가치 외에 사업용으로써의 활용도가 발견된 이래 동서양 사이에 콩의 점유 전쟁이 시작되었고, 콩고기가 등장하기에 이르렀고요. 하지만 제2차 세계대전이 끝나고 활발해진 육류의 공급으로 콩고기의 인기는 하락세로 돌아섰습니다. UN이 기후변화의 심각성과 콩의 가치를 다시 알리고자 2016년을 '콩의 해'로 지정하고 여기에 개인의 건강 이슈가 합세되면서,

콩과 콩고기는 최근에 다시 '푸드테크' 기반의 '대용 단백질'로 급발전하고 있는 것입니다.

역사의 어느 시점에도 토끼같이 빠른, 그리고 거북이같이 꾸준한 제품들이 있기 마련입니다. 누가 이길지, 늘 후세의 구경거리입니다.

'콩 자동차' 그리고 또 지구문제

대안이라는 유사점 외에, 자동차에는 콩과 관련된 재미있는 사실이 숨겨져 있어요. 농업과 환경에 대해 지대한 관심을 가졌던 자동차의 아버지 헨리 포드Henry Ford가 콩의 홍보대사로 활동하면서 1941년에 차체 전체를 콩 원료로 만든 '콩 자동차'를 생산한 것입니다. 그러나 썩지 않는 플라스틱의 개발로 콩 자동차의 매력은 시들어갔죠. 그럼에도 콩의 영양학적 가치와 사업적 활용도로 콩 생산 확대 정책은 계속되었습니다. 1990년대에 급기야 GMO(Genetically Modified Organism, 유전자 변형) 콩의 개발이라는 획기적인 대량 생산의 기점을 맞으면서 앞다투어 그 종자는 전 세계로 퍼져 나갔어요. 몇천 년 동안 고요히 경작되던 콩은, 100년도 채 안 된 사이 대량 생산의 미명 아래 지구 지형을 인위적으로 변형시켰고, 도시와 국가는 콩의 교역으로 강력하게 연결되었습니다.

이렇게 인위적으로 만들어진 문명의 이기는, 그 달콤함 대신 우리 삶에서 무엇을 빼앗아 갔을까요? 세계 곳곳에서 이어지는 산불, 호수의 바닥을 드러나게 하는 지속적인 가뭄, 그리고 도시를 통째로 날리는 태풍과 홍수 등의 자연재해는 물론, 인구의 10%를 사망케 했던 165년의 천연두, 모든 길은 로마로 통한다더니 쥐조차 그 길을 따라 유럽 인구의 1/3을 사망하게 한 흑사병, 제1차 세계대전 말에 발생해 2여 년 동안 전쟁 사망자의 3배에 이르는 5,000만 명을 죽음에 이르게 한 스페인 조류독감, 1976년에 발병해 지금까지 숙주를 찾아내지 못한 채 2014년까지 발병했던 에볼라, 2002년 사스, 2009년 신종플루, 2015년 메르스, 2020년 코로나에 이르기까지… 지면이 모자랄 만큼의 수많은 징후는 세기를 거듭하며 결국 붉은 지구를 만들어냈습니다.

'석기시대가 돌이 없어서 끝난 것이 아니다'

기후변화에 맞물린 친환경 실천 과제로 내연기관에서 전기 자동차로의 점진적 대용은, 논쟁을 넘어 관련 법 규정 등을 통해 이미 미래의 사실로 자리를 잡아가고 있습니다. 연비와 연료비가 보여주는 전기 자동차의 압도적인 가성비 차이도 이를 충분히 뒷받침합니다. 현대 자동차의 예로 100km당 연료비는, 내연 기관차(아반테 1.6)의 경유차가 7,302원, 휘발유 차가 11,448원인 반면, 전기 자동차(아이오닉) 완속 충전차는 1,132원, 급속 충전 차는 2,759원입니다. 정부가 적극적인 보조금 지원으로 전기 자동차 구입을 권하는 이유가 여기에 있죠.

이렇게 자동차업계는 기존의 내연기관 자동차와 함께 점진적으로 하이브리드 자동차, 그리고 전기 자동차로 지구의 열기를 식혀가고 있습니다. 여전히 끊임없는 노력이 가상하죠. 최근엔 e—퓨얼(electro-fuel)이 등장했습니다. 탄소를 저감하는 친환경 신연료입니다. 이미 1960년대에 개발되었으나 비용 등의 문제로 양산 가능성에서 멀어져 있다가, 지구 환경 문제로 당당하게 재등장한 수소 자동차의 뉴스, 그리고 전기 자동차와 수소 자동차의 충전 인프라 공유 정책의 발표 또한 고무적입니다. 하이브리드 자동차이든, 전기 자동차이든, e—퓨얼 내연 자동차이든, 기후 회복에 당당하게 맞서고 있는 것입니다. 기후변화에 대응하기 위해 그렇게 쿨~한 세상으로 나란히 동반 성장하려는 아름다운 필연입니다.

사우디아라비아 전 장관인 무함마드 마지아드 알투와이즈리Mohammad Bin Mazyad Al-Tuwaijri의 말이 가슴에 와닿습니다.

"30년 뒤에도 지하에는 엄청난 석유가 남아 있을 것입니다. 그러나 아무도 그것을 사지 않을 것입니다."

'Fake it, till you make it' 될 때까지!

격랑 없는 성공이 있겠습니까. 전기 자동차 시장 역시 곤란한 질문을 마주하고 있습니다. 지난 3년간, 글로벌 자동차업계는 전기 자동차와 배터리 투자를 2배로 늘리겠다는 친환경 약속을 해왔죠. 그런데 불행하게도 같은 시기에 SUV(Sport Utility Vehicle)가 전 세계 자동차 판매의 47%를 차지하는 놀라운 통계를 보이고 있습니다. 전 세계 탄소 배출량을 국가

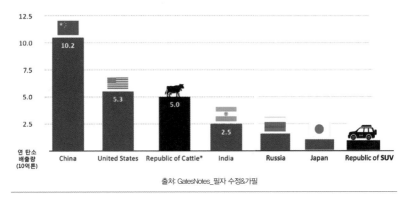

출처: GatesNotes_필자 수정&가필

〈자료 13〉 중국, 미국에 이어 소(牛)국의 탄소 배출량은 세계 3위 / SUV는 7위

로 환산했을 경우 SUV는 1위 중국, 2위 미국, 3위 소(牛)국에 이어 7위에 올라 있어요(〈자료 13〉). 소가 배출하는 거대한 탄소 총량으로 3위를 차지한 소국 덕분에 '대용 단백질' 시장도 기회를 맞았습니다. 전기 자동차 업계도 테슬라의 익살스러운 모토로 회자되는 'Fake it, till you make it(성공할 때까지는 모른 척해라)'에 반(反)한 진정한 자신감을 강요받고 있는 것입니다. 소와 SUV가 배출하는 탄소량의 감축이 소비자를 현혹시키는 것이 아니라, 소비자가 진정 원하는 것임을 확신해야 하는 것입니다.

'Save 2 Broken Hearts'

이제 알았습니다. 우리 소비자는 더 이상 글로벌 확산 시스템의 이기적인 경제 이익에 휘둘려 힘없이 매일 3끼 식사 앞에 긴장할 이유가 없다는 것을요. 때맞추어 개선하고 진전하는 자동차업계를 통해서도 상황을 간파했습니다. 식품업계도 자발적으로 시대 상황에 맞추어 따라 가 준다면, 소비자의 불필요한 관여는 필요 없을 것입니다. 증가하는 육식 소비만큼 지구 환경은 점점 악화되어왔어요. 한정된 자원을 가진 지구 는 곧이어 100억의 인구를 먹여 살려야 하고요. 내연기관 자동차를 전 기 자동차로 대용하는 것만큼이나 효율을 따지지 않을 수 없는 절대적 명제 앞에 우리 모두가 서 있는 것입니다. 필수적인 영양소의 섭취가 중 요해진 만큼 기후변화와 맞물린 정량, 정성의 식단 구성은 필연입니다. 음식, 건강, 질병의 관계에 대한 올바른 지식은 이미 인터넷상에 풍부하 게 널려 있어요. 상심한 마음(Heart), 아픈 심장(Heart)을 구할 수 있을 것입 니다. '건강하고', '가성비 있는' 식단을 위한 단백질 식품의 선택은 이제 우리 소비자의 몫이고 책임입니다. '대용 단백질' 시장이 그 선택지가 되 기를 기대합니다.

200년 전 찰스 다윈(Charles Robert Darwin)이 한 말은 지금 여기서도 옳습니다. **"최후까지 살아남는 사람들은 힘이 센 사람이나 영리한 사람들이 아 닙니다. 변화에 가장 민감한 사람들입니다."**

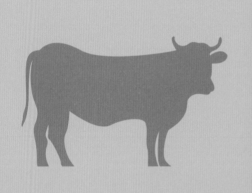

2장

'비건'은
무슨
뜻일까요?

'비건' 시장과 관련된 용어의 개념 및 의미를 정리합니다.
모르면 약이 절대로 되지 않는 우리의 먹거리 이야기가 주제입니다.
막연한 추측이나 잘못된 정보에 우리의 삶을, 우리의 건강을 맡길 수
없습니다. 기본 개념부터 올바로 알고 가겠습니다.

01

가까이하기엔 먼
주식(主食)과 주식(株式) 사이

한자로 농담을 하자는 게 아닙니다. 1장을 읽으면서 낯선 용어들을 접하는 동안 답답했을 독자를 위해 이 장을 준비했습니다. 대용 단백질? 대용육? 대체육? 세포기반? 비건? 푸드테크? 클린 라벨? 탄소 배출? 간혹 접해본 단어들이라 '알듯 말듯' 하지만, 무엇을 의미하는지, 어디서 유래되었는지 좀 더 알고 가겠습니다.

전 세계의 식품기업이 미래 신성장 동력으로 '대용 단백질'을 선택한 것을 우리는 이미 살펴보았습니다. 국내 식품업계 또한 ESG 경영이 화두가 되면서 '대용 단백질'을 선택이 아닌 필수로 느끼게 되었죠. 농식품부도 2025년까지 대안 식품 소재 발굴 및 세포 배양 등 산업화 원천기술 확보를 위해 연구 개발 사업을 집중적으로 지원할 방침이라고 밝혔습니다. 또한, 대안 식품 연구 개발 비용(최대 40%) 및 사업화 시설 투자 비용(최대 15%)에 대한 기업 대상 세액 공제도 확대하고요. 분야별 연구 개발 총괄 과제와 시장 조사 사업 등을 활용해 산업 및 기술 동향에 대한 전문적 지식과 정보도 제공할 방침이라고 합니다.

그런데 '대용 단백질' 시장은 새로운 분야임에도 불구하고 매우 빠르게 움직였습니다. 앞서 필자가 버블 같은 확장세를 지적한 것처럼요. 문제는 이러한 급부상 속도를 관련 제도가 따라가지 못한다는 것입니다. 표준화된 가이드 라인의 부재가 여전히 시장의 이슈입니다. 각광받고 있는 식품 분야지만, 실은 글로벌 '대용 단백질' 시장에서도 여러 이해관계가 얽혀 있어서 관련 용어들이 아직 자리를 잡지 못한 것이 현실입니다. 국내에도 아직까지 정확한 명칭이나 정의가 정립되지 않았죠. 식품 소비자들에게 혼란을 주는 요인이기도 하고요. 그래서 각각의 용어들이 어떤 내용을 담고 있는지 먼저 알고 갈 필요가 있는 것입니다.

이번 장에서는 〈자료 14〉에 있는 용어와 개념들을 정리해보았습니다. 이 자료를 근간으로 각 챕터에서 용어와 관련된 이야기를 통해 각각의 뜻을 헤아려볼게요. 여기에서는 최소한 알아야 할 용어들만 구성해보았습니다. 표준개념이 정립되어 있지 않은 만큼 필자의 의견이 포함되어 있음을 미리 말씀드립니다. 그렇지만 최대한 시장에 맞는 해석이 되도록 온 힘을 기울였습니다.

준비되셨나요? 이 책의 주제어인 '대용육'부터 시작하겠습니다. '나트륨'과 '소금'도 함께 합니다. 이들은 '대용 단백질' 시장의 중요한 화두 중 하나입니다.

01 주식(主食)과 주식(株式) 사이

대용육(Alternative meat)
대체육(Substitute meat)
대용 단백질(Alternative Protein)
나트륨(Natrium), 소금

02 베지테리언은 채소만 먹어?

비건(Vegan)
베지테리언(Vegetarian)
락토베지테리언(Lacto-vegetarian)
오보베지테리언(Ovo-vegetarian)
폴로베지테리언(Polo-vegetarian)
페스코베지테리언(Pesco-vegetarian)
플렉시테리언(Flexitarian)

03 '단백질'과 사랑에 빠진 나, 너, 우리

동물성 단백질, 식물성 단백질
탄수화물, 지방

04 대용육이 축산업의 미래를 종식시킬까?

공장식 축산(Factory Farming)
목초 사육(방목) 축산(Grass-fed Farming)

05 설국열차 바퀴벌레 영양바, 슈퍼마켓에

식용곤충(Edible Insect)

06 고기 없는 소시지는 무엇으로 만들어졌나요?

식물기반 단백질(Plant-based Protein)
세포기반 단백질(Cell-based Protein)
배양육(Cultivated/Cultured meat)
실험 재배육(Lab-grown meat)
발효기반 단백질(Fermentation/Fungi-based Protein)
곤충기반 단백질(Insect-based Protein)

07 제품 뒷면 라벨, 해독할 수 있어요?

클린 라벨(Clean Label)
원재료/성분(Ingredients)
영양정보/영양소(Nutrition)

08 푸드테크는 유행어일까?

푸드테크(Food Tech)
식품과학(Food Science)
식품공학(Food Engineering)
베그테크(VegTech)
프랑켄슈타인 식품

09 그린은 다 똑같은 그린?

그린 프리미엄(Green Premium)
그린 스완(Green Swan)
그린 워싱(Green Washing)
그린 허싱(Green Hushing)
그린 플레이션(Greenflation)
그린 백(Green Back)
블루 카본(Blue Carbon)
탄소중립(Carbon Neutrality)
탄소 포집(CCUS
　　　　Carbon Capture, Utilization, and Storage)

[등장 배경]
테슬라, '탄소 배출권' 팔아 세계 1위 부자

IPCC
(Intergovernmental Panel on Climate Change)
기후 변화에 대한 정부 간 협의체

교토의정서
파리기후협약
지구 온난화(Gobal Warming)
기후 변화(Climate Change)
온실가스(GHG Green House Gas)
탄소 배출권(Carbon Credit)
탄소 배출권 거래제(ETS Emission Trading System)
전기 자동차(EV Electric Vehicle)
내연기관 자동차(ICE Internal Combustion Engine)
기후 소송
애그테크(AgTech)

@필자 작성

〈자료 14〉 비건(대용 단백질) 관련 용어

대안으로 먹자, 대용육

'대안학교(Alternative School)', 다 아시죠? 공교육의 문제점을 '보완'하고자 학습자 중심의 자율적인 프로그램을 운영하도록 만들어진 학교입니다. 종래의 학교교육과는 다른 대안교육을 실천하고자 하죠. 그런데 대안학교의 등장으로 기존의 학교들이 사라졌나요? 아닙니다. 1921년 영국의 교육학자에 의해 대안학교가 주창된 이래, 학교의 종류는 크게 공립학교, 사립학교, 대안학교 등으로 다양해졌고, 덕분에 전 세계 학생들과 학부모들에게 교육에 대한 선택지가 넓어졌지요. 대안학교는 서구에서 'Alternative' School로 표기하고, 한국에서는 도입 당시 'Alternative'를 기존학교에 대해 '대안'이라는 보완 개념으로 해석하고 '대안학교'로 부르고 있습니다.

여기서 질문 하나 드려보겠습니다. 'Alternative Meat'은 어떻게 해석해야 할까요? 우리의 주제어입니다만, 이 또한 서구에서 시작된 용어이기에 해석이 필요합니다. 대안학교처럼 직역은 '대안육'입니다. 그런데 국내 관련 기사와 관련 보고서는 빠짐없이 모두 '대체육'이라고 합니다. 왜 그럴까요?

식물기반 단백질을 개발하는 초기 스타트업들이 세운 모토에서 그 이유를 찾습니다. 그들은 축산업(동물성 단백질)이 기후변화의 주범이라는 생각에서 사업을 출발했어요. 그래서 식물기반 단백질로 동물성 단백질 시장을 보완이 아니라 아예 없애버리고, 그들이 그 자리를 점유하겠다는 의지로 '대체(substitute/replace)'하겠다고 표현했죠. 하지만 현실성이 없는 그들의 주장은 시장 참여자들에 의해 자연스럽게 'substitute'에서 'alternative'와 혼용의 단계를 거쳐, 지금은 시장에서 'Alternative Protein', 'Alternative Meat' 등 'alternative'로 명명합니다.

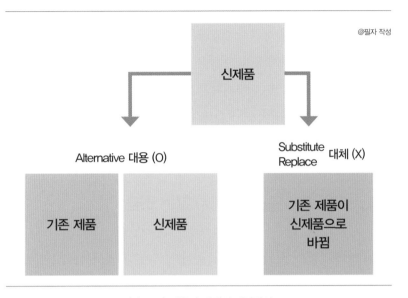

@필자 작성

신제품

Alternative 대용 (O)

Substitute 대체 (X)
Replace

| 기존 제품 | 신제품 |

기존 제품이
신제품으로
바뀜

〈자료 15〉 대용과 대체의 개념차이

두 용어의 개념 차이에 대한 쉬운 예를 들어볼게요. 운동경기에서 교체선수를 'Substitute player'라고 하죠. 교체하는 선수와 교체된 선수가 동시에 참가하지 못합니다. 한 명만 참가합니다. 하지만 대안학교 'Alternative School'는 기존의 학교들과 공존하고 있지요(〈자료 15〉 참고).

결론적으로 필자는 축산업을 완전히 바꾸겠다는 대체의 입장은 찬성하지 않습니다. 스타트업의 의지만 강조되었기 때문입니다. 외신을 통해서 국내에 소개된 까닭에, 초기부터 그냥 수용해 정착된 대체육이라는 용어는 쓰지 않겠습니다. 우리 세대에서 식물기반 단백질이 동물성 단백질을 완전히 대체할 가능성은 희박합니다. 인류의 식량, 더 나아가 기후 위기에 맞물린 먹거리 관점에서 '보완'을 전제로 한 개념이어야 합니다. 필자는 'Alternative'를 '대용'으로 해석합니다. 따라서 이 책에서는 동물성 단백질을 대안하고자 개발하는 단백질을 **'대용 단백질'**로 부릅니다. 육류를 대안하면 **대용육**, 어류는 **대용어**, 우유는 **대용 우유**, 달걀은 **대용 달걀**입니다. 제안 혹은 계획의 의미를 내포하는 '대안(代案)'보다는, 실천 의지를 담은 행위에 더 뜻을 두고자 '**대용**(代用)'으로 합니다.

코코아는 짜다, 눈에 보이지 않는 소금

'짜게 먹지 말라'는 말을 자주 듣습니다. '나트륨' 과다 섭취로 인한 소아 고혈압 환자가 늘고 있다는 우울한 소식도 있죠. 그런데 빵이 짠가요? 코코아가 짜요? 아침 식사 대용식인 시리얼도 짠맛인가요? 우리가 '소금'을 단독으로 먹는 경우는 거의 없지요. '소금'은 음식을 조리하거나 가공하는 과정에서 조미(助味)로 사용되기에 음식 섭취 시에 그 양을 가늠하기는 어렵습니다. 필자조차도 좋아하는 달콤한 코코아를 마시면서 '소금'을 먹고 있다고 걱정해본 적은 없었죠. 하지만 알고 가야 할 것이 있습니다.

베이글 한 개(107g), 코코아 분말 스틱 하나(30g), 시리얼 1회 제공량 (30g)에 함유된 '나트륨'은 각각 628mg, 100mg, 200mg입니다. 여기에 일반 우유(200mL)와 함께 먹으면 우유에 포함된 '나트륨' 100mg을 더 섭취하게 되는 거고요. 어느새 청소년 애용식이 된 듯한 햄버거 한 개 (200g)는 '나트륨'을 600mg 이상 함유하고 있습니다. 햄버거 세트면 어떨까요? 더블 햄버거라면 간단하게 표현해서 2~3배가 됩니다. 먹는 방법에 따라서도 차이가 있어요. 예컨대 토마토(100g)를 먹으면 '나트륨' 2mg을 섭취하게 되는데, 같은 양이라도 토마토 주스는 70mg, 토마토 소스는 678mg, 토마토케첩은 1,040mg으로 '나트륨'의 함유량이 현격히 다릅니다.

여기서 의문이 생깁니다. 짜다고 해서 '소금'이라 했더니 함량은 '나트륨'으로 칭하고 있어요. 병의 원인인자도 '나트륨'이라 합니다. 더 알고 가야겠죠?

'소금'의 주성분(99%)은 (염화)나트륨입니다. 우리가 잘 알고 있는 화학기호 Na가 '나트륨(Natrium)'이죠. 상품에 부착된 성분라벨은 성분을 명기하는 것이니, '소금'이 아닌 '나트륨'으로 그리고 양은 mg로 표기하는 것입니다. 의사와 영양학자도 성분인 '나트륨'으로 논하고, 환자에게는 쉽게 '소금'으로 이야기합니다. 다만 나트륨은 가끔 '소듐(Sodium)'이라는 용어로 대신 쓰이기도 하죠. '소듐'은 라틴어인 '나트륨'의 영어 표기입니다. 결국 '나트륨'과 '소듐'은 동일어인 것입니다. 여기서 중요한 것은 '나트륨', 그리고 '소금'의 섭취량입니다. 짜게 먹지 말라 하지 않았던가요!

WHO(World Health Organization, 세계보건기구)는 성인의 하루 '나트륨' 권장량을 2,000mg(2g)으로 제한합니다. '소금'으로 말하면 5g에 해당하죠. '소금' 5g은 2티스푼 정도입니다. 생각보다 하루 권장 섭취량이 굉장히 적습니다. 하지만 국이나 찌개 등 국물음식이 많은 한국은 권장량보다 2배 이상 섭취하고 있어요. 10세 이상은 3,281mg, 18세 이상은 3,708mg, 성인 남성 경우는 4,063mg을 섭취하고 있다는 식품의약품안전처(식약처)발표 내용입니다. 이에 따라 현재 한국은 식품 포장에 표시하는 영양 성분의 1순위가 '나트륨'입니다. 금방 확인할 수 있지요. 제품을 사기 전에 그리고 음식을 먹기 전에, '나트륨(소듐)' 양 혹은 '소금' 양을 확인하는 습관이 필요합니다.

알면 쉽습니다. 정리해보겠습니다. '소금'의 성분을 '나트륨(소듐)'이라 하고요, 하루 권장 섭취량은 나트륨으로 표기하면 2000mg(2g), 소금으로 계산하면 5g입니다(나트륨 양×2.5=소금 양).

02

베지테리언은 채소만 먹어요?
난 잡식성인데, 너는 비건?

'비건'을 포함한 '베지테리언'의 뜻과 그 유형들을 정리합니다

베지테리언, 식물성 Lover

'베지테리언(Vegetarian)'은 식물이란 뜻의 'vegetable/veggie'와 사람을 나타내는 접미사 '~arian'의 합성어입니다. 일반적으로 동물성 식품의 섭취를 배제하거나 줄이는 방식으로, 식물성 식품의 섭취를 지향하는 이들을 일컫죠. 다만 국내에서 '베지테리언'을 '채식주의자'라고 부르고 있어서 마치 채소만 먹는다는 오해는 피해야 합니다. 즉, 베지(Veggie)는 '식물성'을 의미하므로 동물성이 아닌 채소뿐 아니라 과일, 곡물, 그리고 해조류를 망라하는 것입니다. 또한 '동물성' 식품도 우유, 치즈, 아이스크림을 포함한 유제품, 달걀, 해산물, 가금류(닭, 오리, 칠면조 등), 그리고 붉은 육류(소, 돼지, 양 등)로 나누어 설명할 필요가 있습니다. 개인적 선택의 차이에 따라 '베지테리언'의 유형이 달라지기 때문이죠.

다음의 〈자료 16〉에서 보듯이 '베지테리언'은 식물성 섭취를 위주로 하지만, 종류에 따른 동물성을 선택적으로 섭취하기도 하죠. 식물

베지테리언의 유형	식물성	동물성				
	곡류.청과.해조	유제품	계란	해산물	가금류	붉은 육류
비건(Vegan)						
락토(Lacto) 베지테리언						
오보(Ovo) 베지테리언						
페스코(Pesco) 베지테리언						
폴로(Pollo) 베지테리언						
플렉시테리언(Flexitarian)						

의미: 락토(lacto 우유) 오보(ovo 알) 페스코(pesco 물고기) 폴로(pollo 닭고기)

출처: TheMayoClinicDiet_필자 수정&가필

〈자료 16〉 베지테리언의 유형

성 섭취와 함께 동물성 중에서 유제품만 섭취하는 경우를 '락토 베지테리언', 동물성 중 달걀만 섭취하는 경우는 '오보 베지테리언'이라고 부릅니다. 여기서 락토(Lacto)는 우유를 의미하고 오보(Ovo)는 알을 의미하죠. 그리고 동물성 중 가금류와 붉은 육류만 배제하는 경우는 '페스코 베지테리언', 붉은 육류만 배제하는 경우는 '폴로 베지테리언'이라고 해요. 페스코(Pesco)는 물고기, 폴로(Pollo)는 닭고기라는 뜻입니다. 식물성 섭취를 위주로 하지만 모든 동물성 식품을 섭취하는 경우는 '플렉시테리언'(Flexitarian, '유연주의'라 부르기도 합니다)입니다. 이 중, 동물성 식품의 섭취를 완전히 배제하는 이들을 '비건(Vegan)'이라 칭하는 것입니다. 엄격한 의미에서 완전히 배제한다는 것은, 제품의 원재료 생산-공정-포장-유통에 이르는 과정의 어느 한 곳에서도 동물성의 개입을 허용하지 않는 것을 말하고요.

대용육, 지구 Lover

1장(챕터 05)에서 언급한 피타고라스, 비욘세 등 저명한 '베지테리언'들의 시대와 배경으로 미루어 알 수 있듯이, '비건'의 유래와 지향점은 종교성, 동물권리 옹호, 건강 유지 등으로 다르게 변화해왔습니다. 그런데, 현재 시점에서 자리 잡은 '비건'의 의미는 매우 특별합니다. 기후변화와 식량난이라는 전 세계 공통 이슈에 직면해 있는 지금, '동물성 단백질'을 대안하는 식품을 섭취하겠다는 목표가 분명해진 것입니다. '베지테리언'을 통칭해서 부르던 '비건'보다는 '식물기반(Plant-based)'이라는 용어를 선호하는 식품업계의 세계적 추세가 이를 반영합니다. 더 이상 '베지테리언'에게 다양한 입맛을 제공하기 위한 '콩고기'로서가 아니라, 육식주의자를 포함한 식물성 지향(Plant-forward)으로서의 '대용육'을 의미하는 거죠. 더 나아가 웰빙 라이프를 지향하는 현대의 소비 성향에 맞물려 가공하지 않은 천연 식물 자체를 즐기는 사람들도 늘고 있고요.

식량으로서 그리고 '베지테리언'을 위한 콩고기 시대는 지났습니다. '대용육'의 등장으로 동물성 섭취를 고집하던 이들도 기후 환경에 대한 인식이 고취되고 식물기반 '대용육'에 지대한 관심을 가지게 되었죠. 기후변화 위기에 맞서는 관심은, 이제 지구 친화적인 식단으로 확대되는 양상을 보이기 시작했고요. 동물성을 먹든, 식물성을 먹든, 중요한 요점은 궁극적으로 지구의 건강, 그리고 우리 인간의 건강을 회복시키려는 인식이 확대된 점입니다.

03

'단백질'과 사랑에 빠진 나, 너, 우리

'6대 영양소'를 중심으로 '단백질'의 중요도와 적정 섭취량,
그리고 '동물성 단백질'과 '식물성 단백질'의
장단점을 정리합니다

오늘은 '무엇을' 먹었나요?
동물성 단백질 vs. 식물성 단백질

"어? 오늘 아침 식사에 '단백질'이 없네, 어떡하지? 오전에 힘이 없을
거 같아."

야채, 과일, 견과류 위에 올리브유로 드레싱을 곁들인 샐러드 한 접
시와 백설기 한 조각, 그리고 두유 한 잔을 마주한 어느 날 아침, 딸아
이의 말입니다. 그러고는 냉장고에서 소위 '단백질'이 엄청나게 들어 있
다는 요거트를 꺼내 오네요. 고기 대신 먹어야겠다고 푸념하면서요.

아이는 오전 내내 정말 힘이 없을까요? 대대적인 광고로 태어난 '단
백질' 덩어리 요거트를 먹고 진짜로 힘이 생겼을까요? 식품 기업은 건강
에 민감해진 소비자에게 어필할 수 있는 많은 새로운 제품들을 제공해
왔습니다. 결과적으로 소비자는 건강 및 웰빙 목표, 지속 가능성 등을
기반으로 점점 더 개인화된 영양 선택을 할 수 있게 되었죠. 하지만 이

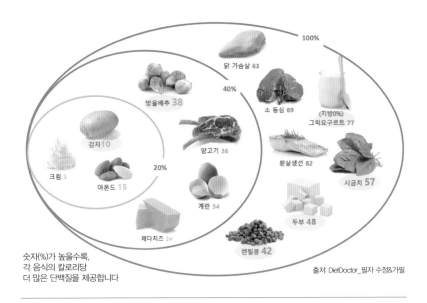

숫자(%)가 높을수록,
각 음식의 칼로리당
더 많은 단백질을 제공합니다

출처: DietDoctor_필자 수정&가필

〈자료 17〉 동물성&식물성 식품의 단백질 함유(%)

쯤에서 우리 소비자는 조금 더 현명해질 필요가 생겼습니다.

건강을 위해서 누구든 충분한 '단백질' 섭취를 신경 써야 합니다. '대용 단백질'이 급부상한 배경에는 이러한 이유도 있는 것입니다. 채식을 하더라도 충분히 '단백질'을 섭취할 수 있는 환경이 되었다는 거죠. 필자가 채식 혹은 식물성 식품을 권하려는 것이 아닙니다. 우리가 '알듯 모를 듯'한 식물성 식품의 단백질 함유 정도를 알자는 것입니다. 선택은 모든 소비자의 몫이니까요. 식물성 식품은 전반적으로 동물성과 달리 9가지 필수 아미노산을 모두 포함하고 있는 완전 단백질이 아님은 이제 다 알고 있습니다. 하지만 식물 중에는 질적으로 우수한 아미노산을 포함한 수퍼 '단백질' 식품도 있고, 예상보다 다량의 '단백질'을 함유한 식품도 존재합니다. 필자는 앞의 〈자료 17〉에서 대표적인 몇 가지 식품들을 예시로 제시했습니다. 식물성 식품이 동물성인 육류나 유제품에 비해 '단백질' 양(칼로리당 함유량)이 크게 차이 나지 않네요. 소등심이 69%인 데 비해 시금치는 57%, 그리고 달걀이 34%인 데 반해 두부는 48%나 됩니다. 제 딸이 아침 식사에 급조한 그릭 요구르트는 77%에 달합니다. 딸아이가 오전에 힘이 없어 쓰러질 리는 없겠습니다.

세상에 공짜란 없다

식품에 따라 '단백질' 함유량이 다르지만, 동물성 식품과 식물성 식품 모두에 '단백질'이 들어 있음을 앞에서 살펴보았습니다. '동물성 단백질'의 대표 주자인 육류는 필수 아미노산이 충분히 함유된 매력적인 음식입니다. 하지만 고함량의 포화지방과 고산성을 피할 수 없습니다. 과다 섭취할 경우, 골다공증을 포함해 많은 성인병을 유발할 수 있는 단점이 있죠. 반면 '식물성 단백질'은 칼로리가 낮고 포화지방과 콜레스테롤이 없어요. 하지만 필수 아미노산이 불충분한 단점이 있죠. 〈미국의사협회지〉에 발표된 연구 결과에 따르면, '동물성 단백질' 섭취 중 4%만 식물성으로 대체해도 인간의 전체 사망률이 34%, 특히 심혈관 질환 관련 사망률은 42% 낮아진다고 하네요. 과학자들이 제시하는 바람직한 단백질 식단은 동물성:식물성 = 1:2입니다(출처: 생화학분자생물학회).

내일은 '어떻게' 먹을까요? 6대 영양소 vs. 소. 지. 설.

내일은 딸이 만족할 만한 식사를 준비해보고 싶습니다. '맛있고', '힘이 나는' 식품들이 필요하겠죠. 매년 15,000개 이상의 새로운 식품이 출시되고 시장에서의 실패율은 80%라는 통계가 있습니다. 식품 산업이 매우 어려운 업계임이 분명합니다. 하지만 1인당 매일 3끼, 1년이면 1,100번도 넘는 식단을 마주해야 합니다. 내 건강이 이 안에 다 들어 있다고 해도 과언이 아닌 거죠. 제대로 건강하게 먹어야 합니다. 그래서 손쉬운 선택을 위해 미국 하버드 대학의 '한 끼 건강식' 기준(〈자료 18〉)을 가져왔습니다. 하버드 대학이 미국 농무부(USDA United States Department of Agriculture)와 협력해 전 세계에 건강식을 알리겠다는 의지로 각국의 언어로 제공하고 있는 자료입니다. 필자가 번역한 것이 아닙니다. 하버드 판 그대로이고, 저는 필요한 설명을 말풍선에 실었습니다. 무지한 식품 섭취가 원인이 되는 질병으로 인한 경제적 손실의 보전뿐만 아니라 인류의 건강을 수호하고자, 유수한 기관들이 정부와 협력해서 만든 훌륭한 가이드 라인입니다. 국내 사례로는 보건복지부, 농림축산식품부, 식약처가 공동으로 발표한 '한국인을 위한 식생활 지침'(〈자료 19〉 & 〈자료 20〉)도 가져왔습니다. 이들을 기준으로 우선 '힘이 나는' 에너지부터 해결해보죠. 흔히 말하는 '칼로리(Calories, 열량)'를 계산해야 합니다.

열량은 음식에 들어 있는 에너지를 말하죠. 열량은 '6대 영양소(탄수화물, 단백질, 지방, 무기질, 비타민, 물)' 중, '단백질'뿐만 아니라 '탄수화물', '지방'을 통해서 얻습니다. 각 1g당, 탄수화물과 단백질은 4Cal, 지방은 9Cal

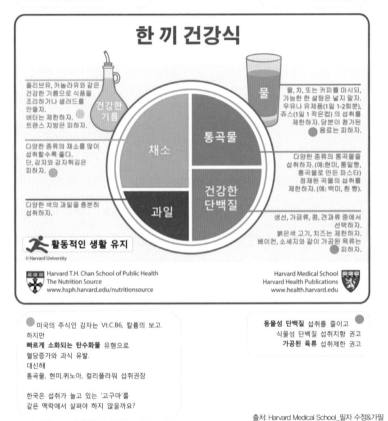

지방 중, 질병을 유발하는 **포화지방산**(상온에서 고체(버터) 등)과 불포화지방산(상온에서 액체(기름) 등) 중 **트랜스지방**의 섭취제한 권고

물이 아닌 음료수로 인한 **당분** 과다섭취 주의 **우유(&유제품)**도 적정량 섭취 권고

한 끼 건강식

올리브유, 카놀라유와 같은 건강한 기름으로 식품을 조리하거나 샐러드를 만들자. 버터는 제한하고 트랜스 지방은 피하자.

다양한 종류의 채소를 많이 섭취할수록 좋다. 단, 감자와 감자튀김은 피하자.

다양한 색의 과일을 충분히 섭취하자.

채소 / **통곡물** / **건강한 단백질** / **과일**

건강한 기름 **물**

물, 차, 또는 커피를 마시되, 가능한 한 설탕은 넣지 말자. 우유나 유제품(1일 1-2회분), 쥬스(1일 1 작은컵)의 섭취를 제한하자. 당분이 첨가된 음료는 피하자.

다양한 종류의 통곡물을 섭취하자.(예:현미, 통밀빵, 통곡물로 만든 파스타) 정제된 곡물의 섭취를 제한하자. (예: 백미, 흰 빵).

생선, 가금류, 콩, 견과류 중에서 선택하자. 붉은색 고기, 치즈는 제한하자. 베이컨, 소세지와 같이 가공된 육류는 피하자.

활동적인 생활 유지
© Harvard University

Harvard T.H. Chan School of Public Health
The Nutrition Source
www.hsph.harvard.edu/nutritionsource

Harvard Medical School
Harvard Health Publications
www.health.harvard.edu

미국의 주식인 감자는 Vt.C.B6, 칼륨의 보고. 하지만 **빠르게 소화되는 탄수화물** 유형으로 혈당증가와 과식 유발. 대신해 통곡물, 현미,퀴노아, 컬리플라워 섭취권장

한국은 섭취가 늘고 있는 '고구마'를 같은 맥락에서 살펴야 하지 않을까요?

동물성 단백질 섭취를 줄이고 식물성 단백질 섭취지향 권고 **가공된 육류** 섭취제한 권고

출처: Harvard Medical School_필자 수정&가필

〈자료 18〉 하버드 대학의 한 끼 건강식 가이드

영양소 40종	에너지 및 다량 영양소(12종)	에너지 / **탄수화물**, 당류, 식이섬유 / **단백질**, 아미노산 / **지방**, 리놀렌산, 알파-리놀렌산, EPA+DHA, 콜레스테롤 /수분
	비타민(13종)	A, D, E, K, C, B1, B2, B6, 니아신, 엽산, B12, 판토넨산, 비오틴
	무기질(15종)	칼슘, 인, 나트륨, 염소, 칼륨, 마그네슘, 철, 아연, 구리, 불소, 망간, 요오드, 셀레늄, 몰리브덴, 크롬

출처: 보건복지부

〈자료 19〉 한국인을 위한 식생활 지침 중 영양소 40종

의 열량을 생성합니다. 지방은 타 영양소 대비 2배 이상의 열량을 내니 주의할 필요가 있겠어요. 질병으로 돌진하는 '나트륨'과 '콜레스테롤'의 양에도 주의해야 합니다. 최근 한국인들의 '단짠' 붐에 대한 경고로서, 보건복지부는 지침에서 특히 '덜 단', '덜 짠' 그리고 '지방을 적게!'를 강조했습니다.

사람에게 필요한 적절한 열량이란 각 개인의 기초 대사량을 포함한 운동 열량과 음식 열량 간의 차이를 계산해야 합니다. 개인차가 있으므로 일반적으로 다음 〈자료 20〉의 표준(남성 2,900, 여성 1,900)을 기본으로 삼습니다. 하루에 섭취하는 음식의 '영양소에 따른 열량'의 합을 표준 열량에 맞추면, 적절한 식단을 구성할 수 있어요.

이제 딸아이의 '힘이 나는' 밥상을 차려보죠. '밥+된장찌개+돼지고기 목살+시금치나물' 로 준비했습니다. 전형적인 가정식 식당의 1인분 식단입니다. 칼로리를 계산해볼까요? 어쩌죠? 1,063Cal가 나오네요. 탄수화물, 단백질, 지방 등 하루 권장 영양소 필요량은 한 끼만으로 충족이 되고요(〈자료 21〉). 그런데 여기에 혹시 친구와 나가서 햄버거라도 사 먹으면 어떻게 될까요? 지방 중 특히 '콜레스테롤'과 '나트륨'을 과다 섭취하는 결과를 낳습니다(〈자료 23〉). 힘은 날지 모르겠으나, 이런 식단이 지속되면 당연히 비만이 수반되겠죠.

한국인 (하루) 영양소 섭취기준		성인 30~49세 기준		필요량에 해당하는 식품 섭취량 예시				
		남성	여성	쌀밥 한그릇 작은 햇반 200g	계란전체/ 노른자 중간크기 1개	소갈비/목심 식당 1인분 200g	돼지삼겹살/ 목살 식당 1인분 200g	고등어 한 마리 300g
에너지 및 양양소	열량(Cal)	2500	1,900	300	78 /55	550 /166	758 /360	549
	탄수화물(g)	100~130		95	0.85 /0.61	0 /0	6.6 /3	9
	단백질(g)	55~65	40~50	5.2	5~7 /2~3	45.2 /34	44 /34~40	66
	지방(g)	41~82	31~62	1	4.57 /4.51	67.4 /42.6	82 /20	33

탄수화물
식이 섬유소_혈중 콜레스테롤 및 혈당저하효과, 대장 미생물의 긍정적 변화 효과
당류(설탕, 액상과당, 물엿, 꿀, 농축과일쥬스 등)_총 에너지 섭취량의 10~20%로 제한

단백질
9종의 필수 아미노산과 11종의 비필수 아미노산으로 구성, 필수 아미노산은 식품으로 섭취 권장

지방
포화지방산과 불포화지방산(필수지방산 포함)으로 나뉨 _불포화지방이 경화되면 '트랜스 지방' 생성
권고섭취량_포화지방산: 7g미만 /트랜스지방산: 1g미만 /콜레스테롤: 19세 이상 모두 300mg미만

@필자 작성_자료참고: 보건복지부, (사)한국영양학회, 2020

〈자료 20〉 한국인 영양소 섭취기준 및 식품 섭취량 예시

　적절한 식단을 만들고자 메뉴를 새롭게 바꾸어보았습니다(〈자료 22〉). 흰밥은 잡곡밥으로, 찌개 대신 두부조림으로, 그리고 고기양은 반으로. 조금만 바꾸었는데 결과적으로 지방과 지방으로 인한 열량, 그리고 나트륨양이 확연하게 줄었습니다. 이 식단에서는 가끔 햄버거를 먹는 것은 괜찮겠네요.

　수치 계산이 복잡하면 '하버드 대학의 한 끼 건강식(〈자료 18〉)'을 참조하는 것도 유용한 방법입니다. '지방을 줄이고 야채를 더 많이'가 핵심 가이드죠. '과일도 먹자, 농축 주스 말고 통과일로'도 강조하고 있습니다. 이렇게 먹으면 3끼를 마음 편안하게 즐길 수 있겠습니다.

한 끼 식단	흰밥 200g		된장찌개 1인분		돼지목살 200g		시금치나물 50g		합/권장량
	영양소	칼로리	영양소	칼로리	영양소	칼로리	영양소	칼로리	
탄수화물	95	300	13.5	54	3	12	1.7	6.7	113/100
단백질	5.2	20	11.5	46	40	360	1.9	7.5	59/55
지방	1	9	5	45	20	180	2.2	20.1	28/41
(콜레스테롤)	–	–	11.8	–	110	–	–	–	129/300
비타민	하	–	중	–	중	–	상	–	–
무기질	하	–	중	–	중	–	상	–	–
(나트륨)	10.0	–	2,021	–	116.0	–	68.1	–	/2,000
총합: 열량(칼로리) 1,063.3Cal 나트륨 2,215.12mg									@필자 작성_자료참고: 식약처

〈자료 21〉 한 끼 식단 열량 계산 예시

한 끼 식단	잡곡밥 210g		두부조림 50g		돼지목살 100g		시금치나물 50g		합/권장량
	영양소	칼로리	영양소	칼로리	영양소	칼로리	영양소	칼로리	
탄수화물	71	300	2.2	8.8	1.5	6	1.7	6.7	76.4
단백질	6	20	4.8	19.3	20	80	1.9	7.5	32.7
지방	0.9	9	4.8	43.5	10	90	2.2	20.1	18
(콜레스테롤)	–	–	–	–	55.0	–	–	–	55
비타민	하	–	중	–	중	–	상	–	–
무기질	하	–	중	–	중	–	상	–	–
(나트륨)	30	–	80.7	–	58	–	68.1	–	–
총합: 열량(칼로리) 610.82Cal 나트륨 237mg									@필자 작성_자료참고: 식약처

〈자료 22〉 '수정한' 한 끼 식단 열량 계산 예시

한 끼 식단	햄버거 200g	
	영양소	칼로리
탄수화물	43.4	173.6
단백질	25.7	102.8
지방	28	251.6
(콜레스테롤)	90.4	–
(포화지방산)	8.8	
비타민/무기질	하	–
(나트륨)	900.7	–
열량(칼로리) 527.9Cal		

@필자 작성_자료참고: 식약처

〈자료 23〉 햄버거 열량 계산

우리는 자료 몇 개로 명답을 찾았습니다. 음식 섭취에 정답은 없습니다. '칼로리는 가볍게, 영양은 무겁게!'가 기본입니다. 그리고 '소지설(소금, 지방, 설탕)은 최대한 줄이기!'입니다. 시중에 상식으로 통하는 말과 일치하죠. 다 알고 있는 내용이지만, 그래도 확인하고 가자는 것입니다. 고단백 식품에 대한 대화와 논의가 '단백질'에 대한 지나친 강조가 되면 안 되기 때문입니다. '단백질'은 중요한 영양소 중 하나이지, 절대자는 아닙니다. 과잉 섭취된 '단백질'은 체내에 저장되지 않고 배출됩니다. 특히 '동물성 단백질'의 잉여분은 간에서 분해되어, 소변으로 배출되는 대사활동을 수반하기 때문에 간과 신장 관련 질환의 원인이 될 수 있습니다(출처: Annals of Internal Medicine). 따라서 '단백질'은 '매일' 그리고 필요한 '적정 양'만 섭취해야 합니다. 균형은 식단에서도 어김없이 적용되는 거죠. 하루 적정량(내 몸무게 x 0.8~1.2) 정도에만 집중해야 합니다. 180~200g의 고기(부위별로 다르지만, 평균 25% 기준)를 섭취하면 하루에 필요한 단백질은 충분히 얻을 수 있습니다. 고깃집의 1인분 양이 그 정도인 이유가 여기에 있죠. '맛있게'는 4장에서 해결해보겠습니다.

식품의 열량과 6대 영양소, 그리고 그들 간의 유기적 관계를 살펴보았습니다. 무겁고 깊은 내용이지만 가볍게 다루었어요. 앞서 살펴본 '나트륨', '동물성 단백질'과 '식물성 단백질'에 이어서, '지방', '콜레스테롤'은 '대용 단백질' 논의에 필요한 기본 정보입니다.

04

대용육이 축산업의 미래를 종식?

'공장식 축산업'과 '방목(목초 사육)'의 구분을 통해서
축산업의 현황을 정리합니다

소는 초(草)능력

OPEN **THE CAGES.**   @MFA

〈자료 24〉 공장식 축산업의 현재

코끼리, 코뿔소, 하마, 기린, 얼룩말, 말, 물소…, 덩치 큰 동물들만 모아보았습니다. 뜻밖에도 이들은 몸집만 클 뿐 소처럼 초식동물입니다. 무엇을 먹고 이렇게 우람해졌을까요? 초식공룡 디플로도쿠스도 육식공룡 티라노사우루스보다 몸집이 2배나 컸습니다. 그들은 하루에 많게는 150kg의 풀을 먹고 12시간 씹어서 소화시켰습니다.

알고 계셨나요? 소가 먹는 풀은 세상에서 가장 중요한 식물이라는 것을요. 풀은 전 세계 농지의 약 69%(지구 표면의 약 40%에 해당)를 덮고 있습니다. 풀은 세상에서 네 번째로 종류가 많은 식물이기도 하죠. 하지만 풀은 대부분 거친 섬유질로 이루어져 있습니다. 영양분이 적고 소화도 되지 않죠. 그런데 소는 다른 초식동물에 비해 특별한 힘을 가지고 있어요. 풀을 소화시킬 수 있는 위대한 되새김(반추) 위(胃)가 있습니다. 따로 먹이를 공급받지 않고도 사방에 널려 있는 천연 풀만으로도 생존이 가능한 초(草)능력 소인 것이죠.

소에게는 또 다른 놀라운 능력이 있어요. 소의 방목은 토양 속의 생물학적 활동을 촉진하고, 소의 배설물은 땅의 비옥도를 높입니다. 먹다 남은 풀과 배설물은 소의 발굽으로 땅속에 다져 넣어지게 되죠. 이들이 분해되는 과정에서 생성되는 탄소는 땅속에 저장되고, 땅속 탄소는 다양한 미생물을 키워냅니다. 이 미생물이 생산 작물의 증가와 건강한 땅을 일구게 하는 선순환 구조를 만드는 것입니다. 풀만 먹고 자란 소는 제 할 일을 다 하고, 결과적으로 인간에게 맛있는 먹을거리가 되는 것입니다. 그런데 왜 우리가 소에게 뭐라 하죠? 환경오염의 주범이라고요? 누군가는 축산업을 없애라고 주장하기도 하네요.

It doesn't make sense! 이건 정말 말이 안 되는 것입니다.

화나면 잡아먹을 거야

〈동물의 왕국〉에서조차 초식동물 사슴이 토끼 같은 작은 동물을 머리째 씹어 먹는 장면을 쉽게 보지 못했지만, 착한 소를 성나게 화를 돋운 투우는 쉽게 볼 수 있습니다. 그런데 투우보다 더 무서운 것은 무엇인가를 잔뜩 먹이는 것입니다. 소는 인간에게 항변합니다. 풀만 먹겠다는데, 몸집 불리게 소화할 수 없는 옥수수를 먹으라고? 지방조직 만들겠다고 초능력 되새김 위를 다 망가뜨리고 앉은뱅이(다우너병)가 될 때까지 더 먹으라고? 병나지 말라고 항생제까지 퍼붓는 대로 먹으라고? 아무리 항변해도 인간은 그것을 들어주지 않았습니다. 그래서 소들은 인간이 시키는 대로 그렇게 먹었죠. 그 결과 소에게서 트림과 방귀가 더 나오고, 심지어 그 고기를 먹은 사람에게는 항생제 내성 질병을 일으키게 했습니다. 소는 크게 외칩니다. 병 주고 약 주더니 내가 환경오염의 주범이라고 내몰아? '식물 먹고 육식 제공'했더니, 나 빼고 식물로 날 흉내 낸다고? 날 대체한다고? 그렇습니다. 이름하여 '대체육'이죠. 오늘날의 '푸드테크' 기반의 '대용육/대체육'이 탄생한 경로입니다.

요즈음은 누구나 쉽게, 그리고 저렴한 가격으로 고기를 먹습니다. TV를 켜면 연예인들이 스테이크를 굽는 장면을 쉽게 접할 수 있습니다. 인구가 증가하고 경제가 발전할수록 고기 수요의 목소리가 커졌죠. 연예인들처럼 스테이크를 맛있게 조리해서 먹고 싶은 시청자가 수도 없이 존재합니다. 이 틈을 놓칠세라 육가공업자들은 초원 위의 소들을 공장 우리 안에 넣어 인공적으로 대량 사육을 시작했습니다. 화학물질 감염이 빠르게 퍼질 수 있는 사육장의 혼잡한 환경에서 소들이 생존하도록, 뻥 튀겨진 GMO 옥수수 사료 그리고 항생제와 성장 촉진제를 먹이며 좁은 공장 우리 안에서 빠르게 몸집을 불릴 수 있는 시설을 만든 것입니다. 매년 연례행사처럼 듣는 광우병, 조류독감, 돼지열병, 구제역 등은 대량 생산 사육공장 시스템의 반대급부입니다. 사료로 쓰이는 옥수수를 재배하기 위해서는 수백만 톤의 화학비료가 필요하며, 궁극적으로 많은 석유가 필요하죠. 도축 전 마지막 몇 달 동안 소에게 옥수수를 먹이는 것은 단지 더 빨리 살찌게 만드는 것이 아닙니다. 그것은 지방조직을 만들기 위한 전략인 것입니다. 투뿔, 눈꽃 마블링은 인간을 군침 흘리게 하는 창작물입니다.

이러한 축산용 공장시설의 확대와 사료 재배를 위해 아마존 우림의 20%는 이미 사라진 지 오래입니다. 기하급수적으로 불어난 배설물은 정화될 사이 없이 땅과 바다로 흘러 환경오염의 온상을 만들었죠. 공장 근로자들과 주변 주민들의 질병 보고는 묻혀 있고요. 농축산업에서 발생되는 온실가스는 전 세계 배출량의 18.4%를 차지합니다. 자동차업계의 배출량 11.9%보다도 높지요. 이 죄를 물어 서구에서는 '육류세(Meat Tax)'도 도입했습니다. 앞선 이야기는 소위 '공장식 축산업(Factory Farming)'의 실상입니다. 현재 전 세계 고기 생산량의 대부분이 이 '공장식 축산업'에서 나옵니다. 공장식 사육장에서 스트레스 받은 소는 질긴 고기, 영양가 부족한 우유 제공으로, 우리에게 복수한다는 과학적 사실도 놓치지 말아야 합니다. 소가 무엇을 잘못했나요?

고마워요, 소!

약간의 건초와 풀은 소의 정상적인 식단입니다. 앞서 이야기한 대로 소는 알아서 소화시키는 되새김 위를 갖고 있습니다. 따로 항균제, 약물, 보충제가 필요하지 않죠. 방목 소를 위한 풀 잔디가 자라기 위해서는 화학비료가 필요하지 않고, 잔디가 있으면 토양 침식을 방지하는 데 도움이 됩니다. 분뇨를 청소할 필요도 없겠죠. '방목(목초 사육, Grass-fed Farming)' 소는 사육 밀도가 낮기 때문에 오히려 폐기물이 토지를 비옥하게 합니다. 캘리포니아 대학University of California의 연구에 따르면, 방목 쇠고기는 일반 쇠고기보다 베타카로틴, 비타민 E 및 오메가-3 지방산이 더 많습니다. 저 푸른 초원 위를 거니는 소는 여전히 육질의 왕인 것입니다. 여기서 생산된 햄버거 패티라면 기후변화, 환경오염 이슈에서 면죄부를 받겠죠.

미래의 식량 공급에 대한 우려는 마땅한 일입니다. '대용육'을 이야기하기 전에, 기후변화 위험에 대한 관심은 산업형 농업으로 인한 위기로 돌려야 옳습니다. 가축이 어떻게 사육되고 관리되는지, '공장식 축산업'에 지대한 주의를 쏟아야 하는 것입니다. 동물성을 섭취하지 않는 이유가 환경 때문에 해롭다는 생각에서 출발했다면, 공장식 사육 시스템의 폐해도 정확히 알아야 합니다. 정보 부족에 따른 오해는 모두 소비자 자신의 몫입니다. 필자가 이 책에서 계속 강조하는 바는 축산업은 방목으로, 그리고 동물성 단백질은 대체(Substitute/Replace)가 아닌 대용(Alternative)으로의 지향입니다. 그 이유는 앞서 충분히 살펴보았습니다.

참고로 다음 내용을 소에게 미안한 마음으로 공유하고자 합니다. 소는 하루에 수십 리터의 소변을 보는데요, 이 소변은 일반적으로 바닥에 뒹구는 소똥과 혼합되어 대기오염의 주원인이 되는 암모니아 생성물질을 만들어냅니다. 또한, 인근 수로로 흘러 들어가 강력한 온실가스인 이산화질소를 방출합니다. 만약 전 세계에서 사육되는 약 13억 마리의 소에서 80%의 소변을 수거하면, 50% 이상의 암모니아 배출을 줄일 수 있습니다. 이러한 사실에 착안해 독일의 라이프치히 연구소는 소에게 소위 'Moo Loo'라는 배변훈련 실험을 했고, 16마리 중 11마리가 주어진 10분 동안 지정된 변기 장소를 이용하는 성공적인 결과를 이끌어냈습니다. 소가 변기에 가서 소변을 보다니요! 인류의 지혜로 해석해야 하나요?

더 놀라운 소 관련 소식을 하나 더 소개합니다. 플라스틱 문제는 지구촌의 숙제인데요, 우리는 하루에 신용카드 한 장 분량의 미세 플라스틱을 먹고 있다는 통계가 있습니다. 신생아 태변에서도 검출되었죠. 미세 플라스틱 쓰레기 더미에 살고 있기 때문이죠. 그런데 최근 플라스틱을 분해하는 미생물을 소의 위(胃)에서 찾았습니다. 오스트리아 산업 생명공학 센터(ACIB) 연구진은 '소 되새김 위에 서식하는 미생물이 페트병과 섬유에 쓰이는 합성 성분, PET(폴리에틸렌 테레프타레이트)를 분해하는 것을 발견했다'라고 과학저널 〈생명공학 및 생명공학기술 프런티어스 (Frontiers in Bioengineering and Biotechnology)〉에 발표했죠. PET를 분해하는 특정 미생물을 배양할 수 있다면 플라스틱 쓰레기를 줄이는 지속 가능한 대안이 될 것으로 기대됩니다.

여러모로 고마운 소입니다.

05

설국열차 '바퀴벌레 영양바', 수퍼마켓에 진열

단백질 공급원으로 재부상하고 있는 '식용곤충'을 소개합니다

귀뚜라미~ 오랜만이야, 반가워~

시간을 거슬러 2010년대 초반으로 돌아가 보죠. 당시 글로벌 식품 혁신 컨퍼런스는 '식용곤충'을 홍보하느라 여념이 없었습니다. 그 후, 2013년 FAO가 곤충을 사료용 이외 식용으로 인정하면서 곤충의 가치가 더욱 인정받게 됩니다. 이때부터 동서양을 막론하고 '식용곤충'을 개발하는 신생기업이 늘어났고요. 국내에서도 농식품부가 주축이 되어 '식용곤충' 산업의 장밋빛 미래를 쏟아내며, 관련 교육 사업과 자금 지원에 힘입어 곤충 농가 수가 폭발적으로 증가했죠. 2013년 곤충으로 만든 양갱을 선보인 영화 〈설국열차〉가 개봉한 것도 우연의 일치만은 아닌 것 같습니다. 하지만 세계적으로 확대 발전된 공장식 축산업이 육류 소비 수요를 충족해감에 따라 '식용곤충' 산업은 싹도 못 틔우고 죽어갔습니다. 그러다 보니 관련 투자와 개발기업 의지도 고갈되었고요. 겨우 일부 농가가 곤충을 동물사료로 전환해 사업을 유지하고 있는 정도였습니다.

그런데 코로나 여파로 육류 공급에 급격한 차질을 겪으면서 '식용곤충'이 재부상합니다. 육류 공급 차질을 틈새로 일약 스타로 떠오르게 된 식물기반과 기술기반 대용육 산업이 여러 이슈로 주춤하는 사이에, '식용곤충' 분야에 새로운 플레이어들이 혁신적으로 등장하게 된 것입니다. 프랑스의 Ynsect, 한국의 푸처푸드랩을 포함해 130개의 선도기업, 179개의 주요 투자처, 2억 1,670달러(약 2,817억 원)의 자본 투자가 보고되고 있습니다. 곤충은 이미 3000년 전부터 식량 대용으로 사용되었어요. 그렇게 식용 가능한 1,900종류의 곤충은 다시금 전 세계적으로 대중의 관심 속에서, 미래 단백질 식량이라는 진화된 양상으로 우리 곁에 성큼 다가오고 있는 것입니다.

딱정벌레가 자라서 초콜릿으로 폴짝

앞 장에서도 지적한 것처럼, 인구 100억을 바라보는 2050년에 식량 수요는 지금의 2배가 될 것입니다. 이때 필요한 단백질 공급은 175%에 이른다는 것이 전문가들의 분석이죠. 2021년에 전 세계적으로 8억 1,100만 명이 굶주림에 시달렸다는 FAO의 발표가 있었습니다. 이에 미래의 기아 퇴치, 영양 보충 및 단백질 공급을 목적으로 하는 움직임과 환경오염의 주원인인 탄소 배출의 저감 등을 목표로 하는 움직임이 어울려, 기존 축산업의 환경 개선과 더불어 다양한 기반의 '대용육' 산업이 성장가도에 있는 것입니다. 하지만 공급 확장성의 측면에서 현재의 '대용육'의 성장 속도로는 공급이 원활하지 않을 것이라는 관점이 지배적입니다. '식용곤충'이 급부상한 이유도 여기에 있지요. 특히 주목할 것

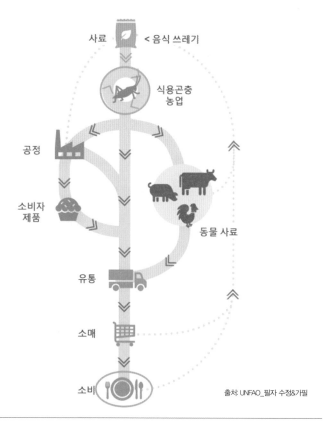

사료 〈음식 쓰레기

식용곤충
농업

공정

소비자
제품

동물 사료

유통

소매

소비

출처: UNFAO_필자 수정&가필

〈자료 25〉 식용곤충 (가상) 공급 체인

은 '식용곤충'이 환경 친화적이며 지속 가능한 특성을 가지고 있고, 단백
질의 완벽한 공급원이라는 점입니다. 가축에 비해 높은 사료 효율, 빠른
성장, 낮은 폐기율의 이점이 있으며, 귀뚜라미 100g을 섭취하는 경우 단
백질 60g(닭고기 31g, 말린 쇠고기 41g 대비)과 9가지 필수 아미노산, 그리고 높
은 수준의 비타민 B12를 포함한 상당한 양의 비타민, 미네랄 모두를 취
하게 되는 이점이 있죠. 소화율 또한 닭고기가 50%인 것에 비해 80%가
가능하고요.

이러한 친환경적이며 영양 만점인 곤충을 과연 우리가 징그럽다고 기피하지 않고 먹을 수 있을까요? 누에, 전갈, 지네 등으로 만든 곤충 꼬치의 향연이 펼쳐지는 중국의 왕푸징 거리는 이미 오래된 관광명소이며, 일본 국왕 히로히토裕仁가 병환 중에 영양식으로 섭취한 벌의 유충으로 만든 하치노코蜂の子도 유명세를 탄 지 오래입니다. 미국 메이저리그 시애틀 매리너스의 야구장에서는 양념을 곁들인 구운 메뚜기 요리가 베스트셀러입니다. 프랑스에서 딱정벌레를 뻥튀기처럼 튀긴 크리키즈는 고소한 맛으로 관심을 끌고 있고요. 국내 연세 세브란스병원은 농촌진흥청과의 협동 연구에서 치료 회복과 예후의 중요한 결과지표로 입증된 '식용곤충'을 환자식으로 제공하고 있습니다. 전갈과 대나무 애벌레를 가미한 러시아와 멕시코의 보드카와 데킬라 등 가공식품으로의 변화도 경이롭습니다. 기피하는 것이 아니라 이미 웰컴의 기세인 듯하죠.

"땅속에서 마지막 껍질을 벗기 전 유충의 맛이 가장 좋습니다."

고대 철학자 아리스토텔레스Aristoteles의 매미에 대한 맛의 평가입니다. 3000년 전부터 전 세계 국가의 80%에서 20억 명이 넘는 사람들이 곤충을 먹어왔어요. 지금은 곤충을 '작은 가축'으로 명명하며 유엔이 미래 식량으로 지정하는 시점에까지 와 있습니다. 머지않아 '식용곤충'은 틀림없이 우리의 식탁에서 한 자리를 차지하게 될 것으로 보입니다. 물론 우리의 필요가 선택보다 우선할 것이기 때문입니다.

06

'진짜 고기' 없는 소시지는 무엇으로 만들어졌나요?

'대용 단백질'의 공급원 유형 4가지,
'식물기반', '발효기반', '세포기반', '곤충기반'을 정리합니다

다재다능한 단백질

놀랍지 않나요? 앞서 1장에서 살짝 엿본 화산 지천에서 발견한 균주로 만든 단백질도, 식용곤충의 재등장도 말입니다. 그런데 미래 식품으로서 '대용 단백질' 공급원은 이 정도가 다가 아닙니다. '대용 단백질' 시장은 공장식 가축 사육이나 남획과 같은 지속 불가능한 농식품 관행에서 나오는 단백질 공급원을 '부분적으로 대체', 그리고 '대용'할 수 있는 매력적인 기회를 제시하고자 하는 것입니다. 이에 따라 다양한 식물성 단백질, 새로운 동물 공급원(곤충) 및 생명공학 혁신(세포기반 배양 또는 발효기반)을 사용해 다양한 제품들을 부지런히 출시하고 있습니다. 우리가 미래 식량을 걱정하지 않도록 말입니다.

각 분야는 각기 다른 접근 방식을 취하고 있고, 서로 다른 성숙 단계에 있습니다. '식물기반'과 '발효기반'의 대용식품은 이미 시장의 다양한 유통 경로에서 판매되고 있습니다. '세포기반'은 아직은 매우 제한적이

고요. 이렇게 발전 속도가 다른 데는 이유가 있습니다.

'식물기반'은 콩고기라는 오랜 역사를 가지고 있는 만큼 새로운 시도는 아니죠. '발효기반'은 더 오랜 역사를 지나오면서 이미 식품 산업에서 뿐만 아니라 많은 분야에서 필수불가결한 기술로 사용되고 있고요. 매일 먹는 김치, 된장, 빵, 맥주, 와인, 식초, 치즈, 요구르트… 모두가 발효에 의해 만들어진 식품이죠. 다만 '세포기반'은 줄기세포 이식 등의 기사를 접하면서 우리가 대략적으로 인지는 하고 있었지만, 식량으로서 대량 세포 배양은 차원이 다른 혁신적인 기술을 요구합니다. '세포기반'이라는 단어도 아직 통일되지 못하고 있는 실정입니다. Cell-based(세포기반), Cultivated(배양된), Cultured(배양된), Lab-grown(실험실 배양) 등이 모두 사용되고 있죠. 이 책에서는 '식물기반'에 대응하고자 '세포기반'으로 표기합니다.

필자는 '대용 단백질' 공급원을 크게 4분야로 나누고 각각의 특징을 표(《자료 26》)로 정리했습니다. 표에 서술된 각 분야의 장단점은 간단하지만, 유익한 정보가 될 것입니다. 여기서는 개념만 알고 가기로 해요. 분야별로 약진하고 있는 스타트업들과 시장 현황 등 구체적인 내용은 다음 장에서 살펴볼게요.

본격적으로 표로 들어가기 전에, 아주 간단하게 각 분야의 공정 원리만 풀어 독자분들의 이해를 돕고자 합니다.

식물기반 단백질은, 말 그대로 식물성 식품에서 추출한 단백질입니다. 예를 들어, 식물인 콩에서 먼저 지방을 제거합니다. 단백질만 남은 콩(분리 단백질: 단백질 함유량 20~30%)에 '테크'를 활용해 조직화된 가루(조직 단백질: 단백질 함유량 60~80%로 증가)로 만듭니다. 여기에 첨가물(유화제, 점강제, 향 등)을 섞고 가공해, 동물성 식품(소, 돼지, 닭, 달걀, 우유, 치즈 등)을 대안하고자 만든 대용식품을 각기 식물기반 대용육, 대용 달걀, 대용 우유, 대용 치즈라고 하는 것입니다.

세포기반 단백질은, 살아 있는 동물에서 세포조직을 채취한 후 동물의 체내가 아닌 실험실에서 세포를 배양 증식해 얻은 단백질입니다. 3가지의 세포 배양법이 활용되고 있으나 너무 깊은 내용이라 여기서는 생략합니다.

발효기반 단백질 추출은 우리가 알고 있는 김치, 맥주 등과 같은 발효기법에서 출발합니다. 여기에 필요한 특정한 미생물을 인위적으로 생성한 후 발효를 촉진해 단백질을 추출하는 발효기법이 응용됩니다. 발효의 구체적인 내용은 3장에서 더 알아볼게요.

곤충기반 단백질은 앞 챕터에서 살펴본 대로, 식용으로 지정된 곤충에서 추출한 단백질입니다. 이를 식품으로 가공하는 것입니다.

혹 '대용 단백질'의 다양한 원료가 시장의 공급 측면에서 어떠한 위치를 차지하는지 궁금해할 독자를 위해 자료 하나를 더 준비했습니다. 〈자료 27〉을 봐주세요. 우리가 건강을 위해 먹는 음식인 만큼 소화율에 초점을 맞추고, 가격에 대비시켰습니다. 좌측 상단에 커다랗게 차지한 대

구분	식물기반 Plant-based	세포기반 Cell-based
개념	식물성 원료에서 단백질을 추출해 동물성 식품과 유사한 맛, 질감 형성	동물의 세포조직을 추출한 후, 실험실에서 배양을 해서 육류를 생산
원료	곡물, 채소, 과일, 해조류 (예) 대두, 완두콩, 병아리콩, 녹두, 귀리, 쌀, 키노아, 아몬드, 캐슈넛, 버섯, 미역, 토마토, 바나나, 잭푸르트 등	소, 돼지, 가금류, 해산물의 세포조직
응용 대상	식물기반 대용 버거패티/ 대용 햄/ 대용 고기다짐/ 대용 너겟/ 대용 참치.연어/ 대용 캐비어/ 대용 계란/ 대용 우유/ 대용 치즈/ 비건 스낵 등	세포기반 대용육/ 대용어 * 실험실에서 5~7주 만에 생산가능 (축산은 약 112주(3년)소요)
장점	• 동물성에 필적하는 단백질양 • 육류 대용: 섬유질이 많고 지방 적음 • 우유 대용: 유당불내증 해소 • 계란 대용: 계란 균(살모넬라)에서 안전	• 동물성 식품과의 유사성 높음 • 식인성 질병 해소 • 영양성분 맞춤 가능
단점	^고도가공과 합성 첨가물의 영양안전 이슈 ^해조류 경우, 생소화율 낮고 영양가 다양 ^식물별 알레르기 유발 가능성	^안전도 이슈 ^복잡한 조직(스테이크)배양은 첨가물 필요
한계	^육류 경우: 식감 및 조직감 부족	^높은 연구개발 비용 ^대량생산관련 기술적 장벽

구분	발효기반 Fungi-based	곤충기반 Edible Insect based
개념	미생물을 추출한 후 발효를 촉진시켜 단세포 단백질을 생성	국가별 식용으로 인정, 허가받은 곤충에서 단백질 추출
원료	버섯균 또는 동식물, 화산, 공기, 폐수 등에서 추출한 미생물	(국내 경우 7종 인정) 귀뚜라미, 메뚜기, 백강잠, 누에 번데기, 갈색거저리 유충, 흰점박이꽃무지, 장수풍뎅이 유충
응용 대상	– 발효로 만든 성분 자체로 제품 생산 – 식물/세포기반 단백질의 질 향상에 활용 – 천연 첨가물(향 등) 합성에 활용 (예)콩(뿌리)에 포함된 헤모글로빈으로 '헴'단백질을 생성 시 발효 활용	– 곤충 스낵 – 식품 혼합물로 활용
장점	• 고 단백질, 저 탄수화물 • 풍부한 섬유질, No콜레스테롤 • 빠른 생산속도	• 고 단백질, 고도 불포화 지방산 • 비타민, 미네랄의 공급원
단점	대용 단백질뿐 아니라 전 식품의 1/3이 공정에서 '발효'기술 필요	^곤충별 영양가 다양 ^알레르기 유발 가능성
한계		^소비자 혐오감 ^기술적 장벽 @필자 작성

〈자료 26〉 대용 단백질 공급원의 4가지 유형

단백질 소화율(PDCAAS Protein Digestibility Corrected Amino Acid Score)

출처: FAO, Mckinsey&Co_필자 수정&가필

〈자료 27〉 대용 단백질 원료별 가격 대비 소화율

두(大豆)는 '식물기반' 단백질에서 원료로 가장 많이 사용되고 있는 이유를 보여줍니다. 우측 상단의 '세포기반' 단백질은 그의 발전 속도를 보여주고요. 이렇게 과학자를 포함해 업계의 수많은 인재가 '미래 단백질' 개발을 위해, 다양한 원료를 찾아내는 수고를 마다하지 않고 있습니다.

07

깨알 같은 제품 뒷면의 '라벨', 해독할 수 있어요?

식품의 '성분'과 '영양 정보'를 확인할 수 있는
'클린 라벨'의 중요성을 정리합니다

발음할 수 없다면, 먹지 말아라

미국 월마트^{Walmart}에 필적하는 유럽의 도소매 1위 유통업체는 영국 테스코^{Tesco}입니다. 그런데 2013년 테스코에서 사건이 벌어졌습니다. 쇠고기에 말고기를 섞어 판매한 것이 들통이 난 것입니다. 라벨에는 버젓이 쇠고기라고 표기되어 있었고요. 이때부터 '클린 라벨(Clean Label)' 개념이 도마 위에 오르기 시작했습니다. 솔직히 말하면 라벨에 대한 경고는 훨씬 이전부터 있었죠. 저명한 환경 저널리스트 마이클 폴란 교수^{Michael Pollan}가 그의 저서 《음식의 변론(In Defense of Food, 2009)》에서 다음과 같이 지적했는데요. CDC(Centers for Disease Control and Prevention, 미국질병통제예방센터)가 라벨 규칙으로 수용하고자 했던 내용이기도 합니다.

"Don't eat anything with more than five ingredients, or ingredients you can't pronounce (5가지 이상의 성분(원료)이 들어 있는 음식 혹은 발음할 수 없는 성분이 있다면, 그 어떤 음식도 먹지 마세요)."

그런데 현재 식품 라벨링에 대한 국제 표준이 없습니다. 나라마다 규정이 다를 수 있지요. 우리는 가끔 수입식품 제품에서 볼 수 있습니다. 포장지 위에 새롭게 붙여진 한글 라벨 스티커가 그 사례죠. 그러나 '클린 라벨'에 대한 명확한 정의가 없다고 당황하지는 말아야 합니다. 우리 소비자가 정의해볼 필요가 있습니다. 우선 제품 구매 시, 나 자신 혹은 가족의 건강에 더 도움이 된다고 생각하는 것으로 구매를 결정할 수 있겠죠. 우리는 까다로운 소비자이니까요. 기본적으로 '클린 라벨'의 순기능은, 가능하다면 적은 재료를 사용해 제품을 만들고 소비자가 그 재료와 성분이 건강에 좋은 품목인지 확인하도록 하는 것입니다. 그것은 생산업체와 브랜드가 그들의 제품에 무엇이 들어 있는지 정직하게 말하는 것 이상을 암시합니다. 즉, '고도로 가공된', 그리고 '인공으로 합성된' 재료에서 벗어나 '천연 원료'의 재료로 이동하는 것을 의미하는 것입니다 (구체적인 예는 3장에서 만날게요).

영양정보		총 내용량 230 g (115 g x 2개)	
		1 개당 225 kcal	
100 g당		1일 영양성분 기준치에 대한 비율	
나트륨 510 mg	26 %	지방 7 g	25 %
탄수화물 10 g	3 %	트랜스지방 0 g	
당류 1.0 g	1 %	포화지방 5 g	33 %
콜레스테롤 0 mg	0 %	단백질 16 g	28 %

1일 영양성분 기준치에 대한 비율(%)은 2,000 kcal 기준이므로 개인의 필요 열량에 따라 다를 수 있습니다.

제품명	언리미트 버거 패티
내용량(g)	230 g (450 kcal)
식품의 유형	두류가공품 (가열하여 섭취하는 냉동식품)
품목보고번호	20200387406
원재료 및 함량	두류가공품1(대안산/분리완두단백, 완두전분, 옥수수전분, 카카오분말), 소스1(코코아버터(싱가포르)호모추출분말(중국산), 함수결정포도당, 감자분말, 파로인산칼륨)해바라기유(외국산: 우크라이나, 말레이시아, 스페인 등), 두류가공품2(분리대두단백, 옥수수전분, 카카오분말), 야자유, 소스2 메틸셀룰로스, 설탕, 정제소금, 효모추출물(향미증진제), 레드비트분말, 언리미트천연향신료, 식류농축분말, 참기름, 복합조미식품, 오렌지과즙분말, 비타민 B120.1% 혼합제제(말토덱스트린 구연산삼나트륨, 구연산, 비타민B12) (영양강화제), 생강가루, 정제수
대두 함유	

〈자료 28〉 제품 라벨 '성분'과 '영양정보'

라벨 판독에 도움이 필요하다고요? 간략하게나마 살펴보고 가죠. 이 또한 '대용 단백질' 시장의 큰 화두이며 이슈로 남아 있기 때문입니다. 라벨에는 크게 제품에 대한 두가지 정보가 있습니다. '원재료/성분(Ingredients)'과 '영양정보/영양소(Nutrition)'입니다. 〈자료 28〉을 사례로 볼게요. 성분은 제품을 만든 원재료를 뜻합니다. 국내에서는 '원재료 및 함량'으로 표기해요. 영양소(영양 정보)는 제품에 함유된 주요 영양소를 표기합니다. 영양소별 하루 필요량에 대한 기준율도 표시하게 되어 있죠. 이 영양소가 천연 유래인지, 합성인지는 알 수 없다는 점도 유의해야 합니다. 또한, 0%로 표기되는 것에 주의해야 하는데요, 성분별로 정해진 기준 이하이면 0으로 표기할 수 있기 때문입니다.

'클린 라벨링'을 잘하는 브랜드는 소비자와의 투명성과 신뢰 관계를 구축합니다. 브랜드는 소비자가 진정으로 찾고 있는 것이 무엇인지에 대한 물음을 스스로에게 자주 하는 것이 좋겠죠. 어떻게 하면 소비자에게 가장 좋은 서비스를 제공할 수 있는지를 말입니다. 식품 제조업체가 이런 서비스를 적극적으로 실행하지 않을 때는 불행하게도 소비자에게는 방법이 없습니다. 정부가 제도로 정해서 시행하게 하는 것이 가장 빠른 해법이긴 합니다. 2006년 FDA(Food and Drug Administration, 미국식품의약국)는 어린이 비만 방지를 목적으로, 식품 라벨에 트렌스 지방 표기를 법제화했어요. 이후 모든 식품 제품에서 트렌스 지방이 80% 감소하는 효과를 이끌어냈습니다.

우리의 주제로 돌아와볼까요? 지금까지 '대용 단백질'은 주목할 만한 시장 점유율을 확보하기 위해, 지지하는 언론과 호기심의 물결을 타고 최대한 그것을 이용해왔습니다. 그러나 '대용 단백질'이 카테고리로 계속 성장하기 위해 해결해야 하는 뚜렷한 장애물이 있습니다. 바로 투명성이죠. 새로운 식품 항목이 소비자에게 승인받기 위해 통과해야 하는 경로입니다. 정보 불투명성은 소비자를 주저하게 만드니까요. '대용 단백질은 도대체 어떻게 만들어지는가?' 이 질문에 만족스럽게 답하는 것이 대규모 소비자를 포섭하는 성장의 열쇠입니다.

경고합니다

A 제품 성분	B 제품 성분
완두콩, 고구마, 완두콩 단백질, 완두콩 전분, 렌즈콩, 아마씨 분말, 혼합 토코페롤, 탄산칼슘, 식물성 향료, 소금, 비타민(염화콜린), 비타민E 보충제, 비타민A 보충제, 비타민D3 보충제, 판토텐산 칼슘, 티아민 모노니트레이트, 피리독신 염산염, 리보플라빈 보충제, 나이아신, 엽산, 비오틴, 비타민 B12 보충제, 미네랄	물, 콩단백질 농축물, 코코넛 오일, 해바라기 오일, 천연 향료, 2% 이하: 감자 단백질, 메틸셀룰로스, 효모 추출물, 배양 포도당, 변형식품 전분, 대두 레그헤모글로빈, 소금, 분리 대두 단백질, 혼합 토코페롤(비타민E), 글루콘산 아연, 티아민 염산염(비타민B1), 아스코르브산 나트륨(비타민C), 나이아신, 피리독신 염산염(비타민B6), 리보플라빈(비타민B2), 비타민 B12

출처: Beef Central_필자 수정&가필

〈자료 29〉 2가지 제품의 성분 비교

〈자료 29〉에서 A와 B 제품의 성분을 읽어볼까요? 제품 뒷면에 나와 있는 성분 라벨의 내용입니다. 필자는 비슷한 제품의 다른 두 브랜드 정도로 예상했는데요, 여러분은 어떤가요?

2가지 제품 중 하나는 식물기반 햄버거 패티고요, 다른 하나는 개 사료입니다. 여기서 퀴즈를 드려 보겠습니다. 어떤 제품이 햄버거 패티일까요? 아무리 봐도 고급 난이도의 퀴즈입니다. 답이 필요한가요?

캘리포니아 대학 동물학과, 프랭크 미트로에너^{Frank Mitloehner} 교수의 인터뷰 내용으로 답을 대신할게요.

"식물기반 대용육 제품은 실제로 너무 가공이 되어 있어서 애완동물 사료와 비교해볼 때, 품목 간의 차이점을 식별하는 데 어려움을 겪습니다. 몇 년 전 미국 국립과학원 행사에서 대용육 스타트업 설립자와 함께 저녁을 먹었는데, 당시 그가 개 사료를 먹었다고 고백하면서 재료가 건강에 좋다고 말했습니다. 저는 그가 농담하는 줄 알았지만, 그의 고백으로 무엇을 추측할 수 있겠습니까? 식물기반 햄버거 패티는 실제로 개 사료와 영양학적으로 크게 다르지 않을 수 있고, 여기에 풍미와 맛과 향을 추가하면 바로 그것이 그가 생산하는 대용육인 것입니다."

이제 거의 모든 소비자가 동물성 단백질을 대안하는 대용식품 시식을 기꺼이 받아들입니다. 그러나 그들은 더 많은 투명성이 있을 때까지 이들을 일상화하는 것에는 매우 신중할 것입니다. 이러한 접근은 식물기반을 넘어 발효기반과 세포기반으로 단백질을 생산하기 위해 개발 중인 제품으로까지 확장될 것이고요.

08

'푸드테크'는 유행어일까요?

'푸드테크'의 진정한 의미를 정리합니다.
'푸드사이언스', '푸드 엔지니어링'도 소개합니다

프랑켄슈타인 햄버거, 3억 9,000만 원

"100만 달러(약 13억 원)를 드립니다!"

2008년 동물복지단체 페타(PETA)가 콘테스트에 건 상금입니다. 조건은 2012년 6월 30일까지 도축 없이 시험관 내에서 닭고기를 만들고 다음을 수행하기입니다: (1) 모든 사람이 실제 닭고기와 구별할 수 없는 맛과 식감을 가진 제품을 생산하세요. (2) 승인된 제품을 상업적으로 판매하기에 충분한 양으로 제조하고 최소 10개 주에서 경쟁력 있는 가격으로 성공적으로 판매하세요.

지금의 세포기반 대용육 시장에도 적용될 필요충분한 요구조건이네요. 4년 후, 상황이 어떻게 되었을까요? 과학과 의학업계에서는 그야말로 난리가 났었습니다. 어느 의학자는 "이론적으로 이것은 육류 생산으로 인한 환경 부담을 완화하고 온실가스 배출을 줄이며 인간의 건강을 개선할 수 있는 가능성이 있는 훌륭한 아이디어다. 그러나 누군가가 실제로 상을 받을 가능성은 희박해 보인다"라고 한 반면, 어느 과학자는 "아직 시험관 내 육류를 생산한 사람은 아무도 없다. 누구도 접근에 성공하지 못했다. 그러나 이 기술을 개발하는 것이 가능할 것 같다"라고도 했죠.

자본주의 사회에서 돈은 힘입니다. 네덜란드 정부의 배양육(세포기반 대용육) 지원 프로그램과 구글 공동 설립자 세르게이 브린Sergey Brin이 이 이벤트를 지원했습니다. 지원을 받은 줄기세포 연구자인 마크 포스트Mark Post 교수 연구팀이 세포기반 대용육 개발에 성공했지요. 콘테스트 기한보다 1년 뒤인(상금을 못 받았습니다) 2013년 8월에 시식회가 열렸습니다. 25만 파운드(개발 비용 약 3억 9,000만 원)짜리 햄버거가 등장했죠! 맛은 어땠을까요? 맛은 고기 같으나 지방이 부족한 듯 육즙이 조금 덜하다고 참가한 셰프들이 전했습니다. 이후 세계적으로 다양한 세포기반 대용육 스타트업들이 생겨나기 시작했어요. 쇠고기에서 시작된 연구는 현재 닭과 오리, 돼지로 점차 지평을 넓히고 있고요. 미국 기업 업사이드 푸드 Upside Foods는 2016년에 세포기반 대용 미트볼을, 2017년에는 세계 첫 세포기반 대용 닭고기와 오리고기를 비디오로 공개했죠. 영국 기업 하이어 스테이크Higher Steak는 실험실에서 돼지 세포를 배양해 추출한 단백질과 지방에 전분 등을 섞어 만든 세포기반 대용 삼겹살과 베이컨을 2019년 7월에 공개했고요. 잇 저스트의 브랜드, 굿 미트Good Meat 제품인 세포기반 대용 치킨 너겟은 싱가포르에서 최초로 규제승인을 받아 2020년에 상용화까지 성공했습니다.

아이디어는 역시 중요합니다. 네덜란드 배양육 지원 프로그램은 세계 최초로 세포기반 대용육 기술 특허를 지닌 반 앨런Willem Frederik van Eelen 교수의 이론이 바탕입니다. 훨씬 이전인 약 10년 전, 이미 NASA는 우주 비행사가 장거리 우주 임무를 수행하는 데 필요한 음식을 만드는 수단을 찾고자 했습니다. 동물에서 추출한 세포조직으로 시험관 내에서 단백질을 배양하는 작업을 시작했었죠. 더 멀리 거슬러 올라가 볼까요? 1931년 윈스턴 처칠Winston Churchill은 그의 에세이에서 이렇게 말했습니다.

"우리는 닭의 가슴살이나 날개를 먹기 위해 병아리를 기르는 따위의 어리석은 짓을 하지 않게 될 것입니다. 적당한 조건에서 필요한 부위들을 배양하면 될 테니까요."

80년이 지난 뒤, 마크 포스트Marc Forster 교수가 다음과 같이 응대합니다.

"현대의 과학자들은 처칠의 꿈을 실현하는 방법을 알고 있습니다. 그것은 '동물의 줄기세포를 채취해 배양함으로써, 수백만 톤의 고기를 만들어내는 것'입니다. 이론적으로, 한 쌍의 동물만 있으면 전 세계를 먹여 살리는 것이 가능합니다."

역시 줄기세포 연구자답습니다. 포스트 교수는 2015년 세포기반 대용육업체 모사 미트Mosa Meat를 직접 설립해 상품화에 한창입니다. 그는 다시 10년 후 상용화를 기약했죠. 세포기반 대용육은 일종의 프랑켄슈타인 식품이라는 고정관념을 타파하는 데 10년을 극복해온 셈입니다. 아직 넘어야 할 허들은 꽤 높고 많아 보이지만, 포스트 교수의 두 번째 약속은 솔깃합니다.

10여 년 전, 첫 번째 세포기반 대용육 햄버거의 개발 비용을 선뜻 지원했던 구글의 브린 씨는 포스트 교수가 언급한 'Thinking Big(크게 생각하기)'을 이렇게 칭찬합니다.

"오늘날 인류의 먹거리 문제는 동물 학대와 환경 파괴라는 이중 딜레마에 빠져 있습니다. 이러한 난관에 대처하는 방법에는 3가지가 있습니다. 첫째는 우리 모두가 채식주의자가 되는 것, 둘째는 현실을 무시하고 환경 파괴를 계속하는 것, 셋째는 뭔가 새로운 시도를 하는 것입니다."

명쾌한 결론입니다.

10여 년 만인 지금, 세포기반 '대용 단백질' 업계는 이렇게 화답합니다.

"기술이 기후 위기를 해결하는 데 도움이 될 것이라고 확신한 적은 없었습니다. 그런데 우리 식품 과학자들은 실험실에서 햄버거를 키우는 비용을 10년도 채 되지 않아 30만 달러(25만 파운드, 약 3억 9,000만 원)에서 11달러로 줄이는 것을 가능하게 했습니다."

약속대로 새로운 것이 시도되었죠. 세포 하나에 '테크'를 얹혔더니 실험실에서 튀어나와, 우리 눈앞에 고깃덩어리로 온 것입니다. 말도 안 되는 것 같은 일이 어느새 벌어지고 있습니다. 또 어느새 식탁 위를 점령할까 싶고요. '대용 단백질' 시장의 초기 단계로서 식물기반 대용육이 출시될 당시, 이 시장은 '푸드테크'라는 미명 아래 반짝였죠. 이제 '진짜 테크'가 실제로 실험실에서 배양육을 길러냈습니다. 시장이 다양해진 만큼, 지금은 식물기반을 '베그테크(VegTech)'로 조심스럽게 분류합니다. '푸

드테크'가 유행어는 아닌 것 같지만 올바로 쓰일 때까지 고맙다는 인사
는 유보해야 할 것 같습니다.

푸드 x 혁신

당근은 어떤 채소일까요? 말이 좋아하는 오렌지색 채소입니다. 일반
적으로 알고 있는 우리의 상식입니다. 여기에 과학의 옷을 입혀서 대답
해볼까요? '당근은 적당한 섬유질을 가진 채소로서 비타민 A가 풍부합
니다. 섬유질은 장 건강을 돕고, 비타민 A는 건강한 피부와 시력을 유지
하는 데 도움을 줍니다. 또한 비타민A는 지용성이므로 기름에 볶아 섭
취하면 영양소 흡수율이 높아집니다.' 식품과학(Food Science)에 기반한 영
양학적 답안입니다.

식품생산에 관련된 기술개발 및 세조장비 등에 관해 연구하는 분야
는 식품공학(Food engineering)이라 합니다. 식품공학을 통해 당근은 변화
합니다. 당근을 동결 건조해 장기간 보존하게 하는 방법을 개발했죠. 영
하 40도에서 급속 동결해 진공상태에서 수분을 승화시키는 방법으로
당근 원래의 맛, 색, 향, 영양을 그대로 유지시킵니다.

당근 이야기를 조금 더 해볼까요?
"당신은 ○○ 유전자의 ○○ 유전자형을 가지고 있어요. 따라서 당신
의 몸은 비타민 A를 최적으로 흡수하지 못합니다. 그러므로 당근보다
비타민 A가 더 많이 함유된 고구마나 장어와 같은 음식을 섭취하세요.

그래야 충분한 비타민 A의 섭취 혜택을 얻을 수 있습니다."

어느 식단 앱(app: application)의 가이드입니다. 이 앱은 제공된 DNA를 분석해 개인별 최적의 영양소 섭취 수준을 결정합니다. 그 유전자형 결과치와 음식의 영양 성분을 맞추어 결합함으로써, 각자에게 효과적이고 건강한 음식의 포괄적인 목록을 제공하는 것이죠. 이렇게 개인화된 영양 서비스는 '대용 단백질' 영역에도 영향을 미칠 수 있습니다. 특히 건강상의 이유로 육류를 피하는 사람들의 경우, 고단백, 저지방, 저염 등의 건강 목표에 부합하는 이상적인 식물성 단백질을 추천받을 수도 있을 것입니다.

식품 정보에 대한 기술발전은 여기서 멈추지 않습니다. 영양소를 계산해주는 스마트 도마(Prep Pad)도 있습니다. 식재료나 요리한 음식을 도마 위에 올려 놓으면 순식간에 칼로리와 단백질 같은 영양소를 측정해주죠. 스마트 젓가락(Smart Chopsticks)은 젓가락 끝의 센서를 통해 식품 성분의 등급(우수, 양호 불량)을 알리는 LED가 부착되어 있고요.

식품의 공정 범위를 확장해보면, 위치기반 기술과 SNS 등을 이용한 음식 주문과 배달 서비스, 그리고 요리 보조 로봇과 3D 프린팅 요리 또한 푸드테크의 기막힌 개발 결과입니다. 결국 식재료와 식품을 생산하고 소비하며 최종적으로 처리하는 모든 과정에서 파생되는, 다양한 분야의 영역 모두에서 테크는 푸드에 '혁신'을 가하고 있습니다.

그런데 역사를 돌아보면 식품에 과학을 입히는, 즉 '푸드테크'가 갑자기 나타난 것은 아닙니다. 인류는 구석기 시대부터 식품에 기술을 적용

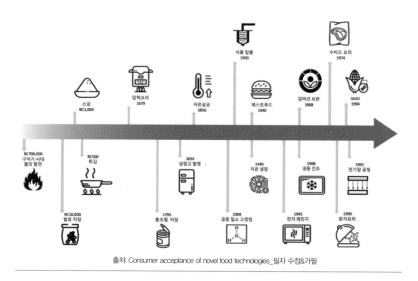

출처: Consumer acceptance of novel food technologies_필자 수정&가필

〈자료 30〉 푸드테크 역사

했죠(〈자료 30〉). 불의 발견이 요리의 시작입니다. 이미 기원전부터 발효로 식품을 저장했고 17세기 현미경의 발명은 식물의 세포벽까지 발견하게 했습니다. 이후 냉장고의 발명은 식품 저장의 커다란 발전 계기가 되었고요. 루이스 파스퇴르(Louis Pasteur)의 발효 연구와 저온 살균 발명은 현대의 식품 공정에 지대한 영향을 미치고 있죠. 근대에 이르러 과학이라는 학문의 이름을 붙이자니 거창해 보일 뿐, '푸드테크'는 당근처럼 우리의 실생활 안에서 진화하고 있습니다.

이제 '푸드테크'는 생명공학, 인공지능(AI), 로봇, 블록체인 등 첨단 기술들과 결합하면서 성장가도에 있습니다. 코로나의 위기를 기회로 삼아 모든 건강의 책임자인 양 '대용 단백질'로 무장해 어느새 우리 곁에 가까이 와 있죠. 오늘은 맞고 내일도 맞는 '진짜 테크'로 지구와 인류의 건강을 위해 지속 발전하기를 기대합니다.

09

Green은 다 똑같은 '그린'?

'대용 단백질'이 대두된 배경인 기후 위기에 관련해
회자되고 있는 '그린'의 용어들을 정리합니다

Green, 컬러풀에서 원더풀로

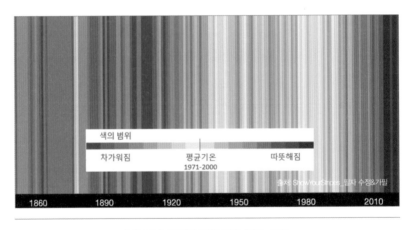

색의 범위

차가워짐   평균기온   따뜻해짐
1971-2000

출처: ShowYourStripes_필자 수정&가필

1860   1890   1920   1950   1980   2010

〈자료 31〉 글로벌 기온 변화 (1850-2021)

초록(草綠)은 동색(同色) 아니었나요? 초록(Green)이 참 다양합니다. 깜
짝 놀랄 준비가 되셨나요?

제일 먼저, 따뜻한 그린으로 믿었던 지구의 색상 변화입니다. 〈자료
31〉은 1850년에서 2021년으로 오는 동안에 지구 평균 온도의 장기적 증

가를 색상으로 나타낸 도표입니다. 지구의 도표는 기후 학자 에드 호킨 스Ed Hawkins가 그래픽으로 창안했습니다. 도표를 보니, 오늘 시점의 지구 온도는 '뜨거운' '붉은'색이네요. 전 세계가 '탄소 중립(Carbon Neutrality)'을 외치게 만든 그 색입니다. 이 온도 차를 보면, 모두 동일한 생각을 하게 합니다. 붉게 만든 원인을 제거하고 그린으로 대체해야 한다고요. 그런 데 어떻게 해야 그린으로 다시 변할까요?

먼저 온실가스의 주범인 화석연료 사용을 줄이고, 환경 친화적인 에 너지로 대체하고자 노력하고 있죠. 내연 자동차를 전기 자동차로 전 환시키는 수고가 한 예입니다. 조금 복잡한 단계로 우리의 주제인 '대 용 단백질'을 통한 노력도 진행 중입니다. 식품업계의 온실가스 배출량 은 전 배출량의 30%를 차지합니다. 그중 농축산업이 차지하는 비율이 18.4%이고요. 기존 공장식 농축산업의 환경을 개선하고 '대용 단백질' 섭취를 늘리는 것은, 결국 '탄소 중립'에 크게 이바지하는 것이라고 누 차 강조해왔죠. 하지만 깨끗한 그린 에너지 기술로 전환하는 데는 비용 이 발생할 수밖에요. 그 비용이 '그린 프리미엄(Green Premium)'입니다. 녹 색 보험료라 해석하기도 하죠. 가치 있는 그린이지만 인내가 필요한 '고 단한' 색상입니다.

더 '힘든' 그린도 있어요. 기후변화로 위기에 처한 경제, 사회, 정치, 환경 등을 모두 아울러 회복과 재생을 추구하고자 굳은 해결 의지를 담 은 개념, '그린 스완(Green Swan)'입니다. 이렇게 지구 환경 회복을 위해 모 든 업계는 그린으로의 피나는 전진을 하고자 합니다.

그런데 문제가 있어요. 세 살 버릇 여든까지 간다고 했던가요. 그린으로 전진하는 것이 쉽지 않은 모양입니다. 제품 라벨에는 그린색의 친환경 마크가 찍혀 있고, 제품 생산 공정의 이면에는 아마존 산림 벌채가 병존합니다. 소비자 손에 의해서만 버려지는 줄 알았지만, 매출 증가를 위해 130%의 초과 생산 관행으로 버려지는 30%의 식품도 존재합니다. 그린 자격의 증명인 양 ESG 펀드에 대한 글로벌 투자는 35조 달러를 초과했어요. 이러한 지속적인 투자가 정말로 변화를 가져왔나요? 1970년 이후 2배 이상 증가한 '탄소 배출'량은 계속해서 가속화되고 있는데, 기업은 하는 척만 합니다. 소위 '그린 워싱(Green Washing)'입니다. 부끄러워하는 성향 때문일까요? 그린으로의 전환을 평가받기 두려워하는 업체들도 있죠. 이러한 소리 없는 움직임이 '그린 허싱(Green Hushing)'이고요. '색 바랜' 그린들입니다.

매우 '시끄러운' 그린도 있었죠. 기후 위기를 경고한 공로로 노벨상의 영예를 안은 지도자가 있었습니다. 전 미부통령 엘 고어Al Gore입니다. 환경 이슈에 늘 관심을 기울이고 정책에 입안하려 했던 그의 노력에는 감사합니다. 하지만 그가 제작한 환경 다큐멘터리는 일부 과장된 사실로 대중을 크게 현혹시켰죠. 예를 들어, 그가 말한 대로라면 해수면이 6m 이상 높아져야 합니다. 극단적인 상황에서도 해수면은 1m 정도 상승한다는 과학계의 발표가 뒤따랐습니다.

'오래된' 그린도 있어요. 1861년 남북전쟁 당시 발행한 비상용 지폐입니다. 당시 녹색 잉크로 인쇄된 데서 유래한 '그린 백(Green Back)'이죠. 이 그린 잉크는 당시 카메라가 흑백으로만 사진을 찍을 수 있었기 때문에 지폐의 사진 모조품을 방지하는 데 사용된 위조 방지 수단이었습니다.

현재 달러는 안정(Stability)의 상징으로서 녹색 인쇄를 고수하고 있습니다.

뜨거운 색, 붉은색, 고단한 색, 힘든 색, 그리고 색 바랜, 심지어 현혹시킨 그린까지… 컬러풀하기 짝이 없지만, 모두 힘없이 때 묻은 그린들입니다. 오랫동안 그랬듯이 그린은 생명, 자연, 봄, 재생, 자연, 에너지, 조화, 번영, 그리고 안정의 상징이죠. 그런데 우리 시대에 본래의 원더풀그린으로 회복할 수 있을까요? 이것은 질문도, 제안도 아닙니다. 반드시 해야만 하는 의무입니다.

Go Green! 습관은 운명을 바꾼다!

호주가 혹등고래를 다시 만났어요. 포획금지를 시행한 지 60년만입니다. 혹등고래는 멸종 위기종에서 드디어 제외되었죠. 호주는 또한 해변에 그물망을 설치했어요. 플라스틱 등 바다를 오염시킬 물질을 거르기 위해서입니다. 푸르른 바다 이야기를 더 해보죠. 바다는 탄소를 흡수합니다. 지금까지 자그마치 탄소의 93%를 바닷속에 저장해 놓았어요. 해양 생태계가 육상 생태계보다 50배 이상 빠르게 탄소를 흡수하기 때문입니다. 바닷속이 플라스틱으로 뒤덮이고 있는 와중에도 말입니다. 이 탄소를 '블루 카본(Blue Carbon)'이라 합니다. 93%의 탄소량은 150년 동안 바다에 히로시마 원자폭탄이 매초 1.5개씩 폭발하는 양에 해당합니다(출처: 〈PNAS〉 Vol.116 No.4, 2018). 바다가 이렇게 많은 탄소를 흡수해주는데도 지구 온도가 1도나 상승했어요. 지금 우리에게 닥친 문제는 바닷속에 저장된 탄소가 서서히 대기 중으로 방출되고 있다는 사실입니다. 1도 상승을 가볍게 볼 수 없는 이유죠. 도대체 지구의 온도를 높이는 원인은 무엇인가요?

지구의 평균 기온은 15도입니다. 인간이 쾌적하게 살기 위한 조건이죠. 자연계의 적당한 '탄소 배출'로 인한 '온실효과'로 이 온도를 유지합니다. 그런데 산업혁명 이후 기술의 발전은 인류로 하여금 과도한 인위적인 탄소를 발생시켰어요. 흔히 말하는 '온실가스(GHG Green House Gas)'입니다. '온실가스' 종류 중 이산화탄소(CO_2)와 메탄(CH_4)이 주요 방출 가스이고요. 자연 발생적인 이산화탄소의 양은 지구 대기 중에 미미한 수준입니다. 하지만 급증한 화석연료의 사용으로 인위적으로 대량 발생한

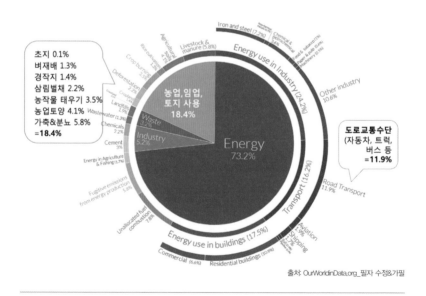

출처: OurWorldinData.org_필자 수정&가필

〈자료 32〉 분야별 전 세계 온실가스 배출 현황 (2022년)

이산화탄소는 '온실가스'의 80%를 차지합니다. 대기 중에 존재하는 메탄은 이산화탄소에 비해 200분에 1에 불과하지만, 그 효과는 이산화탄소에 비해 28배 이상 강력하고요. 메탄은 화석연료 사용, 폐기물 배출, 가축 사육, 바이오매스의 연소 등 다양한 인간 활동과 함께 생산됩니다. 분야별 '탄소 배출'량은 〈자료 32〉를 참조하기로 해요. 전 인류가 지구를 뜨겁게 만들었습니다. 앞서 본 그 붉은색으로요.

이제 원더풀 그린으로 가고자 세상이 부지런해지고 있습니다만, 간단하지가 않네요. 예컨대, '그린 프리미엄'이 너무 커지다 보니, 각 산업 분야의 비용이 상승하게 되고, 결과적으로 소비재 가격도 상승합니다. '그린 플레이션(Green + Inflation)'이라 불릴 만큼요. 절실한 중장기 목표이지만 관행이 되어버린 당장의 삶을 견디기가 너무 어려운 거죠. 여기서 기술은 또 다른 솔루션을 찾고자 하는데요, 전기 자동차 전환이나 '대용 단백질' 섭취 등으로 '탄소배출을 줄이는' 방법 이외에 '탄소를 잡아' 보는 건 어떨까요? 바다가 탄소를 흡수하듯이 육상에서는 나무가 그 역할을 합니다. 벌채 금지와 나무 심기 장려는 여기에서 연유하는 것입니다. 바로 '탄소 포집(CCUS Carbon Capture Utilization and Storage)'이라고 부르는 방법입니다. 농업 분야에서는 탄소가 땅에 저장되도록 하는 기술(Climate neutrality-carbon farming)로도 확장되고 있습니다.

이렇게 각 분야에서 그린들을 모으도록 해요. 습관이 모이면 운명도 바뀐다고 했습니다.

식목일은 3월

4월의 뉴스 기사를 발췌해왔습니다. 같이 읽어볼까요?

몰아 피는 봄꽃

올해 봄꽃 개화 시기는 어느 해보다 빨랐습니다. 지난해에 비해 열흘 이상 빨라진 데다 전국에서 시차 없이 한꺼번에 꽃을 피우고 있어 양봉 농가는 비상입니다. 높은 기온에 봄꽃의 개화 시기가 앞당겨지자 양봉 농가의 손길은 분주합니다. (중략) 하지만 갑작스러운 '이상고온' 현상은 큰 고민거리입니다.

– 인터뷰: 김○○, 춘천시 신북읍, "지역별로 시차를 두지 않고 한꺼번에 꽃이 피면 꿀을 따는 기간은 크게 줄 수밖에 없습니다. (중략) 소득 면에서도 많은 차질이 생긴다고 봐야죠."

– 인터뷰: 임○○, 강원도 홍천군 북방면, (중략) "지난달 전국 평균 기온은 7.7℃로 평년보다 1.8℃나 높았습니다. 지난해는 '이상 저온'으로 어려움을 겪었던 양봉 농가, 올해는 한꺼번에 몰아 피는 봄꽃이 걱정거리가 되고 있습니다."

고개가 끄덕여졌습니다. 기상이변 뉴스를 많이 듣다 보니 그럴 수 있겠다 싶었어요. 어? 그런데 이 기사는 2014년 4월 뉴스기사〈YTN〉입니다. 당시도 평균 기온이 7.7℃로 평년보다 1.8℃ 높다고 했네요. 6년 후인 2020년 4월은 평균 기온이 10℃를 웃돌았어요. 그런데 식목일을 지정하던 1949년 4월의 평균 기온은, 나무 심기에 가장 알맞은 6.5℃(국립산림과학원 발표기준)였습니다. 2022년 4월은 12.3℃로 1949년보다 거의 2배나 높아졌습니다. 이제는 더 이상 4월에 식목일이 있을 이유가 없습니다. '사과하면 대구'라는 말도 옛말이 되었죠. 대구 이남 지역은 사과 재배 적정 온도보다 높아져서 더 이상 재배가 안 됩니다. 현재 경상북도 북부 지방이 사과의 주 재배지로 변했습니다. 차(茶) 재배지로 알려진 따뜻한 전남 보성, 그런데 지금은 강원도 고성에서도 차 재배가 가능합니다. 북방 한계선이 어디까지 올라가야 할까요?

기후 문제는 우리나라만의 문제가 아닙니다. 해수면 상승부터 점점 더 올라가는 기온, 더욱더 가공할 만한 허리케인과 토네이도까지, 기후 변화의 영향은 전 세계적으로 점점 더 심각해지고 있습니다. 2003년 유럽의 장기 폭염으로 7만 명이 사망한 대재앙, 호주 가뭄으로 멸종 위기종에 등록된 코알라, 서울 면적의 27배를 태운 캘리포니아의 기록적인 산불, 알파벳 순서로 지어진 이름이 소진될 만큼 잦아진 허리케인, 중국 중남부의 3개월간 계속된 집중호우, 22%가 불타버린 판타날 습지, 6월에 38℃를 기록한 동토의 땅 시베리아의 어느 마을, 2011년 태국 반도체 생산 라인을 강타해 세계 생산량의 2.5%를 감소시킨 대홍수, 2019년부터 2020년까지 2여 년에 걸친 호주의 산불, 2021년 태국은 다시 설

〈자료 33〉 2021년 11월 투발루의 외무장관은 전 세계에 기후변화에 대한 경각심을
불러일으키기 위해 투발루의 푸나푸티에 있는 바다(잠긴 땅)에서 COP26 성명을 발표했다.

탕 생산량의 30% 감소가 예상될 만큼의 가뭄 타격 등, 이루 열거할 수 없을 만큼 지구의 기후 이변 현상이 자주 발생하고 있습니다. 6개의 섬으로 이루어진 나라, 남태평양의 투발루는 이미 2개의 섬이 물에 잠겼죠(〈자료 33〉). 인도는 121년 만에 새가 탈수 증세로 땅에 떨어질 만한 최고의 살인 폭염을 맞았고요. 2022년 7월에는 런던의 역사상 최고 기온이 40도를 돌파했습니다. 2050년이면 여름 시즌에 북극의 빙하를 볼 수 없다는 암울한 예측을 2030년으로 20년이나 앞당겨버린 과학자들의 이야기는 섬뜩하기까지 합니다.

모두 들었던 이야기인가요? 들리지만 내 발등에 떨어진 불이 아니라서 뜨겁지 않은 게 솔직한 심정일 것입니다. 그렇다고 그냥 남의 집 불구경인가요? '기후변화(Climate Change)'로 인한 '지구 온난화(Global Warming)'는 그저 틀면 나오는 유행가 가사처럼 들리는 건 아닌지, 그렇게 우리의 귀가 무뎌져버린 것은 아닌지요. 투자 시장에서의 워런 버핏Warren Edward Buffett의 큰 소리는 여기서도 귀담을 만합니다.

"꼭 물이 빠져나가야만(썰물), 그때서야 그동안(밀물) 누가 알몸으로 수영했는지 알 수 있나요?"

말, 정말 안 들어

1979년 봄, 미국 과학계 일각에서 기후 재앙 예언이 제기되었습니다. 과학자들은 "2035년 혹은 그즈음에 이산화탄소의 배출량이 2배가 되면 지구의 평균 기온은 섭씨 3도가 상승한다. 지켜보자는 정책은 너무 늦을 때까지 기다리겠다는 것과 다를 게 없다"라고 강조했죠. 유사한 내용의 연구 결과와 경고가 이어졌고, 언론과 국민들의 관심도 높아졌습니다. 하지만 미국의 레이건 정부가 들어선 뒤 분위기는 반전되었어요. 1983년 10월 19일, 미국 국립과학아카데미는 기후변화에 대해 "극단적이고 부정적인 예측들에 대중이 현혹되어서는 안 된다. 단순한 경고일 뿐 두려워할 건 없다"라고 밝혔습니다. 언론의 관심은 시들었고, 전전긍긍하던 산업계는 안도의 한숨을 내쉬었죠. 찬반의 싸움은 계속되었습니다.

바야흐로 1988년 11월, UNEP(유엔환경계획)와 WMO(세계기상기구)가 기후변화를 분석해 각국에 과학적 정보를 제공하기 위해 'IPCC(Intergovernmental

Panel on Climate Change 기후변화에 대한 정부 간 협의체)'를 설립했어요. IPCC는 유엔의 승인을 받은 후, 1992년 제1차 국제기후 총회를 개최하고 150개국이 참여한 가운데 '기후 변화 협약'을 체결했습니다. 그러나 계약 체결만으로는 해결 진전이 안 보였습니다. 1997년 일본 교토에서 열린 제3차 협약에서 2012년을 기한으로 하는 구체적인 실천 방법을 문서로 만들었죠. 이것이 바로 '교토의정서'입니다. 그러나 이 역시 진전 효과가 없어서 기한을 2020년으로 연기했어요. 2020년 만료를 대체하고자, 2015년 파리에서 2021년 1월부터 적용할 기후변화 대응을 담은 협약을 발효시켰는데, 현재 전 세계에 적용되고 있는 '파리기후협약'이 그것입니다. 이는 선진국에만 온실가스 감축 의무를 부여했던 교토의정서와 달리, 195개 당사국 모두에게 구속력 있는 보편적 첫 기후 합의라는 점에서 역사적 의미가 있습니다. 그 의미답게 전 세계는 이제 말 좀 듣고 있는 걸까요?

IPCC는 1990년 첫 보고서 이래, 2022년 4월에 6차 보고서(IPCC AR6 WG3)를 발행했습니다. IPCC 보고서는 평가보고서, 특별보고서, 방법론 보고서로 구성되고, 평가보고서는 4그룹의 실무 보고서를 포함하는데요, 이 중 제3그룹의 실무 보고서가 6차 보고서입니다. 200여 명의 과학자, 경제학자, 사회 과학자들이 세계 각지에서 밤낮으로 몰두해서 만든 보고서죠. 만장일치로 채택된 보고서는 무려 3,672페이지에 달합니다. 대륙별로, 나라별로, 산업별로, 분야별로 기후변화가 미칠 영향, 취약점, 그리고 적응해야 하는 방법론까지 그 내용이 빼곡하고요. 2013년 발행된 5차 보고서 이후, 전 지구에서 벌어지는 극단적인 기상이변을 목도하면서 처음으로 인류가 기후 위기에 영향을 미쳤다는 데 초점을 맞추었습니다. 우리 인간이 기후변화의 책임이라는 논제가 부각된 것입니다.

이 보고서에서 무시무시한 이야기 하나를 빼왔어요. 온실가스를 아주 크게 줄이지 않을 경우, 서울은 홍수의 위협을 가장 크게 받는 세계 도시 중 하나가 되고, 한국은 태풍으로 인한 경제적 피해가 가장 큰 나라 10위 안에 들게 된다고 합니다. 홍수와 태풍으로 더 큰 피해를 보기 전에, 이제는 말을 들어야 할 때입니다. 참혹하기 그지없는 내용으로 그득한, 자그마치 3,672페이지라니까요! 이 보고서는 과거의 책임을 묻기보다는 미래에 초점을 맞춘다고 했습니다. 기후 학자들이 응원하면서 여운을 남기고 있습니다. 아직까지 기회는 있다고요.

반가운 소식도 전하죠. 보고서 내 식품 분야에서 대용육이 하나의 실천 과제로 등장했습니다. 다음과 같이 서술하고 있습니다.
"건강하고 지속 가능한 식단의 선택은 식품 시스템으로 인한 온실가스 배출량을 줄이고 인류의 건강을 개선할 수 있는 주요한 기회를 제공합니다. 건강하고 지속 가능한 식단의 예는 거친 곡물, 과일, 채소, 견과류 그리고 씨앗 등의 식물성 식품이 많고, 에너지 집약적인 동물성 및 설탕, 음료 등의 가당 음식은 적으며, 탄수화물은 적정치를 요구합니다. (중략) 식물기반 단백질, 세포기반 배양육, 곤충과 같은 육류 유사물은 더 건강하고 지속 가능한 식단으로 전환하는 데 도움이 될 수 있습니다."
IPCC의 발표는, 동일한 관점을 제시하고자 하는 필자에게는 큰 격려가 되었습니다. 이 책을 집필하는 가운데 이 보고서를 보게 되어서 더욱 힘이 난 것도 사실이고요.

도둑맞은 지구, 실종 16년째. 걱정할 시간이다

2006년 미국에서 꿀벌이 대량으로 실종되었습니다. 미국 내 약 35%의 꿀벌이 갑자기 사라진 것입니다. 사태는 여기서 끝나지 않았죠. 2013년에는 미국 양봉원 전체 벌집의 45.1%가 감소했습니다. 군집붕괴현상(CCD Colony Collapse Disorder)이라 명명된 이 대사건에 수많은 과학자들이 사태의 원인과 메커니즘을 밝히기 위해 조사와 연구에 매달려왔지만, 지금까지도 명확한 답이 없습니다. 저쪽만 문제인가요? 이쪽도 문제입니다. 2022년, 한국 역시 이 위기를 경험했습니다. 빨라진 개화 시기 때문에 힘들었을까요? 78억 마리 꿀벌이 감쪽같이 사라진 것입니다. 미국보다 더 심각한 상황이죠. 꿀벌만 사라진 미국과 달리, 우리는 여왕벌까지 실종되었거든요. 30년 전 새로 살포한 살충제에 기생충이 내성이 생겨 벌들을 잡아먹은 것인지, 추운 겨울임에도 따뜻해진 외부 온도에 속아 일하러 나왔다가 지쳐 쓰러진 것인지, 우리에게도 역시 여전히 미스터리입니다. 항온동물인 꿀벌 대비 변온동물인 뒤영벌, 호박벌은 살아 있으니, 기후변화가 원인일 것이라는 데 무게가 실립니다.

1962년 레이철 카슨Rachel Carson이 《침묵의 봄(Silent Spring)》에서 살충제에 의한 꿀벌 군집 붕괴를 경고한 이후, '기후변화'가 꿀벌을 중심으로 한 생태계 위기의 또 다른 원인으로 떠오른 것입니다. '기후변화'에 따른 생태계 위기는 먹이 사슬과 같은 영양 단계에 영향을 미칩니다. 이는 식량 위기와 같이 인간의 삶에 직결되는 문제로 확대될 수 있지요. 우선, 우리의 식단은 심각하게 제한될 것입니다. 우리가 모든 수확물을 잃지는 않겠지만, 꿀벌에게 수분(受粉)시키는 작물(전 작물의 70%)은 예전보다 훨씬 적게 생산될 것이고, 이것은 우리의 식량 공급에 큰 영향을 미칠 것이기 때문입니다. 우리가 늘 먹던 과일과 야채가 수퍼마켓 진열대에서 완전히 사라지고 꿀은 과거의 생물이 될 수도 있습니다. 어느 천재 과학자가 다음과 같이 경고했습니다.

"지구상에서 꿀벌이 사라지면, 인류에게 남은 시간은 4년 밖에 없을 것입니다."

그것이 알고 싶다

파리기후협약이 각국에 요구하는 실천사항은, 산업화 이전 수준 대비 지구 평균 온도가 2℃ 이상 상승하지 않도록 온실가스 배출량을 단계적으로 감축하자는 것입니다. 여기서 전 세계 '온실가스 배출 허용 총량'이 결정되지요. 세계 각국은 이에 따라 부여된 나라별 감축 목표량을 달성해야 합니다. 이에 각 정부는 '탄소 배출권 거래제(ETS Emission Trading System)'를 시행하고 탄소 배출이 발생하는 기업별로 탄소 배출 허용량을 설정합니다. 대상 기업체는 정해진 배출 허용 범위 내에서만 탄소를 배출할 수 있는 권리가 있고요. 남고 모자라는 '탄소 배출권(Carbon Credit)'은 대상 기업들 간에 거래하거나, 정부로부터 구매할 수 있습니다.

테슬라Tesla가 세계 1위 부자가 된 배경이 여기에 있습니다. 미국 11 개 주는 자동차 제조업체가 2025년까지 탄소 배출이 없는 차량의 일정 비율을 판매하도록 요구하고 있죠. 그렇게 할 수 없다면 자동차 제조 업체는 전기 자동차를 독점적으로 판매하는 테슬라와 같은, 이러한 요 구 사항을 충족하는 다른 자동차 제조업체로부터 탄소 배출권을 구매 해야 합니다. 결국, 이 경로로 테슬라는 32.9%라는 막대한 마진을 얻었 죠. 이는 제네럴 모토GM General Motors, 포드Ford Motor를 포함한 기존 자동차 회사 수익의 2배 이상입니다. 기존 자동차 회사들이 탄소세라는 막대한 비용을 지출하면서 테슬라를 스타로 만들어준 셈입니다. 아직까지 전기 자동차 판매량은 내연기관 자동차 대비 10% 미만입니다(한국은 1%). 육류 시장 대비 2% 미만의 대용육 시장 점유율과 같은 맥락인 것입니다. 결 론은 테슬라는 자동차를 팔아 쟁취한 탑 부자가 아닙니다. 탄소 배출권 판매자였던 것입니다.

2015년 탄소 배출권 거래제가 도입된 국내로 눈을 돌려볼까요? 국내 에서는 10개 대기업 집단과 한국전력이 국내 탄소 배출량의 64%를 내 뿜습니다. 그런데 이 기업들이 새로이 석탄 화력 발전 건설을 추진한다 고요? 2021년 12월 소식입니다. 이 기업들이 남은 배출권을 팔아 몇백 억 원의 차액을 벌었다는 뉴스도 들립니다. 실제 배출하는 이산화탄소 보다 더 많은 양을 배출권으로 할당받은 결과입니다. 공짜로 받았으니 탄소 감축에 소극적이었겠습니다. 어찌 된 일일까요? 오늘 아침 기막힌 뉴스를 접했습니다. '정부가 행정착오로 온실가스 배출량을 잘못 계산 했다'라고요. 실패는 성공의 어머니라고 하지만, 이 천지개벽 같은 소식을 넘기기 전에, 시끄러운 소리 하나 더 알고 가죠.

Not my crime, Still my sentence 왜 우리가 뒤집어써?

2022년 2월 16일, 헌법재판소 앞에 학생들이 모였습니다. 학생들과는 어울리지 않는 풍경이죠. 2020년 3월에 헌법소원을 청구한 지 2년 만에 다시 왔다고 합니다. 이유를 들어보죠.

"정부와 국회가 기후 위기 대응을 하지 않아 우리의 기본권이 침해됩니다", "헌재 결정이 미루어진 2년 동안 정부, 국회가 기후 위기 대응의 골든 타임을 허비하고 있습니다", "기후 위기를 막지도 못할 법률이 통과되는 동안 또다시 지켜볼 수밖에 없었습니다. 헌법재판소마저 이런 상황을 외면하면 우리의 기본권은 누가 지켜주나요?"

환경단체인 청소년기후행동(청기행) 학생들로 구성된 원고 19명이 기후변화를 방치하는 정부와 국회를 상대로 헌법소송을 제기했습니다. 미흡한 국가 온실가스 감축 목표가 그들의 생존권, 평등권, 인간답게 살 권리, 직업 선택의 자유 등의 기본권을 침해하기 때문에 '기후 위기 방관은 위헌'이라고 주장한 것입니다.

기후변화와 온실가스 감축에 관한 각국 정부대응의 소극성과 불충분성에 대해 헌법적으로 문제를 제기하는 이른바 '기후 소송'이 전 세계적으로 전개되고 있어요. 세계 최초의 선구적인 기후 소송 승소 판결이 난 네덜란드 우르헨다 소송(2018), 미국 청소년들이 제기했지만 정치적 사안이라고 기각된 줄리아나 사건(2020), 미래 세대의 자유를 보호할 의무와 미래 세대에게 탄소 예산을 소비할 평등한 권리를 강조하며 온실가스 감축 목표를 위헌으로 결정한 독일헌법 재판소(2021) 등, 한국 청소년들을 포함해 세계 수많은 청소년이 각종 기후 소송에서 전면전을 펼치고 있습니다.

발등에 떨어진 지구 온도변화가 자기 일로 느껴지는 현명한 젊은 세대입니다. 그들에게 잘못된 지구를 남기지 말아야 합니다. 한국은 전 세계 탄소 배출량 7위를 기록하고 있습니다. 기성 세대가 지구를 방만하게 사용한 책임을 자식 세대에게 전가할 뻔뻔함은 없지 않은가요?

다른 한편으로 인도 장관의 속상함을 들어볼까요? 2015년 파리기후협정을 앞두고, 미국 전 부통령은 인도 에너지 장관을 만났습니다. 재생에너지 사용량을 늘려달라고 부탁했죠. 인도 장관이 답했습니다.

"인도도 150년 뒤에는 그렇게 할 것입니다. 풍부한 화석연료로 기반 시설을 세워서 1인당 국민소득이 5~7만 달러가 된 후에 말이죠. 미국이 150년 동안 그렇게 탄소를 배출해왔잖아요."

현실은 어떠한가요? 미국이, 유럽이 얄밉다고 기후 위기 해결에 동참하지 않을 수 있겠는가 말입니다. 그럴 수 없겠죠. 이제는 인도 청소년들도 가만히 있지 않을 것입니다. 후진국이 선진국의 잘못을 뒤집어쓰기 싫듯이, 젊은 세대도 기성 세대의 잘못을 뒤집어쓰고 싶지 않기 때문입니다.

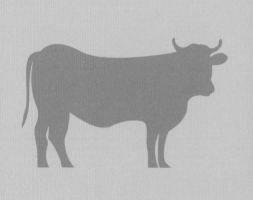

3장
_____

'비건' 시장의
현주소

'비건' 시장의 현재 상황을 전개합니다.
깊고 무거운 이야기들을 많은 예시와 함께 쉽게 서술했습니다.
칭찬할 부분, 쟁점 될 부분 등 현재 비건 시장의 있는 그대로의 모습을
만날 수 있습니다.

01

짧고도 긴 비건의 역사

짧은 120년, 긴 3000년

'대용 단백질' 식품 가운데, 현재 상용화의 주류는 식물기반 제품입니다. 식물기반 대용육과 대용 유제품이죠. 이들의 주원료는 콩인데요. 그 중에서도 대두입니다. 우리가 흔히 알고 있는 노란 콩, 메주콩이죠. 완두가 그 뒤를 따라 주원료로 가세했습니다. 식물기반 주원료가 된 이 콩들은 이미 공급 전쟁 중이고요. 우리는 간장, 된장, 두부, 콩나물, 두유 등으로 매일 먹는 콩들이, 서구에서는 왜 이리도 유난스러운 이슈의 중심에 있는지, 이즈음에서 비건의 역사를 살펴봐야 할 것 같습니다.

대두가 식품으로서 경작된 시점은, 기원전 1100년으로 거슬러 올라갑니다. 3000년 전이죠. 가짜 고기(Fake Meat)라 불리며, 육류를 흉내 내 상업화한 켈로그를 원조로 찾으니 1896년이 그 시작이네요. 겨우 120여 년 전입니다. 완두를 기반으로 하는 대용육 스타트업 비욘드 미트가 푸드테크라는 미명 아래 떠오르던 시점을 시작으로 잡는다면, 10여 년에 불과하죠. 〈자료 34〉는 이러한 흐름을 간략하게 표시한 것입니다(대용육 스타트업이 아닌 곡물, 육가공업, 혹은 식품 대기업은 붉은색으로 표기했어요). 이렇게 비건은 콩의 역사를 타고 흘러왔습니다. '콩'의 유래부터 제대로 알고 가야겠습니다. 필자는 불현듯 궁금해졌습니다. 잭이 소와 바꾼 '콩' 덕분에 부자가 되었다는《잭과 콩 나무》동화가 사실이 될 수 있을까요?

콩, 넌 누구냐? 중국의 아픈 손가락, 중국이 낳고 미국이 길러

콩(이하 대두를 통칭)의 경작은 기원전 1100년경 중국에서 시작되었습니다. 그들은 이미 기원전에 두부를 만들었죠. 콩이 식문화에서 중요해

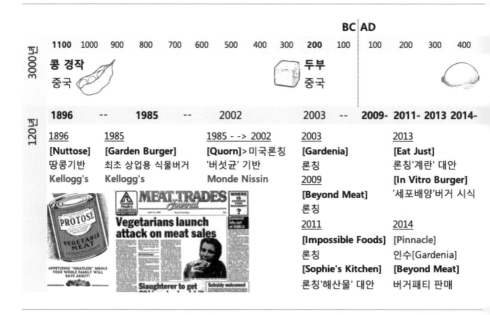

〈자료 34〉 콩과 비건(대용 단백질)의 역사

지면서 중국은 1900년대 초기까지 세계 대두의 70%를 생산했고요. 한국과 일본, 그리고 전 아시아를 넘어 유럽과 미주로 콩이 전파되면서, 1930년 초에 미국은 콩의 숨은 가치를 밝혀냅니다. 콩은 탄수화물과 다량의 단백질, 지방을 함유해 인간의 식량뿐만 아니라 가축의 사료로 그리고 바이오 디젤과 플라스틱, 페인트 등의 사업 원료로도 활용이 가능합니다. 더구나 콩의 경작은 토지에 질소를 고정시키는 기능을 해서 땅을 비옥하게 만드는 일석이조의 역할을 하죠. 이에 따라 미국은 정부가 적극적으로 개입해 콩의 대량 생산을 추진하고, 결국 중국을 제치고 세계 최대 생산국으로, 그리고 브라질과 함께 최대 수출국으로의 자리를 차지합니다.

500	600	700	800	900	1000	1100	1200	1300	1400	1500	1600	1700	1800	1900	2000

밀반죽(단백질로 사용)
중국

템페
인도네시아

콩으로
고기흉내
시작

2016	2017	2018	2019	2020	2021	2022

2016
[Impossible Foods]
버거패티 판매
[Tyson]
5%주주 [BeyondMeat]

2017
[Nestle]
인수[Sweet Earth]
[지구인 컴퍼니]
론칭

2018
[Cognara]
인수[Pinnacle]
[Unilever]
인수[V butcher]

FDA 승인
헴_대두-
레그헤모글로빈
(임파서블 푸드)

2019
[Beyond Meat]
상장
[Tyson]
[First Pride]론칭

2020
[Cargill]
[PlantEver]론칭
싱가포르 승인
세포기반' 치킨너겟

2,000여개의
'대용 단백질'
업체와 브랜드

@필자 작성

한 대륙에서 다른 대륙의 심장부로 가는 콩의 여정은 결코 보장되거나 예측되지 않았습니다. 아시아에서 콩은 수 세기 동안 영양가 있는 주식(主食)이었죠. 반면 20세기 단 한 세기를 걸친 미국의 콩 채택은 이주와 혁신, 맛의 취향 변화, 육종과 농업 마케팅, 그리고 실제로 콩 자체의 역할 변화의 결과인 것입니다. 1900년대 초부터 USDA는 중국에 파견인을 보내, 새로운 종자뿐만 아니라 콩 재료 제품까지 분석했어요. 제1차 세계대전 중 두부를 홍보한 중국계 미국인 야메이 킨Yamei Kin, 제2차 세계대전 중 일본계 미국인 수용소에서 널리 퍼진 두부 생산, 수십 년에 걸친 콩 품종 개선 프로젝트, 식물성 에스트로겐의 발견 등으로부터 놀라운 발전을 끌어냅니다. 여기에 채식주의 식품을 찾는 종교인(제칠일안식일재림교), 식물성 식품을 고집하는 켈로그의 공동 창시자인 의학박사 존 하비 켈로그 교수, 그리고 콩의 세상을 꿈꾸던 자동차 사업가인 헨리 포드에 이르기까지, 1940년대 초 미국이 중국을 제치고 세계 최고의 콩 생산국이 되는 데 다양한 노력이 가세되었고요. 식품으로서 서구 소비자의 입맛을 사로잡지는 못했지만, 미국의 대두 경작지와 생산량은 계속 증가했습니다. GMO 종자와 농업기술의 발달은, 옥수수와 더불어 1940년에서 2010년 사이 생산량을 5배로 증가시켰죠. 옥수수와 콩을 교대 재배함으로써 토양의 주요 영양소인 질소를 고정시키는 역할까지 했고요. 그야말로 환금작물인 것입니다.

그런데 서구에서는 사람이 먹지도 않는 그 많은 콩은 도대체 어디에 있나요? 콩의 대부분이 미국과 전 세계 가축의 사료로 쓰입니다. 두 번째로 중요한 콩 유래 제품은 기름입니다. 그중 일부는 목재 착색제 및 타이어와 같은 먹을 수 없는 제품이지만, 주 용도는 식용유죠. 미국은 옥수수보다 콩에서 4배 더 많은 식용유를 생산합니다. 예컨대, 이는 마요네즈와 이탈리안 드레싱의 첫 번째 성분이고, 과자에는 밀가루 다음의 두 번째 성분입니다. 참고로 맥도널드의 감자튀김은 콩기름, 옥수수기름, 그리고 카놀라기름을 섞어서 조리합니다. 중국에서 미국으로의 대륙 간 이동을 통해서 잃어버린 콩의 정체성은 회복될까요?

날개 달은 콩

대두 시장이 100년 만에 역전되었습니다. 오늘날 세계적으로 콩을 가장 많이 수입(수출이 아닌)하고 소비하는 국가는 아이러니하게도 중국입니다. 중국 대두 소비량의 약 85%가 주로 브라질, 미국 및 아르헨티나에서 수입됩니다. 그럼에도 불구하고 중국은 여전히 세계에서 네 번째로 큰 생산국이죠. 대두는 전 세계적으로 증가하는 동물성 단백질 소비를 위해 사료로서 그 역할이 숨겨져왔지만, 이제는 다시 인간을 위한 식물성 단백질의 주역으로 돌아오고 있습니다. 바꿔 말하면, 소를 통해 우회해서 섭취하던 콩 단백질을 이제는 직접 섭취한다는 거죠. 이는 건강상의 이유로 육류 섭취를 줄이고, 동물 보호와 환경에 신경을 쓰는 중국의 젊은 세대에게도 해당됩니다.

수천 년 전, 중국 북동부 지역에서 재배된 대두 생산량의 대부분은 여전히 같은 지역인 흑룡강성(헤이룽장성)에서 생산됩니다. 이 지방은 안전하고 건강하며 지속 가능한 대두를 생산하기 위해 유지하고 있는 검은 토양과 유전자 변형이 아닌 종자를 자랑스러워하고요. 2020년 6월, 글로벌 곡물 및 육가공업체 카길이 중국 전역에 식물성 브랜드 '플랜트에버PlantEver'를 출시할 때, 그리고 같은 해 12월 KFC가 대두 단백질 기반 버거와 너겟을 출시할 당시, 흑룡강성 대두를 '프리미엄' 농산물로 마케팅하는 기회를 창출했습니다. 인간이 먹는 식품으로 차별화하고 구매자에게 점점 더 매력적으로 보이는, 지속 가능한 대두에 대한 중국의 수요가 증가하고 있는 것입니다.

중국의 이런 트렌드는 의심할 여지 없이 전 세계에 영향을 미치며 전 세계 대두 생산자에게 새롭고 더 많은 부가가치를 창출할 수 있는 기회를 제공할 것입니다. 복잡하고 파편화된 글로벌 대두 공급망에서, 생산국은 대두를 원산지별로 구별해야 할 것이며, 안전하고 친환경적인 보장에 대한 요구를 받을 것입니다. 세계화된 대두 산업이 가져온 경제적 번영에도 불구하고, 글로벌 대두 산업은 삼림 벌채 및 생물의 다양성 손실과 관련된 불안정한 분야로 남아 있으니까요. 그러나 애초부터 기적의 작물로서, 또한 인간을 위한 직접적인 단백질 공급원으로서 오랜 역사를 가지고 있죠. 대두 산업이 지속적으로 빠르게 진화하면서, 효과적인 동물 사료와 영양가 있는 인간 식품이라는 이중적인 정체성을 형성하고 있는 것입니다. 양쪽 모두 탄소 중립 달성 목표에 기여하기 위해 환경 보호와 결합된 인간 웰빙의 강조가 필요합니다. 이와 관련해 대두 시장은 대두검증원탁회의(RTRS Round Table on Responsible Soy) 인증도 도입 중입니다.

'프리미엄' 대두와 'GMO' 대두라는 또 다른 콩의 전쟁이 발발할까요?

농심 라면 스프 안의 조용한 콩, 시끄러운 콩고기 버거

콩은 아주 긴 시간에 걸쳐 아시아와 함께 해왔습니다. 앞서 〈자료 34〉에서도 보듯이, 콩 기반 식품인 두부, 두유, 템페, 된장 등은 2000년 이상 아시아 식문화의 기반이었습니다. 콩이 함유한 단백질의 이점과 함께 말이죠. 오랫동안 고기라 믿었던 라면 스프 안의 콩고기도 더 이상 비밀이 아닙니다. 불교는 사찰요리를 통해 식물기반 식단을 대중화하는 데 자연스럽게 한몫을 했고요. 또한 중세시대에 아몬드 우유는 이슬람 세계와 기독교 세계에서 흔한 식품이었습니다. 간단하게 살펴도, 아시아에서 식물성 단백질의 역사는 다채롭습니다. 식물성 단백질, 혹은 새로운 단백질이라 부르지 않았을 뿐, 아시아에서 식물기반 식품이 낯설 사람은 거의 없습니다. 다만 '대용 단백질' 분야가 이제 붐업된 서구에서 만드는 파생적인 용어가 어색할 따름입니다.

수 세기가 지나도록 콩을 안 먹으려고 애썼던 서구였는데, 이제는 바뀌었습니다. 그들이 가장 많이 소비하는 식품인 햄버거의 패티를 통해서라도 입맛을 바꾸기 위해 피나는 노력 중입니다. USDA 통계에 따르면, 미국의 경우 1인당 하루 평균 2.4개의 햄버거를 먹는다고 합니다. 연간 500억 개가 되는 양입니다. 이 정도 양이라면 시장이 시끄러울 수밖에 없겠죠.

푸드테크 이전,
동양사람들의 지혜

등잔 밑은 어두워

"장(醬)은 가장 핫(Hot)한 식재료 소스입니다."

유럽의 유명 잡지인 롤링핀Rolling Rin, 그리고 벨기에의 미슐랭 스타 셰프인 상훈 드장브르Sang-Hoon Degeimbre 등 세계 유명 셰프들은 장을 가장 주목해야 할 식품으로 꼽습니다. 그들은 장의 세계가 독특하다는 것을 잘 압니다. 장은 동양 음식의 DNA로서 소금과 소스의 역할을 동시에 해주죠. 그래서 동양 음식은 기름기가 적고 재료 본연의 맛을 살려주는 것이 특징임을 그들은 제대로 이해하는 것입니다. 우리는 태어나면서부터 늘 먹어서 그럴까요? 셰프들의 이러한 거창한 느낌이 확 와닿지는 않죠. 그들은 장에서 도대체 무엇을 더 알아차린 걸까요?

장은, 콩을 주원료로 '발효'시켜 만든 조미료를 일컫는데요, 간장, 고추장, 된장을 통칭하죠. 여기서 셰프들은 간장에 초점을 맞춥니다. 동물성 단백질을 대안할 식물성 재료로 콩이 떠오르면서 콩 발효장인 간장이 새롭게 조명받게 된 것이죠. 간장은 천연 조미료의 역할을 톡톡히 해 냅니다. 역시 셰프의 감각이 놀랍습니다. 간장의 가장 중요한 원료인 콩 의 아미노산 성분이 각각의 식재료가 가진 맛을 살려주면서도 조화롭게 해주는 걸 찾아낸 것입니다. 간장은 기본적으로 소금처럼 짠맛을 내지 만 음식에 깊은 풍미와 맛을 더한다는 점에서 전혀 다른 식재료입니다. 특히 나트륨 저감화에 한창인 최근에 간장은 뛰어난 소금 대체재로 각 광을 받고 있죠. 덕분에 활용도가 매우 뛰어나고요. 간장은 요즘 면역체 계 이슈의 중심인 장(腸) 건강과 관련된 발효식품인 동시에, 특히 글로벌 추세인 비건 요리에 다양하게 활용할 수 있기 때문입니다.

발효는 장의 숨은 공로자입니다. 발효가 생성시킨 건강한 식품들을 늘 섭취하고 있으면서도 우리 눈에 안 보인다고 그 효능을 잘 몰랐습니 다. 식품 분야 기술(지금은 '푸드테크'라고 불리는)은 오늘날 갑자기 진화를 시 작한 것이 아닙니다. 우리가 모르는 사이 지난 세기 동안 발효의 역할은 동양의 신비 그 자체였던 것입니다. 최근에는 그 신비의 수준을 넘어 우 리의 주제인 '대용 단백질'을 포함해 훨씬 더 광범위한 응용 분야로 확장 되고 있고요. 미슐랭 셰프들 덕분에 등잔 밑이 밝아졌습니다. 발효는 어 떻게 작용하는지, 여기서부터 알고 가죠.

발효, 동양에서 잠들다 서양에서 테크로 부활

소화가 안 되면 무엇을 먹나요? 우리는 일반적으로 죽을 먹습니다.

왜 그럴까요? 다 알고 있듯이, 음식을 먹으면 처음으로 입안에서 소화가 시작되죠. 음식을 부수는 것 외에 침 안의 아밀라아제(Amylase)라는 효소가 탄수화물을 분해합니다. 죽은 바로 이러한 소화 첫 단계를 요리로 미리 처리한 부드러운 음식입니다. 그러니 소화가 쉬울 수밖에요. '발효(醱酵, Fermentation)'도 같은 맥락입니다. 침 안의 분해 효소의 역할과 같이, '발효'는 미생물(효모, 박테리아, 곰팡이)에 들어 있는 효소가 식품이 함유하고 있는 당을 분해시키는 대사 과정입니다. 분해가 되면 새로운 생성물이 생겨나고요. 쉬운 예를 들어볼게요. '포도밭에 떨어져 방치된 포도가 와인으로 변했다'라든가, '우유를 모르고 상온에 오래 두었더니 요구르트로 변했다'라는 이야기의 과정이 '발효'입니다. 원래의 식품(포도, 우유)에 온도와 시간적 요소가 배합되면 미생물(포도: 효모, 우유: 유산균)이 생겨나죠. 이들이 '발효'를 일으켜 새로운 생성물(포도: 알코올, 우유: 젖산)로 분해되면 원래 식품의 성질이 다르게(포도: 와인, 우유: 요구르트) 변화하는 것입니다. 예시처럼 '발효'는 인류사에서 자연 발생적으로 시작되었어요. 덕분에 '발효'는 어려운 내용의 과정을 이해해야 하지만 우리와는 이미 매우 친한 사이죠. 우리나라에는 장, 김치, 젓갈, 식혜, 막걸리… 심지어 홍어까지 있고요. 서구에는 요구르트, 치즈, 와인 등이 있지요(《자료 35》). 우리의 일상적인 식단입니다.

재미있는 이야기도 놓치지 말아요. 음식에 곰팡이가 나서 버릴 때가 있지요. 보관 온도가 안 맞거나 유통기한이 지나는 경우죠. 역시 원리는 같습니다. 다만 이 곰팡이의 작용이 치즈가 되는 것처럼 우리에게 이로우면 '발효', 해로우면 '부패'라고 하는 것입니다.

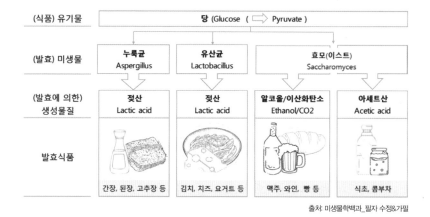

(식품) 유기물	당 (Glucose (⇨ Pyruvate)			
(발효) 미생물	누룩균 Aspergillus	유산균 Lactobacillus	효모(이스트) Saccharomyces	
(발효에 의한) 생성물질	젖산 Lactic acid	젖산 Lactic acid	알코올/이산화탄소 Ethanol/CO2	아세트산 Acetic acid
발효식품	간장, 된장, 고추장 등	김치, 치즈, 요거트 등	맥주, 와인, 빵 등	식초, 콤부차

출처: 미생물학백과_필자 수정&가필

〈자료 35〉 종류별 (전통)발효 과정 및 발효 식품

앞장 〈자료 30〉의 푸드테크 역사에서도 보았듯이, 인류는 신석기 시대부터 음식을 자연 발효시켜왔습니다. 세상에서 가장 오래된 식품 가공법인 셈입니다. 사람들이 그 과정 뒤에 숨은 과학을 이해하기 훨씬 이전이죠. 19세기 중반에 이르러 미생물학자 루이 파스퇴르 박사가 발효에서 미생물의 역할을 발견합니다. 이러한 과학적 발견에 따라 발효가 소화 증진뿐만 아니라 음식의 향미를 더하고, 유익한 균을 생성함으로써 장(腸) 건강에 도움이 되며, 발효 음식은 저장 기간이 길어진다는 특성을 알게 된 것이죠. 이는 발효가 '푸드테크'와 만나는 계기가 되었습니다. 필요한 미생물을 추출해 인위적으로 발효를 생성하는 '산업 발효'의 시작점이 된 것입니다.

이 책의 주제인 '대용 단백질' 중 '발효기반' 단백질도 이러한 맥락 안에서 등장했어요. '전통 발효' 외에 응용 분야로서 '바이오매스 발효', 그리고 '정밀 발효'의 3가지 발효 기법으로 단백질을 추출합니다. 〈자료

발효 유형	특징	해당 '스타트업'과 결과물
전통 발효	• 살아있는 미생물을 사용하는 고대 관행과 동일	'미요코 크리머리' 대용치즈
바이오매스 발효	• 필요한 미생물을 인위적으로 생성 • 발효를 촉진시키는 기법으로 미생물을 대량으로 번식시켜서 '미생물 자체를 단백질' 성분으로 활용 • 식물기반과 세포기반 '단백질의 질'을 향상하는 데 활용가능 • '몇 시간' 안에 정확한 발효로 동일한 양(동물)의 단백질 생산 (동물사육과 식물재배에 소요되는 몇 년, 몇 달과 비교)	'네이처 파인드' 대용육 '퀀' 대용 너겟
정밀 발효	• 미생물 숙주를 세포공장으로 사용해 '특정 성분'을 생산	'임파서블 푸드' 헴 단백질 '퍼펙트 데이' 유청 단백질

@필자 작성

〈자료 36〉 발효기반 단백질의 발효 유형

36〉에 각각의 특징과 해당 스타트업을 정리해놓았습니다.

때 이른 질문을 해볼까요? 발효의 미래는 어떨까요? 결론부터 말하면 생명공학 산업의 리더들은 발효를 '농업 2.0'이라고 부릅니다. 〈자료 36〉에서 서술하고 있듯이 생산자 입장에서 발효의 또 다른 장점이 속도와 효율성에 있기 때문입니다. 동물은 몇 년을 키워야, 식물은 몇 달을 길러야 활용할 수 있지만, 발효는 몇 시간 안에 이루어지죠. 따라서 3가지 유형의 발효 모두에서 혁신이 일어나고 있습니다. 식품 및 산업 생명공학 분야에서 미생물 발효 연구의 오랜 역사에도 불구하고 혁신에 대한 엄청난 잠재력은 아직 미개척 상태라고 볼 수 있을 정도입니다. 자연이 준 선물은 대단합니다. 화산 지천에서, 공기에서, 폐수에서까지 미생물이 발견되고 있으니까요. 무한한 미생물의 광대한 다양성은, 발효기반 분야에서 등장할 새로운 '대용 단백질' 솔루션에 대한 엄청난 기회로 해석됩니다.

동서양 모두 일찍이 발효를 자연스럽게 접했습니다. 동양은 몇천 년 전 경작을 시작한 곡물 콩에서 시작되다 보니 발효식품이 주식(主食)으로 안착되어왔죠. 반면 서구는 유제품 발효로 시작했으니 지금으로 말하면 간식이었고요. 이러한 차이는 식량난을 논하는 지금, 동서양 간에 매우 다른 양상을 보이게 합니다. 발효가 일상이었던 동양에 비해, 서구는 이제야 발효 기법을 주식에 응용해야 합니다. 따라서 발효에도 테크가 가동되었습니다. '콩'의 등장만큼이나 시끄러울 수밖에요.

이제 '대용 단백질' 시장에서 발효는 매우 뜨거운(Hot) 주제입니다. 발효는 산업 화학, 생체 재료, 치료제 및 의약품, 연료, 고급 식품 성분에까지 폭넓게 걸쳐 있죠. 발효의 진화를 통해 개발된 이러한 일련의 방법론은 '대용 단백질'의 부상을 가속화해 식품 부문에 혁명을 일으킬 태세입니다.

발효에게 하나 더 감사할 사례가 있습니다. 미국 노스캐롤라이나North Carolina에 기반을 둔 회사 바이오매슨Biomason은 미생물 발효를 활용해 생성한 콘크리트 벽돌을 연구하고 있습니다. 이 벽돌은 전통적인 콘크리트 벽돌과 유사한 특성을 가지고 있지만, 탄소 배출 제로 기반으로 생산이 가능합니다.

발효 덕에 또 하나의 그린을 발견했습니다!

03

푸드테크와 함께, 어설픈 맛 따라 하기

지방, 그대는 치명적인 유혹

우리는 왜 소, 돼지, 양, 닭, 오리의 살을 먹을까요? 그것도 모자라서 그들이 만들어내는 우유, 치즈, 달걀을 그토록 섭취하려고 애쓰는 걸까요? 전 세계적으로 육류 소비는 지난 20년 동안 2배로 증가했습니다. 중국, 베트남 등 신흥국가의 경제 성장이 그 소비를 촉발시켰죠. 심지어 소를 숭배하는 인도에서조차도 육류 섭취가 2배나 늘었어요. 전 세계 사람들은 다양한 육류 레시피를 전파하고, 그것이 비싼 가격임에도 기꺼이 지불할 의지를 갖게 되었습니다. 육류를 정기적으로 먹어야 한다고 믿는 신앙심마저 생겼죠. 육식이 왕의 식단인 양 '황제 다이어트'라는 프로그램도 요란하게 등장했고요. 일주일에 횟수를 정해서 마치 의무처럼 육식해야 하는 이유는 무엇 때문일까요? 모든 언론에서 이구동성으로, 단백질을 섭취해야만 한다고 하니까, 육류에만 들어 있는 필수 영양소가 있다고 하니까, 고기를 먹어야 힘이 나는 것 같으니까, 그 맛을 잊을 수 없으니까…, 즉 결론은 '남들이 먹으니 나도 먹는다'입니다. 그리고 '익숙해진 미각을 버리고 싶지 않아서'입니다. 어찌 보면 지방의 치명적인 유혹에서 벗어날 수 없는 것이죠.

"지방은 혀를 즐겁게 하는 효과 면에서, 단맛에 대적할 만한 유일한 맛입니다."

필자의 이야기가 아닙니다. 《영혼론》에서 아리스토텔레스가 지적한 말입니다. 또 다른 일화도 있어요. 유명한 환경 운동가가 대용육에 관한 강의를 종일 하고 돌아온 숙소에서, 참을 수 없는 고기 탐식으로 고기 햄버거를 세 입에 먹어 치웠다는 불편한 이야기가 있습니다. 이쯤 되면 지방은 마약과 같은 수준입니다.

이제는 환경이든 건강이든, 어떤 이유로도 갑자기 그리고 무조건 '고기를 먹지 마세요'는 통하지 않습니다. 그래서 어떻게 해서든 고기 맛과 비슷하게, 아니 똑같게 만들어내야 하는 '대용 단백질' 시장의 사명감이 조성된 것입니다.

(1) 괜찮은 시작

너와 함께라면 지구 끝까지

"진짜 달걀과 맛이 똑같지만, 놀랍게도 콜레스테롤은 없습니다."

빌 게이츠가 2013년 '미래 음식(The Future of Food)'이라는 주제로 올린 글의 시작입니다. 달걀의 대안 음식이 될 식품을 극찬했어요. 요리했을 때 모양이 같을 뿐만 아니라 맛을 보더라도 진짜 달걀과 똑같은 맛과 향을 낸다고 소개했죠. 미국 실리콘 밸리의 '푸드테크' 스타트업 햄튼 크릭Hampton Creek('잇 저스트'의 전신, 2011)이 출시한 대용 달걀 '비욘드 에그Beyond Eggs'의 맛을 보고 한 이야기입니다.

햄튼 크릭이 개발한 대용 달걀의 첫 번째 제품, 비욘드 에그는 완두에서 추출한 가루 형태의 단백질을 이용했어요. 물에 녹이면 색상과 질감이 달걀과 같아지죠. 비욘드 에그는 식물성 마요네즈인 저스트 마요Just Mayo와 스낵 저스트 쿠키Just Cookies로도 활용이 확대되었습니다. 그런데 2017년 회사명을 잇 저스트로 바꾸면서, 제품 또한 녹두를 이용한 액체 형태인 저스트 에그로 바꾸어 출시하기 시작했어요. 잇 저스트는 저스트 에그를 출시한 이래 2018~2020년까지 달걀 2억 5,000만 개에 해당하는 제품을 판매했죠. 이는 진짜 달걀을 생산하는 데 비해, 91억 갤런(약 344.5억 리터)의 물을 절약하고 4,360만kg의 이산화탄소 배출량을 줄이며, 13,446에이커(약 16,000만 평)의 토지를 절약한 효과를 낳았습니다(참조: BH Investment). 대용 달걀이 기후변화에 긍정적인 효과를 가져다준 것이 확인된 셈입니다.

또한 잇 저스트가 2017년부터 연구해온 세포기반 대용 너겟은, 실험실 고기로는 세계 최초로 싱가포르 정부에서 규제 승인을 받았습니다. 대용 너겟 성분의 70%는 실험실에서 기른 세포기반 배양육이고, 나머지는 녹두 단백질과 다른 재료로 구성되었는데, 2020년 굿 미트Good Meat라는 브랜드로 싱가포르의 회원제 식당 '1880'에서 판매를 시작했죠(〈자료 37〉).

최근에는 실험실에서 배양할 일본 와규 쇠고기를 연구하고 있습니다.

빌 게이츠의 칭찬뿐만 아니라 이 책에서도 앞서 여러 번 언급되고 있는 잇 저스트입니다. 어떤 업체인지 궁금하시죠? 살펴보겠습니다.

출처: 잇 저스트

〈자료 37〉 싱가포르 소재 식당 '1880' 영수증

잇 저스트의 스토리는 미국 청년 조시 테트릭Josh Tetrick으로부터 시작됩니다. 그는 대학에서 아프리카학을 전공하고 로스쿨에 진학했던 20대 법학도였어요. 그가 '대용 단백질' 식품 분야에 진출한 계기는 아프리카에서 겪은 특별한 경험 때문입니다. 로스쿨 졸업 후 케냐 등 아프리카에서 사회 운동가와 교육 봉사자로 7년을 보낸 테트릭은 자연스럽게 식량 보급의 중요성을 깨달았죠. 특히 아프리카 사람을 비롯해 전 세계인의 식탁에 자주 오르는 달걀이 지저분한 양계장에서 생산되어 각종 질병을 유발하는 상황을 본 것입니다. 그는 새로운 형태의 달걀을 만들 방법을 연구하기로 하고 미국으로 돌아갑니다. 아프리카에서 굶주리는 아이들을 보면서, 변호사가 되기보다는 창업을 통해 인류를 위해 가치 있는 일을 하기로 결심한 것이죠. 2011년 단돈 3만 7,000달러(약 4,810만 원)로 햄튼 크릭을 설립했습니다. 그리고 생명공학자, 식품학자, 식물학자, 요리사들과 함께 여러 식물에서 달걀의 단백질과 유사한 성분을 추출하는 연구를 시작했어요. 이후 2년간 40여 개국에 분포한 수천 종의 식물에서 단백질 분자구조를 분석한 끝에, 완두 등 일부 식물 10여 종에서 달걀과 유사한 단백질을 찾아낼 수 있었습니다.

이런 과정을 거쳐 저스트 에그가 개발된 이후 새로운 미래 먹거리를 찾는 억만장자들의 투자가 줄을 이었습니다. 지금까지 빌 게이츠를 비롯해 홍콩 최대 부호 리카싱李嘉誠, 야후 창업자 제리 양Jerry Yang, 페이팔 창업자 피터 틸Peter Thiel, 페이스북 공동 설립자 왈도 세브린Eduardo Saverin등으로부터 2억 2,000만 달러(약 2,860억 원)의 투자를 유치했어요. 투자자들의 투자 가치 평가는 안전성이 입증된 점입니다. 감염성 질병인 조류인플루엔자(AI, Avian Influenza)를 비롯해 항생제, 살모넬라균, 살충제 등 달걀을 둘러싼 위험 요인이 배제되었기 때문이죠. 또한, 콜레스테롤이 없어 달걀 알레르기나 고혈압 환자도 다량 섭취할 수 있다는 장점이 있습니다. 밀집 사육 등 동물 학대 논란에서도 자유롭고요.

잇 저스트의 초창기에는 문제도 많았습니다. 기존 달걀업계(Egg Board)의 반발, 달걀 가공업계 유니레버Unilever의 라벨링 소송, 식품안전 문제로 유통업체 타깃Target의 매대 철폐, 그리고 회사 내부 반란으로 전 이사회

퇴진 등 수많은 갈등과 논란이 있었죠. 그럼에도 불구하고 테트릭 대표는 운영상의 실수에 대한 반성과 소신으로 회사를 지켰습니다. 소비자들의 응원과 시장의 지지에 힘입어, 잇 저스트의 식물성 대용 달걀 제품은 월마트와 코스트코 등 미국의 주요 마트는 물론, 온라인 마켓에서도 인기리에 판매되고 있고요. 중국과 싱가포르 현지 공장 구축 등 해외 확장도 빠르게 진행되고 있습니다. 한국에서도 SPC그룹이 2020년에 국내 독점 계약권을 따내고, 국내에서 저스트 에그를 생산 판매하기에 이릅니다. SPC 유통망을 통한 보급으로 저스트 에그는 이미 국내 소비자와 친근한 브랜드죠.

테트릭 대표는 다시 한번 강조합니다.

"우리는 원료에 구애받지 않습니다. 원료가 동물 세포이든 녹두이든 상관없습니다. 나는 새로운 식량의 원료를 원합니다. 그리고 그 원료를 통해 대용식품업계의 열망을 가속화하는 방법을 찾고 싶습니다."

"우리는 회사 초기에 빠른 결정으로 약간의 스트레스와 몇 가지 실수를 겪었지만, 우리 목표가 5억 달러에 네슬레Nestle로 통합되길 원하는, 그런 회사가 아닙니다. 그건 우리가 신경 쓰는 게 아닙니다. 우리의 목표는 더 극적인 방식으로 위기에 처한 상황을 바꾸려고 하는 것입니다."

훌륭한 기업 정신은 답습되는 모양입니다. 조용히 오랫동안 대용육업계에 종사하고 있는 대선배로부터의 영향은 무시할 수 없습니다. 칠면조를 대안으로 시작한 터틀 아일랜드Turtle Island Foods가 한 예입니다. 동사는 1980년 설립되었고, 지금은 토푸키Tofurky 브랜드로 유명합니다. Non-GMO 콩 사용으로 칭찬받는 중이고요. 창립자 세스 티보트Seth

Tibbott는 변함없이 시장에 이야기합니다.

"우리 모두는 마음에서 사랑을 찾고 그것을 사람들과 연결해야 합니다. 사람들이 환경에 부끄럽지 않도록, 사랑과 긍정, 그리고 아름답고 맛있는 비건 음식을 통해 그들의 마음을 바꾸고, 세상을 변화시키는 방법을 찾아야 합니다."

상장을 목표로 한다든가, 확장해서 대기업에 비싼 값으로 매각하겠다는 탐욕 많은 스타트업 이야기만 듣다가, 사람 냄새 나는 기업인을 만나면 필자는 흥분이 됩니다. 그들을 통해 희망으로 가득한 미래가 그려지는 것 같습니다. 멋져 보이는 순조로운 시작입니다.

누가 누가 잘났나, 인재 쟁탈전

'푸드테크'라는 미명(美名)답습니다. 글로벌 '대용 단백질' 스타트업의 CEO들은 과학자, 공학자, 의학자 일색입니다. 실은 시작부터가 그랬죠. 1896년 최초의 식물 버거(Nuttose: 땅콩이 주원료) 창안자인 켈로그 박사는 미국의 의사, 영양사, 발명가, 건강 운동가, 그리고 우생학자였습니다. 또한, 그는 미시간주에 소재한 요양원의 책임자였어요. 그로부터 한 세기를 건너 요즘 핫한 '대용 단백질' 스타트업들의 인물들을 살펴볼게요. 우리의 미래 먹거리를 책임지겠다는 이들이니까요. 그들이 무슨일을 어떻게 해내고 있는지 궁금합니다. 1장 챕터 02에서 소개한 업체들을 중심으로 간략히 정리해서 소개해볼게요. 우선 그들의 'Thinking

Big'과 수고에 응원을 보냅니다.

New Kids on the Foods

• 우선 앞서 살펴보았던 **잇 저스트**(미국, 2011)의 창립자 조시 테트릭은 법학도지만 자신이 모르는 분야의 전문가를 모두 모았어요. 생화학자, 전산생물학자, 공정 엔지니어를 포함해 약 120명의 직원(2018년 기준)으로. 그 가운데 러셀 리드Russell Read와 같은 기술 부문 직원이 47명, 박사 혹은 석사 학위 소지자가 48명입니다. 여기에 한술 더 떴죠. 미슐랭 스타를 받은 레스토랑에서 근무했던 셰프 3명까지, 매우 다채로운 경력을 가진 인재가 함께했습니다. 푸드는 맛이 중요하니까요. 회사의 이사회는 국제 비즈니스, 농업 및 지속 가능성 분야에서 다양한 경험을 가진 이들로 구성되어 있어요.

• 글로벌 식물성 대안육의 두 거장 중, **비욘드 미트**(미국, 2009)는 에단 브라운Ethan Brown이 설립했어요. 그는 회사 설립 이전에 공공정책과 경영학 두 분야에서 석사 학위를 받은 후, 전국 수소 협회(National Hydrogen Association)의 이사회 부회장과 미국 연료전지 위원회의 비서관을 역임했죠. 동물 애호가이자 채식주의자인 에단은 채식 레스토랑에 투자하면서 본격적으로 식물 유래 음식 사업에 관심을 가지기 시작했고요. 결국, 자신이 경험했던 에너지 효율성 이슈에서 착안해, 기후변화에 대응하는 사명을 가지고 이 시장에 발을 들였습니다.

초창기, 수년간 육류 '대용 단백질'을 개발해온 미주리 대학의 푸홍 시에Fu-Hung Hsieh 교수와 엔지니어인 해럴드 허프Harold Huff로부터 기술에 대한 라이선스를 취득하는 것으로 시작합니다. 2012년 유기농 수퍼마켓인 홀푸드Whole Foods Market 매장에 첫 번째 제품 비욘드 치킨 스트립을 출시하고, 2013년에 전국적으로 확장했습니다. 2014년에는 최초의 식물성 쇠고기 제품 비욘드 비프 크럼블을 개발한 이후, 식물성 돼지고기로 영역을 확장했어요. 현재는 펩시코PepsiCo와의 합작 투자 법인인 플래닛Planet Partnership의 이사이기도 합니다. 식물성 대용육 스타트업으로는 처음으로 2019년 나스닥에 상장했습니다. 2021년 12월에는 타이슨 푸드에서 30년 동안 가금류 및 맥도널드 관련 업무를 감독했던 도우 램지Doug Ramsey와 공급망 관리를 담당했던 버니 애드콕Bernie Adcock을 영입했고요.

• 또 다른 거장, **임파서블 푸드**(미국, 2011)가 등장했어요. 설립자 패트릭 브라운Patrick O'Reilly Brown은 미국 과학자이자 스탠포드 대학교 생화학과 명예교수입니다. PLOS(Public Library of Science: 비영리 오픈 액세스 과학, 기술 및 의학 출판사)의 공동 설립자, DNA 유전자 칩의 발명가, HHMI(Howard Hughes Medical Institute: 비영리의료연구기관)의 연구원 이력을 가지고 있죠. 2020년 10월, 대용육 외에 식물성 우유를 중심으로 신제품을 출시하기 위해 연구 개발팀을 2배 이상으로 충원했습니다. 2021년까지 3조 원(약 25억 달러) 규모의 단독 투자 유치로 세상을 놀라게 하기도 했지요. 한국의 미래에셋도 임파서블 푸드 투자의 큰손입니다. 미래에셋은 임파서블 푸드의 이사회 멤버입니다.

• 싱가포르에서 바람을 일으킨 스타트업이 있죠. 2020년 설립된 **넥스트 젠 푸드**NEXT Gen Foods입니다. 특이한 점은 이들의 브랜드, 틴들TinNDLE

이 셰프를 위해 디자인되었다는 것이죠. 첫 제품 식물기반 대용 치킨은 미국레스토랑협회(NRA)에서 혁신상을 수상한 이래 두바이를 포함해 전세계 500개 레스토랑에 공급 중입니다. 브라질 태생의 가금류 수출업체이자 식품 산업 전문가인 앙드레 매니즈Andre Menezes와 3대에 걸쳐 육류 제품을 만든 독일 가족기업 태생의 티모 레커Timo Recker가 공동 설립했어요. 이사회 멤버가 늘 뉴스거리입니다. 2021년 테슬라에 이어 르노-닛산-미쓰비시, 그리고 임파서블 푸드의 커뮤니케이션 이사로 있던 레이첼 콘라드Rachel Konrad의 영입, 2022년 GGV Capital의 매니징 파트너 제니 리Jenny Lee와 테마섹 홀딩스 아시아 식품 플랫폼 CEO 마틴 보렌Mathys Boeren의 영입이 눈에 띕니다.

· 발효기반 업체도 만만치 않죠. **네이처 파인드**(미국, 2012)는 육류 및 유제품을 대안하고자 미생물 발효기반으로 단백질을 개발하는 회사입니다. 앞서 살핀 대로, 옐로스톤 국립공원의 지열 온천에서 확인된 균류를 이용하죠. 회사의 전신은 바이오 연료에 중점을 두었던 Sustainable Bioproducts LLC입니다. CEO인 토마스 조나스Thomas Jonas는 미드웨스트바코(MeadWestvaco: 거대 골판지 포장 기업)의 사장을 역임한 프랑스인입니다. 공동 설립자이자 최고 과학 책임자인 마크 코주발Mark Kozubal은 몬태나 주립대학의 미생물학자이자 전직 NASA 연구원이고요. 최고 마케팅 책임자인 카루나 로왈Karuna Rawal은 퍼블리시스 그룹Publicis Groupe: 글로벌 광고대행사에서 합류했으며, 제품 디자인 이사인 엘리어노 엑스트롬Eleanore Eckstrom은 크래프트 하인즈Kraft Heinz의 식품 과학자였습니다. SK(주)가 이 스타트업에 일찍이 투자해서 화제가 된 적이 있죠.

• **퍼펙트 데이**(미국, 2014)는 소의 우유 대신 미생물군, 특히 자연 발효가 아닌 생물 반응 용기의 균류에서 유제품 단백질을 발효 생성하는 공정을 개발했습니다. 창립자인 이샤 다타르Isha Datar는 세포 배양에서 농산물을 생산하는 세포 농업 분야에서 일한 것으로 유명합니다. 어린 시절의 대부분을 어머니와 함께 채소를 재배하면서 보냈고, 초등학교 현장학습을 마친 후, 매립지를 통해 지구 쓰레기와 기후변화의 영향을 줄이는 데 시간을 할애했어요. 대학에서 바이오 테크 학위를 받은 후, 과학저널에 〈시험관 내 육류 생산 시스템의 가능성〉이라는 제목의 논문을 게재했습니다. 이 논문은 세포 농업 연구기관, 뉴하베스트New Harvest에게 보내진 이래, 2013년 다타르 씨는 뉴하베스트의 CEO가 됩니다. 또한, 그녀는 Muufri(Perfect Day 전신) 외 Clara Foods(The EVERY Company 전신)를 설립했어요. SK㈜가 네이처파인드에 이어, 이 스타트업에도 투자해 한국에 소개된 바 있습니다.

• **모티프푸드웍스**Motif FoodWorks(미국, 2019)는 미국 MIT 과학자들이 설립한 생명공학 회사인 징코 바이오웍스Ginkgo Bioworks에서 스핀오프(분사)했습니다. 다른 스타트업과는 다르게 식품을 제조, 판매하지 않습니다. R&D 계약을 통해 기술에 대한 로열티를 지불받는 사업 방식을 구사한다는 점이 특이합니다. 발효기반 단백질 설계를 전문으로 하는 바이오 디자인 회사로서 플랫폼 역할을 하고 있죠. CEO 조너선 매킨타이어Jonathan McIntyre는 미국 펩시코 R&D 부문 수석 부사장 이력을 포함해 네슬레, 듀퐁 등 식품 산업에서 30년 이상 근무한 경험이 있습니다. 모티프는 호주 핀즐랜드 대학교와 연계해 식물성 대용육의 식감 개선을 위한 프로젝트도 진행했어요. 또

한, 단백질 특성화를 위해 AI(Artificial Intelligence, 인공지능)가 지원하는 생명공학 회사 네마라이프NemaLife와도 협력하고 있습니다.

우리는 글로벌 '대용 단백질' 회사 중 현재 두각을 나타내는 식물기반과 발효기반의 7개 회사를 간략히 살펴보았습니다. 회사의 개요가 아니라 회사에 참여한 인재를 살펴보았죠. 역시 푸드테크 회사는 과학자, 공학자, 의학자가 중심입니다. 그들은 자기 분야에서 연구하다가 각자가 고민하던 문제를 직접 사업화한 것입니다. 그것이 기후변화이든, 기아대책이든 상관없습니다. 결과는 그들이 이미 문제 해결을 위한 회사의 명함을 들고서 사업을 하고 있다는 것입니다.

Tech 이름 붙이기를 해볼까요?

과학자들로 인해 푸드테크의 바람이 거셉니다. 더구나 글로벌 추세이다 보니 너무 많은 영문명에 어지러울 수 있습니다. 어쩔 수가 없습니다. 6대 주를 넘나드는 현란한 대안 기술들이 등장하기 때문이죠. 잠깐 한숨 고를까요? 필자도 2,000여 개 업체 중에서 우수업체를 선별해야 하는 힘듦이 있지요. 우리끼리 푸드테크 아래 작은 테크 이름 붙이기를 해보면 어떨까요? 한번 붙여보죠. 앞서 살핀 식물기반은 자랑스러운 식물 그 자체를 그대로 살려 베그테크(Veg Tech)로 부를게요. 발효기반은 자연이 주신 선물이니 천연테크(Nature Tech)로, 그리고 기대주로 폭발 성장하고 있는 세포기반은 성장테크(Grow Tech)로 표기하면 어떤가요? 이들 테크의 발달 순서도 정리해볼까요? 변함없는 진리로서 자연이 첫 번째인 것 같습니다. (1) 발효기반, (2) 식물기반, (3) 세포기반의 순서겠죠.

• 그럼 가장 최근에 등장한 세포기반 업계는 누가 주무르고 있을까요? 이들은 식물기반보다 더 전문적인 과학자들입니다. 줄기세포 조직을 이용해서 배양육을 만드는 것은 생각보다 어려운 일이니까요. 2013년에 3억 9,000만 원짜리 햄버거를 통해, 세계 최초로 배양육에 대한 개념을 증명하고 제시한 마크 포스트는 네덜란드의 약리학자이며, 마스트리흐트 대학Maastricht University의 혈관 생리학 교수입니다. 그리고 에인트호번 공과대학Eindhoven University of Technology의 조직공학 혈관 교수이기도 하죠. 그가 **모사 미트**Mosa Meat(네덜란드, 2016)를 설립하고, 지방조직 생물학자인 로라 잭 키쉬Laura Jackisch를 영입해 지방팀, 근육 담당팀과 줄기세포 개발팀 등 여러 부서를 구성했습니다. 모사 미트는 2022년 2월 기준, 과학, 엔지니어링, 운영 및 비즈니스 역할 전반에 걸쳐 약 120명의 직원 규모로 성장했어요. CEO 마튼 보쉬Maarten Bosch는 자신 있게 주장합니다.

"우리는 이미 2013년에 배양육으로 햄버거를 만들 수 있다는 것을 증명했습니다. 이제 규모를 확장하고 비용을 적정 수준으로 낮추는 일만 남았습니다. 이것이 바로 배양육 생산업체가 해야 할 모든 일입니다."

• 멤피스Mempis에서 상호를 바꾼 **업사이드 푸드**Upside Foods(미국, 2015)의 창업자 우마 발레티Uma Valeti는 메이오 종합병원Mayo Clinic의 심장 전문의입니다. 최고 과학 책임자인 니컬러스 제노비스Nicholas Genovese는 간세포 연구가이고요. 이들은 2016년에 세포기반 대용 미트볼을, 2017년에는 세포기반 대용 닭고기 생산에 성공했습니다. 모두 세계 최초죠. 세포기반 대용 해산물 연구에도 착수하는 등 제품 구성이 풍부해지고 있고요. 2021년 10월에 최고 기술자들을 대거 영입한 것도 눈에 띕니다. 부사장

으로 임명된 로버트 키스Robert Kiss 박사는 30년간 산업 생명공학 분야의 경험 소지자입니다. 그의 과거 경력은 Sutro Biopharm에서 인간 바이오 치료제 개발, Genetech에서 세포 배양 개발을 포함합니다. CEO 아미 첸Amy Chen은 펩시코 출신이며, 이사회 멤버 카일 보트Kyle Vogt는 자율주행 자동차 크루이즈Cruise와 게이머용 라이브 스트리밍 플랫폼 회사 트위치Twitch 출신이고요. 이 외에 미슐랭 3스타 요리사인 도미니크Dominique와도 파트너십을 맺었습니다.

• 세포기반으로 해산물 대용식품을 개발하고 있는 업체들도 있어요. **시옥미트**Shiok Meats(싱가포르, 2018)는 줄기세포 생물학 박사 링카이Ling Ka Yi와 산다 스리람Sandhya Sriram이 설립했죠. 2023년 상용화를 목표로, 세포기반 배양을 활용해 새우, 게, 바닷가재 같은 갑각류 대용식품을 개발 중입니다. **블루날루**BlueNalu(미국, 2017)는 루 쿠퍼하우스Lou Cooperhouse가 설립했는데요, 그는 식품 컨설팅Food Spectrum, LLC의 CEO였으며, 라거스 대학Rutgers University 식품혁신센터의 설립자이기도 합니다. 블루날루는 생선조직에서 살아 있는 세포를 분리해 배양배지에 넣어 전체 근육 세포배양 해산물 제품을 만드는 선구자입니다. 한국에서 풀무원이 투자했습니다. **핀레스푸드**Finless Foods(미국, 2016)의 공동 설립자 CEO 마이크 셀든Mike Selden과 CIO 브라이언 위어스Brian Wyrwas는 매사추세츠 대학University of Massachusetts의 분자생물학자 출신입니다. 값비싼 어종으로 유명한 참다랑어가 멸종 위협에 처해 있는 상황을 주시하고, 그들은 참다랑어 세포 배양에 집중하기로 결정했다고 합니다.

연구실에서 만든 세포기반 대용육, 대용어가 대량 생산이 가능하게 되다면, 곧바로 경제성을 확보한 햄버거가 등장할 것으로 보입니다. 결국, 이들에게는 시간과 돈 싸움입니다.

육류만 넘지 말고 상상도 넘어보자

• '공기'를 이용해 단백질을 생산하는 기술을 개발한 스타트업 **솔라 푸즈**Solar Foods(핀란드, 2016)의 CEO 파시 바이니카Pasi Vainikka는 신기술로 환경에 부담을 주지 않으면서 식품 생산의 패러다임을 바꾸겠다는 꿈을 밝혔습니다. "우리의 기술을 한 문장으로 정리하자면 '식품 생산을 농업에서 분리하는 것', 우리는 숲을 파괴하거나 화학비료도 사용하지 않는다. 또한, 미생물의 먹이는 이산화탄소와 수소, 소금이 전부이고, 물에서 수소를 전기 분해하는 과정에서도 친환경 에너지를 사용한다. 실제 고기에 비해 100배 이상, 식물기반 고기와 비교하면 10배 이상 탄소발자국을 덜 남긴다"라고요.

바이니카 씨는 원래 핀란드 국립연구 기관에서 신재생 에너지를 연구하던 에너지 공학자입니다. '공기에서 포집한 이산화탄소와 전기를 이용해 식품을 만드는 게 가능할까?'란 엉뚱한 아이디어에 대한 답을 구하고자, 각자 다른 학문적 배경을 가진 3명의 연구자들이 한 팀으로 뭉쳐 솔라 푸즈를 시작했어요. 주변의 모든 부정적 반응에도 불구하고 첫 시제품이 나왔을 땐 마법처럼 느껴졌다고 합니다. 이들의 미래 프로젝트는 공상과학 영화를 방불케 합니다. 2035년 목표인 화성 유인 탐사를 위해 우주 비행사들의 식량을 생산하겠다는 것입니다. '꿈은 이루어진다'고 했죠. 믿는 만큼 크지 않을까요? 격려의 박수를 보냅니다.

• 엑손모빌Exxon Mobil 석유회사의 폐수처리 분야에서 일하던 화학 엔지니어 미셸 루이즈Michelle Ruiz는 산업 폐수에서 발효와의 접점을 찾았습니다. 그녀는 생화학자이자 특허 대리인인 안드레아 손Andrea Schoen과 균사체에서 글루텐이 없는 고단백 밀가루를 생산하기 위해 **하이페 푸드**Hyfe Foods, 2021를 설립했어요. 산업 폐기물의 가치를 재평가하고 미래 식품을 위한 저렴하고 지속 가능한 접근 방식을 고집한 사례입니다.

• 이번엔 토마토인데요. **오션 허거 푸드**Ocean Hugger foods(태국, 2016) 대표 제임스 코웰James Corwell은 ACF(미국요리연맹) 공인 마스터 셰프입니다. 신선한 토마토, Non-GMO 간장, 여과수, 설탕, 참기름의 단 5가지 재료로 참치와 장어 대용어를 만들어냈어요. 2020년까지 미국, 캐나다, 카리브해 및 영국 전역의 식품 서비스 고객에게 판매하는 쾌거를 이루었죠. 그런데 코로나19 팬데믹으로 전 세계 레스토랑이 문을 닫게 되면서 운영이 강제 중단되었습니다. 하지만 훌륭한 건 어떻게든 눈에 띄는 법이죠. 노바 푸드Nove Foods와의 새로운 파트너십을 통해 재출시된다는 기쁜 소식이 전해지고 있습니다. 노바 푸드는 30개국에 수출 사업을 하는 글로벌 제조업체인 상장회사 NRF(NR Instant Produce PCL)의 자회사입니다.

이처럼 '대용 단백질' 업계에는 이공계뿐만 아니라 인문학 분야의 인재들과 아이디어들이 모여 있습니다. 더 나아가 마케팅과 유통 분야의 경력자들도 대거 영입 중이고요. 해내지 못할 게 없겠죠. 식물, 발효, 세포 각 기반에서 쇠고기, 돼지고기, 닭고기, 칠면조, 참치, 연어, 새우, 심지어 캐비어까지, 그리고 우유, 치즈, 아이스크림, 요구르트 등의 모든 동물성 식품들을 대안하고자 하는 것입니다. 아울러 수많은 식물이 단백질 원료로 개발되었습니다. 대두, 완두를 넘어, 병아리콩, 렌틸, 녹두, 쌀, 밀, 버섯, 각종 채소, 과일, 해조류까지요. 발효 분야는 또 어떠한가요. 화산 땅 밑에서, 폐수에서, 그리고 하늘 높이 공기에서까지 단백질을 추출하고 있습니다. 테크의 힘은 강력합니다. 단백질 가루에서 통고기 크기의 구현에 이르기까지 눈이 부실 지경입니다.

우리는 하나, 뭉치면 산다

2019년 8월, '육류, 가금류 및 해산물 혁신을 위한 연합(AMPS(Alliance For Meat, Poultry And Seafood) Innovation)'이 발족되었습니다. 잇 저스트, 업사이드 푸드, 핀레스 푸드, 블루날루 및 폭 앤 구디Fork & Goode의 5개 스타트업들이 모여서 시작했죠. 뒤이어 퓨처 미트, 알테미스 푸드ARTEMYS Foods, 뉴 에이지 미트New Age Meat, 오르빌리온Orbillion Bio이 합세해서 덩치를 키우고 있습니다. 이 연합은 USDA 및 FDA와 협력해, 제품에 최고 수준의 안전과 투명성이 적용되도록 하는 자율규제 확립을 목표로 합니다. 이에 따라 세포기반 배양육 및 해산물 시장에 대한 규제 경로를 생성하고자 합니다. 2020년 잇 저스트의 배양 치킨 너겟이 싱가포르에서 세계 최초로 판매승인을 받은 이래, 업사이드 푸드가 카타르에서 승인을 기대하고 있죠. 또한 핀레스도 FDA로부터 규제 승인을 기다리고 있어요. 아직은 가격에서 자유롭지 못하지만(굿미트 너겟 하나에 $23), 그것은 우리 소비자의 걱정은 아닌 것 같습니다. 글로벌 인재들이, 그리고 테크가 풀어낼 거라 믿으니까요.

IP to Table, 똑같은 고기 맛, 세포 하나가 8만 개 버거로

"정말 고기랑 똑같아. 맛뿐만이 아니야. 봐! 핏물 같은 육즙까지 흘러."

유명하다 못해 시끌시끌한 임파서블 푸드의 버거 패티 이야기입니다. 먹어본 사람들은 이구동성으로 맛에 감탄 중이죠. 앞 장에서 여러 번 언급된 임파서블 푸드 이야기 기억나세요? 대두가 주원료임에도 불구하고 흐르는 핏물을 만들게 한 성분, 헴(HEME)말입니다. 헴은 콩 뿌리에서 추출한 레그헤모글로빈 유전자를 활용해 생산합니다. GMO를 엄격히 금지하는 중국과 유럽, 그리고 한국에는 아직까지 입장 불가이지만, 마법이라 불리는 그 헴을 미국 FDA가 승인했어요. 이에 따라 미국 내 월마트, 크로거를 포함한 2만 개 이상의 식료품점과 버거킹, 디즈니 월드를 포함한 4만여 개 레스토랑에 임파서블 푸드 제품이 공급되고 있습니다. 판매 제품군 또한 다양해요. 버거패티 외에 미트볼, 포크, 소시지, 그리고 유일하게 헴 성분이 없는 치킨 너겟도 출시되었죠. 이 외에 식물성 우유, 식물성 생선, 식물성 생고기와 같은 제품도 출시할 예정이라 합니다.

또 다른 핫한 소식 하나가 보도되었어요. 2022년 4월, 이번엔 법정 이야기입니다. 임파서블 푸드가 모티프 푸드웍스를 상대로 소송을 제기했어요. 모티프가 헴 단백질 함유 식물성 버거 제조에 있어, 임파서블의 특허를 침해했다는 내용이죠. 이에 대해 모티프는 임파서블 푸드를 상대로 특허 무효화 청원서를 제출했고요. 모티프는 헴은 사람들이 매일 먹는 동물의 근육 조직과 식물에 존재하고 육류 대용품에서 수 세기 동안 사용되었기에 발명도, 새로운 것도 아니라고 강조합니다. 그런데 특허를 무효화하려는 이러한 움직임은 임파서블 푸드에게 심각한 위협이 될 수 있습니다. 임파서블 푸드에게는 나름의 절박한 이유가 있죠. 임파서블 푸드는 설립 시, 흥미로운 접근으로 고기를 바라보았어요. 뇌과학을 이용해 인간은 무엇을 보고 고기라고 생각하는가를 해명하고자 했지요. 예를 들어, 인간은 처음에는 빨갛지만 가열하면 갈색으로 변하는 과정의 시각 효과와 다양한 맛이 섞인 후각 정보에 의해 고기를 고기라고 인지한다는 것입니다. 이런 시각 효과의 맛을 실현한 성분이, 이슈가 된 헴입니다. 바로 이 헴이 임파서블 푸드의 왕관을 지키는 핵심 무기이기 때문입니다.

이 소송이 '대용 단백질' 시장에서 IP(Intellectual Property, 지적 재산권)를 둘러싼 유일한 싸움은 아닙니다. 2021년에 미티Meati는 베터 미트Better Meat Co.를 IP 절도 혐의로 고발한 사례도 있죠. IP를 둘러싼 이러한 유형의 법적 분쟁의 출현은 산업의 발전을 위해 매우 긍정적이라고 판단됩니다. 테크기업이 '더 나은 맛'의 육류 유사품을 개발하고자 설계된 관련 혁신을 추구한다는 것이고, 이에 따라 시장이 더 경쟁적인 단계에 진입하고 있음을 의미한다고 필자는 해석합니다.

대용육업계에서 IP 이야기를 하자니, 마크 포스트 교수를 다시 초빙해야 할 것 같습니다. 앞 장에서 흥미롭게 소개된 것처럼 그는 세계 최초 세포기반 대용육 햄버거 개발로 유명하죠. 그 배경에는 배양육 연구의 대부로 불리는 암스테르담 대학 빌렘 반 앨런 교수가 있고요. 앨런 교수가 1999년 줄기세포를 이용한 배양육 이론을 개발하고, 국제 특허를 취득한 것이 업계 최초의 IP로 꼽힙니다. 이 이론을 근간으로 포스트 교수가 설립한 모사 미트는 실험실의 세포를 통해 도축 및 배출가스가 없는 쇠고기를 키울 수 있도록 지원합니다. 이 과정은 단 하나의 참깨 크기 세포 샘플로 최대 8만 개의 버거를 만들 수 있다고 합니다.

수고스러운 역사와 피나는 현재의 노력들이 테크의 힘을 빌어 궁극적으로 기후변화에 실전적 도전이 되어야 할 것입니다. 그 도전이 기후 위기에 대처할 수 있는 식품 시스템을 재건하기를 간절히 바랍니다.

Okay! 우리가 팔아줄게, 하지만…

"우리는 비욘드 미트를 출시했습니다. 식물성 고기를 매대에 올립니다."

2013년 홀푸드Whole Foods Market CEO인 존 멕케이John Mackey의 발표인데요, 비욘드 미트에게 미국 전역의 홀푸드 매장에서 그들의 비건 치킨 스트립을 판매하는 첫 번째 기회를 준 것입니다. 아울러 홀푸드가 가진 차별적 특징인 레시피(Recipes) 카드 업데이트를 이용해 그들의 모든 신제품을 소개해주었죠. 홀푸드가 어딥니까? 미국에서 유기농 제품을 판매하는 가장 크고 오래된 수퍼마켓입니다. 그 홀푸드가 자체 레시피까지 만들어준 점은 비건 시장에 대한 기대감이 매우 컸다는 증거입니다.

2016년 7월, 또 다른 스타트업인 임파서블 푸드는 대두 단백질로 만든 임파서블 버거를 뉴욕시의 레스토랑에 제공하기 시작했어요. 미슐랭 스타 2개를 보유한 모모푸쿠 니시Momofuku Nishi입니다. 곧이어 비욘드 미트는 칼스 주니어Carl's Jr., 던킨Dunkin, 델타코Del Taco 및 티지아이에프TGI Friday's와 공급 거래를 성사시키고, 나스닥 시장에 상장하기에 이릅니다. 임파서블 푸드 제품은 화이트 캐슬White Castle, 레드로빈Red Robin 및 버거킹Burger King을 포함한 약 1만 개의 레스토랑에서 판매되고, 식료품점에도 출시되고 있고요.

멕케이 회장의 이야기는 계속됩니다.

"현재 식물성 육류 시장에는 비욘드 미트와 임파서블 푸드라는 두 주요 스타트업이 있습니다. 식물성 고기가 일반 고기보다 윤리적인 선택이며 환경에 더 좋다고 믿습니다."

"식물성 고기의 건강상의 이점을 판매하지는 않습니다. 환경에는 좋지만 건강에는 좋지 않습니다."

20년 이상 완전 채식주의자였던 멕케이 회장의 반전입니다. 그는 이렇게 부언합니다.

"사람들의 상상력을 사로잡는 브랜드, 이 브랜드에 대한 비판과 관련이 될까 봐 브랜드의 이름을 지목하지는 않겠습니다. 다만 지금 전 세계를 강타하고 있는 대세일지라도, 이들의 제품은 재료만 봐도 초고도 가공식품이죠."

"저는 고도로 가공된 음식을 먹는 것이 건강에 좋다고 생각하지 않습니다. 저는 사람들이 자연 식품을 먹어야 잘 자란다고 생각합니다."

"건강에 관해서는 나는 그것을 지지하지 않을 것이고, 그것은 내가 공개적으로 하게 될 큰 비판이 될 것입니다."

세계 최대 유기농 슈퍼마켓 CEO다운 지적입니다만, 가공 식품과 건강에 대한 우려는 일부 의혹을 불러일으켰습니다. 일부 영양사들도 동조했죠.

"식물성 햄버거가 쇠고기 버거보다 반드시 더 건강하지는 않습니다. 식물성 버거와 전통적인 고기 버거 모두 동일한 양의 나트륨과 지방 포화도를 함유하고 있습니다. 그들은 먹기에는 전혀 문제가 없지만, 이것에 매력을 느껴 즐기는 것이 아니라면 쇠고기 버거를 교체할 필요는 없습니다."

제품의 건강 이슈에 대한 자신의 유보에도 불구하고 멕케이 회장은 식물성 고기에 대해 적어도 하나의 좋은 논쟁이 될 수 있다고 말합니다. **"사람들이 자신의 미각을 재교육하기 시작하는 방법이며, 사람들이 육류 제품을 멀리하는 좋은 첫 단계입니다."**

앞서 지적한 것처럼 홀푸드는 미국에서 USDA 유기농 인증을 받은 최초의 전국 식료품점이자 다국적 수퍼마켓 체인입니다. 유기농 및 천연 제품만을, 그리고 수소화 지방과 인공 색소, 향료 및 방부제가 없는 제품을 판매하는 것으로 그 품격을 자랑해왔어요. 그들은 또한 매장 장식, 분위기 및 고객 서비스에 더 많은 관심을 기울이는 것 외에도 엄격한 동물복지 기준도 가지고 있고요. 미국 사회적 책임기업 평판(CSR(Corporate Social Responsibility) RepTrak®) 목록에 따르면 홀푸드는 미국에서 가장 평판이 좋은 기업 중 하나입니다. 맥케이 회장이 1978년에 설립하고, 2017년 아마존에 매각한 이후에도 맥케이 회장은 CEO 자리를 지키고 있습니다.

비욘드 미트 및 임파서블 푸드는 상기 논평 요청에 즉시 응답하지 않

습니다. 유기농 마켓의 최고 강자 홀푸드가 받쳐준 명성과 식물성 대용
육 품질 간의 간격이 좁혀질지, 초미의 관심이 쏠립니다. 대용육 제품이
소비자의 재구매 선택으로 이어질지 아니면 어둠 속 나락이 될지, 지켜
보시죠.

(2) 사라진 선한 의도, 의도하지 않은 결과

Don't Look Up? 솔직할 때다

콩고기로 시작되는 대용육의 역사를 거슬러 올라가 볼까요? 앞서 비
건의 역사를 통해 콩에 대해서 살펴보았습니다만, 여기서는 범위를 좁

〈자료 38〉 외면은 절망을 부른다

혀 식물(콩) 기반 대용육의 영양에 초점을 맞추어볼게요. 콩은 기원전 1100년경부터 재배되기 시작해 영양소로 관심을 받기까지는 이후 1,000년이 걸렸습니다. 재배기술이 필요한 콩에 비하면, 단순한 사냥으로 가능했던 동물의 섭취는 이미 선사시대부터 시작되었고요. 인간은 몇백만 년 동안 고기는 고기대로, 콩은 콩대로 섭취해왔죠. 그러다가 간편 음식을 선호하던 서구에서 1986년에 최초로 콩버거를 출시했어요. 이는 채식주의자들에 대한 식품업계의 수고스러운 서비스 차원이었습니다. 고기 맛을 내기 위한 목적이 아니었죠. 그런데 2000년대 들어와 고기 맛을 내겠다는 콩 패티가 들어간 햄버거가 등장했어요. 특히 기후변화 이슈가 불거지고 2009년 식물기반 대용육업체인 비욘드 미트가 설립되면서, 삽시간에 '동물성 흉내 내기' 전략을 추진하는 '대용 단백질' 시장이 급부상했습니다. 문제는 여기에서 시작됩니다.

콩과 같은 전통적인 식물성 식품을 사용한 식단은 칼슘, 칼륨, 마그네슘, 인, 아연, 철 및 비타민 B12에 대한 일일 요구량을 충족했으며, 일반 식단보다 포화 지방, 나트륨 및 설탕 함량이 낮았습니다. 반면에 푸드테크라는 미명 아래 새로운 식물기반 대용육을 기반으로 한 식단은 영양소가 부족하고 유해요소는 기준을 초과했죠. '대용 단백질' 시장 확대 과정에서 의도하지 않은 결과가 드러난 것입니다. 이러한 혼란 속에 '대용 단백질' 시장이 머뭇거리게 되었고, 이는 소비자가 더욱 성숙하는 계기가 되었습니다. 건강을 중시하는 소비자, 환경과 공장식 농업에 대한 윤리적 관심을 가진 소비자 관점에서 '대용 단백질'을 바라보게 된거죠. '푸드테크'가 '모방 전략'을 고수하기에는 청중과 대상 시장이 너무 커져버린 것입니다.

쉬운 표적? 소비자는 더 이상 편리 뒤에 눈감지 않는다

수퍼마켓 진열대에 거대 식품 메이커 제품을 일렬로 늘어놓은 빅푸드 제품 코너 앞을 연상해보죠. 아이가 잽싸게 초코볼 시리얼을 집습니다. 곁에 있던 엄마의 저항은 없어요. 음… 초코볼 시리얼은 어떻게 1초 만에 소비자에게 선택될 수 있을까요? 설탕이 듬뿍 든 시리얼 상자를 보면 초콜릿이 얼마나 많이 들어 있는지 강하게 표현되어 있죠. 어린이의 시선 강탈에 최고입니다. 그리고 상자 표면은 얼마나 많은 통곡물이 들어 있는지를 언급합니다. 와우, 건강 가득! 엄마에게도 어필이 됩니다. 빅푸드 기업이 '아이들이 좋아하는 식품을 만들고 있기 때문에 엄마와 가족을 편하게 돕고 있다'라는 전략적 아이디어를 실제로 마케팅한 결과입니다. 특히나 아이들이 특정 음식을 먹고 싶어 한다는 사실을 이용해서 선택 시간이 부족한 엄마들의 문제를 해결하기 위한 노력의 결과물입니다.

혹시 이러한 가공 식품이 우리 사회의 저소득 가정을 타깃으로 하고, 부유한 가정은 신선한 과일과 푸르른 야채만 먹고 있다는 잘못된 선입견을 가지고 있나요? 아니요, 그 선입견은 굳이 필요 없습니다. 아이들에게는 그런 선입견은 무용지물이니까요. 아이들이라면 누구를 막론하고, 달콤함으로 무장한 음식을 그들의 부모에게 조릅니다. 마케팅의 힘이죠(여기서 참고할 사항이 있어요. 패스트 푸드가 본고장에서는 본래 '빠르다는 편리' 컨셉 뒤에 '정크푸드' 속성이 있음에도 불구하고, 한국에는 '맛있고 새로운' 식품의 개념으로 도입되었다는 차이점을 인지해야 합니다. 패스트 푸드와 빅푸드 제품이 본고장과 한국에서도 날개 돋친 듯이 팔리고 있지만 구매동기가 다름을 알고 가야 합니다).

'좋은' 엄마란 어떤 사람일까요? 아이들을 잘 먹이는 것이 핵심적이고 본질적인 역할임을 분명히 알고 있는 사람이죠. 엄마가 되면서부터, 자녀를 양육하는 것보다 더 중요한 것이 있을까요? 인간의 생명이 시작되는 자궁에서부터 엄마의 역할은 시작됩니다. 세상에 나온 직후부터도 계속되죠. 모유로, 우유로 시작되는 그 양육은 아이들의 삶을 통해 계속되고요.

'1+1은 더 이상 안 됩니다.' 런던에서 시끄러운 이 소리는 어떻게 들리나요? 마트에 흔히 걸려 있는 1+1 마케팅을 표현하고 있는데요, 소비자를 유혹하는 거죠. 결국은 과식을 유발하는 달콤한 유혹입니다. 영국에서 이 문제에 대해 사회적으로 운동이 일어나고 있어요. 영국은 어린이 비만 퇴치 운동이 한창입니다. 어린이 3명 중 1명이 비만이기 때문입니다. 한국에서도 유명한 셰프, 제이미 올리버Jamie Oliver도 런던 다우닝 거리에서 시위에 참여하고 있죠. 정부의 비만 방지 행동 계획이 지속되어야 함을 독려합니다. 정부 계획의 일환으로서 정크푸드에 대해 1+1 마케팅을 금지하고, TV 광고에서 지방, 염분 또는 설탕이 많이 함유된 식품에 대한 광고를 금지할 것을 촉구하는 것이죠.

필자가 갑자기 빅푸드, 패스트푸드 이야기를 꺼낸 것은 다름이 아니라 식단이 건강에 미치는 엄청난 영향 때문입니다. 음식의 불평등을 이야기하자는 것이 아닙니다. 우리는 식물기반(세포기반은 아직 상용화 전이라 언급하지 않습니다) '대용 단백질'을 지구와 인류의 건강을 책임지는 솔루션으로 받아들이고자 했어요. 그러나 그들이 패스트푸드를 핫한 판매 유통망으로 택했기 때문에 문제가 생긴 것입니다. 억지로 이해는 할 수 있습니다. 홀푸드와 미슐렝 레스토랑과 같은 초기 지렛대가 있었음에도 불구하고, 결국 이 유통 채널이 매우 '빠르고' '쉬운' 길이란 것을요. 더 이해하고자 노력한다면, 그들에게 쉬운 길이었다기보다는 다른 대안이 없었다는 것까지도요. 하지만 치즈와 소스, 그리고 튀김옷 뒤에 숨은 맛이 아닌, 본연의 맛으로 승부해야 하는 것이 최소한 '진짜 고기'를 대항할 기본 요소입니다. 물론 패스트푸드 햄버거 안의 진짜 고기에 믿음이 있진 않았습니다. '음식이 사랑'인 엄마와 소비자입니다. 편리 뒤에 더 이상 눈감아줄 자비는 없습니다.

BTS보다 무서운 ARMY

브레이크 없이 세상을 누비는 이들이 있어요. BTS(방탄소년단)입니다. 소속사 하이브의 방시혁 의장의 발언은 여러모로 의미 있게 들립니다.

"우리가 제일 중요시하는 가치는 콘텐츠(contents)와 팬(fans)입니다."

내용물이 올바르지 않으면 제아무리 맛이 있다 한들, 윤리로 포장을 한들, 팬덤이 형성될 여지가 없습니다. 콘텐츠가 좋아야 롱런이 가능한 것입니다.

그런데 대용 단백질 시장에 문제가 생겼습니다. 슬퍼할 새도 없을 듯합니다. 이미 수많은 판매 거래처들이 손을 놓았습니다. 맥도널드는 식물 버거의 초기 테스트 판매 기간을 통해 기존 육류 햄버거 라인에 미치는 영향을 조사했을 뿐, 본격적인 판매는 아예 하지도 않았죠. 이미 시판을 했던 곳은 판매 부진과 가격 이슈로 손을 뗐습니다. 던킨^{Dunkin}에서도, 치폴레^{Chipotle Mexican Grill}에서도 더 이상 식물기반 단백질을 공급받지 않습니다. No More! 6개월의 치열한 연구와 개발을 통해 치폴레는 직접 만든 비건 메뉴를 출시했어요. 쉬운 길을 택했는데도 판매 부진과 가격 이슈가 있었다는 것은 내용물에 문제가 있다는 것입니다.

포장되었던 업계 광고도 한 겹씩 벗겨지고 있습니다. 소비자는 양파 속 알맹이를 궁금해할 줄 알죠. 소비자들은 이율배반적인 면이 있습니다. 긍정적인 타이밍에는 관심을 가지지 않다가도, 부정적인 타이밍에는 어떤 부정이 개입되었는지 여러 각도에서 비판을 가합니다. 그래서 소비자가 무서운 것입니다. 특히 팬을 거역하면 더 그렇습니다.

2022년 5월부터 미국 대기업의 광고 표현이 변했습니다. 유니레버는 그동안 확대 과장되었던 인플루언서 마케팅에 제한을 두고, 베이커리 전문업체인 호스티스^{Hostess}는 어린이에게 부적절한 광고를 하지 않겠다고 약속했습니다. 전통적인 미디어와 소셜 미디어를 통해 16세 미만 어린이에게 식음료를 판매하는 것을 중단하고, 13세 미만 어린이에게는 식음료 광고 프로그램(CFBAI, Children's Food and Beverage Advertising Initiative)의 영양 기준을 준수하는 제품만 광고하겠다는 내용입니다.

산 넘어 산, 콜레스테롤 대신 소금 덩어리?

대용육은 시대의 요구에 부응해 등장한 먹거리입니다. 축산업으로 발생하는 온실가스의 양을 줄이고, 가축 도살이나 공장식 사육에서도 벗어날 수 있으며, 인류의 식량난을 해결할 수 있다는 지점에서 확고한 명분과 가치로 자리했죠. 여러 이유로 동물성 섭취를 배제하는 베지테리언, 육류를 섭취할 수 없는 사람들, 그리고 새로운 식품에 대한 호기심이 왕성한 소비자들에게 또 다른 선택지로 등장했고요. 게다가 웰빙 트렌드와 더불어 몸집을 키웠고, ESG를 업은 거대 투자금액은 식품업계의 유례없는 레전드를 남겼습니다. 이에 더해 동물성 고기와 유사한 맛, 질감 및 모양을 얻을 수 있도록 도와주는 '푸드테크'의 발전 덕분에 식물성 고기는 수퍼마켓과 소비자의 쇼핑 카트에서 입지를 굳혀가는 듯했죠.

그러나 전망과 달리 조사기관과 소매업자들은 이 시장이 곧 바뀔 것으로 예상하지 않습니다. 전문가들과 육류업계도 '대용 육류가 건강을 위한 선택은 아니다'라는 점에 서서히 목소리를 내고 있고요. 댄 글릭먼 Daniel Robert Glickman 전 USDA 장관은 방송을 통해서 특정 브랜드를 포함한 식물성 대용육 시장에 대해 다음과 같은 지적을 합니다.

"고기는 필수 단백질 섭취원입니다. 가짜 고기에도 이를 보충할 수 있는 많은 재료들이 있습니다. 하지만 비욘드 미트 등 식물기반 대용육이 진짜 고기보다 뛰어난 영양학적 요소를 지녔는지는 검증되지 않았습니다."

농무부 장관이란 직책의 부담감 때문에 영양학적 요소의 검증에 제한된 의견을 제시했지만, 식물기반 대용육을 부정적으로 보는 시각만은 확실합니다. 그렇습니다. 식물기반 대용육은 일종의 선택지입니다. 건강을 최우선으로 놓는다면 가공식품인 식물기반 대용육을 섭취하는 것이 최선의 선택이라고 이야기하긴 어렵겠습니다.

이심전심인가요? 2022년 5월부터 대용육에 대해 부정적인 뉴스가 많이 등장하고 있습니다. 대중적인 믿음과 달리 환경 문제는 사람들이 육류 대안을 선택하는 가장 큰 동기가 아니라는 조사가 나왔습니다. 새로운 연구 〈Food and Quality〉에서 소비자는 환경을 보호하기보다 건강을 유지하기 위해 육류 대용품을 선택할 가능성이 더 크다고 밝힌 것입니다. 유로모니터Euromonitor International의 2022년 〈업계의 소리(Voice of the industry)〉 설문 조사도 같은 결과를 냈어요. 건강을 느끼고 장기적인 건강 위험을 피하려는 욕구가 환경 및 동물 복지 문제보다 앞서 있다고 말이죠. 개인의 건강이 환경보다 우선한다는 결과입니다. 개인은 언제나 이기적입니다.

한편 2020년 5월에 개최된 상하이 국제식품 박람회(SIAL CHINA)에서 폴란드 스타트업 솔리그라노SOLIGRANO가 유기농 곡물을 재료로 만든 베지버거VegeBurger를 출시했는데요, 비욘드 미트를 제치고 혁신상 부문에서 은메달을 획득했습니다. 기존의 식물성 대용육과 달리 가공 단계를 줄이고 첨가물을 배제한 제품으로 각광을 받았죠. 많은 참여자들이 '비욘드 미트 시대가 이렇게 지는 것 아닌가?'라는 생각을 하게 되었습니다.

건강을 우선시하는 소비자에게 기존 식물기반 대용육이 이런 외면을 받은 요소는 무엇일까요? 열렬했던 환영 뒤에 파악되지 않은 다른 무엇이 숨어 있었나요? 대용육 시장을 선도하고 있다는 비욘드 미트와 임파서블 푸드의 영양 성분을 열어보면 이해하기 쉬울 것 같습니다. 2장 챕터 03에서 이미 살펴본 영양소 내용이 여러분의 판단에 도움이 되길 바랍니다.

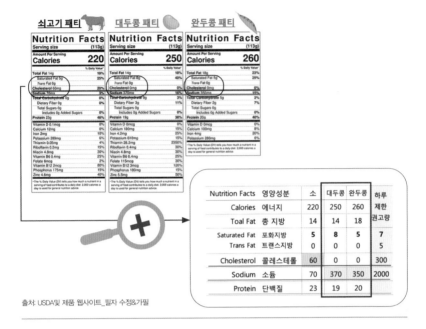

출처: USDA및 제품 웹사이트_필자 수정&가필

〈자료 39〉 동물성과 식물성 패티의 '콜레스테롤'과 '나트륨' 양 비교

이들 제품의 영양 정보를 살펴보면 의외의 결과가 나옵니다. 식물성 단백질임에도 포화지방이나 칼로리는 기존 육류와 비슷하거나 더 높죠. 〈자료 39〉에 식물성 단백질의 주원료인 대두(임파서블 푸드 주재료)와 완두(비욘드미트 주재료)로 만든 패티, 그리고 쇠고기 패티를 비교해 놓았습니다. 포화지방은 쇠고기에 함유된 5g과 마찬가지로, 식물성 패티는 각각 8g, 5g을 함유해 모두 하루 제한량 7g에 육박합니다. 우리가 기대했던 대로 다행히 콜레스테롤은 피했네요. 하지만 높은 소듐(나트륨) 함량이 두드러져 보입니다. 쇠고기는 70mg인 데 반해, 식물기반 패티는 350~370mg입니다. 여기에서 주의할 것은 이는 패티만의 함량을 보여주고 있다는 것입니다.

쇠고기 햄버거	해외 1	해외 2	해외 3	국내 1	국내 2
총 중량(g)	213	278	미공개	154	200
패티중량(g)	70	87	90	60	미공개
칼로리	512	619	550	390	507
단백질(g)	26	29	28	17	23
포화지방(g)	11	13	14	7	6
나트륨(mg)	987	809	824	713	667

출처: USDA_필자 수정&가필

〈자료 40〉 햄버거 영양소

햄버거로 만들어지면 상황은 참담해집니다. 〈자료 40〉은 나트륨 70mg 함유인 쇠고기 패티로 만든 햄버거의 경우인데요. 평균적으로 나트륨이 800mg 이상입니다. 식물기반 패티 햄버거 경우는 애초에 패티 내 나트륨 수치가 동물성 패티보다 더 높았기 때문에 당연히 햄버거의 나트륨 함량은 더 높을 수밖에 없겠죠. 3,500mg~4,500mg이 기본입니다. 하루 섭취 권고량이 2,000mg인 줄은 이미 배웠죠. 왜 이런 수치를 보이게 되는 것일까요?

전문가들의 의견을 모아보면, 식물성으로 흉내 낸 고기는 진짜 고기와 흡사하게 보이고, 비슷한 식감과 맛을 내기 위해 코코넛 오일이나 식염 등 각종 첨가물을 넣는다고 지적합니다. 임파서블 푸드의 경우 콩의 뿌리에 기생하는 박테리아에서 헴 성분을 찾아내 육즙이 흐르는 것처럼 만들었고, 비욘드 미트는 콩, 호박, 버섯에서 추출한 단백질을 고기 형태로 만들기 위해 코코넛 오일을 넣었어요. 대용육을 생산하는 대다수의 국내외 업체는 식물 성분의 결착력을 높이기 위해 합성 질감 강화제를 첨가하고 입맛 당기는 맛을 내기 위해서는 식염을 넣었고요.

녹두 빈대떡이 떠오르는 건 왜일까요? 녹두에 밀가루를 넣어 결착력을 높이고, 찹쌀가루를 섞어 바삭한 식감을 주고, 기름에 부쳐서, 셰프도 울고 간다는 간장에 찍어 먹으면 환상이죠. 총 재료는 녹두, 밀가루, 찹쌀가루, 기름, 간장. 테크가 낄 자리도 없고 못 읽을 성분도 없습니다. 영양소는 어떨까요? 잇 저스트의 대용 달걀 원재료가 녹두이니, 일단 단백질은 확보했네요. 여담은 여기까지고요. 필자는 두 제품의 '원재료 (성분)'도 〈자료 41〉에 정리해보았습니다. 잘 모르는 성분들이 많이 들어간 것을 쉽게 볼 수 있긴 합니다.

특히 임파서블 푸드가 굳이 헴(대두 레그헤모글로빈) 성분을 추출해 육즙

임파서블 버거

물, 콩단백질 농축물, 코코넛 오일, 해바라기 오일, 천연 향료, 2% 이하: 감자 단백질, 메틸셀룰로오스, 효모 추출물, 배양 포도당, 변형식품 전분, 대두 레그헤모글로빈, 소금, 분리 대두 단백질, 혼합 토코페롤(비타민E), 글루콘산 아연, 티아민 염산염(비타민B1), 아스코르브산나트륨(비타민C), 나이아신, 피리독신 염산염(비타민 B6), 리보플라빈(비타민B2), 비타민 B12
(22가지 성분)

비욘드 버거

물, 완두콩 분리 단백질, 착유 카놀라유, 정제 코코넛 오일, 쌀 단백질, 천연향료, 코코아버터, 녹두 단백질, 메틸셀룰로오스, 감자전분, 사과추출물, 소금, 염화칼륨, 식초, 농축 레몬즙, 해바라기 레시틴, 석류열매 분말, 비트쥬스 추출물
(18가지 성분)

출처: 제품 웹사이트_필자 수정&가필

〈자료 41〉 식물기반 대용 패티(임파서블푸드, 비욘드 미트) 성분

을 만든다는 것은 그만큼 고기를 닮았다고 주장하기 위한 방법일 뿐입니다. 최대한 동물성 식품의 성분을 따라 하고 싶고 고기처럼 보이게 하기 위해 가공 과정에서 하게 된 선택이지, 사실 넣어야 할 이유가 없는 성분입니다. 결국 너무 많은 첨가물이 들어가게 된 원인을 제공했죠. 가능하면 더 적은 수의 성분을 요구하는 클린 라벨과는 거리가 멀어졌습니다. 또한, 소비자가 동물성 단백질 섭취로 나타날 수 있는 인슐린 저항성, 대사증후군, 당뇨, 고지혈증 등의 건강상 위험을 줄이기 위해 식물성 단백질로 바꾸어보자고 했는데, 각종 오일 등의 성분이 들어간다면 지방을 섭취하지 않을 때의 이득이 상당히 감소할 수밖에 없습니다.

Just Look Up! 기회다

식물기반 대용육에 대한 건강상의 논란이 나오는 것은 육류 유사성에 포인트를 둔 상업적인 제품을 만드는 것의 한계일 수 있습니다. 하지만 이러한 논란이 있는 것은, 더 나은 대용육이 나올 수 있는 긍정적인 계기로 해석하고자 합니다. 글로벌 대용육 시장은 이제 또 한 번의 진화를 거듭할 시점에 놓인 것입니다. 가공 단계를 줄이고 첨가물을 줄인 식물기반 대용육을 생산해야 하는 과제가 남은 것이죠. 소비자가 식물기반 육류 대용 제품을 선택할지 혹은 쳐다보지도 않을지, 그 이유를 이해하는 것은 이 부문의 지속적인 성공의 핵심 키가 될 것입니다.

그렇다면 우선 소비자가 무엇을 원하는가를 정확히 파악해야 합니다. 이제 그들은 맛이나 질감만으로 타협하고 싶어 하지 않습니다. 건강한 한 끼로서 훌륭한 식사를 하고 싶어 하죠. 다양한 라이프 스타일과 유연한 식단을 가진 소비자들은 맛, 질감, 건강, 다양성에 대한 열망을 바탕으로 '단백질' 식품을 추구하고 있는 것입니다. 고맙게도 재료공급업체 또한 다양한 변화의 기회를 향상시키고 있어요. 전통적으로 사용할 수 없었던 까다로운, 그리고 새로운 식물성에서 단백질의 영양을 찾아내고, 맛과 질감을 제공하기에 이르렀습니다. 글로벌 육가공업체들도 육류에서 단백질로 그들의 생산 범위를 확장하고 있고요. 대안만이 아닌, 진정 미래의 식량이 기회입니다. 특히 증가하는 단백질 수요에 대응하는 공급원으로서, 지구를 희생하지 않고 소비자가 원하는 것을 지속해서 제공할 수 있는 영역까지가 '대용 단백질' 시장의 몫인 것입니다. '대용 단백질' 시장이 새로운 범주를 만들기 위해서 또 다른 혁신을 해야 할 때입니다.

(3) 숨겨져 있던 복병

1:99 맥도널드는 소중한 벗이다,
하지만 진리는 더 소중한 벗

1:99 완패. 세계 109위 부자이면서 행동주의 투자자로 유명한 칼 아이칸Carl Icahn이 2022년 4월 전투에서 대패했습니다. 전쟁터는 맥도널드McDonald's 주주총회였고요. 이슈의 시작은 10년 전으로 거슬러 올라갑니다. 2012년 맥도널드가 구입하는 돼지의 사육방식이 문제가 되었어요.

임신용 우리(Gestation crate)라고 불리는 비좁은 쇠틀에 가둬 돼지가 임신, 출산, 수유를 반복하도록 강제하는 방식입니다. 동물 학대 논란이 일자, 맥도널드는 10년 뒤 2022년에는 이런 형태의 사육장에서 나온 돼지 구매를 중단하겠다고 약속했어요. 그러나 맥도널드는 아프리카 돼지 열병과 코로나 사태, 우크라이나 전쟁 등으로 인한 재정 문제를 회복한다는 이유로 약속을 미루었죠. 그들은 변명 섞인 부연설명을 했습니다. "임신용 우리의 사용을 완전히 없애면 비용이 증가하고 고객에게 더 높은 가격이 부과될 것이다"라고요.

처음부터 맥도널드의 승리는 예상되었어요. 주지하다시피, 맥도널드는 미국에서 가장 규모가 큰 프랜차이즈입니다. 그 규모 때문에 맥도널드의 공급망 변경은 업계 전반에 파급 효과를 가져오죠. 맥도널드가 소비하는 돼지고기는 미국 돼지고기 공급의 약 1%가량을 차지하고요. 주총에서는 블랙록, 뱅가드 그룹 등 맥도널드의 최대 지분을 가지고 있는 대주주들이 대부분 맥도널드를 지지했어요. 실제 주주총회에서 아이칸이 비난한 맥도널드 공급망의 화려한 잔인함(glaring cruelty)과 약속 이행 제안은 겨우 1% 지지를 받았습니다.

아이칸은 그의 투자 행태 때문에 기업의 장기적인 성장동력을 훼손한다는 비평과 함께 기업 사냥꾼이라는 악명도 있습니다. 그런데 그가 기업의 운영 문제가 아닌, 동물복지나 ESG와 관련된 이유로 싸움을 건 것은 이번이 처음이에요. 승리 가능성은 처음부터 희박하다고 전문가들이 지적했지만 (전년에 적은 지분을 소유한 아이칸이 기후변화 문제로 엑손모빌의 이사 3명을 교체한 사례가 있었다 해도) 겨우 1%의 지지는 무엇을 의미할까요? 우리는 단순히 이 문제가 동물 복지 관행의 개혁에 대한 의제를 널리 알린 것으로 만족해야 할까요? 진정한 ESG 성토장으로 기억에만 남길까요? 아이칸의 평판과 159억 달러(약 20조 6,700억 원)로 추정되는 그의 재산조차도 금융기관과 공개 시장 내에서 지지를 확보하는 운동을 할 수 없다면, 글로벌 초거대 육류 기업에게 장악된 축산 권력이 기후 위기 대응에 어떤 역할을 할 수 있을까요?

여러분은 축산이라는 단어를 들으면 광활한 목장에서 여유롭게 풀을 뜯는 소를 상상하나요? 사실은 그렇지 않습니다. 세계 농지 면적을 더 이상 늘리지 못하기 때문에 소, 돼지, 닭들은 좁은 공장식 우리 안에서 사육됩니다. 특히 가능한 한 빨리 식용으로 출하할 목적으로 항생물질과 비타민제를 사용해 자연계에서는 있을 수 없는 속도로 동물의 몸을 키우고 품종을 개량하고 있죠. 1957년에는 알에서 부화하고 57일째 되는 닭이 905g이었던 것에 비해, 2005년에는 57일째 닭이 4,202g까지 성장했다면 믿어지나요? 그래서 요즘 닭은 5주째에 식용 처리해야만 합니다. 5주가 넘으면 자신의 발로 서 있는 것이 힘들 정도로 비대해지기 때문이죠. 즉 우리는 생물학상 한계에 이르기까지 가축의 품종을 개량해버린 것입니다. 지금까지 기술 혁신은 동물을 생물로서가 아니라 식용육을 생산하는 공산품으로 진화시킨 것이죠. 이와 같은 무리한 축산 방식은 감염증을 유발할 위험성을 내포하고 있습니다. 아직도 전 세계에서 시시때때로 아프리카 돼지열병이나 조류 인플루엔자 등이 발생하는 것을 목격하고 있습니다. 이와 같은 위험성을 갖고 축산을 대량 산업화하는데도 미래의 인구 증가 대비 충분한 동물성 단백질을 공급할 수 없다고 예측합니다.

심지어 가축을 빨리 키우기 위해 품종을 일부 개량했어도, 그들이 동물인 이상 사육하기 위한 사료와 물, 공기 조절 관리 등 막대한 에너지가 필요한 건 당연하고요. 지구에 사는 모든 인간이 하루에 소비하는 물의 양은 200억 리터이고 식재료는 15억 톤입니다. 그에 비해 지구상의 소 약 13억 마리를 기르는 데는 하루에 물 1,700억 리터, 식재료(사료) 600억 톤이 필요하죠. 그렇다면 사료는 어디서 재배하나요? 사료를 재배하기 위해서는 또 광대한 토지가 필요한 것입니다.

다시 한번 확인하고 갈게요. 지금 우리는, '저 푸른 초원 위'의 1% 가축을 이야기하는 것이 아닙니다. 임신용 우리를 포함해, 우리에게 공급되는 육류의 99%를 차지하는 공장식 축산을 지적하는 것입니다. 1:99의 비율로 초원의 소가 여기서도 완패입니다.

앞서 몇 번을 지적했지만, 농업, 임업 및 토지 이용에서 탄소 배출은 총 배출량 대비 18.4%에 이릅니다. 좀 더 발전시켜 생각하면, 이 중 우리가 쇠고기를 섭취하기 위해서 소를 사육해 식탁 위로 올리기까지의 과정에서 발생하는 탄소 배출량이 궁금해집니다. 국가별 탄소 배출량과 비교해서 소(牛)국이 3위인 것은 앞서 〈자료 13〉에서 배웠습니다. 곧 100억에 육박할 인구 수, 지구 온난화의 생태계 파괴에 직면한 식량 고갈, 물 부족, 토지 부족으로 전 세계는 탄소 중립을 외치고 있는데요, 우리 삶의 터전을 우리가 단지 식용으로 사용하려는 '그' 소(牛)국에 내주어야 할까요?

적과의 동침, 뺏긴 밥그릇

어떤 이유에서든 인구 증가와 함께 육류 소비량은 늘었고, 높아진 육류 소비량을 맞추기 위해 축산업 또한 그 규모가 커져왔습니다. 그 결과 78억 7,000만 명의 인구 대비, 현재 전 세계에는 약 13억 마리의 소를 포함해 약 220억 마리의 가축이 키워지고 있어요. 지구 인구의 3배가 가축인 셈이죠. 지구 전체 산소량의 20%를 생성하는 아마존 열대우림의 파괴적인 벌채를 감행하면서도 공장식 축산업은 양산되었고요. 이들이 차지하는 면적은 지구 토지 면적의 1/4(24%)을 차지합니다. 미국의 경우 곡물 생산의 70%는 이들 가축이 먹어 치웁니다. 심지어 이들이 내뿜는 탄소 배출량(18.4%)은 자동차업계의 양(11.9%)보다도 많습니다. 글로벌 축산 시스템을 위해 지구의 허파를 무너뜨리고 그곳에 결핵균을 더 투입하는 꼴이죠.

이렇게 고통스러운 수치에도 불구하고 우리 인간이 얻어낸 혜택은 과연 얼마만큼일까요? 인풋 대비 아웃풋의 효율을 계산하는 '사료전환율(FCR Feed Conversion Rate)'을 보여주는 〈자료 42〉에서 답을 얻어보죠. 소의 경우, 공들여 먹인 25kg의 사료량 대비 인간은 소에게서 단 1kg의 단백질을 얻습니다. 참고로 양에게서 1/15, 돼지에게서 1/6.4을 얻어요. 이만한 사료량을 충당하자니, 옥수수의 경우 전 세계 생산량의 80%를 가축이 먹어버립니다. 이제까지 글로벌 축산업계가 만들어내는 이러한 수급 시스템에 소비자의 관여는 하나도 없었죠. 이러한 시스템이 이해된 현시점에서, '남들이 먹기 때문에' 혹은 '나의 입맛을 위해서' 육식을 고집할

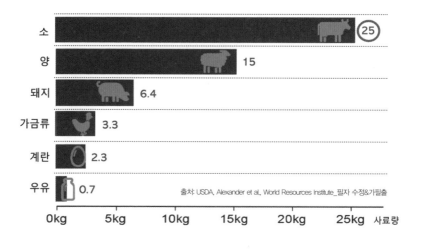

소　　　　　　　　　　　　　　　　　　　㉕

양　　　　　　　　　　15

돼지　　　6.4

가금류　3.3

계란　2.3

우유　0.7　　　　　출처: USDA, Alexander et al., World Resources Institute_필자 수정&가필출

0kg　5kg　10kg　15kg　20kg　25kg　사료량

〈자료 42〉 동물성 단백질 1kg 생산에 필요한 사료량 (kg)

지는 정신 차리고 고심해볼 만합니다.

　필자도 이 문제를 매우 고심했습니다. 〈환경과학저널(Environmental Research Letters, 2016)〉에 게재된 논문, 〈미국의 에너지 및 단백질 사료-식품 전환 효율성 및 식생활 변화로 인한 잠재적 식품 보안 향상(Energy and protein feed-to-food conversion efficiencies in the US and potential food security gains from dietary changes)〉을 참조해 보았어요. 미국을 기반으로 한 자료이지만 참고할 만한 내용이기 때문입니다. 논문의 결론은 인간이 직접 채소를 먹는 것이, 소에게 사료를 먹인 후 인간이 쇠고기를 먹는 것에 비해 더 에너지 효율이 높다는 것입니다.

　논문에서 사용한 기준은 미국인 일 평균 칼로리 섭취량은 2,500Cal, 단백질 섭취량은 70g 그리고 미국 인구는 약 3억 명입니다. 이들 수치를 가지고 에너지 효율을 계산합니다. 소 사료를 재배하는 땅에서 닭 사료를 대신 재배할 경우와 인간이 먹을 작물을 대신 재배할 경우, 얼마나 더 많은 인구에게 식량을 제공할 수 있을지를 산출하는 것입니다. 소위 '에너지 효율성(feed-to-food Conversion Efficiency)'입니다.

소 대신 닭 사료를 재배할 경우에는, 추가로 1억 2,000만 명(칼로리 기준, 미국인구의 약 40%) 또는 1억 4,000만 명(단백질 기준, 미국인구의 약 47%)이 먹을 식량을 더 생산할 수 있습니다. 소 대신 인간이 먹을 작물(콩 기반 식단 위주)을 재배할 경우에는, 추가로 1억 9,000만 명(칼로리 및 단백질 기준, 미국인구의 약 63%)이 먹을 식량을 더 생산할 수 있고요. 한국 인구 5,000만 명을 기준으로 변환해보면, 한국 사람들이 쇠고기 대신 채식을 하면 추가로 3,150만 명이 먹을 식량을 더 생산할 수 있습니다.

정말 무서운 현실입니다. 세상이 왜 이렇게 되었죠? 지구가 인간 중심이 아니었네요. 적과의 동침인 줄도 모르고 우리는 '투뿔' 등심과 '밀크'에 현혹되어 풍요로운 척 삶을 누리고 있었습니다. 미래 우리의 밥그릇은 챙겨야 하지 않을까요? 이것이 고기를 먹지 말고 채식을 하자는 논의가 아님은 이미 우리는 알고 있습니다. 이 논의는 소비자의 선택이자 책임으로 넘어갑니다. 무리하게 늘어난 쇠고기 공급량의 비하인드 스토리도 이제 빛을 받아야 하지 않을까요? 투명하고 공정한 시대를 살아가는 현명한 소비자 입장에서 말입니다.

가성비 제로, 병 주고 약 주고

육류 섭취의 세계적인 수요 증가에 헐떡거리며 대응해온 축산업계의 공급 과정을 계속해서 살펴보고 있습니다. 아마존 열대우림의 20% 벌채를 감행하고 공장식 축산업이 자리를 잡았음은 이미 지적했고요. 여기에 사육 속도 개선을 위해 가축에게 지속해서 투여된 항생제와 성장촉진제의 여파는 더 끔찍합니다. 전 세계 항생제 생산량의 약 80%가 가축에게 사용되고, 가축 폐수에도 내성인자가 남아 지구의 땅과 물에 잔여합니다. 이로 인한 인간의 면역체계에 미친 부작용은 충분히 상상이 가능합니다. 그런데 이는 학계와 의료계, 그리고 국민의 건강 증진과 기업의 매출 증대 사이의 불명확한 경계로 우리의 눈과 귀에 철저히 가려져왔어요. 이미 국내에서도 20여 년 전부터 '아이들의 키를 키우려면 치킨 섭취를 많이 시키면 된다'라는 진담 같은 농담이 회자되었죠. 닭이 섭취한 성장 촉진제가 인간에게 간접적인 영향을 준다는 참담한 이야기입니다. 주무관청인 질병관리청은 항생제 남용에 대한 경고와 함께 원인과 감염경로((자료 43))를 알려줍니다. 결론적으로, 면역 부작용으로 인해 어린이에게 가져온 성조숙증뿐만 아니라 전 세계적으로 40% 치사율인

개요 - 원인 및 감염경로   출처: 질병관리청, 2021년 1월

우리 몸에는 감염을 일으키는 세균이 침입할 수도 있지만, 정상적으로 피부, 장 속에 공생하는 상재균(정상 집락균)도 있습니다. 항생제를 사용할 경우 항생제에 민감한 정상 집락균은 사멸하고, 일부 내성 세균이 살아남아 결국 강한 내성균이 증식하게 됩니다. 따라서 항생제 오남용을 피하고 반드시 필요한 경우에만 항생제를 사용해야 합니다.

다른 경로로는 가축 사육 과정에서 항생제를 사용하여 동물의 장내 세균이 내성균으로 변하고, 부적절하게 조리, 처리된 소, 돼지, 닭의 고기를 통해 내성균이 사람에게 전파되는 경우입니다. 그 밖에도, 동물의 배설물이나 내성균에 오염된 비료나 물을 통해 농작물이 오염되고, 이런 농작물을 깨끗이 조리하지 않아 잔류한 내성균을 사람이 섭취하면 감염될 수 있습니다.

〈자료 43〉 항생제 남용에 대한 경고

내성균 감염의 피해는 심각합니다(출처: CDC).

우유와 칼슘(골다공증)의 관계성에 대한 오랜 논쟁 역시 여기서 유래하죠. 우유 섭취량이 많은 나라와 골다공증 사례 수가 비례하는 그래프가 학계에 존재합니다. 18살에 중풍증세를 겪은 의사 존 맥두걸John A. McDougall 은 그의 책《The Starch Solution》(2012)에서 다음과 같이 밝혔어요.

"전 세계적으로 칼슘 섭취가 증가하면서 엉덩이 골절과 신장결석이 함께 증가했습니다. 미국, 캐나다, 노르웨이, 스웨덴, 호주, 뉴질랜드는 골다공증 환자 비율이 최고로 높은 나라들입니다. 반면에 동물성 식품 및 고칼슘 식품을 많이 섭취하지 않는 아시아와 아프리카의 농촌 및 산간지역은 골다공증이 거의 발견되지 않습니다."

같은 논조의 하버드 대학 연구원 자료도 있죠. 78,000명의 중년 여성을 대상으로 조사한 결과, 우유를 마시는 것이 골다공증으로부터 성인 여성을 보호하지 못한다고 합니다(출처: Journal of Public Health, 2017).

하지만 불행하게도 확실히 믿을 만한 자료와 확고한 지지 목소리를 얻기가 힘듭니다. 1% 기업이 내는 99% 매출에는 막강한 거대 스폰서의 힘이 작용하기 때문일 것입니다. 심지어 '저 푸른 초원 위'에서 나온 1% 제품은, 우리 서민은 맛조차 모릅니다. 비록 그것을 접했다고 해도 꾸준히 몸에 축적되지 않은 상황에서 비교 대상이 명백하지 않으니, 현재 먹고 있는 고기가 균 범벅이라고 주장할 수 없는 거죠. 우유 역시 배신자라고, 그렇게 무조건 나쁘다고만 할 수 없는 이유입니다. 이런 의혹의 제거 역시 '대용 단백질로 전환'의 중요성이 커지는 계기입니다.

바나나 우유 아니고, 바나나 '맛' 우유

퀴즈를 하나 내겠습니다. 바나나 '맛' 우유에는 바나나가 들어 있을까요? 바나나 '맛'이라 했으니 없을까요? 정답은 '바나나 과즙이 1%나 들어 있다'입니다. 1974년 국내에서 이 우유가 출시될 당시에는, 바나나가 귀하던 시절인 만큼 바나나가 미끼로 표기되었을 뿐, 바나나는 전혀 들어 있지 않았어요. 따라서 식품표시 기준에 맞게 바나나 우유라는 이름이 아닌 바나나 '맛' 우유로 판매되었죠. 그러나 2009년 제정된 관련 법은 합성 향 첨가만으로는 '~맛' 표기도 불허했어요. 생산업체는 제품명을 고수하기 위해 100여 개의 시제품을 만드는 노력 끝에, 바나나 과즙 1%를 첨가해 기존 맛과 부합하는 데 성공했죠. 만약 실패했다면(과즙 무첨가) 바나나 '향' 우유로 바뀔 뻔했습니다. 중요한 건, 이 바나나 '맛' 우유가 현재 전체 가공우유 시장에서 점유율이 80%라는 사실이죠.

바나나 우유 사례처럼 모든 상품에는 첫눈에 반하게 해야 할 미끼가 필요합니다. 육류 대용 제품은 '육류의 대용품이라는 사실'이 주요 판매 포인트 중 하나죠. 따라서 대용육업체들은 그들의 제품이 도축된 동물로 만들어지지 않았다는 사실을 알리고 싶어 합니다. 동시에 동물 없이 고기와 같은 맛을 강조해 채식주의자 외에 유연한 소비자를 끌어들이고 싶은 것입니다. 육가공업체들의 저항은 당연한 수순이고요. 앞서 보았듯이 육가공업체는 실제로 초기 대용육 시장 때문에 위협을 받았었죠. 2017~2018년까지 식물성 대용육 수요가 무려 24%나 증가했고, 이 수요를 충족시키기 위해 대용육 옵션이 폭발적으로 증가하는 것을 보았던 것입니다. 그중 많은 제품이 유전자 변형 햄이나 새로운 단백질 압출 방법과 같은 푸드테크 덕분에 고기를 잘 모방했고, 식료품점의 육류 코너에 제품이 진열되었습니다. 소수의 소비자를 위한 부수적인 제품이 아니라 전통 고기의 정당한 경쟁자가 된 것입니다. 세포기반 배양육이 연구실에서 나와 시장에 출시되면 고기를 정의하는 문제가 더욱 시급해질 것입니다. 아무리 피가 나고 육즙이 풍부하더라도 식물기반 제품은 근본적으로 동물로 분류되지는 않겠죠. 그러나 세포기반 배양육은 도축장이 아니라 실험실 세포 배양기에서 만들어진 실제 동물 조직입니다.

그런데 지금의 육가공업계는 라벨 표기 단속에 힘을 쏟는 대신, 자신이 직접 대용육 자체 라인을 개발하거나 대용육 시장에 참여해서 거대지분을 보유하는 방향으로 전략을 바꾸었습니다. 일종의 리스크 헤징을 위한 포트폴리오 경영인 거죠. 양방 간의 긴장을 완화하는 데 도움이 된다고 해야 할지, 아니면 육가공업체가 시장을 과점화하는 방법론이 될지는 아직 모릅니다. 업계가 점점 더 복잡해지고 있습니다.

여하튼 소비자 입장에서 중요한 건, 표시 규정이 양방 모두에게 공정한 합의로 도출되어야 합니다. 소비자가 정확한 정보에 입각한 구매 결정을 내릴 수 있도록 함으로써 소비자를 보호해야 하는 것이죠. 첫눈에 반하면 더 좋겠지만, 진짜를 택하는 까다로운 소비자를 이해시켜야 합니다. 이렇게 구매한 제품이 시장 점유율 80%여야 업계에 정착되는 것입니다.

고기의 르네상스, '저렴한 고기' '비싼 채소'

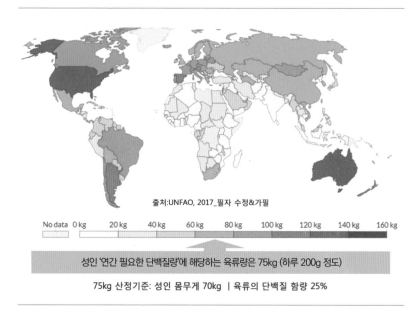

출처:UNFAO, 2017_필자 수정&가필

No data 0 kg   20 kg   40 kg   60 kg   80 kg   100 kg   120 kg   140 kg   160 kg

성인 '연간 필요한 단백질량'에 해당하는 육류량은 75kg (하루 200g 정도)

75kg 산정기준: 성인 몸무게 70kg ┃ 육류의 단백질 함량 25%

〈자료 44〉 전 세계 1인당 연간 육류 평균 섭취량

"고기를 덜 먹으세요." 지난 50년 동안 소수의 전문가들만이 애원했어요. 기후 운동가, 세계 보건 전문가 및 동물복지 단체가 사람들에게 고기를 덜 먹도록 촉구해왔죠. 하지만 현재 1인당 육류 소비는 그 어느 때보다 높아졌습니다. 우리는 이제 이유를 알죠. 사람들의 미각이 고기를 잊을 수 없기 때문입니다. 우리 몸은 고밀도 칼로리를 갈망하도록 프로그램되어 있습니다. 〈자료 44〉를 보면, 잘사는 나라가 육류를 월등히 많이 먹는 것을 알 수 있어요. 평균 성인 기준으로 연간 75kg(하루에 고기로 200g 정도) 단백질을 섭취하면 충분한데, 우리는 적정 필요량보다 많게는 2배 이상을 먹고 있는 것이죠. 대용육이 연구되기 시작한 1960년을 기준으로 소비 증가를 보면 확실히 알 수 있습니다. 60년 동안 육류 소비가 한국은 17배, 중국은 18배(1990년대에 거의 2배 증가), 브라질은 4배, 일본, 멕시코, 인도네시아도 큰 폭으로 증가했어요. 특히 개발도상국을 중심으로 육류 소비가 풍요로워졌습니다. 한마디로 육류 공급이 원활하다는 증거입니다. 공급이 수월해진 만큼 저렴해진 가격은 더욱 소비량을 증가시켰고요. 고기 세상입니다. 같은 포만감을 과일과 야채로 충당한다면 어떨까요? 고기를 멀리하는 것은 오히려 사치입니다.

소비자를 떠나 아예 생산 중단을 하면 어떨까요? 온실가스를 줄이기 위해 이런저런 방법을 시도하기보다는 가축 사육을 중단하라는 주장도 등장했어요. 그들의 생각을 충분히 이해하지만, 현실성 있는 방안은 아니죠. 고기는 인류 문화에서 굉장히 중요한 부분으로 자리 잡고 있기 때문입니다. 세계의 많은 지역에 심지어 고기가 부족한 지역에서도 고기를 먹는 것은 축제와 행사의 중요한 부분으로 여겨집니다. 식사 전후 음료 외에 적어도 4가지 코스, 전채요리, 야채를 곁들인 생선 및 육류, 치즈와 디저트로 이루어진 '프랑스의 미식(美食) 문화(Gastronomic meal of the French)'는 유네스코 인류 무형 문화유산으로 등재되기까지 했죠. 미식 문화는 유대감과 맛의 즐거움, 그리고 인간과 자연(생산물) 사이의 조화를 강조하는 격식입니다.

세상이 부유해질수록 더 많은 고기를 먹고 있습니다. 반대급부로 고기를 많이 먹을수록 지구에 대한 위협이 커지는 것을 우리는 계속 살펴보았고요. 불행히도 현재의 대량 생산 방법은 기후와 생물 다양성에 파괴적이기 때문에 이러한 갈망에 대해 우리가 치러야 하는 대가가 너무 큽니다. 이에 따라 뒤늦긴 하지만 국제기구들이 적극적으로 나섰어요. UNEP는 "기후변화에 대응하기 위해서는 고기를 포기해야 할 필요가 있다"라고 했으며, FAO도 "기후변화에 맞서기 위해 개인이 할 수 있는 가장 확실한 노력은 채식이다"라고 밝혔어요.

이 틈새에 최상의 솔루션인 양 대용육이 등장했죠. 우리는 '가격이 같거나 더 낮고', '맛이 같거나 더 좋은' 대용육으로 고기 맛을 계속 느끼면서 고기 소비량을 줄일 수 있다고 기대했는데, 세상이 그렇게 쉽지만은 않습니다.

넘사벽, 미래는 변할 수 있다

바삭한 <u>시리얼</u>을 우유에 담가 한 입 머금을 때, 할머니께 <u>두유</u> 사다 드릴 때, <u>두부</u>에 간장 한두 방울 뿌릴 때, 얼큰한 <u>콩나물국밥</u>으로 해장할 때, 뜨거운 밥에 김 싸서 입안 가득 고소함을 넣을 때, <u>된장</u>이나 <u>고추장</u>으로 조물조물 양념할 때, 어느새 아침 식사가 되어버린 말랑한 <u>식빵</u> 구울 때, 따뜻한 빵에 부드러운 <u>마가린</u> 바를 때, 우아하게 <u>스파게티면</u>을 포크에 말을 때, 쫄깃한 <u>칼국수</u> 면발에 감탄하며 한 젓가락 집을 때, 피자의 바삭한 반죽에 치즈를 감을 때, 분위기 잡으며 <u>스테이크</u>를 나이프로 썰 때, 캠핑의 영원한 맛인 <u>라면</u>을 끓일 때, 비 오는 날 <u>김치전</u> 부칠 때, 국민 야식 <u>프라이드</u> 치킨과 밤 지새울 때, 마음 푸근해지는 곰돌이 모양의 컬러풀한 <u>과자</u>를 한 입 물을 때, 커피에 <u>프림</u> 넣어 입맛 사르르

녹일 때, 비누 향에 매료되어 손 씻을 때, '예뻐져라~' 주문을 외우며 얼굴에 로션 두드릴 때, 환경 보호에 동참하고자 자동차에 바이오 디젤 주유할 때… 모두 우리의 일상이네요. 특히 먹거리는 거의 다 나온 듯합니다. 우리의 일상에 동의하시나요?

그런데 혹시 일상에서 만나는 상기 식품, 그리고 제품의 원재료가 무엇일까를 생각해본 적 있나요? 굉장히 간단합니다. 이렇게 수많은 음식을 해 먹어도 콩, 옥수수, 밀, 팜유, 이것만으로 충분한 주재료가 됩니다. 가만히 들여다보면, 놀라울 정도로 쉽게 상상이 됩니다. 생각을 안 해보았을 뿐이거든요. 쇠고기는 어떻게 된 거냐고요? 우리는 이제 상당한 것을 알고 있어요. 가축 사료의 95%는 옥수수인데요, 소는 옥수수를 먹고 인간에게 고기를 제공하지요. 콩의 경우(〈자료 45〉)는, 콩 성분 중 겨우 2.4%만이 '대용 단백질'의 원료를 포함한 음식의 재료로 사용됩니다. 아시아권에서는 여러 방식으로 콩 섭취가 많지만, 서양은 대부분 동물의 사료로 쓰이기 때문입니다. 콩 역시 가축 사료 용도가 78%입니다. 그리고 미국 바이오 디젤의 약 90%가 콩기름으로 만들어집니다. 밀이 식빵, 국수, 과자의 주성분임은 다 알고 있고요. 이제 팜유로 가보죠. 우리가 자주 접하는 커피 프림, 과자, 그리고 튀김옷의 부드러운 맛은 모두 지방 덕분입니다. 이 지방의 대부분은 매우 저렴한 팜유로 만들어지고요. 화장품의 주원료인 글리세린도 팜유의 유래 성분입니다.

여기서 잠깐, 한국의 곡물 생산 현황을 짚고 갈게요. 한국의 식량 자급률은 OECD 중 최하위인 19.3%입니다. 세부적으로 들어가서 곡물 자

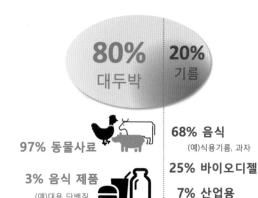

80% 대두박　20% 기름

97% 동물사료　68% 음식
　　　　　　(예)식용기름, 과자

3% 음식 제품　25% 바이오디젤
(예)대용 단백질　7% 산업용

출처: United Soybean Board_필자 수정&가필

〈자료 45〉 대두의 활용

급률을 보면, 밀 0.5% 콩 6.6% 옥수수 0.7%입니다(출처: 곡물수급안정사업 정책분석보고서, 국회예산정책처). 가축 사료는 100% 전체를 수입에 의존하고요. 우리는 곡물 중 쌀을 제외하고는 모두 수입산을 섭취한다고 해도 크게 틀리지 않습니다. 반면 미국은 자급률 123%입니다. 한국을 포함해 전 세계가 곡물의 수입, 수출 구조 안에 있겠습니다. 그렇다면 이 거대한 곡물의 양은 과연 누가 관장할까요?

ABCD가 답입니다. 정식으로 풀어 답하면, ADM(Archer Daniels Midland), Bunge, Cargill, Louis Dreyfus입니다. 기업 이름인데, 들어본 적이 있나요? 이 4개 회사가 세계 곡물 무역의 90%를 움직입니다. 세계 식량의 50%를 차지하는 4개 곡물인 사탕수수, 쌀, 옥수수, 밀도 이들에 의해서만 거래되고요. 이 기업들은 120~200년의 역사(설립연도 A: 1902 B: 1818 C: 1865 D: 1851)를 가지고 있습니다. 이들의 역사를 보면, 자연스럽게 이들이 지구상의 어떤 곳을 누볐는지를 상상할 수 있을 것입니다. 이들이 벤치

마킹했을 듯한 동인도회사는 사라졌지만, 이들은 지금까지 존속하며 그들만의 콩글로머천트(conglomerchant) 왕국을 구축했지요. 이들은 빅테크 FAANG(Facebook(META), Apple, Amazon, Netflix, Google)처럼 시장에서 실제로 ABCD로 불립니다. 그럼에도 불구하고 이들의 역할은 세간에 잘 알려지지 않았습니다. 예를 들어, 시리얼의 원재료인 옥수수는 카길(C)이 공급하지만, 우리는 시리얼의 브랜드 켈로그만 보고 있기 때문이죠. 더구나 C와 D는 비상장 기업입니다.

이들은 단지 물리적 상품만을 거래하지 않습니다. 농장 수준(씨앗, 비료, 농약 제공)에서 농산물 구입, 보관, 그리고 식품 제조, 유통까지 운영합니다. 그래서 콩글로머천트인 것입니다. ABCD는 농업 분야의 어디에 돈이 투자되고, 농업 생산이 어디에 위치하며, 농산물이 어디로 운송되고, 세계 인구가 어떻게 각 수확물을 나누는지 (혹은 못 하는지) 결정하는 변화의 최전선에 있습니다. 이는 토지 소유자, 가축 생산자, 식품 가공업자, 운송 제공자, 바이오 연료 생산자, 또는 상품 시장에 이르는 전 과정에서 자본 흐름을 좌지우지할 수 있는 우위에 있음을 의미합니다. 결국, 식량 가격, 식량 안전, 땅이나 물과 같은 제한된 지구 자원에 대한 접근, 그리고 기후변화는 이들의 활동에 의해 영향을 크게 받을 수밖에 없습니다.

이 와중에 투자 시장은 신이 난 모양입니다. 러시아와 우크라이나의 전쟁으로 촉발된 식량 수급 문제는 ABCD를 포함한 농업과 농산물, 육류와 비료, 그리고 사료 관련 주식들의 고공행진을 부추겼어요. 아울러 이들의 이익도 어마어마하게 급증했고요.

필자는 이들 기업을 비판하고자 하는 것이 아닙니다. 자본주의 산업 분야는 쏠림 현상이 기본입니다. 다만 이제는 더 이상 20:80이 아니라, 1:99의 쏠림이라는 경제학자들의 지적이 중요한 거죠. 이 문제에 대해서는 이 책에서도 이미 전술했습니다. '대용 단백질' 스타트업들의 모든 업적과 시장 침투에도 불구하고 그들이 넘어서려던 경쟁 기존 산업(빅미트)은 더 잘 성장하고 있습니다. 지난 1년 동안 비욘드 미트 주가가 84% 하락한 반면, 동물성 육류업체 타이슨 푸드의 주가는 12%나 상승했죠. 뒷이야기를 들추어보면, 2019년 비욘드 미트가 상장과 함께 고속 성장하는 동안, 기존 식품 산업은 대용 단백질 시장의 성공을 주목하고 대응책을 구상한 것입니다. 곡물업계의 ABCD처럼 육가공업계의 거인, CSTJ(Cargill, Smithfield, Tyson Foods, JBS)가 켈로그 및 기타 가공식품의 거물과 함께 무시무시한 풍미공학 R&D팀을 고용해 식물성 고기를 개발해 생산에 돌진했고, 결과적으로 성공했습니다. 식물성 대용육 시장 역시 자본과 경험, 특히 소비자 경험이 풍부한 글로벌 곡물 및 육가공업체들, 그리고 초국적 식품업계가 장악하고 있는 것이죠.

작금의 상황을 보면, 인류의 먹거리 시스템이 이들 손안에 있습니다. 극단적으로 말해서, 우리는 이들이 주는 대로 먹어야 할까요? 지구 전체에 강제적 ESG가 부여된 세상입니다. 그래서 그들의 책임도 더욱 막강해진 것입니다. 현재와 미래에 모든 사람이 충분히, 그리고 건강하게 먹을 수 있도록 하기 위해서는 대규모 혁신적 변화는 필수불가결입니다. 그러나 이들의 광범위한 영향력과 활동에도 불구하고, 현재 이들과 이들의 운영에 대한 공개적인 정보는 제한되어 있습니다. 세계 식량 시스템이 모두를 위해 작동하도록 만들기 위해서 긴급한 대화가 필요하지 않을까요?

아울러 '빅머니'가 '굿머니'가 될 수 있도록, '대용 단백질' 스타트업들의 혁신적인 분발 역시 강력하게 요구됩니다.

우물쭈물하다 이럴 줄 알았다

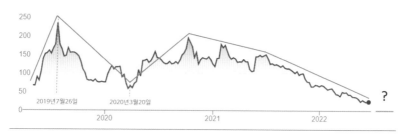

비욘드 미트 NASDAQ:BYND   출처: NASDAQ 필자수정&가필

2019년 5월 2일 상장 ──────▶ 2022년 6월 현재, 시장의 냉험한 평가
공모가 U$25 〉 상장가 U$65.75 〉 최고가 U$234.9 〉 현재(2022,06.17) U$24.73

〈자료 46〉 비욘드 미트 주가 차트

웬 주식 차트죠? 대용육 스타트업 중에서 글로벌 선두 주자인 비욘
드 미트의 주가 차트입니다. 필자가 대용육 논의를 시작하게 한 원인을
제공한 기업입니다. 〈자료 46〉에서 비욘드 미트의 시장 가치는, 2019년

5월에 나스닥에 상장한 이후 셀럽이 동원된 금빛 투자 세력들과 함께 단숨에 900% 급등세(2019년 7월 26일)를 보입니다. 그러나 1년도 채 안 되어 76% 급락(2020년 3월 20일)합니다. 코로나 유동성 확대로 2021년 잠시 상승하다가 현재까지 계속되는 하락세를 보여주고 있어요. 유망기업으로 평가받던 비욘드 미트가 자본 시장에서 단기간에 이런 급등락을 보이는 것은 왜일까요? 2022년 5월 이후 연준의 금리 인상으로 주식 시장이 침체되고 있음을 감안해도 동사의 하향세는 시장의 평가가 매우 냉엄함을 보여줍니다. 도대체 대용육 시장에 무슨 일이 벌어지고 있는 걸까요?

이러한 하락세 와중인 2022년 5월에 비욘드 미트는 두 번째 소송으로 한 번 더 주목을 받고 있습니다. 소송은 모두 제품 라벨링에 관한 것입니다. 2017년 첫 번째 소송은 설립 초창기에 공동 제조업체였던 돈 리 팜즈^{Don Lee Farms} (가족경영 동식물성 단백질 제조업)로부터 제기되었어요. '허위 광고 및 불공정 경쟁에 관한 캘리포니아 주법 위반으로 인한 부당 경쟁 혐의'로, 제품에 표기된 성분 중 메틸셀룰로스(MC, methyl cellulose)가 합성임에도 불구하고 천연인 것처럼 과대 광고되었다는 주장입니다. 메틸셀룰로스는 식품 및 소비재 제품의 유화제 및 질감 강화제용 성분입니다. 식물세포에서 추출한 물질을 화학적으로 처리해 만들죠. 대부분의 대용육업체들이 사용하고 있고요. 두 번째는 소비자 집단의 제소입니다. 소비자들은 단백질 함량이 과대 표기되었다고 주장합니다. 두 건 모두 소송 결과를 기다리고 있지만, 관련 법적인 문제가 있는 이전 사례가 부족하고 FDA표시 기준이 모호해서, 판결을 예측하는 것이 어렵다는 전문가들의 지적도 들립니다.

 차트 하나로, 그리고 아직 미해결인 소송 건으로 대용육 시장 전체를 이해하는 것은 충분하지 않을 것입니다. 하지만 비욘드 미트는 순수 대용육 기업으로서 24%의 시장 점유율을 갖고 있는 만큼 시장 흐름의 중심에 서 있다고 볼 수 있어요. 이러한 회사의 주식 차트가 하방 경직성을 보이고 있는 것입니다. 업체 내외부의 잡음도 거세지고요. 추세적으로 이러한 원인이 무엇인가를 찾아야 합니다. 지금은 최소한 '대용 단백질' 시장 중 가장 먼저 대두된 대용육 시장의 논쟁거리들을 정리할 타이밍으로 보입니다. 필자는 금융계 출신이긴 하지만 주식 전문가는 아닙니다. 하지만 분명 누군가는 이 현란한 움직임을 설명할 필요가 있습니다. 지구뿐만 아니라 우리 인간의 건강과 직결된 먹거리 이야기이기 때문이지요.

 필자는 소비자의 입장으로 대용육 시장이 어디로 향하고 있는지, 환경에 미치는 영향은 과연 무엇인지, 안전하고 지속 가능한 식품인지, 이러한 핵심 이슈들을 이해하고자 앞선 페이지들을 할애했습니다. 여러분들도 여기까지 오면서 이미 이 시장의 쟁점들을 파악했으리라 여기지만, 여기서 다시 요약해보겠습니다. 미래의 답을 얻어내야 할 기본적인 질문들을 던져보겠습니다. 과거는 아플 수 있습니다. 우리는 그 과거로부터 도망칠 수도 있지만, 교훈으로 삼을 수 있습니다. 그래서 인류는 진화하는 것입니다.

창문을 볼 것인가, 거울을 볼 것인가

비욘드 미트가 상장 준비로 한창 뜨거웠던 2018년 말로 시간을 돌려볼까요? 당시 시장에서 대용육이 '가짜' 고기라고 불릴 때, 비욘드 미트의 대표는 이렇게 대응했습니다.

"우리는 휴대전화를 가짜 전화라 부르지 않습니다. 유선전화보다 더 나은 전화로 이해하고 사용합니다. 사람들이 대용육을 이런 관점으로 보도록 해야 합니다."

대용육의 선두 주자다운 멋진 답이었습니다. 현재 휴대전화의 질적 서비스와 양적 공급은, 유선전화를 넘어 어느새 스마트폰으로 진화하면서 전 세계 휴대전화 소비자들의 요구를 지속 발전적으로 충족하고 있습니다. 같은 맥락으로, 지금 시점에서 언제, 어떤 방법으로 스마트폰처럼 점프할 수 있는지를 '대용육' 시장에 다시 물어봅시다.

Q. 맛있게 먹고 있던 고기를 대안한다는 식물기반 대용육의 주원료는 무엇인가요?

Q. 놀랍도록 고기에 가까운 맛과 질감의 구현에는 어떤 기술이 적용되었나요?

Q. 제품의 라벨에 기재된 수많은, 그리고 발음하기 어려운 성분 첨가물들은 건강에 안전한가요?

결국, 대용육은 고기보다 영양학적으로 더 나은 건가요?

Q. 가격 인하를 기대하고 있는데, 수요 증가에 따른 원료 공급에는 차질이 없나요?

Q. 고기를 구매하듯, 어느 곳에서든 편리하게 구매할 수 있나요?

Q. 긍정적인 목적대로 지구 환경 회복에는 실제로 공헌하고 있나요?

결국, 대용육 제품은 대량 생산과 함께 지속적인 공급이 가능한 가요?

Q. 정크푸드인 패스트푸드 점포에서 첫 출시한 이유는 무엇인가요?

Q. 유명 체인 음식점에서 자체 개발 대용육을 만드는 의미는 무엇인가요?

Q. 유명 패스트푸드 점포들이 한정 판매 기간 이후 더 이상 지속 판매하지 않는 이유는 무엇인가요?

Q. 소매 유통업자들이 매대의 한 섹션을 쉽게 내주지 못하는 이유는 무엇인가요?

Q. 투자 혹은 원료를 제공하던 거대 식품 기업들이 자체 대용육 브랜드를 출시하는 이유는 무엇인가요?

결국, 시장 내 경쟁우위에 있나요?

Q. 고기를 선호하지 않는 사람들을 고객으로 유인할 전략은 무엇인가요?

Q. '푸드테크'라고 불리는 기술의 발전은 식물기반 대용육 제품의 다양성은 물론, 세포기반과 발효기반 단백질로의 빠른 개발이 눈부십니다.

   – 이들의 광범위한 상업화가 가까이에 있나요?

   – 이러한 기술 발전의 이면에는 어떠한 우려가 있나요?

Q. 정부와 해당 식품 감독기관들의 규제요건은 감당하고 있나요?

결국, 계획대로 10년 안에 모든 사람이 대용 단백질을 먹게 될까요?

Q. 개척자인 설립자(임파서블 푸드 참조)가 물러나는 것을 봅니다. 100억 달러(13조 원) 가치로 상장을 기다리고 있던 때입니다. 설립자의 역할은 무엇인가요?

Q. 비욘드 미트 상장은 단기 성과만 의미하나요?

Q. VC(Venture Capital, 벤처 투자금)의 기대 예측 기반은 미래인가요? 현실인가요?

Q. 투자금 사용의 우선 순위는 홍보용 미디어 활용인가요?

Q. 기존 농축산업 및 초강대 식품 기업과의 소통은 어디까지 와 있나요?

Q. B2B 모델이 중요한가요? 이것이 앞으로 성장 열쇠가 될까요?

결국, 새로운 스타트업 성장 요건과 경쟁의 기회는 충분한가요?

아직은 명쾌한 답보다는 질문이 많은 대용육 시장입니다. 그래서 투자 시장은 의문을 제기합니다. 비욘드 미트의 주가가 하방으로 흐르는 것은 이러한 의혹이 강해지기 때문입니다.

오늘 안 팔리면 내일도 안 팔리나?

대용육 시장은 지금껏 기후변화에 대응해 더 나은 먹거리 미래를 위해 모든 참가자, 특히 과학자, 기업가, 투자자가 뜻을 모아온 시장입니다. 이미 현실에 와 있는 시장입니다. 단지 너무 빠른 성장 때문에 소비자인 우리 모두에게 아직 그 뜻이 명확하지 않고 고르게 분포되지 않았죠. 더구나 식품은 사람들에게 강제로 먹일 수는 없습니다. 식품은 소비자의 확인과 평판이 선험적으로 적용되어야 하므로 성장이 느린 산업일 수밖에요. 그렇기 때문에 한번 인정을 받으면 오랫동안 소비자를 이끌 수 있는 장점도 있습니다. 그래서 절대적으로 장기적인 시야를 필요로 하는 산업인 것입니다. 이 산업은 매우 복잡하고 고도로 규제되며, 번성하려면 잘 운영되는 시스템이 필요합니다. 속도를 높이고 단계를 줄이면 단기적으로는 성공한다고 해도 장기적으로는 실패할 수 있겠지요. 우리는 지속 가능성을 주요 가치로 '대용 단백질' 시장을 만났습니다. 그린 프리미엄을 감내하는 인내심을 발휘하고 있는 이유입니다. 그러나 우리는 아무 데나 그린을 붙일 수가 없습니다.

그렇다면 좋은(잘 팔리는) 회사를 만들려면 어떻게 해야 할까요? 역시 시간이 걸리겠지요. 예컨대, 앞선 콩고기 역사에서 보았던 버섯균 기반의 단백질업체 '퀸'에 대한 아이디어는 1950년대로 거슬러 올라갑니다. 하지만 1980년대까지 시장에 출시되지 않았습니다. 고의든, 아니든 그들은 시간을 들여 그것을 구축했지요. 앞서 살펴본 빅푸드 기업은 모두 역사가 깊습니다. 켈로그는 116살입니다. 네슬레는 156살, 카길은 157살이고요. 많은 대용육 스타트업 설립자들은 '지금 내가 유일한 승자가 되어야 한다'라는 조급하고 절박한 심정으로 유니콘을 얻기 위해 투자 유치에만 매달린 건 아닌지 묻고 싶습니다. Fool's Gold(금과 혼동되는 황철광)처럼 금빛 화려함으로만 무장한 건 아닌지 말입니다. 이들은 답이 필요한 질문을 너무 많이 남겼습니다. 지구와 인류가 번성하기를 원하는 초기 목표가 아직 유효한가요? 기본에 충실하고 적정한 속도를 유지하고 살아남아 성공하세요! 테크뿐만 아니라 기업 정신도 '백투더 베이직(Back to the Basic)'해야 합니다.

　앞으로의 시장 흐름은 상기 질문들의 답이 무엇일지에 따라 그 향방이 정해질 것입니다. 비록 과거가 되었지만 지난 숏타임에서의 현란한 흐름이 가지는 이유에 대한 답은, 의혹을 헤치고 나와 더 발전적인 미래 '대용 단백질' 시장의 초석이 될 것입니다. 소비자로서 또한 투자자로서 필자는 그 답을 제시해 전하고자 합니다. 그 답은 비건 시장의 전망이 될 것이고, 비건 경영의 지표가 될 것입니다. 4장에서 진지하게 이 문제를 풀어보겠습니다.

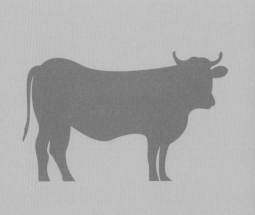

4장

'비건'을
경영하다

경영적 관점에서 '비건' 시장의 비전을 제시합니다.
앞선 1, 2, 3장을 통해서 알게 된 정확한 정보와 사실을 기반으로,
소비자는 의식 있는 선택적 구매 행위에 그리고 생산자는 소비자의 뜻을
반영한 제품을 생산, 판매할 수 있는 가이드가 되기를 바랍니다.
기존의 성공 기업 사례에 유망한 '대용 단백질' 스타트업을 대입해
비교 분석한 비즈니스 모델도 실었습니다.

01

설국열차는
수정되어야 한다

(1) 빅 머니, Winner takes it ALL

혁신의 등장

지구는 빙하기를 맞이합니다. 기상이변으로 꽁꽁 얼어붙은 지구에서 살아남으려는 사람들이 첨단 기차로 피신합니다. 기차 안은 세상의 축소판이고, 그들은 세상처럼 빈부격차도 겪으면서 그냥 살고 있습니다. 어느새 설국(雪國) 17년입니다. 필자가 계산해보니, 1997년 교토의정서가 발효되고 당시가 2013년이니, 17년째 맞습니다.

뭔 쓸데없는 이야기냐고요? 2013년에 개봉한 봉준호 감독의 영화 〈설국열차〉 이야기를 하는 중입니다. 10년 전만 해도 기후 위기를 묘사하는 이미지는 빙하기였습니다. 그보다 더 10년 전으로 가도 빙하기였죠. 2004년 개봉한 영화 〈투모로우〉를 기억하시나요? 기후 위기 경고를 무시하다가 6주 만에 도시가 꽁꽁 얼어붙는 장면이 묘사되었죠. 그런데 오늘날 시점에서는 우리는 영화 장면처럼 빙하기가 아니라 기온이 높아지면서 산불에 휩싸인 대륙과 집중호우로 물난리에 잠기는 도시를 직접 목격하며 실제로 경험하고 있습니다. 그것도 매우 빈번하게 말입니다.

여기에서 핵심은 빙하이든, 열대이든 기후변화와 연결된 '대용 단백질' 이야기입니다. 그런데 '대용 단백질' 시장은 기후 위기를 '탓'이라기보다는 '덕분'이라는 듯 '돈' 냄새를 진하게 풍깁니다. 자본주의 사회답게 투자자들의 민첩한 돈의 움직임은 이미 살핀 대로고요. 진정 기후 재앙 '덕분'이었나요? 그럼에도 테크에 고마워해야 하는지는 망설여집니다. 기술이라는 이름으로 시작된 오늘날의 테크는 수백만 에이커의 열대우림을 쓰러뜨리는 불도저를 만들었습니다. 반대로 과학자들이 열대우림을 구하기 위해 미래의 단백질을 창조하는 것 또한 테크의 현란함인 거죠. 이 둘은 정확히 같은 테크입니다. 그런데 인간에 따라 그 '테크'를 어떻게 사용하고 싶은 건지 방법론이 다른 것입니다. 그러나 그 뒤에 숨겨진 의도는 같습니다. '돈을 모으고, 비즈니스 모델을 구축하고, 돈을 벌자'라는 것입니다. '대용 단백질'에 대해 경영이라는 본질로 돌아가자니 매우 어렵습니다.

우리 모두가 지구에 파괴적인 일을 많이 해왔죠. 그런데 그 뒤에 다른 의도를 두면 다른 결과를 얻게 될 것 같습니다. 여하튼 필자는 그 '덕분'과 '탓'의 틈새시장에 있는 '대용 단백질' 이야기를 지칠 줄 모르고 하고 있습니다. 좀 더 진중한 논의를 위해 영화 속으로 조금만 더 들어가볼까요? 그리고 진짜 이야기를 할게요.

설국열차 안으로 깊이 들어가 봅니다. 설국열차는 엔진 출력이 엄청난 1,100칸짜리 열차입니다. 열차 안의 사회에는 계층이 존재합니다. 상류층, 하류층처럼 앞 칸, 중간 칸, 그리고 꼬리 칸으로 구성이 되었죠. 열차 칸마다 에너지 소비량이 다릅니다. 앞 칸은 밝고 뒤 칸은 어둡습니다. 몇 칸 안 되는 앞 칸에는 야채와 과일을 공장식으로 수경 재배하는 수직농장도 보입니다. 여기서 철저하게 계획 재배된 신선한 청과를 앞 칸에 사는 사람들만 즐기고 있습니다. 중간 칸에는 '대용육'을 만들고 있는 공장이 있네요. 이 열차는 꼬리 칸의 하류층이 먹는 대용육 단백질 재료로 식용곤충을 선택했고요. 무임승차를 한 대신에 노동력을 제공하는 꼬리 칸에는 사람들이 많습니다. 쾌적해 보이지는 않지만, 오늘이 어제인 양, 중간 칸에서 배급되는 단백질 바를 생계 유지로 섭취하면서 불평 없이 살고 있습니다. 심지어 열차 안에서 아이들도 탄생하죠. 아이들은 '단백질 바' 외에 다른 음식은 아예 모르고요. 매일 마주하는 식사, 하루에 3끼, 1년이면 1,100번의 식사임에도 불구하고 항상 같은 음식입니다. 최소한 앞 칸과 중간 칸의 삶을 알기 전까지는요. 깨워서 알려볼까요?

지금까지 우리는 우리가 처한 환경과 사회, 그리고 경제구조에 관해 많은 사실을 배웠습니다. 이러한 사실들을 근간으로 수평으로 달리는 설국열차를 수직으로 세워볼게요. 단백질 식품으로 스테이크를 먹는 상류층과 바퀴벌레 단백질 바를 먹는 하류층으로 '단순'하게 분류되죠. 그런데 정의로운 인간은 세상을 설국열차처럼 만들고 싶어 하지 않습니다. 그래서 혁신 스타트업들이 테크를 통해 새로운 대용 단백질을 제공해서 선택지를 늘리려고 고군분투하고 있는 것입니다. '미래 단백질' 시

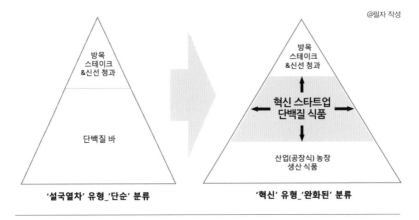

방목
스테이크
&신선 청과

단백질 바

'설국열차' 유형_'단순' 분류

방목
스테이크
&신선 청과

혁신 스타트업
단백질 식품

산업(공장식) 농장
생산 식품

'혁신' 유형_'완화된' 분류

〈자료 47〉 생산과 소비 유형의 변화에 따른 미래 단백질 시장

장은 설국열차보다 한 단계 진화한 피라미드 구조 층으로 펼쳐질 것입니다〈자료 47〉.

결국, 다음과 같이 생산과 소비의 유형에 의해 좀 더 '완화된' 형태로 분류되는 것으로, 필자는 해석하고자 합니다.

• 시장에서 대중을 위한 하단 층은, 인정하고 싶지 않지만, 지금처럼, 항생제, 호르몬 및 잔류 오염 물질을 함유한 공장식 농장에서 대량 생산된 '산업 육류'가 점유합니다.

• 그다음 중간층은 공장식 농축 산업에 대응하고자 과학자들과 '혁신 스타트업'들이 적극적으로 참여하는 시장입니다. 이들이 생산하는 지속 가능하고 인도적이며 건강한 대안을 제공하는 '대용 단백질' 식품은, '광대한 중간층'이 선택하는 단백질 공급원으로 입지를 굳건히 합니다. 필자가 새로이 자리매김하기를 응원하는 층입니다. 참고로 '설국열차'의 청과를 재배하는 수직농장도 이 분류에 속합니다.

- 가장 높은 상단 층은 오늘날 뉴질랜드에서 방목하고 있는 '와규' 쇠고기가 차지하는 위치와 유사합니다. 육류세(Meat Tax)를 납부하는 만큼 더 비싸고 그 지위를 검증하는 '저 푸른 초원 위의 육류'가 공급되는 소수를 위한 시장입니다. 어마어마하게 비싼 설국열차 앞 칸의 티켓값 만큼의 가치 있는 시장으로 보입니다.

봉준호 감독님, 당신의 상상력으로 미래의 청사진을 그려주셔서 감사합니다. 그런데 감독님, 죄송하지만, 필자는 관객을 넘어 철저히 소비자 입장에 서 있습니다. 그 관점에서 '설국열차' 칸의 구조를 수정했습니다.

IT 버블의 교훈, 성공하는 영화는 10%다

앞에서 본 것처럼 스타트업이 광대한 중간의 계층을 타깃으로 움직일 때는, 이들이 시장의 리더로 활약할 가능성이 큽니다. 그렇다면, 지금 등장한 모든 스타트업이 리더가 될 수 있을까요? 아닙니다. 이 문제를 풀기 위해, 여기서 미국 닷컴 버블의 아픈 기억을 소환하고자 합니다. 필자의 미래 단백질 시장 해석을 지지해줄 선험적 교훈이기 때문입니다. 혹시 여러분들이 닷컴 버블의 붕괴를 기억하지 못하거나 경험하지 못했다 해도 그의 결과물, 즉 살아남은 자는 잘 알고 있을 것입니다. 아마존, 이베이, 마이크로소프트, 그리고 여기에 이어진 현재의 빅 테크기업 FAANG 까지도요. 버블의 내막을 잠시 들여다볼게요.

닷컴 버블은 몇 년(1995~2000년) 사이 급격히 상승한 IT 기반 회사의 거품 주가가 2여 년에 걸쳐 꺼지면서 막대한 경제적 손실뿐만 아니라 수많은 닷컴 기업들이 파산했던 사건입니다. 버블의 시작은 환경적 이점(利點)에서부터 작동했죠. 1980년대 PC 보급, 1990년대 인터넷 보급과 검색엔진의 등장을 바탕으로 미국 정부는 고속 디지털망을 전국에 광역으로 연결하고자 했어요. 그래서 정부는 IT 기업들에게 규제를 완화해주었죠. 주식 애널리스트의 기업 평가는 기술 발달과 기업 성장에 대한 기대로 기존과는 다른 잣대로 움직였고요. 1996~1998년 사이 IT 기업의 PER(주가 수익 비율)은 30배, 1999년 한 해 동안에는 40~70배까지 넘어서기도 했습니다. 투자자들은 돈을 쏟아붓기 시작했죠. 1997~1999년까지 모든 벤처캐피털 투자의 39%가 인터넷 회사에 몰렸을 정도였습니다.

이러한 인터넷 성장은 IT 기업과 스타트업에 재빨리 돈을 쏟아부은 투자자들 사이에서 화제를 불러일으켰습니다. 이 자본은 아직 성공 실적이 없는 신생 기업에도 자유롭게 유입되었고요. 마치 영화에 투자하는 것처럼, 비즈니스 모델(시놉시스)과 CEO의 지명도(주연배우), 그리고 CFO, CIO 등 참여하는 직원의 학력과 경력(감독, 촬영감독, 마케팅)에 의해서만 스타트업이 평가를 받는 구조였지요. 자본에 힘입은 신생 기업의 가치 상승은 이익에 대한 고려 없이 상장하기에도 충분했던 것입니다. 이들은 경쟁 부문과 차별화되는 브랜드를 구축하기 위해 마케팅에 많은 돈을 썼습니다. 독점 기술이 없는 스타트업들은 예산의 90%를 광고에 지출했죠. 이들은 빠르게 현금을 탕진했고, 바로 닷컴 기업의 생명줄이 고갈되기 시작했고요. 델Dell 및 시스코Cisco와 같은 주요 하이테크 기업 중 일부는 시장이 정점에 달했을 때 자사 주식에 엄청난 매도 주문을 냈습니다. 이는 투자자들 사이에서 공황 상태의 매도를 촉발했죠. 5년 동안 5배 상승한 나스닥 지수는 2000년 3월 10일 5,048.62의 최고점에서 2002년 10월 4일 1,139.90으로 2년 만에 76.81%나 하락했어요. 2001년 말까지 상장된 대부분의 닷컴 기업은 파산했습니다. 결국, 인터넷 버블이라고도 불리는 닷컴 버블은 투기적이거나 유행에 기반한 투자, 신생 기업을 위한 풍부한 벤처 캐피털 자금, 닷컴 회사의 수익 창출 실패의 조합에서 발생한 시장 붕괴를 초래한 것입니다.

앞의 사례처럼 거품은 발생하는 동안에는 인식하기 어려운 것으로 악명이 높지만, 터진 후에는 분명하게 보입니다. 수조 달러가 날아간 이 시장에서 살아남은 자들이 있습니다. 어떻게요? 그 이유는 무엇일까요?

새로운 시장이 나타나면 기업가들은 제품, 서비스 또는 기술을 만들기 위해 서두릅니다. 몇 달 혹은 몇 년 동안 활발한 활동이 있게 되죠. 기술 혁신으로 나타난 시장이라면 초기에는 궁금증으로 시작하다가 점차 확증편향이 증폭되면서 시장의 버블을 가져오게 마련 아닌가요? 일정 시간이 지나면서 고객들은 침착해지고 '충분한 이유'로 그들이 선호하는 2~3개의 회사에만 집중하게 됩니다. 투자에 굶주린 다른 경쟁자들은 문을 닫을 수밖에 없죠. 특히 자본이 필요한 기술은 투자 집중으로 승자독식 시장의 성장을 부추깁니다. 새로운 시장의 승자는 버블이 꺼진다 해도 드러난 시장에서 차지하고 있는 전통 있는 점유율을 쉽게 잃지 않습니다. 예컨대 검색엔진 분야에서 야후Yahoo와 빙Bing은 구글Google 뒤에서 여전히 고군분투하고 있지요.

Winner takes it ALL! 정상에 있는 사람들이 모든 것을 얻습니다. 금메달 리스트는 은메달보다 10배의 혜택을 받게 됩니다. 나노 초 (nanosecond 10억 분의 1초)의 차이로 금메달을 거머쥐었다 해도 말입니다. 더군다나 최고로 인정되면, 그 지위를 유지하려고 더욱 노력하죠. 신인이 그러한 위치에 오르려면 기념비적인 혁신이 필요한 것입니다.

이제 고객들이 기업을 고르는 '충분한 이유', 그리고 금메달 리스트 기업이 '정상에 있는 이유'를 알아보러 갑니다. 우리의 주제인 '대용 단백질' 시장의 승자를 가려야 하니까요.

(2) 굿 머니, Survive first! to win

닫힌 문을 열자

"저게 하도 오래 닫혀 있으니깐 이젠 벽처럼 느껴지기도 하는데… 실은 저것도 문이란 말이야!"

〈설국열차〉대사 중 한 구절입니다. 저 문을 열려면 어떻게 해야 할까요? 답은 늘 하나, 혁신이 필요합니다. 지금 우리에게 필요한, 바로 그 기념비적인 혁신을 이야기할 때입니다.

'투자자들로부터 돈을 모으고, 비즈니스 모델을 구축하고, 돈을 벌자'는 모든 산업 분야의 경영자가 갖는 의도입니다. 모두가 그러할진대 새로운 버블 분야의 신인이 정상의 자리에 오르는 것을 기대하려 하니 사뭇 떨리기까지 합니다. 시대가 많이 바뀌었고, 기존 자본주의 특성대로 흘러갈 것 같지 않죠. 우리 삶의 터전인 지구는 절체절명의 위기에 있고 그 어느 때보다도 소비자의 목소리가 지혜로워졌기 때문입니다. 생각을 깊이 해야겠습니다. 독자들도 함께 고민해주세요. '돈을 모으고 비즈니스 모델을 구축하자'와 '비즈니스 모델을 구축하고 돈을 벌자', 둘 중 어느 부분이 더 오래 걸릴까요? 힌트는 '결국 살아 남아야만 한다'입니다. 갈 길은 멀지만 아직까지 건전히 살아 있는 한 스타트업을 모델로 삼아 답을 제시해보려고 합니다. 앞서 3장에서 소개한 바 있습니다. '대용 단백질' 중 식물(녹두) 기반의 대용 달걀 '저스트 에그'로 유명해졌고, 세포 기반 배양육으로 사업을 확장하고 있는 잇 저스트입니다.

돈은 어떻게 모을까요?

결국, '투자의 판단 기준은 무엇이냐?'와 같은 질문입니다. '대용 단백질' 시장은 지속 가능성 이슈로 시작되었죠. 동시에 버블과 같은 투자가 몰렸고요. 자본 시장이 기후 리스크를 투자 리스크로 인정하고 지속 가능성에 대해 발빠르게 대응했던 이유는, 이것이 기회의 광맥으로 판단되었기 때문입니다. 투자자는 환경론자이기 이전에 자본가이기 때문이고요. 경제 전반에 걸쳐 발생하고 있는 이 거대한 변화에 어떻게 사업을 대응시켜야 하는지에 대한 이해가 필요한 첫 번째 관문입니다.

잇 저스트 창립자 조시 테트릭이 세계 식량 시스템의 심각한 문제를 처음 발견한 곳은 아프리카입니다. 그곳에서 봉사활동을 하고 있을 때였죠. 그는 지역 시민을 돕는 자신을 '좋은 친구'라고 생각하는 사람들의 반응을 즐겼지만, 실제로 얼마나 많은 영향을 미쳤는지에 대해 의문이 들었습니다. 봉사로 인한 변화는 너무 느렸고, 더 많은 일이 일어나길 바랐지만, 그렇지 않았거든요. 그가 일한 유엔이나 비영리단체가 무능해서가 아니라, 그저 천천히 움직이는 것이 그들의 특성이기 때문에 어떤 일을 할 수 없다는 것을 알게 되었죠. 이러한 깨달음으로 인해 그는 미국으로 돌아와 식품, 에너지 및 교육과 관련된 체제와 제도를 연구하면서 자본주의를 이용해 '크고, 의미 있고, 시급한' 문제를 해결하는 방법을 찾기로 결심합니다. ESG를 사업에 녹여낼 방법과 모델을 찾는 기업들, 자본 시장의 선택을 받아야 하는 사업가들, 그리고 가치 있는 기업을 한발 앞서 알아보려는 투자자들 사이를 오가기 시작했죠. 테트릭 대표는 사업 소신을 펼치기 이전에, 벤처기업 세계에서는 비용이나 손익을 먼저 해결한 다음 고객의 요구를 해결하려고 하는 것이 매우 유혹적이라는 것을 이해한 것입니다.

테트릭 대표는 농장 동물 부문 협회의 식품 정책 수석 이사이자 공동 설립자인 조시 발크Josh Balk와 함께 세계 식량, 빈곤, 환경 및 동물 권리 문제를 한 번에 해결할 수 있는 방법을 '달걀'에서 찾습니다. 달걀은 빵, 쿠키와 같이 매일 먹는 모든 종류의 가공 식품에 들어갈 만큼 범용성이 가장 높은 식품이라는 것이 큰 동기가 되었죠. 2011년 그들은 잇 저스트를 설립하고, 글로벌 식품 시스템에 큰 영향을 미치는 훨씬 더 광범위한 고객층을 목표로 한다고 강조했습니다. 그들의 브랜딩은, 생산에 관련된 동물과 사람들, 또는 전체 인류를 위한 사회적, 윤리적 이익을 불러일으키는 것을 목표로 알리면서, 근로자의 권리 또는 동물 복지를 생각하는 좋은 사람이라는 느낌을 암묵적으로 약속했죠. 이러한 문제에 대한 접근 방식은 수많은 스타트업 가운데서 군중의 눈에 띄는 데 도움이 되었습니다. 또한 이러한 차별적인 접근 방식에는 테트릭 대표가 앞서 했었던 선행 이익이 대거 반영되었어요. 아프리카 거리의 아이들을 돕는 것 외에도 라이베리아에서 법률 시스템 개혁에 참여했던 일, 재생 에너지 회사와 같이 사회적 책임을 생각하는 신생 기업을 위한 크라우드 펀딩 웹사이트를 운영했던 일 등이 조명을 받았죠.

더 나은 세상을 만들려는 젊은이의 도전인 잇 저스트의 프로젝트는 자신의 이윤 창출 능력을 집중하고자 하는 부유한 기술 전문가들에게 완벽하게 통했습니다. 코슬라 벤처스Khosla Ventures를 찾아가 회의를 시작했을 때죠. 이미 태양광 패널 제조업체와 같은 청정 기술 신생 기업에 자금을 지원한 이 캐피털 회사는 선뜻 첫 번째 투자자가 됩니다. 곧이어 잇 저스트는 코슬라 벤처스의 투자자인 빌 게이츠가 진행하는 다큐멘터리 〈미래 식품〉에 등장하는 세 회사 중 하나가 되었고요. 잇 저스트만큼 초기 '대용 단백질' 시장에서 많은 관심을 끈 또 다른 식품 스타트업은 거의 없습니다. 설립 후 4년 동안 잇 저스트는 아시아 억만장자 리카 싱Li Ka-shing, 야후 공동 설립자 제리 양Jerry Yang과 메타Meta 공동 설립자 왈도 세브린Eduardo Saverin의 투자 유치를 이끌어냈어요. 또한 월마트, 홀푸드 및 타깃과 같은 거대 소매업체와 세계 최대의 외식업체인 컴파스 그룹Compass Group과도 유통 계약을 체결했습니다.

테트릭 대표는 사회적 문제를 비즈니스 기회로 해석하면서 일차 관문을 통과했습니다. '돈은 모았습니다.' 다음 스텝을 가기 전에, 실리콘 밸리 소프트웨어 스타트업 CEO의 충고를 잊지 말아야 할 듯합니다.

"투자금은 어깨에 얹어놔야 할 '벽돌의 무게'이지, 성공의 증표가 아닙니다."

비즈니스 모델의 근간은 무엇이어야 할까요?

40억 명의 빈곤층을 사회 부담으로 생각하지 않고, 여건에 굴하지 않으며, 가치에 좀 더 민감한 소비자로 인식할 수 있을까요? 이들이 닫고 있는 문을 열 수 있다면, 새로운 세계가 열릴 것입니다. 이들은 번영의 원동력이자 혁신의 원천이 될 수 있기 때문이죠. 저소득층을 고객으로 삼으려면 기존 기술로는 어렵겠어요. 90%의 성능을 10% 가격으로 제공할 수 있는 가치 있는 방법을 찾아야 하니까요. 이렇게 하려면 여러 요소가 함께 해야 합니다. 기술이 결합되어야 하고, 위험 자본이 모여야 하고, 이를 위해 기꺼이 나서는 기업가들이 뭉쳐야 합니다. 사회가 기후변화에 대해 생각하는 방식, 우리의 영향에 대해 생각하는 방식, 정책에 대한 특정 변화까지 함께 이루어져야 합니다. 따라서 이것은 단지 하나의 문제가 아니며 타이밍도 맞아야 합니다.

식품업계에서 이러한 퍼즐을 맞춘 적이 있었나요? 빅 푸드 기업에서 전례는 있었나요? 17년 동안 닫혀 있던 설국열차의 앞 문을 여는 시도만큼이나 어려워 보이지만, 여기서 우리가 선험의 사례로 꼽는 전기 자동차를 예로 들어보면 이해가 쉬울 것입니다. 많은 사람들이 왜 테슬라 전기 자동차를 구매할까요? 기후변화와 과학에 관심이 있어서일까요? 아닙니다. 소비자들은 단지 전기 자동차가 정말 섹시해 보이고 빠르며,

더 잘 작동하기 때문에 사고 싶어 하죠. 테트릭 대표 또한 여기에 동의합니다. "운송이든, 식품이든, 통신이든, 그 제품들이 '윤리성'에 의해 움직이지 않더라도 단순히 더 잘 작동하기 때문에, 더 맛있기 때문에, 디자인이 더 멋있기 때문에 선택하도록 유도하는 것이, 문제 해결의 가장 효과적인 첫 번째 방법이다"라고요.

이에 따라 잇 저스트의 목표는 제품을 '맛있고', '효율적인 비용'으로 만드는 것으로 시작합니다. 이들은 비전 제시 이전에 먼저 고객의 취향에 어필하고자 했습니다. 그런데 분명한 것은 고객의 구매 결정이 그렇게 녹록지 않다는 것입니다. 그래서 이들은 처음부터 해결책을 제시하려고 하지 않았죠. 2,000번의 시도가 필요할 수도 있고 50번의 시도가 필요할 수도 있지만, 제품이 완벽해질 때까지 절대로 출시하지 않았어요. 잇 저스트 수석 셰프의 이와 같은 고집은 실제로 고객의 의사 결정을 매우 깊이 이해하려는 노력에 근거합니다. 고객의 지속 가능한 라이프 스타일을 개척하기 위한 이러한 원대한 접근에는 고객의 취향, 접근 그리고 비용순으로 문제를 해결하려는 이들의 전략이 있습니다. 그렇다면 잇 저스트는 이들의 목표와 전략에 부합하는 제품을 무엇으로 선택하고 있을까요?

답을 찾기 전, '제품 접근성'과 '시장 접근성' 측면에서 '대용 단백질' 공급원의 위치를 이해할 필요가 있습니다. 2장에서 간략히 살펴보았지만, 다시 한번 '대용 단백질' 공급원의 각 분야를 언급해보려고 합니다. 〈자료 48〉의 좌측 상단에 세포기반 단백질이 있습니다. 가장 과학적이

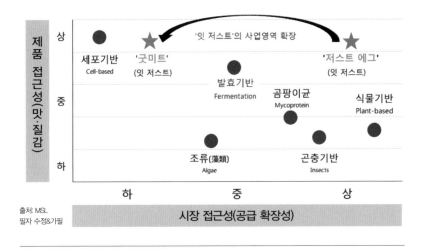

출처: MSL
필자 수정&가필

〈자료 48〉 대용 단백질 공급원별 경쟁적 위치 (2021)

지만 시장 접근성이 가장 낮습니다. 시장의 더 가까이에는 발효기반과 식물기반 단백질이 있어요. 고객에게 접근 가능한 시장 출시 전략은 이들의 위치를 반영하겠죠. 제품 접근성 측면에서 보면, 이미 상용화로 넘쳐나는 식물기반 대용육은 육즙을 풍부하게 만드는 지방 압출과 같은 새로운 기술 위에 있지만, 전통적인 고기 맛에 항상 가까운 것은 아닙니다. 반면, 세포기반 배양육의 '맛'은 설계상 전통 고기에 매우 유사하고요.

가장 대중적이지만 누구나 쉽게 시도하지 않았던 달걀 대용, 저스트 에그로 시장의 명성을 얻은 테트릭 대표는 대용육 시장에서도 '맛'을 선택합니다. 결과적으로 잇 저스트는 맛에 근거한 세포기반 배양육 개발에 성공했고, 브랜드 굿미트를 론칭합니다. 전술했듯이 이는 2020년 12월, 세계 최초로 싱가포르에서 규제 승인을 받아 상용화되기에 이르렀고요.

세포기반 배양육에서 남아 있는 이슈 중 하나는 가격입니다. 테트릭 대표는 욕심내지 않고 용감하게 가격 프리미엄을 견딜 수 있는 여유가 있는 고객에게 다가섰습니다. 하나에 23달러짜리 배양육 너겟의 정체성을 이해하고 수용할 만한 회원제 고급 레스토랑에서 판매를 시작했죠. 그리고 그는 확신합니다. '확실한 기초만 있으면 계속 확대해갈 수 있다'라는 신념을 강조했어요. 테트릭 대표의 비즈니스는 지구 건강에 대한 인식과 관심이 있는 개인과 소규모 그룹의 사람들에서 시작한 것입니다. 타깃팅이 매우 특별한 '프리미엄 탑 다운' 전략입니다. 수익성 측면에서 당장 미션을 달성할 수는 없지만, 미래 기반을 구축하고자 했으며, 동시에 '맛'을 포기하지 않았고요. 고객에게 지속 가능한 라이프 스타일을 개척하기 위한 그의 접근 방식은 이타적인 메시지를 소비자에게 직설적으로 전달하는 것이 아닙니다. 오히려 고객으로 하여금 자연스럽게 문제에 다가가도록 하는 방법인 것입니다.

잇 저스트는 무엇보다도 먼저 시장의 최전선에서 지속 가능성에 대한 메시지를 가지고 소비자에게 다가갔어요. 동시에 맛을 먼저 해결해야 하는 극한의 어려움을 타파해야 했고요. 그들은 극도의 불확실성에서도 고객의 취향을 먼저 해결해야 한다고 믿으니까요. 이제 다시 규모 면에서 극복해야 할 또 다른 무서운 장애물이 앞에 있지만, 여전히 인내하고 있습니다. 과학자들의 판단에 의하면, 현재 세포 배양의 규모를 확장할 '반응 용기'가 아직 이 세상에 없어요. 2030년까지 배양육 시장 가치가 250억 달러(약 35조 9,700억 원)라는 낙관적인 전망 뒤에 숨겨진 아이러니한 현실입니다. 수천억 달러가 있어도 구할 수가 없는 것입니다. 성공하기 위해 얼마나 대담해야 하는지… 시장 전문가의 말을 빌자면, "정말 미친 짓입니다."

세상에 반응 용기가 없는 이유가 있습니다. 대형 바이오 제약회사에서 백신과 의약품 생산에 이 반응 용기를 사용하고 있지만, 책상 위에 올라갈 정도의 소규모로 충분했어요. 그런데 식량은 백신에 비해 부피가 월등히 큽니다. 게다가 대량 생산이 필요한데, 아무도 인류 식량에 대적할 반응 용기의 규모에 대해 생각해본 적이 없기 때문이죠. 그래서 현재 잇 저스트의 가장 중요한 활동은 반응 용기를 디자인하는 세계적 수준의 전문가와 함께 전례 없는 거대한 반응 용기를 기획하고 설치하는 것입니다. 세포 배양의 타이밍도, 대중화 성공도 여기에 열쇠가 있는 것입니다.

여기서 우리는 숨어 있는 의미를 읽을 필요가 있습니다. 우리가 먹는 음식이 정말 중요하기 때문에 우리가 미래 식량 시스템을 바꿔야 합니다. 그것은 우리에게도 중요하고, 우리 가족에게도 중요하며, 우리가 아직 만나지 않고 언젠가 우리 삶에 있게 될 증손자에게도 중요하니까요. 잇 저스트는 매일 스스로에게 묻습니다.

"이러한 세계를 만드는 확률을 높이기 위해, 우리는 오늘 무엇을 할 수 있습니까?"

돈을 벌어야지
대규모 조직의 비즈니스 구축에서는 일반적으로 복잡한 문제를 해결하고 난 후, 높은 수준의 확실성에 도달하는 방식의 운영이 기본입니다. 불확실성에 대해 편안해하고 싶은 것이죠. 그런데 잇 저스트는 불확실성에 직면한 채, 동시에 성공에 배팅을 걸고 있어요. 공급자의 성향을 무너뜨리고 소비자 이해에 근거해 미래 비전을 결합한 미션을 만들었고, 그다음으로 테크를 찾았습니다. 기술을 목적으로 삼지 않고 혁신을 위한 활용 방안의 무한한 가능성으로 둔 것입니다. 그래서 우선 살아남았습니다. To win, survive first!

이들은 전 세계적으로 연간 1조 3,000억 개 이상이 소비되는 달걀의 대용품을 제공하면서 성공적인 시작을 했습니다. 2022년 4월, 6대륙 중 마지막 관문이었던 유럽에서 신청 1년 만에 판매승인도 났죠. 12온스(약 340g) 대용 달걀 한 병의 가격도 7.99달러에서 4.99달러로 35% 낮추었고요. 현재 추정에 따르면, 전 세계 대용 달걀 시장은 2031년까지 12억 달러(약 1조 6,000억 원)에 달합니다.

이에 더해 지속 가능성에 관한 최종적인 목표로 대중을 대상으로 하는 세포기반 배양육 개발을 선택했습니다. 갈 길은 멀지만, 배양육의 초기 시장이 가진 잠재력을 찾아볼게요. 사람들은 음식에 돈을 지급할 이유가 점점 많아집니다. 기후 위기 이슈를 다시 언급하지 않더라도, 예컨대 이미 일본, 이탈리아, 미국에는 오늘날의 식품에 불만이 있어 추가 비용을 내더라도 그 문제를 해결하고 싶다고 생각하는 사람이 20~30% 존재한다는 조사가 있어요. 지구에서 살아가는 약 80억 인구가 1년 동안 식사하는 횟수는 약 9조 회로, 만약 이 중에서 10~20%가 추가로 1달러를 지불한다고 가정하면, 약 7,500억에서 1조 5,000억 달러 규모의 시장이 추가로 탄생하게 되는 것입니다. 1조 달러 규모의 시장이 어디 흔한가요? 미국 육류 시장 전체가 1조 달러이니 비교할 만합니다. 이러한 점에서 '푸드테크'가 엄청난 잠재력을 지닌 시장이라는 사실도 한 번 더 이해할 만하고요.

잇 저스트는 미친 짓이라는 주변의 노이즈에도 아랑곳하지 않고, 세상에 이타적인 메시지를 무기로 두려워할 권리조차 누리지 않습니다. 윤리적인 과제와 비즈니스적 과제를 동시에 끌어안은 채, 긍정적인 세상을 구축하는 데 필요한 속도와 규모의 향방에 올인하고 있죠. 테트릭 대표의 미션처럼, 이 세상의 광대한 중간 계층 사람들에게 '대용 단백질'이 '맛있고 편리하고 저렴한', 그리고 '건강하고 즐거운' 식단으로 자리잡으면, 이게 노다지일 것입니다.

정상의 교훈, 노다지 '광대한 보통 사람들'

보통 사람들을 대상으로 하는 소위 '미친 짓' 같은 혁신은 없을까요? 확고한 미션으로 기존의 패러다임을 바꾸어 세상을 변화시키는… 생각나는 곳 없나요? 저는 먹거리만큼이나 인간 생활에 밀착된 패션업계가 떠오릅니다. '영혼이 없으면 회사는 아무것도 아니다'라는 창업자의 명언이 필자를 사로잡았던, 유니클로UNIQLO Co., Ltd.입니다. 1949년에 시작되었으니 70살이 조금 넘은, 일본 캐주얼 의류업체죠. 미래 먹거리 변화 모색의 교훈으로 삼아 들여다보기로 해요.

유니클로는 단순하게 의류를 생산, 판매하는 기업이 아니라 그들의 과학적 기술을 값싸게 판매하는 기업입니다. 무슨 의미일까요? 론칭 당시 기능성 보온으로 세상을 놀라게 했고, 유니클로를 단시간에 유력 기업으로 등극시켰던 플리스(Fleece) 재킷으로 이야기를 시작해볼게요. 이 플리스 재킷은 10년 만에 소비자로부터 외면을 받습니다. 10년이 짧은 시간이 아니지만, 시장의 성장에 맞추어 판매망을 확장하면서 소비자 접점에서 불만이 전해진 것입니다. 플리스 자체는 훌륭한 가성비를 갖춘 상품이지만, 대중이 모두 동의하면서 교복 같은 패션이 된 것입니다. 이에 유니클로는 차별성 있는 신제품 구상을 하게 되죠. 이 프로젝트 구상에서 가장 중요한 가치는 역시나 그들의 영혼을 결합하는 일이었고요. 라이프 웨어(Life Wear)라 불리는 그들의 슬로건은 일반 소비자들의 생활을 풍족하게 만들기 위한 '보통 의류'(모두의 일상에 필요한 옷 'Made for All') 라는 의미를 담고 있습니다. 이러한 가치하에 20년 지기 파트너사와의 협력은 세상에 기적 같은 일을 만들어냈습니다. 대부분의 독자들도 알고 있을 것입니다. 2003년에 출시되어 세상 사람들을 '따뜻하게' 만든 '히트텍(HEATTECH)'입니다.

　파트너사 도레이^{TORAY Industries Inc.}는 섬유나 직물, 플라스틱, 탄소복합 소재 등 우리 일상생활에서 사용하는 소재를 제조·가공·판매하는, 100살(1926년 창립) 된 기업이죠. '물질(재료)이 사회를 본질적으로 변화시키는 힘이 있다'라는 강한 신념을 가진 도레이와 '상식을 뒤엎어 세상을 바꾸고 싶어 하는' 유니클로는 서로의 니즈와 열정을 공유합니다. 스포츠 금메달리스트가 누리는 나노 초의 간격은 도레이가 생산하는 의류 소재의 속성에서 비롯된 것일 수 있습니다. 그러나 이러한 소재는 워낙 고가입니다. 전문가용이어서 시장성이 매우 낮은 것이 문제입니다. 이 틈새를 유니클로의 대량 생산 시스템이 뚫고 들어간 것입니다. '좋은 소재를 값싸게'의 초절정 가성비는 이렇게 탄생한 것입니다. 전 세계 고객의 삶을 변화시키는 혁신적인 의류를 지속해서 제공하려는 유니클로의 신념은 다시 도레이의 소재 기술력을 기반으로 2013년 '에어리즘AIRism'을 세상에 선사합니다. 이번엔 '시원하게'입니다.

유니클로는 기성의 원단과 기술력만으로 옷을 만들지 않고, 자신들의 비전에 맞추어 소비자의 삶에 침투할 수 있는 그들 '고유의 요소들'을 무기로 시장에 뛰어들고 있습니다. 이러한 행보는 70년이 넘도록 계속됩니다. 2021년에는 페트병에서 추출한 폴리에스터를 활용해 제조한 드라이엑스DRY-EX라는 친환경 소재 제품을 선보였죠. 여기서 더 나아가 유니클로는 자신들의 기술력(재료)을 멋지게 활용해줄 디자이너(셰프)를 찾아 나섭니다. 이는 곧 유명 디자인을 값싸게 만나는 기회를 제공하는, 소위 '럭셔리 민주화'의 장이 탄생하는 계기가 되었습니다. 흔하게 눈에 띄는 중저가 유니클로 점포에서 소비자들이 새벽부터 줄 서서 기다리는 행렬은 유명 디자이너와의 콜라보 상품 때문입니다. 디자인도 좋고 품질도 좋은 궁극의 패션을 제공하는 것입니다. 패션을 '공산품화'하는 것이 기존 패션업계의 시각으로는 '죄'처럼 보일 수도 있습니다. 그러나 광대한 중산층의 '보통 사람들'이 있는 노다지는 그들의 것입니다.

이렇게 보면 잇 저스트와 유니클로의 교집합이 있습니다. 굽히지 않는 미션 아래 '고객 중심'의 새로운 '푸드 컨셉'과 '라이프 컨셉'을 실현하기 위해 혁신적인 기술을 활용하고 있는 점입니다. 이들은 스스로에게 주장하지 않지만, 실은 대단한 '고객 중심'의 '테크 브랜드'입니다. 이러한 교집합에 더해 성공으로 안내된 유니클로의 비결이 있습니다. 그 고유의 요소들을 마저 더 배워야죠. '대용 단백질' 시장의 100년 대계(大計)를 기대하니까요. 70살이 넘은 성공 기업과 10살짜리 스타트업의 교집합 내용을 〈자료 49〉에 정리해보았습니다. 이어서 유니클로의 성공 비결도 담았습니다.

유니클로 UNIQLO	기업명	잇저스트 Eat Just
1949(1974)	설립년도	2011
상식을 뒤엎어 세상을 바꾸자	미션 "고객" 중심	지구와 인류의 건강을 구하자
스포츠 웨어 기능성 혁신 섬유 소수만을 위한 고가	아이디어 모델 기술초점 재료 대상	**세계 식량** 공장식 생산 대체 계란 범용 식품
Life Wear (대중을 위한 의류) 기능〉범용〉가격	아이디어 전략순위	전 인류에게 건강한 식품 제공 맛〉접근〉가격
'도레이 기술', '독점계약', '대량생산' '지정 파트너 공장', '마이스터' 체계 관리	지속가능 대안 혁신기술 협업	'녹두'에서 '계란 유사 단백질' 개발 식품 기술자와 유통 전문가 영입
후리스(Fleece 플리스) 자켓 개성 부족	제품1 정체 요인	**저스트 마요(Just Mayo)** 범용성과 경쟁력 부족
히트텍(HEATTECH) • 2003 흡한속건 • 2005 + 축열보온 • 2007~2009 + 정전기방지/형상보존 • 2012 + 색상&스타일 다양	제품2 고객 피드백으로 10년 동안 제품의 지속적 업그레이드	**저스트 에그(Just Egg)** 액상 제품 – 보존기간 이슈 • 한국을 포함해 전 6대륙 공급 확장 • Whole Foods를 비롯한 도소매 입점 • 식당 등 푸드 서비스 진출
2009 울트라라이트다운 2013 에어리즘 (AIRism) 2021 드라이엑스(Dry-ex): 친환경소재 • 유명디자이너 협업 '럭셔리 민주화'	제품 3 제품 4 제품 5 …	**세포기반 배양육** • 대량생산용 '생물 반응 용기' 기획 중 • 생산 공정 투명성 공개 필요 • 필요 규제 등 제도 미비
성공! 70년 역사 '혁신' 기업	성공 결과	??

@필자 작성

〈자료 49〉 유니클로와 잇저스트 사업모델 비교

252   **비건을 경영하다**

[성공 비결 사례_유니클로]

플리스에서 얻은 교훈, 'No 정체!'

보온 기능이 탁월한 플리스 점퍼를 안 입어본 사람이 있을까요? 겨울이 있는 모든 지역에서요. 아웃도어 브랜드 파타고니아^{patagonia}가 처음으로 플리스 소재를 상업화했어요. 하지만 전문 등산복답게 매우 고가였죠. 그런데 1994년에 유니클로가 환절기용 일상복으로 저렴한 가격(파타고니아 대비 1/10)에 판매하기 시작합니다. 너무 좋은 가성비에 너 나 할 것 없이 구매하기에 이르죠. 모두가 입었습니다. 가볍고 따뜻함에 모두가 행복했고요. 유니클로는 일본 자국 내뿐만 아니라 글로벌 인지도가 올라가기 시작했어요. 그런데 여기서 문제가 생깁니다. 모두가 교복을 입은 듯, 개성이 사라진 것에 대해 소비자는 불만이 생긴 것입니다. 타사의 유사 상품들도 속속 등장했고요. 유니클로 플리스는 '성장' 상품에서 '정체' 상품이 됩니다.

지속적인 개량 방식의 채택

플리스의 사례는 새 아이디어 착수로 이어집니다. '교복같이 안 보이게'의 해결책을 '이너웨어(inner wear)'에서 찾았습니다. 그들의 미션, '세상 모두에게 기능성 옷을 저렴하게'는 충족하면서, '안 보이게!'

'모두의 일상을 위한 옷', 라이프웨어(LifeWear)를 지향하는 유니클로는 그들의 아이디어를 수행하기 위해 도레이를 찾아갑니다. 100년의 역사를 지닌 '소재' 개발사 도레이는 유니클로의 제품 생산 제안을 수락합니다. 결국, 도레이는 대량 생산이라는 이점을, 유니클로는 기술 독점권을 얻는 상생의 협업을 통해, 20년째 성공을 이끄는 서로의 열정을 공유하고 있습니다. 히트텍(HEATTECH), 에어리즘(AIRism), 울트라라이트다운(UltraLightDown), 드라이엑스(Dry-ex) 등 혁신적인 기술기반의 소재가 개발되고 걸맞은 제품들이 속속히 출시되었죠.

특히 10여 년간의 히트텍의 성공 과정은 '지속적인 개량'의 훌륭한 사례로 손꼽힙니다. 2003년 출시 당시, 히트텍은 '흡한속건(吸汗速乾 땀은 흡수하고 빠르게 건조)'으로 각광을 받습니다. 그러나 여전히 땀의 축축함을 호소하는 소비자 의견을 수렴해, 2004년 '향균'과 '드라이' 기능을 추가하고, 2005년 '축열보온(蓄熱保溫 내부온도 유지)'기능을 보완해, 2006년 업그레이드된 '히트넥 모이스트'를 출시합니다. 소비자의 요구는 계속됩니다. 빈번한 세탁에도 색감이 유지되기를 바라죠. 2007년 밀크 프로틴이라는 성분을 배합해 지속적인 세탁에도 유연한 소재를 개발하고, 2009년 '정전기 방지'와 '형상 보존' 기능을 추가하며, 2010년에는 극세사를 사용해 피부접촉 감각을 향상시킵니다. 2011년 '소취(消臭 악취 제거)'와 '보온' 기능 강화, 2012년에는 다양한 색상과 스타일로 변화시킵니다. 머리카락의 1/12에 해당하는 극세섬유를 사용한 에어리즘과 더불어 히트텍은 '쾌적한 이너웨어'로 전 세계에서 지속적인 사랑을 받고 있습니다.

체계적인 공급망(Supply Chain)의 완성

놀랍습니다. 생산 전체 비용 중 원재료비가 49.9%에 이릅니다. 제품의 '품질 유지'가 일 번 가치인 것입니다. 어떤 방법으로 그 가치를 유지하고 있을까요?

우선은 혁신적인 기술기반의 소재를 얻었습니다. 소재 개발 100년 역사의 도레이와 기술 독점 파트너 관계는 앞서 살펴보았습니다.

이는 따라 하거나 모방하기 어렵겠습니다!

그리고 생산 과정이 탁월합니다. 가장 큰 시장인 중국에는 70여 개의 지정 '파트너' 공장이 있죠. 두 번째 큰 시장으로 인도를 택했고요. 전 인류가 대상인 만큼 생산 규모가 만만치 않습니다. 그래서 상품 제조에 결함이 생기면 안 됩니다. 체계적인 생산 관리가 필수입니다. 그래서 아이디어를 냈습니다. 경쟁 패션업체에서 30~40여 년 경험을 가진 퇴직자들을 세계 공장 곳곳에 배속시킵니다. 그들은 '마이스터(Meister)'로서 지속해서 개발 관리 감독의 역할을 수행합니다.

빈틈이 없겠습니다!

원단에서부터 생산, 판매, 관리까지의 상품 라인을, 타사와 차별하면서 체계적으로 갖춘 것입니다.

정상의 자리는 기념비적인 혁신이 차지하는 자리임이 명백합니다.

02

푸드테크를
넘어서

(1) 나보다 나은 '우리' Win-Win

음식을 요리하지 않아요

파인애플과 양배추, 완두로 우유를 만들 수 있을까요? 우선 답부터 말씀드리면 '네'입니다. 이들의 조합은 우유와 똑같은 분자 속성을 가지고 있어서 우유 대용품을 만들 수 있는 식물 식재료 1등입니다. 피망과 자몽은 4등쯤 되고요. 포도와 레몬은 8등입니다. 또 이상한 이야기를 하고 있냐고요? 필자가 저 멀리 칠레에 있는 '쥬세페(JIUESEPPE)'에게 물어서 받은 답입니다. 쥬세페가 누구냐고요? 알아보러 갈게요.

경제 전문가, 컴퓨터 공학 박사, 생명 공학 박사, 3명의 칠레인이 식물성 단백질의 주제를 가지고 어느 주방에 모였습니다. 2015년 어느 날입니다. 비욘드 미트, 임파서블 푸드는 이미 '대용 단백질' 시장에 진출해 있었던 때죠. 그런데 이들은 식품 혁신이 너무 느리게 진행된다고 생각했습니다. 그래서 구식 방법론에 의존하지 않는 새로운 방식으로 더 빨리, 새로운 식물성 대용식품을 만들고 싶었습니다. 결국, 그들은 AI 기술을 이용하기로 합니다. 그러고는 음식의 맛과 경험을 만드는 모든 구성 요소에 대한 대단위 정보의 데이터베이스를 구축하기 시작했죠. 학습 소프트웨어 쥬세페가 탄생하는 순간입니다.

쥬세페는 각종 식물 성분을 분석해서 어떤 조합이 동물성 식품의 구조를 복제하는지를 판독합니다. 그리고 복제의 정확도에 따라 성분 수를 포함한 레시피를 순위별로 제시합니다. 이 데이터를 기반으로 과학자들과 15명의 셰프 그룹이 원하는 동물성 제품의 대용품을 식물 재료로 만들어내는 것입니다. 동시에 주방에서 테스트한 레시피 및 프로세스는 쥬세페에게 다시 피드백됩니다. 이로써 매일 1,000여 가지의 레시피로 개선되는 알고리즘을 얻게 되죠. 이렇게 만들어진 대용 우유의 주요 성분이 앞서 했던 질문대로 파인애플, 양배추, 완두입니다. AI 쥬세페를 기반으로 이들은 낫코(NotCo)라는 회사를 창립합니다. 낫코는 창립 3일 만에 제프 베조스의 투자를 이끌어낸 일화가 회자되기도 했죠. 창립 7년 만인 2022년에 유니콘 기업으로 등극했고요. 이들은 더 나아가 쥬세페가 같은 방식으로 영양, 지속 가능성, 질감, 풍미 및 색상과 같은 식품 소비자의 요구를 분류할 수 있다고 강조합니다. 낫코는 음식을 직접 요리하는 대신 '기술과 협업'해 '레시피 거래를 요리'하는 기업인 것입니다. 퍼스트 펭귄 스타트업이 만든 소신과 신념 위에 조금은 쉽게 기술로 시작한 후발 업자이긴 하지만, AI와의 상생은 탁월한 선택입니다.

역시 150세 빅푸드 기업의 눈은 기민합니다. '대용 단백질' 시장에서 처음으로 AI와 협업한 낫코는 크래프트하인즈^{Kraft Heinz}의 러브콜을 받습니다. 크래프트 하인즈는 일찍이 40년 역사를 가진 식물성 버거업체 보카^{BOCA Foods}를 인수하는 등 식물성 단백질 식품에 대한 장기적 포트폴리오 전략을 구성하는 중이었습니다. 그런데 이전에 볼 수 없었던 기술과 혁신에 대한 스타트업의 민첩한 접근 방식을 보자마자 바로 매료됩니다. 2022년 2월, 공동 브랜드 제품을 개발하는 벤처 The Kraft Heinz Not Company를 설립하고, 샌프란시스코에 R&D 시설도 구축하죠. 낫코와의 협약을 통해 연 2~3% 성장 목표를 4~6%로 상향 조정도 하고요. 초거대 기업의 세계 수준의 상업적 역량과 스타트업의 특허받은 선도적 AI 기술이 합쳐진 것입니다. 비교되는 유사한 사례가 2021년에 있었죠. 당시 시장을 달구었던 비욘드 미트와 펩시코의 합작회사 Planet Partnership LLC입니다. 그들은 2022년 초에 식물성 육포를 출시했고요. 이러한 사례는 앞서 눈여겨 살펴보았던 '유니클로 × 도레이'의 전략적 협업처럼, 필자는 더 나은 세상을 만들고자 하는 이들이 열망을 공유한 사례로 해석합니다. 유니클로가 패션업계의 '보통 의류'를 가지고 소비자에게 '럭셔리 민주화'를 선사했듯이, '보통 먹거리'로 '식물성 단백질의 민주화'를 기대해볼까요?

푸드에 테크를 더하면서 기업뿐만 아니라 푸드의 정점에 있는 셰프들의 움직임도 부산합니다. 셰프이자 영양 전문가인 샘카스^{Sam Kass}는 요즘 음식을 요리하지 않습니다. 그럼 무엇을 요리할까요? 백악관 요리사이며 미셸 오바마^{Michelle Obama}가 주도한 캠페인, 'Let's Move!'(2030년까지 아동

비만 5% 줄이기)의 영양 정책 수석 고문이었던 그가 워싱턴 D.C.를 떠났습니다. 지금은 실리콘 밸리에 있는데요, 실리콘 밸리에 기반을 두고 있는 회사의 파트너로 일하고 있습니다. 캠벨 수프Campbell Soup가 후원하는, 식품과 농업에 투자하는 벤처의 파트너이자 2013년에 설립된 푸드테크 스타트업 인닛Innit의 소비자 경험 책임자입니다. 주방을 위한 GPS라고 자칭하는 인닛은 조리법을 추천하고, 소비자 앱에 연결해 맞춤형 요리법과 식사 준비를 제공합니다. 이제 음식이 아닌 또 다른 '기술 거래를 요리'하는 것이죠. 스타 셰프의 새로운 요리 세계는 어디로 펼쳐질까요? 그를 쫓아가 보겠습니다. 챕터 04에서 다시 만나 볼게요.

미슐랭 스타 셰프 호세 안드레José Andrés는 인도주의자로 유명합니다. WCK(World Central Kitchen)를 설립해 전 세계 비상사태에 대응한 식량 재난 구호에 힘을 쏟고 있죠. 자신이 소유하고 있는 전 세계 30개 이상의 레스토랑을 통해서도 식량 불안정과 경제 위기에 직면한 지역 사회에 영양을 공급하기 위해 애쓰고 있고요. 이러한 그가 대용 달걀에 이어 세포 기반 배양육으로 단백질 사업을 확장하고 있는 잇 저스트에 합류했습니다. 음식을 통한 혁신으로 위기에 처한 지구를 구하고자 하는 기업과 셰프의 열망이 합치되었어요. 이제 그는 현지 축산 농장과 연계해 배양육 생산을 위한 고품질의 동물 세포를 공급하는 역할을 담당합니다. 또한 요리사와 과학자들이 맛, 질감 및 다용도성을 개선해 배양육의 품질을 향상시킬 수 있도록 상담도 하고요. 스타 셰프는 이제 '과학을 요리'합니다.

시대는 항상 변화하고 끊임없이 새로운 기술과 서비스가 등장하기 마련입니다. 더욱이 기후 위기에 봉착한 지금의 시장 변화를 재빠르게 파악하지 못하고, 자신의 사업에만 몰두하다가는 어느새 새로운 기술에 발목을 잡힐지도 모르죠. '크래프트 × 낫코'는 업계를 좌지우지했던 초대형 기업이 고집스러운 업종의 벽을 걷어내고, AI 같은 신기술에 의해 시류에 맞는 기업으로 확장하는, 거대한 트렌드를 반영하는 사례입니다. 이러한 파괴적 기업의 확장은 다른 업종에서도 빈번히 일어나고 있어요. 현재 무인 자동차 분야의 선두주자는 아이러니하게도 자동차 제조사가 아닌 구글입니다. 애플은 애플 카드로 금융업에 진출했고요. 이커머스가 주업으로 보이는 아마존의 영업 이익 중 60~70%는 클라우드(AWS) 사업에서 유래된 것은 익히 알려진 사실이죠. 이제 모든 업종의 경계는 모호합니다. 상생의 가치만 남았습니다. Win-Win, 나보다는 분명히 나은 '우리'입니다.

우리의 주제인 '대용 단백질' 시장 역시 기술만이 성공의 전부가 아님을 알았습니다. 대량 생산을 이루어낼 수 있는 협업 역량과 제품을 판매로 연결시킬 수 있는 열성적 고객 커뮤니티를 만들고 관리할 수 있는 문화 역량이 고르게 갖추어져야 하죠. 그래서 과학자, 기술자, 투자자, 기업가, 셰프들이 각자의 경계를 허물고 합세하고 있습니다. '과학자처럼 생각'하고, '기술자처럼 행동'하고, '셰프처럼 음식을 만들고', '기업가처럼 경영'하는, 바로 이러한 진정한 '푸드테크' 혁신이 이루어져야 합니다.

신의 선물, '당신 덕분에'

〈자료 50〉 홀푸드(Whole Foods Market) 냉동매대

1988년 담배회사 필립모리스Philip Morris는 당시 글로벌 2위 식품회사 크래프트Kraft를 인수합니다. 인수 가격이 화제가 되었죠. 필립모리스가 크래프트 장부 가격의 6배에 해당하는 131억 달러를 제시한 것입니다. 당시 담배가 건강에 해롭다는 인식 확산에 담배에만 올인하던 필립모리스는 다각화 사업을 추진하고자 크래프트 '브랜드'에 100억 달러 이상을 쏟아부은 것입니다. 브랜드 이야기는 늘 화젯거리가 되는 콜라 종목에서도 흥미롭습니다. 코카콜라와 펩시코(펩시콜라 그룹명)의 시장 가치와 매출의 규모는 비슷합니다. 영업 이익은 펩시코가 더 많고요. 그럼에도 불구하고 펩시코는 콜라에 있어서는 100여 년이 다 되도록 코카콜라의 '브랜드 가치'를 이길 수가 없습니다. 맛 때문에 지는 것이 아닙니다. 설탕 함유량도 코카콜라가 더 많죠. 그러나 이와 상관없이 소비자 구매 선택

의 큰 이유는 브랜드에 있는 것입니다. 필립모리스가 크래프트 브랜드에게 6배에 달하는 가치를 더하는 이유입니다. '브랜드의 가치'는 강력한 지렛대입니다.

'대용 단백질'과 같은 새로운 카테고리의 상품들에 소비자가 쉽게 접근할 수 있었던 이유는 무엇이었을까요? 소비자는 무언지도 잘 모르는데 무엇을 믿고 구매해 먹었을까요? 결론은 이미 앞 장에서 보았습니다. 비욘드 미트가 첫 제품을 출시하자마자 수퍼마켓 홀푸드가 이를 판매 선반에 올렸습니다(《자료 50》). 요리법도 만들어 고객에게 제공했고요. 소비자들은 홀푸드의 매대 제품이기 때문에 무조건 구매할 수 있었습니다. 국내에서도 우리가 백화점에, 코스트코에, 마켓컬리에, 올가에 있는 제품은 망설임 없이 구매하는 것처럼요. 왜냐고요? 이들 소매업의 브랜드 가치를 믿기 때문입니다. 그들의 바이어(Buyer 혹은 MD Merchandiser)를 믿고 식품검사 시스템을 믿는 신앙심 같은 거죠. 앞서 홀푸드를 자랑스러운 기업으로 가볍게 설명해드렸지만, 이 회사가 갖는 브랜드 가치를 단적으로 보여주는 사례가 있습니다.

2017년에 거대 기업 아마존이 홀푸드를 인수합니다. 홀푸드는 창립 이래 40년 동안 변함없이 최고의 천연 및 유기농 식품, 그리고 건강에 좋은 음식을 엄격하게 선별해 고객을 만족시켜왔죠. '지구상에서 가장 고객 중심적인 기업', '가장 일하기 좋은 기업'이라는 수식어는 늘 함께했고요. 아마존은 홀푸드가 그들의 사명을 달성할 수 있었던 기업 문화와 리더십 관행이 낳은 브랜드 가치에 그들의 미래 계획을 투자한 것입니다. 하물며 신생 기업, 비욘드 미트가 단숨에 홀푸드의 이름에 기댔습니다. 지금은 유명해져서 모르지만, GE^{General Electronis}가 전구에서 가전으로, 질레트^{Gillette}가 면도기에서 면도용 크림으로 브랜드를 확대하는 데는 각기 40년, 25년이 걸렸습니다. 하지만 비욘드 미트가 홀푸드의 문턱을 쉽게 넘는 것에 대한 기쁨을 누리는 동시에 이만한 레버리지 효과를 영속적으로 어떻게 리드해가냐는 것은 또 다른 숙제입니다. 성공의 작은 열쇠는 받았으나 성공의 보장은 아니니까요.

초기 '대용 단백질' 시장에서 조금 색다른 '브랜드' 레버지리 사례가 있었습니다. 잇 저스트가 첫 제품으로 녹두로 만든 식물성 마요네즈, 저스트 마요^{Just Mayo}를 출시했을 때입니다. 당시 마요네즈의 거물 식품회사 유니레버가 잇 저스트를 고소합니다. 저스트 마요라는 제품명은 소비자가 제품에 실제 달걀이 포함되어 있다고 믿게 만든다고 주장했지요. FDA가 규정한 '마요네즈는 달걀이 들어 있어야만 그 표기를 사용할 수 있다'라는 항목을 위반했다는 내용입니다. 하지만 여론은, 이미 홀푸드, 코스트코, 세이프웨이 매대를 통해 알려져 있던 잇 저스트를 선호했습니다. 오히려 10만 명이 넘는 사람들이 유니레버에게 '지속 가능한' 식품 회사를 괴롭히는 것을 중단하라는 청원에 서명을 했죠. 결국 유니레버는 소송을 제기한 지 6주 만에 소송을 취하했습니다. 어떤 결과가 도출되었을까요? 시장을 잠시 시끄럽게 했던 이 소송은 잇 저스트에게는 커다란 무료 홍보 효과와 함께 대량 판매를 가능하게 했습니다. 의도한 바는 아니었지만, 거대 기업이 안겨준 '신의 선물'임이 분명합니다.

브랜드 가치는 거대 기업 외에도 셀럽, 원산지(made in ○○) 등에 따라 생성됩니다. '빌 게이츠가 투자했다니까', '호주산 청정육이니까', '국내산 밀가루이니까'처럼 말입니다. 소비자는 우리가 알기 어려운 회사의 미션, 제품의 라벨 내용은 그들의 브랜드 가치로 정확히 필터링되었다고 믿습니다. 그 제품이라서가 아니라 그 브랜드이기 때문에 구매하는 것입니다. 그런데 그들이 진실하지 않으면 어쩌죠? 가능한 상상입니다. 영국 수퍼 테스코에서 쇠고기에 말고기를 섞어 판매한 사건도, 비욘드 미트의 단백질 함량의 과대 표기 소송도 우리는 보았습니다.

설탕이 듬뿍 들어 있는 시리얼을 1초 만에 집든, 제품 뒷면의 라벨을 돋보기까지 동원해 판독한 뒤 구매하든, 이 모든 것은 결국 소비자의 몫입니다. 음식이 사랑인 엄마이니까요. 동시에 소비자는 왕입니다. 까다로운 고객이니까요. 지금은 고객이 기업을 선택하는 시대입니다. 거짓말에 대한 소비자의 대응은 '불매'이고, 식품의 경우에는 소비자들이 더 혹독한 보복을 한다는 것을 기업들은 잊지 말아야 합니다. 일본의 최대 우유 메이커였던 '유키지루시 유업雪印乳業 사태'가 그렇습니다. 우유에 의한 집단 식중독 사건으로 순식간에 50년 된 기업이 붕괴되는 것을 보여준 사례는 소비자가 얼마나 무서운 존재인지를 보여줍니다.

비즈니스에서 시장 침투력은 대단히 중요한 일입니다. 수익 창출은 당연한 일이고요. 하지만 가장 중요한 덕목은 '지속 가능성'입니다. '브랜드 가치'의 레버리지 효과가 판매 보장으로, '소비자'의 레버리지 효과가 지속 가능한 구매의 보장으로 이어져야 합니다. 거대 기업 아마존을 매료시킨 홀푸드의 다음과 같은 한결같은 미션은 우리에게 교훈을 줍니다. "우리는 고품질 식품을 판매하는 것만으로는 충분하지 않으며, 우리

제품을 공급하고 판매하는 사람과 지역 사회 및 환경에 대한 책임도 있다는 것을 알고 있습니다. 우리는 이 이해관계자 모델을 기반으로 결정을 내립니다. 비즈니스의 모든 이해 관계자의 요구 사항을 고려하고 균형을 유지합니다."

(2) '진짜'와 대화

백투더 레알(real),
무조건 된다 말고 대신 본질에 충실해야지

바나나가 먹고 싶으면, 무얼 먹지요? 바나나를 먹죠. 바나나 '맛' 우유 말고요. 바나나에서 찾은 건강상의 이점 때문이라면 더욱 바나나를 택해야 하는 거고요. 모든 업계와 마찬가지로 식품업계도 늘 공급량이 문제가 되다 보니, '~맛', '~향'의 제품이 넘쳐납니다. 푸드테크의 힘을 받은 덕이죠. 하지만 언제까지 푸드테크에 대해 왈가왈부할 것인가요?

1960년대의 폭발적인 '녹색기술 혁명'은 개발도상국의 농업 생산량을 크게 늘렸습니다. 국내에서도 다수확 신품종인 통일벼가 개발되면서 기적의 쌀로 불렸죠. 이어진 소득 증가는 전 세계적으로 단백질 소비를 증가시켰습니다. 동시에 거대한 생산량에 목맨 농축산업에서 배출하는 온실 가스의 증가는 환경을 위협해오고 있고요. 이제 개인의 식생활을 넘어 전 인류의 공동 과제로서, 기술(Tech) 기반 푸드 솔루션은 환경에 대한 부담을 최소화하고자 합니다. 증가하는 세계 인구도 먹여 살리고자 하고요. 현재의 식량 공급 패턴은 막대한 기후변화 영향으로 인해 지속되기 어렵다는 것이 공론화된 지 오래되었습니다.

이런 상황에서 첨단기술은 제2의 녹색 혁명으로 안전하고 지속 가능한 식품 생산에 강력한 기여를 해야 하지 않을까요? 업계의 움직임은 이미 시작되었습니다. 테크 일색이었던 투자계에서 기본으로 회귀하고자하는 바람은 이를 뒷받침합니다. 'FAANG 2.0' 버전이 등장했죠. 이는 연료(Fuel), 농업(Agriculture), 우주항공(Aerospace), 원자력&재생(Nuclear&renewables), 금&금속(Gold&metals)을 지칭합니다. 기술 관련에서 모두 원자재 관련으로 변화된 버전입니다. 더불어 푸드테크를 공식 세션으로 인정했던 CES 2022에서 '애그테크(AgTech)' 기업들의 부상도 두드러졌고요. 애그테크는 식품 산업의 원천인 농업(Agriculture)에서 농작물 수확량은 늘리면서 환경에 대한 스트레스를 줄이는 기술(Technoloy) 솔루션에 붙여진 이름입니다. 결국 IT(Information Technology, 정보기술)를 이용해 농사를 짓는 것을 말하죠.

딸기의 테슬라라 불리는 오이시(Oishii)는 애그테크의 흥미로운 실례입니다. 오이시는 일본 현지의 재배환경을 뉴욕으로 옮겨왔습니다(〈자료 51〉). '실내 농업' 또는 '도심형 수직 농장'이라 불리는 혁신 농업 방법을 통해서요. 실내에 구축된 수직 농장은 고급 로봇 공학 및 자동화로 재배, 경작, 수확합니다. 경작할 땅이 필요 없어요. 일반 재배 대비 40% 더 적은 물에 의존하고요. 오이시의 상품 오마카세 베리Omakase Berries는

암스테르담 건물 30층 루프트 탑에 설치된 '실내수직농장'   국내 '메트로팜'   뉴욕 '오이시'실내농장

〈자료 51〉 AgTech '스마트팜' '실내수직농장'

중간 크기 11개 혹은 큰 크기 8개가 20달러입니다. 아직은 가격이 좀 비싸고 병충해가 없어서 땅 재배보다 맛이 떨어진다고는 하지만, 인정할 만한 시도입니다. 시간이 지나면 인공 병충해를 가미한 더 맛있는 딸기가 나올 것이니까요. 수직농장은 국내에서도 체험할 수 있어요. 서울의 일부 지하철역 지하 보도에 24시간 연중 생산하는 실내 시스템을 구축해놓았죠. 파종부터 재배, 수확까지 로봇이 담당하는 완전 자동화 시스템입니다. '스마트팜(Smart Farm)' 혹은 '오토팜(Auto Farm)'이라고도 불리고요. 이 외에도 애그테크는 데이터 분석을 통한 정밀 농업과 유전자 기술로 농경지 수확량 증가, 농가 직거래와 폐기물 감소 기술로 효율적인 공급망 제공, 그리고 수경 재배 등 환경 농업으로 발전하고 있습니다. 최근에 농지의 왕 빌 게이츠가 애그테크 스타트업 아이언옥스Iron Ox에 5,000만 달러(약 650억 원)을 투자한 사례도 참고할 만합니다.

친환경적인 '본래'의 모습으로 돌아가려는 세부적인 노력도 가세하고 있습니다. 예컨대 EU의 새로운 식품 정책, '농장에서 식탁까지(Farm to Fork)'는 가축 및 수산 양식용 항생제의 판매를 2030년까지 50% 감축하도록 하고, 식품의 라벨에 동물 복지 내용을 추가하는 것을 고려하고 있죠. 농업에도 테슬라 같은 존재가 있습니다. 1837년에 설립되어 전 세계 농기계를 장악하고 있는 존 디어John Deere는 완전 자율행 트랙터를 개발했습니다. 가격이 워낙 비싸다 보니 시대에 맞추어 구독 서비스를 제공하고요. 친환경 사례는 또 있습니다. 해조류에서 추출한 활성 물질이 가축의 되새김 위에서 메탄 생성을 최대 95%까지 줄일 수 있다고 합니다. 호주 스타트업 Rumin8이 소위 '차세대 메탄 저감 사료 보충제'를 개발했죠. 호주 대학 연구팀과의 협력으로 실험을 단행했고요. 해조류 기반의 다른 사료업체들과 달리, 대규모 해조류 수확 없이 생산합니다. 보다 효율적이고 확장 가능한 공정을 통해 재생산한다는 점은 상당한 도약임이 분명합니다.

바나나를 먹고 싶을 때는 바나나를 먹어야 하듯이 '테크'도 본래의 목적에 부합한 혁신적인 개발로 돌아가고 있습니다. 이것이 숨겨진 의도 없는 '진짜 테크'입니다.

보너스 트렌드, 셰프의 윙크

'특정 부위 말고 소를 통째로 사서, 코끝에서 꼬리까지 남김 없이, 모두 맛있게 요리하기'를 합니다. 누가 이리도 고기를 사랑하는 걸까요? 런던 스테이크하우스 템퍼Temper 설립자, 셰프 닐 랜킨Neil Rankin입니다. 고기 요리법을 담은 《Low and Slow》를 출간했고 독자들이 주요 평가단인 OFM(Observe Food Monthly Awards)의 수상자이기도 하죠. 그런데, 10여 년 동안 수백만 개의 스테이크를 요리해온 랜킨 씨가 비욘드 미트를 포함한 식물성 단백질 제품을 식자재로 주문했어요. 사육된 고기가 환경에 도움이 되지 않는다고 판단했기 때문이라고 해요. 지구 환경에 동참하려는 멋진 선택이었습니다. 그러나 그는 자신의 그 선택에 곧 실망합니다. 적절한 수준에 도달하지 못한 비욘드 미트의 대용 단백질에 질린 랜킨 씨는 새로운 형태의 식물성 고기를 스스로 개발하기로 결심합니다. 그의 목표는 지속 가능성 수준에서는 높이 평가하지만, 입에는 그리 맛이 없다는 퀸 제품입니다. 맛이 없는데 왜일까요? 랜킨 씨의 관심은 예상 밖입니다. 퀸의 제조 기반인 '발효'가 진정한 감칠맛을 만들 수 있다는 것입니다. 6개월간 실험하고 소비자 반응을 측정하고… 결국 그는 소비자 입맛을 잡을 만한 식물성 단백질 브랜드, 심플리시티 푸드Symplicity Foods를 론칭합니다.

그의 브랜드 레시피를 살짝 열어볼까요?(〈자료 52〉) 필자가 몰래 훔쳐올 필요는 없었어요. 일반인 모두를 위해 공개해놓았거든요. '버섯, 양파, 비트'를 함께 섞어 삶아서 8일 동안 발효시킨 후, 다지고 양념해 슈니첼, 소시지, 버거 패티로 만듭니다. 남은 발효액은 그레이비 소스 또는 천연 풍미 증강제로 변형해 런던 내의 레스토랑에 공급하죠. 결과적으로 식재료 쓰레기가 하나도 안 남네요! 현재 고든 램지Gordon Ramsay의

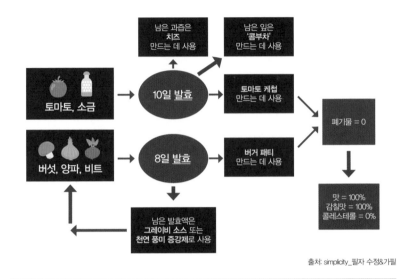

남은 과즙은 **치즈** 만드는 데 사용

남은 잎은 **'콤부차'** 만드는 데 사용

토마토, 소금

10일 발효

토마토 케첩 만드는 데 사용

폐기물 = 0

버섯, 양파, 비트

8일 발효

버거 패티 만드는 데 사용

맛 = 100%
감칠맛 = 100%
콜레스테롤 = 0%

남은 발효액은 **그레이비 소스** 또는 **천연 풍미 증강제**로 사용

출처: simplicity_필자 수정&가필

〈자료 52〉 Simplicity 레시피

Street Burger 매장, 멤버스 클럽 소호 하우스Soho House, 인도 식당 디슘 Dishoom을 포함해 영국의 프리미엄 버거 체인 및 레스토랑에 제품을 공급합니다. 200만 파운드의 모금 라운드를 마친 후 런던 북부에 더 큰 생산 시설도 열었고요. 더 나아가 랜킨 씨는 학교, 전문 매점 및 대형 체인 레스토랑에 기존 식물성 고기 대비 '클린 라벨'에 해당하는 대안 제품을 공급하려고 애쓰고 있답니다. 이 부분을 챕터 03에서 조금 더 칭찬하기로 해요.

이번엔 뉴욕으로 가볼까요? 동물성 식품 중 특히 해산물을 주재료로 쓰는 일레븐 매디슨 파크EMP: Eleven Madison Park 레스토랑입니다. 미슐랭 3스타, 세계 베스트 50대 식당 중 1위, 4위를 수상한 유명세뿐만 아니라 '3

시간 식사시간 – 12코스 요리– U$335– 노우 팁'으로도 잘 알려졌지요. 하지만 여타 뉴욕의 레스토랑처럼 코로나 팬데믹에 가차 없이 문을 닫아야 했습니다. 설립자 셰프 다니엘 흄^{Daniel Humm}이 고민하기 시작했어요. 그런데 그는 수익보다는 환경을 걱정했지요. 식량 부족으로 힘들어하는 시민을 위해 식당을 공동 주방으로 전환하고, 픽업 저녁 식사를 제공하는 투고우(To Go) 프로그램을 시작했습니다. 식량이 부족한 시민들에게 식사를 제공하고요. 2021년 3월, 그는 급기야 놀라운 발표를 합니다.

"현재의 식량 시스템은 여러 면에서 지속 가능하지 않다고 생각합니다. 식물기반의 식재료로 바꾸어가는 것은 '감수할 가치가 있는 위험'입니다. 우리는 '식물성' 메뉴로 재개장할 것입니다."

3개월 후 재개장 시, 그는 약속을 지켰습니다. 지난 20년 동안 가장 호화로운 찬사를 받은 레스토랑의 과감한 재출발이었죠. 역발상으로의 전환은 가히 혁명에 가깝습니다. 고급 식사를 넘어 문화적 영향력을 확장시키는 소수의 셰프 중 한 명 아닐까요? 여전히 같은 비싼 가격에 예약이 쉽지 않지만, 필자의 다음 출장길에 필수 방문지입니다.

뉴욕에도 랜킨 셰프처럼 전통적인 채식 버거를 업그레이드하는 스타트 업체가 있네요.

"우리는 고기 맛을 흉내 내려고 하지 않습니다. 단순히 '진짜 채소'의 자연적인 풍미와 영양가로 자연스럽게 더 건강한 대안을 만들게 하는 것입니다."

콜레스테롤 유전 가계도를 가진 설립자 조시 바움^{Josh Baum}은 자신의 건강을 위해 육류 섭취를 배제하고자 식물성 버거를 선택하려 했죠. 그런데 제품 제조 과정에서 첨가된 나트륨 함량과 고도의 가공 처리 상태를 알게 된 것입니다. 그래서 과학자가 아닌 셰프를 영입해 실제(Actual) 채소(Veggie) 개념을 기반으로 2020년 액츄얼 베지스Actual Veggies를 설립하게 됩니다. 충전제(filler), 방부제 또는 합성 성분 없이, 발음하기 쉬운 야채, 콩류 및 향신료만을 원료로 사용하고 있죠. 당근, 브로콜리, 검은 콩, 비트, 고구마, 양파, 시금치, 레몬이 주재료입니다. 2021년 상하이 국제식품 박람회(SIAL China)에서, 2020년 폴란드 기업 솔리그라노가 그랬듯이, 비욘드 미트를 제치고 혁신상을 획득하기도 했어요.

비건이 가장 만연된 영국임에도, 채식주의에 알레르기가 있다는 셰프가 있네요. 국내에도 잘 알려진 지옥의 키친(Hell's Kitchen) 주방장 고든 램지입니다. 그런데 그를 비건의 세계로 손짓한 깜찍한 소녀가 있습니다. 소녀는 10살 때부터 램지를 짝사랑해왔다고 해요. Z세대답게 트위터(Twitter)에서 램지에게 물었죠.

"언제 비건 할 건가요?"

2021년 봄, 램지는 그 소녀 셰프, 조시 크레멘스Josie Clemens를 그가 주최하는 요리 경연 쇼에 초대합니다. '헬스키친 쇼' 17년 역사상 첫 비건 참가자가 된 것입니다. 지금 램지의 웹사이트에는 감칠맛 나는 다양한 비건 레시피 모음이 그득합니다. 채식주의자와 육식가 모두를 위해서요.

유명한 셰프들의 유사한 사례들이 많이 있지만, 이즈음에서 궁금증을 정리해볼게요. 셰프들이 말하고 있는 '식물'이 지금껏 들었던 '대용 단백질' 제품의 '식물'과는 사뭇 다르지 않나요? 사람들은 식물성이라

하면 식물로 가득 찬 느낌을 받고, 그렇게 표기된 제품을 먹으면 신선한 채소를 먹는다는 의미로 생각을 하기도 하죠. 그런데 식물성 제품의 성분을 보면 '진짜 식물'이 많지 않은 경우가 많습니다. 모르는 성분도 많고요. 오해의 소지가 있죠. '식물기반'이라는 용어가 왜곡되고 있는 것입니다. 많은 사람들이 제품의 과대광고 덕에 한두 번 구매할 수는 있겠으나, 긴 목록의 라벨과 가공 처리 방식이 재구매의 장벽임은 두말하면 잔소리입니다.

우리는 육류든, 식물 그 자체든, 셰프가 인정할 만한 '대용 단백질'이든, ~맛, ~향 말고, 지금까지 이야기해온 '진짜' 음식을 원합니다. 그러나 우리는 이 역시 잘 알고 있습니다. 휴대폰, 인공지능 및 전기 자동차를 포함한 많은 혁신은 크고 빈번한 등락의 과정이 따른다는 것을요. Back to the REAL! 무조건 된다고 하지 말고, 대신에 본질에 충실해야 할 때입니다. 또 다른 시간이 필요할 수도 있겠습니다. 이에 필자는 '대용 단백질' 시장의 지금을 스타트업의 창업 실패, 또는 업체들 간의 인수합병이나 협업으로 인해 효율성이 개선되고, 더 강력한 플레이어와 더 나은 제품이 생겨, 새로운 성장을 촉진하는 기간으로 표현하려 합니다.

별★ 볼 일이야

마음 졸이던 일이 있었습니다. 필자가 2015년부터 뚫어져라 보고 듣던 '내용 단백질' 시장에서 말입니다. 맑은 하늘 반짝이는 수많은 별처럼 관련 스타트업들이 쏟아졌습니다. 업체의 규모와 가격은 투자자가 정하고 맛과 질감은 소비자가 판단해가겠지만, 미래 식품 프로젝트 프로듀서로서, 필자는 훌륭한 공급업체를 발굴해야 합니다. 따라서 이들을 지역별, 그리고 경쟁적 요소로 필터링해보았습니다. 판단 기준의 기본은 '기업 정신' 그리고 중요한 요소는 '클린 라벨'에 두었습니다. 기준을 정하는 데는 오래 걸리지 않았지만, 이렇게 선별한 업체들을 추적하는 데 오랜 시간을 할애했죠. 과연 그들이 초심을 가지고 같은 소신으로 살아남을 수 있을지….

2021년 초 놀라운 업체를 찾아냈습니다. 2020년 농업 공학자와 식품 업계 자문인이 공동 설립한 나우어데이즈^{Nowadays}입니다. 식물기반 너겟을 단 7가지 성분으로 만들었다고 합니다. 심지어 소금, 설탕, 전분, 메틸셀룰로스를 첨가하지 않았습니다. 메틸셀룰로스는 비욘드 미트 소송건에서 언급되었죠. 그동안 필자의 마음을 짓눌러 왔던 것은 합성 성분을 포함한 제품의 성분 개수였습니다. '혜성'으로 군림하는 업체들이 주로 사용하는 제품 성분 개수가 메틸셀룰로스를 포함해 평균 20~30개입니다. 나우어데이즈로부터 해외 거래가 가능한 여력으로 발전할 때까지 기다려달라는 연락을 받은 후부터 필자는 노심초사했습니다. 그 업체가 발전해나가길 진심으로 응원한 덕일까요? 1년 만에 언론에 재등장했네요! 새로운 투자 유치와 가격조절이 가능한 특허공법 개발, 그리고 제품의 상온보관 가능성 뉴스를 전해왔습니다. 아직까지는 '대용 단백질' 시장의 '샛별'입니다! 필자에게는 별똥별이고요!

별! 지구도 하나의 별이죠. 우주에서 보면 한 점의 형태라는데 우리는 별★ 모양으로 봅니다. 베지테리언 수학자 피타고라스 덕분입니다. 수학자답게 5각형의 각 꼭짓점(신(神), 남녀, 사랑, 결혼)을 연결해, 우주의 가장 아름다운 별을 황금 분할 조화로 형상화시켰습니다. '샛별' 덕분에 별 이야기를 꺼내본 김에, 지구와 인간의 조화를 이루려는 식품업계의 별을 만나 볼게요.

앞서 식물기반 단백질 제품들을 처음으로 수퍼마켓 선반 위에 올리는 걸 보았죠. 비욘드 미트, 저스트 에그, 네이처 파인드 등의 수많은 제품에 성공을 기원하는 지렛대 역할을 한 별입니다. 1978년 창립 이래 40여 년째 유기농 식품 유통업계의 별로 반짝이는, 홀푸드입니다. 이 기업은 단순한 식품업체를 넘어선 다음과 같은 비전을 제시합니다.

'Whole Foods, Whole People, Whole Planet'

필자는 이렇게 해석합니다.

'건강한 인간과 건강한 지구 환경이 서로 조화를 이루며 살아가기를 소망합니다. 건강한 먹거리는, 이러한 지구 공동체에서 지속 가능한 삶을 즐길 수 있게 하는, 바로 그 시작입니다.'

건강한 지구에서 자라는 먹거리, 바로 유기농(有機農, organic) 식품입니다. 이도 미래의 식량 솔루션 화두 중 하나죠. 떠오르는 업체가 있어요. 필자가 생각하는 또 하나의 반짝이는 별입니다. 멕시칸 식당 체인 치폴레입니다. 미국인들에게 가장 사랑받고 있는 텍사스식 멕시코 음식을 판매하는 체인점입니다. 햄버거나 피자에 비해 상대적으로 마이너한 음식이었던 멕시코 요리를 거의 햄버거만큼 흔한 메뉴로 만든 주인공이죠. 여기에는 이유가 분명합니다. 치폴레의 식재료 공급은 시장 입장에서 보면 충격적입니다. 현재 돼지고기는 니만랜치Niman Ranch(1969년 설립한 가족 농장)에서 조달하고, 다른 고기와 대부분의 콩은 천연 및 유기농 재료에서 얻습니다. 이는 설립자 스티브 엘스Steve Ells가 '진실된 음식(Food with Integrity)'이라고 부르는 다음과 같은 철학에 기반한 약속의 일부입니다.

"윤리적이고 자연적으로 생산된 음식을 제공하는 것에 전념합니다. 지속 가능한 재료가 지구에 더 좋을 뿐만 아니라 맛도 더 좋기 때문입니다."

상대적으로 앞선 런던 셰프 랜킨처럼 비욘드 미트 제품의 공급을 중단한 이유가 엿보이는 대목입니다. 식재료의 원가가 32% 이상을 차지합니다. 동종업계에서 가장 높죠. 엘스 씨에게 맛은 보상 그 이상이니까요. 1998년 16개 매장에서 오늘날 900개 이상의 매장으로, 회사의 급속한 성장은 멈추지 않고 있습니다. 그들은 더 나은 곡물을 기르고자 전념하는 농부를 애타게 찾고자 했으며, 2013년에는 GMO 식품 구매 금지 정책도 도입했습니다. 이 모든 조건을 유지하기 위해 프랜차이즈 없이 직매장으로 운영하고요. 맥도널드는 소유했던 치폴레 90% 지분을 2006년 치폴레의 상장 직전 전량 매각한 것이 최고의 후회라고 합니다.

그런데 치폴레가 상장 이래 10여 년간 무서운 성장 속도(주가 $42.2 → $749.12)를 보이던 와중, 2015년 식중독 사태가 일어납니다. 한 매장에서 직원과 고객 98명이 노로바이러스(바이러스성 위장염)에 감염된 것을 시작으로 2017년까지, 잊혀질 만하면 산발적으로 식중독 사태가 일어났죠. 주식은 반토막이 났고요.

그럼에도 치폴레는 그들의 소신대로 진실되기를 원했습니다. 초기 그들의 광고문구 'Back to the Start'대로 피나는 기본으로의 회복을 이어 갑니다. 치폴레가 거부해왔던 신메뉴 기획부터 다시 시작했습니다. 고객의 뜻을 반영하고 검증을 거친 메뉴를 출시했죠. 온라인 독점 메뉴 Lifestyle Bowls는 즉각적인 판매 성공을 가져왔고요. 또한, 제조 라인, 픽업, 배달에 이르기까지 디지털 시스템도 빠르게 도입했습니다. 매장 주문도 빼지 않고 2트랙으로 운영함으로써 빠른 속도와 유연성을 제공했죠. MZ 고객들도 잊지 않았습니다. 창립 이래 처음으로 소셜 미디어 활용도 했습니다. 메뉴 혁신, 디지털 판매 확대 및 마케팅 강화로 이어지는 결단을 실행하는 팔목할 만한 추진력입니다. 2022년 7월 5일 주가는 $1,362.71. 치폴레는 지난 최고점보다도 2배 높은 가격으로 다시 시작합니다. 치폴레 또한 '대용 단백질' 스타트업이 주목해야 하는 비즈니스 모델입니다.

크고 작은 수많은 기업들, 그리고 스타트업들이 있습니다. 눈으로 보이는 별이 3,000여 개라 합니다. '맑아야' 보이는 숫자입니다. 그리고 궁극적으로 별은 '반짝여야' 우리가 ★로 볼 수 있습니다.

03

'잘 먹고' '잘 싸자'

나는 스님입니다. '손님이 원하시는 대로'

테슬라, 아마존, 타코벨, 넷플릭스, 알래스카 에어, 쿠팡… 이 기업들의 공통점은 무엇일까요? 바로 '구독 서비스'입니다. 소비자가 한번 구독해 그 효용성을 생활로 느끼게 되는 서비스는 가급적 해지하지 않습니다. 락인(Lock-in) 효과죠. 기업은 이 효과로 지속적인 현금 흐름을 만들어낼 수 있는 장점이 있습니다. 소비자 ID(Identification, 신분 확인) 확보로 수요의 예측이 가능해 불확실성을 줄이는 효과도 얻고요. 고객 입장에서도 좋은 서비스와 제품을 큰돈을 들이지 않고 이용해볼 수 있죠. 이러한 장점들로 구독 서비스는 소비자와 기업이 모두 만족할 수 있는 이상적 모델로 인식될 뿐만 아니라 구독 경제라 불릴 만큼 대기업들을 중심으로 글로벌 확산 추세에 있습니다.

그런데 기업이 구독 서비스로 성공하기 위해서는 지속적으로 새로운 제품 경험을 제공해 소비자의 디테일한 만족도를 유지해야만 합니다. 더구나 시대적으로도 대량 생산에 맞추어진 소비에 익숙한 기존 세대보다는 MZ세대에 특화되어 발전했죠. 그만큼 커스터마이징(Customizing: 주문제작)이라 할 수 있을 정도로 소비자 자신에게 '꼭' 맞는 서비스와 제품을 요구하게 만들었지요. 이러한 니즈는 기업으로 하여금 구독자 스스로 인식하지 못하는 취향까지도 파악해야 할 필요성마저 느끼게 했습니다. 유튜브와 넷플릭스가 해당 서비스 이용자의 경험 알고리즘을 분석해 이용자의 취향에 꼭 맞는 동영상 추천을 하는 정도는 이제 예전 이야기입니다. 넷플릭스는 시청 중 되감기나 정지 등도 데이터화하고, 더 나아가 시청자 개개인의 취향에 따라 엔딩을 다르게 내보내기까지 하니까요.

이는 모든 제품과 서비스가 지금까지와는 다른 방식으로 생산될 수밖에 없다는 것을 의미합니다. 즉, 많이 팔리는 제품이 아닌 고객 한 사람을 위한 제품과 서비스 제공이 이루어지는 시대가 오고 있다고도 할 수 있습니다. 필자는 이것을 '제품의 다양성'과 '고객의 초개인화'로 해석합니다. '대용 단백질' 시장에도 이러한 니즈의 반영은 피할 수 없습니다. 예컨대 재료 공급업체 또한 매우 부지런하게 움직인 덕에 게임을 향상시켰죠. 그들은 전통적으로 사용할 수 없었던 새로운 식물성 단백질을 가져오는 데 강력한 힘을 발휘했습니다. 완두 단백질이 처음 나왔을 때 까다로운 맛의 문제가 있었지만, 그들의 수많은 노력은 맛뿐만 아니라 영양, 질감의 문제도 극복했고, 결국 비욘드 미트가 완드콩을 주재료로 사용하게 되었죠. 이 책을 쓰고 있는 지금도 어디선가 새로운 재료와 제품들이 개발되고 출시되고 있을 것입니다. 상용화와 대량 생산을 위해 넘어야 할 과제들은 산재해 있지만, 현재 '대용 단백질' 업계에서 개발하고 있는 부문들을 모아보았습니다. 독자분들의 편의를 위해 〈자료 53〉에 메뉴판으로 정리했습니다. 이 메뉴판을 가지고 결국 다가올 미래 식단을 상상해볼게요.

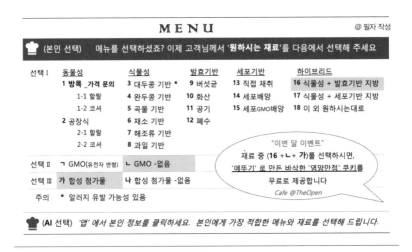

〈자료 53〉 미래 메뉴판 예시

역시 육류세를 내고 있는 '저 푸른 초원 위'의 방목 고기는 예상하기 어려울 만큼 비싼 듯합니다. 발효기반 재료를 보니 자연이 주신 선물이 많고요. 우리 입맛을 지배하는 지방, 그 맛을 잊지 못하는 고객을 위해서 '하이브리드' 메뉴 제공은 고마운 서비스입니다. 지방이 부족해서 뻑뻑한 맛의 단점을 가진 식물기반 단백질에 발효기반 혹은 세포기반의 지방이 어우러지면 부드러운 식감이 만들어지겠죠. 그리고 알레르기 유발 음식을 구분해주어서 유용하고요. MSG(MonoSodium Glutamate, 글루탐산소다)가 몸에 해롭다는 오랜 오명을 벗었듯이, GMO 또한 건강한 버전이 나온다고 하니 기대해볼게요. 이벤트 당첨을 누려보는 것도 재미있겠습니다. 선뜻 손이 가지 않는 곤충 스낵이니 무료일 때 맛보는 거죠. 이제 지구의 모든 이들이 개인의 섭취 특성 때문에 고민할 필요 없이 한 식당에 함께 갈 수 있겠습니다. 스님도 초대하고, 이슬람 친구도 배석하고요. 혹여나 다양한 재료 중 선택이 어렵거나 나의 건강에 적합한 재료 선택을 원하는 고객을 위해 'AI 맞춤 앱'까지 설치되어 있네요. 클릭 한 번으로 나의 건강이 지켜지는 세상입니다.

결국 푸드테크가 실리콘 밸리에서 일어난 다른 혁신처럼 우리의 삶을 변화시켜가는 것일까요? 기존 혁신과는 분명 다른, 어려운 수요는 어떻게 따라잡을까요? 스마트폰이 잘못 만들어지면 복구 시간 동안의 경제적 손실만 감수하면 됩니다. 하지만 인간의 생존을 책임지는 '푸드'는 복구 시간을 허용하지 않습니다. 가장 큰 어려움은 기능적 요소로 끝나지 않는다는 것이죠. 소비자는 '맛', '편리성', '효율성' 외에 '내가 정말로 훌륭한 식사를 하고 있다는 즐거운 감정'을 느끼고 싶어 합니다. 단순히 음식 자체의 혁신뿐만 아니라 우리의 라이프 스타일 안에서의 궁극적인 변화를 요구하는 것입니다. 푸드테크 혁신 성공의 끝은 바로 '음식 문화'를 구축하는 데 달려 있다고 생각합니다. 푸드테크는 생물학, 화학 등 모든 과학적 측면을 가지고 있지만, 음식에 맞물린 '테크'죠. 여기에 다시 셰프가 있고, 푸드 엔지니어가 있고, 맛 테스트를 할 줄 아는 사람들이 있습니다. 마치 바이오 제약의 제품 생성 과정과 유사해 보이지만, 이것은 결국 음식이어야 하는 것입니다. 임상 시험을 통해 검증하는 것이 아니라 맛을 보고, 냄새를 맡으며, 경험하는 것이죠.

필자는 테크를 따라 실리콘 밸리 한 바퀴를 돌고 온 음식을 감정적인 주제 위에 올려놓았습니다. 원점이 아닙니다. 원점으로 돌아갈 수도 없어요. 음식에 대한 정보는 그 어느 이전 세대보다도 훨씬 더 많은 관심 속에 있습니다. 음식을 먹으면서 어떤 영양소를 섭취했는지, 칼로리로 계산하면 얼마인지 일일이 체크할 가능성이 크며, 이에 따라 정확하게 음식을 계량하고 영양 성분을 체크할 수 있는 새로운 기기에 대한 수요도 늘어날 시대에 있으니까요. 여기서 지금의 먹거리란 무엇인지 정의해 볼 필요가 있습니다. 더욱이 '다양성'과 '초개인화'로 요약되는 지금, 음식은 문화와 과학 사이에서 적절한 균형을 찾아야 하지 않을까요? 누구도 맛있는 스테이크를 먹으면서 컴퓨터 공학 박사나 생물학자가 이 요리에 기여했다고 생각하고 싶어 하지 않을 것이기 때문입니다.

결국 푸드테크가 주목받는 이유는 심각한 환경 이슈를 해결하는 수단이 된다는 점과 동시에, 소비자의 라이프 스타일 변화에 따른 '먹거리 가치가 재정의'된다는 점입니다. 인류가 오늘의 삶을 살아가는 방식에 대한 고민을 제대로 간파해낸다면, '대용 단백질' 기반 비즈니스는 지금보다 더 탄탄하고 확장 가능한 기회를 창출할 것입니다. 전략을 대폭 수정해서라도 말입니다.

'덜' 먹고 '더 잘' 먹자

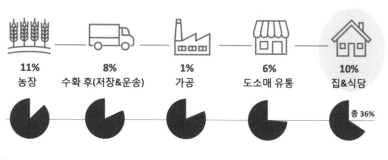

〈자료 54〉 생산에서 매립지까지의 벨류 체인

〈자료 54〉는 '농장에서 집&식당'까지의 여정을 순서대로 그리고 있습니다. '생산에서 매립지'까지의 '밸류 체인'으로도 설명할 수 있습니다. 그런데 여기서 각 단계에 보이는 숫자(%)는 무엇을 나타내는 걸까요? 숫자의 총합은 36%입니다. 결론부터 말하면, '단계별 식량 손실 및 낭비율'입니다. 식량생산 100% 중 36%의 로스가 생기고, 이를 제외한 64%만 먹는다는 의미입니다.

이해를 돕기 위해 단계별 설명을 첨언할게요. 농장(11% 로스)에서는 수확할 양보다 더 많은 식량을 재배할 수 있어서 일부는 논밭에 남겨집니다. 또는 곡물이나 채소를 수확하는 동안 손상되어 버려질 수 있고요. 수확 후(8% 로스)에는 모든 수확물을 안전하게 보관할 수 없기 때문에 손실되는 부분이 있습니다. 또한, 농장에서 식품 가공(냉동, 통조림 등)을 위해 공장으로 옮길 때, 또는 신선한 농산물을 시장으로 운송할 때 손상

될 수 있습니다. 가공(1% 로스) 단계에서는, 예를 들어 통조림 수프를 만들기 위해 토마토 같은 신선한 식품을 사용할 때 품질 기준에 맞지 않아 야채의 일부가 버려질 수 있습니다. 기계가 제대로 작동하지 않아서 처리 중인 식품을 망칠 수 있듯이 공장의 문제로 인해 식품이 낭비될 수도 있고요. 시장이나 상점(6% 로스)에서는, 상점 주인이 판매량 대비 주문을 많이 할 수 있습니다. 일부 식품은 판매되지 않아 버려질 수 있죠. 이는 소비자들이 식품의 유통 기한을 확인하는 이유가 됩니다. 또는 바나나 한 묶음이 너무 빨리 익으면 소비자는 구매하지 않겠죠. 더 많은 낭비를 초래할 수 있습니다. 마지막 사용처인 집이나 식당(10% 로스)에서는 가족이나 식당이 필요한 것보다 더 많은 음식을 사거나 가족 구성원이 좋아하지 않는 새 제품을 시도해 결국 쓰레기통에 버릴 수 있습니다. 음식을 다 먹기 전에 상할 수도 있고요. 각 단계에서 이렇게 버려지는 음식을 모두 합하면 36%라는 통계 발표입니다.

FAO에 따르면, 전 세계적으로 2020년 7억 2,000만 명, 2021년 8억 1,100만 명이 기아에 직면해 있습니다. 전 세계 인구의 약 10%입니다. 반면 세계적으로 생산되는 식품의 36%는 먹지 않고 버려집니다. 이 정도면 식량이 부족할 거라는 이야기가 상식적으로 들리나요? 공급망이나 부패를 통한 식량 손실은 글로벌 식량 불안정의 주요 원인이 됩니다. 식량 생산이 부족해서가 아니라 버려지기 때문인 거죠. 더욱이 자원 집약적인 동물성 식품에 대한 수요는 식량 가용성을 더욱 제한했죠. 앞서 3장에서 가축 사료 경작에서 식품 경작으로의 전환 효율성이 보여준 식품 보안 향상 사례를 살펴보았습니다. 기억하시나요? 이에 덧붙여 미국의 각 주요 동물 범주(쇠고기, 돼지고기, 가금류)에 대한 대안 식물이, 단위 경작지당 영양학적으로 유사한 식품을 2~20배 더 생산할 수 있는 잠재적 절약 사례 보고가 있습니다. 또한, 극단적인 예로 식단의 모든 동물성 식품을 식물성 대용식품으로 동시에 대체하면 3억 5,000만 명을 먹일 수 있을 만큼 충분한 식품이 추가될 수 있다고 합니다. 이는 모든 공급망 내 식량 로스를 제거할 때 예상되는 이점을 훨씬 능가합니다(출처: PNAS Vol.115 No.15, 2018). 그리고 우리는 앞서 또 보았습니다. 선진국일수록 필요한 섭취량보다도 2~3배 더 먹고 있습니다. 만성질환을 유발함에도 불구하고요.

결국, 이러한 결과들은 식품 가용성과 보안을 개선하기 위한 식단 변화의 중요성을 강조합니다. 궁극적으로는 적절한 양의 섭취가 될 수 있도록 '덜' 먹고, 건강한 음식으로 '더 잘' 먹으면 됩니다. 앞서 셰프 랜킨이 가진 음식에 대한 철학(nose-to-tail eating: 하나도 남기지 않고 다 먹기) 기반의 요리법은 마지막 사용처인 가정과 식당, 즉 소비자가 음식 쓰레기를 줄일 수 있는 적극적인 실천 방법의 사례입니다. 식사 마지막 단계에서 그릇에 물을 부어 마심으로써 음식 한 톨 남기지 않는, 사찰의 발우공양(鉢盂供養)도 그 대표적인 예가 될 수 있죠. 쉬워 보이지만 실천하기가 만만치는 않습니다. 이에 동물성을 대용하는 식품은 환경과 인류의 건강에 '실질적'인 솔루션이 될 거라는 UN의 발표가 있었습니다. '대용 단백질'을 기반으로 하는 비즈니스는 도전의 가치가 충분합니다.

눈맞춤에서 입맞춤으로, 이제는 '대장맞춤'

문제 하나 내고 시작할게요. 성인 기준 평균적으로 하루에 서양인은 100g, 동양인 150g, 아프리카 원주민 400~500g, 일부 아프리카 부족은 750g입니다. 한국인의 경우는 크고 푸짐했던 예전의 양에 비해 몇십 년 사이에 현저히 적어졌고요. 무슨 양을 말하는 걸까요? 정답은 '응가(똥)'의 양입니다.

'응가'는 입에서 항문까지 하나의 관으로 이어진 소화의 긴 여정에서 보면, 음식의 다른 말입니다. 음식은 입에서 씹는 작용, 위장의 연동 작용, 소장의 영양분 흡수, 그리고 대장의 응가 형성으로 이어지는데, 대장에서부터 응가로 불리는 것이죠. 필자는 지금껏 음식 이야기만 했습니다. 보기 좋은 음식, 맛 좋은 음식들을 찾아 '잘 먹자'라고 수많은 논의를 했고요. 건강하고자 먹은 음식이니, 이쯤에서 우리가 정말로 건강해졌는지 알아볼 필요가 있겠습니다. 건강은 '잘 쌌느냐?'가 관건입니다. 결국, 무엇을 섭취하느냐에 따라 응가의 양(과 질)이 결정되겠죠? 그 응가가 건강의 척도가 되고요.

우선 응가의 양이 많은 것이 좋을까요? 적은 것이 좋을까요? 평생 응가를 연구한 외과의사 데니스 버킷Denis Parsons Burkitt 박사님께 답을 먼저 들어보겠습니다.

"육식을 주로 하는 서구인은 곡물과 야채의 섭취량이 적어서 대변의 양이 적은데, 그래서 변비와 대장암에 많이 걸립니다. 반면, 아프리카인은 곡물이나 야채 위주의 식사를 하기 때문에 대변의 양이 많고, 상대적으로 변비와 대장암도 적게 발생합니다."

박사의 연구는 의료 봉사활동을 하던 아프리카에서 시작되었죠. 아프리카 원주민들이 영양실조나 감염병 등은 있어도 변비, 치질, 심장마비, 심혈관병, 당뇨병, 소화기병 등은 없다는 것을 알게 되었습니다. 그뿐만 아니라 원주민 응가 양이 서구인들에 비해 어마어마하게 많다는 것도 알게 되었고요. 그렇다면 서양인이 적게 먹는다는 곡물과 채소는 우리에게 어떻게 이로운 걸까요?

버킷 박사는 아프리카에서 본국으로 돌아온 이후에도 응가 연구를 계속했고, 오늘날 의학계의 바이블로 사용되고 있는 저서, 《식단에서 섬유질을 잊으면 안 돼!(Don't forget fibre in your diet)》(1979)를 출간했습니다. 이 책 제목대로, 섬유질을 함유하고 있는 것이 곡물과 채소가 갖는 장점입니다. 섬유질은 소화가 안 되기 때문에 모두 응가로 배설되죠. 응가 양이 많아지는 이유입니다. 중요한 건 섬유질이 장내 세균의 먹이가 된다는 것입니다. 장내 세균은 체내 면역을 지원하고요. 코로나 고위험군이 기저 질환자와 면역 저하자로 구분되고 기저 질환은 낮은 면역체계로부터 발생한다는 발표가 있었죠. 이에 소비자들의 건강 염려 또한 구체적이고 정밀하게 반응했습니다. 소비자들은 면역력 증진에 좋다는 식품을 찾기 시작했고, 각종 관련 건강기능 보조제들이 쏟아져 나왔습니다. 바로 이 면역계의 70%가 장(腸)에 집중되어 있는 것입니다. 대장암이 왜 언급되었는지 이제 알겠죠. 그렇다면 섬유질이 풍부하게 함유된 식단은 무엇일까요?

전문 의사들은 규칙적인 단백질 섭취를 첫 번째로 권장합니다. 규칙적이라는 건 한꺼번에 많이 먹지 말고 매일 먹으라는 거죠. 앞서 2장에서 살펴본 양만큼만 먹으면 됩니다. 좋은 지방 섭취도 빼놓으면 안 되고요. 다채로운 과일과 채소의 섭취는 필수입니다. 식약처는 장내 세균 중 유익균의 비율을 높이기 위해 채식과 유산균이 다량 함유된 김치, 된장 등 발효식품 등을 많이 섭취할 것을 발표했어요. 여기에 버킷 박사님의 경고도 함께 숙지할 필요가 있습니다. 음식 재료의 가공 변형은 섬유질이 제거되므로 건강상의 문제가 발생한다는 것입니다. 국내에서 쌀눈은 그대로 두고 껍질만 벗겨낸 1~3분도 쌀인 현미 장려책도 여기서 유래합니다. 제분 기술로 밀의 섬유질 함량이 1/15로 줄어든 것은 눈부신 '테크'의 슬픈 이면인 동시에 건강에 대한 경고입니다.

결국 섬유질이 없는 육류만 과하게 먹으면 응가는 적어지고 염소 응가처럼 됩니다. 한국도 육식 공급이 원활해진 이후에 대장암이 유행하고(암 중 남성 4위, 여성 3위) 있는 사실이 이를 증명합니다. 건강한 사람의 응가(응가의 유익균 활용)를 이식해 난치성 대장 질환을 치유하는 의학계의 발전은 응가의 중요성을 더합니다. 장 건강은 식생활에서 출발합니다. 육류와 채소를 균형 있게 섭취하는 것이 중요하죠. 지금까지 다루었던 '대용 단백질'을 활용한 식단 이야기와 일맥상통하죠?
'동물성은 줄이고 식물성은 늘리기'입니다.

여기서도 역시 빅푸드 기업의 노련함이 돋보입니다. 유니레버는 글로벌 미래 식품 시스템을 더 나은 방향으로 변화시키고자 '장(腸)과의 대화'

를 이미 시작했습니다. 장내 세균이 면역체계 반응으로 우리 건강에 영향을 미치고, 그리고 기분을 좋게 하는 세로토닌 또한 90%가 장에 있다는 사실을 활용했습니다. 장—뇌 축(Gut-Brain Axis)이 신경 전달 물질을 통해 장과 뇌 사이의 통신을 가능하게 한다는 것입니다. 신경 전달 물질을 생성하는 특정 장내 세균을 확인했고요. 이를 기반으로 유니레버는 생명공학 기업 홀로바이옴Holobiome과 협력해 정신 건강과 웰빙에 긍정적인 영향을 미칠 수 있는 미래 식품 및 음료를 기획하고 있습니다. 장과 우리가 먹는 음식 사이의 연관성을 이해하고 실천하는 푸드테크의 또 다른 획기적인 사례입니다.

보기 좋은 음식이 몸에도 좋다는 말은 단순하기 그지없는 옛말이 되었습니다. 눈만 맞아 짝지을 일은 없겠습니다. 입맞춤했다고 기대도 많이 할 순 없겠는걸요. '대용 단백질' 업계 관계자님들, 이제 '장 건강'까지 책임지셔야 합니다. 황금알 낳는 거위가 되어주시면 마다할 이 없겠습니다.

04

궁극의 비건

'대통령 님, 불고기 말고 콩국수, 플리즈'

대통령의 '푸드를 요리'하던 워싱턴 D.C.를 떠나, '테크를 요리'하고자 실리콘 밸리에 정착했던 셰프 샘 카스Sam Kass가 태평양을 건넜습니다. 이 번엔 한국행을 택했습니다. 백악관 영양 정책 고문 시절, 불고기를 사랑하던 오바마Barack Obama 대통령의 요청으로 자세한 한식 요리법을 배우러 왔다고요. 건강식으로 소문났다는 한국의 사찰음식을 배우러 어느 사찰을 찾았습니다. 사찰은 카스에게 불고기를 가르칠 수 없었지만, 고기 이외의 여러 한국 음식을 가르쳐주고 싶었습니다. 그런데 스타 셰프의 감각은 남다릅니다. 여러 음식 중에서 된장을 가르쳐달라고 하네요. 된 장을 배우자니, 콩부터 시작해야 했고, 결국 콩국수까지 배웠죠. 식물기 반 대용육의 재료가 대부분 콩입니다. 콩의 영양학적 가치는 더 이상 말 할 필요가 없지요? 카스 셰프는 불고기의 동물성 단백질을 콩의 식물성 단백질로 치환하고자 시도합니다. 미국으로 돌아가면 불고기, 햄버거 대신 콩국수를 대통령에게 대접하겠다고요.

"대통령 님, 콩국수를 드시지요, 불고기 말고요!"

여기에 필자가 유용한 팁 하나 곁들여볼까요? 제분된 밀가루로 국수를 만들지 말고 쌀가루로 만드는 건 어떨까요? 우리는 앞서 '콩밥'에서 배웠죠. 쌀을 콩과 함께 먹으면 서로에게 부족한 필수 아미노산이 보완됩니다. 그래서 콩밥을 먹으면 동물성 단백질만이 함유한 모든 필수 아미노산이 충족될 수 있습니다. 불고기가 아니어도 완전 단백질 제공이 가능한 것입니다. 팁 하나 더 드릴까요? 반찬으로 콩나물무침 어떨까요? 콩에서 기른 콩나물은 전 세계에서 한국만 먹는다고 하죠. 그런데 콩나물로 기르면 콩에 없던 비타민 C가 생성됩니다. 아울러 콩나물 머리엔 정신건강에 이로운 비타민 B1, 몸통엔 항산화 성분인 비타민 C, 잔뿌리엔 숙취 해소를 돕는 아스파라긴이 풍부합니다. 콩나물국이 해장국임은 괜한 이야기가 아닙니다. 우리만의 비법을 공유합니다.

"대통령 님, 콩(쌀)국수와 콩나물 무침, 플리즈!"

사찰음식을 찾는 셰프가 샘 카스뿐만이 아니네요. 세계 최고 레스토랑 연속 1위, 지역 음식만을 식재료로 쓰는 것으로 유명한 코펜하겐 소재 식당, 노마NOMA의 수석 셰프 르네 레드제피Rene Redzepi도 한국의 사찰을 방문했죠. 그는 발효 연구 주방을 구비할 만큼 일찍이 한국의 발효 음식인 김치와 장류에 관심이 많습니다. 노마의 블로그에 발효의 장점을 곁들인 김치 만드는 방법이 수록되어 있을 정도죠. 노마의 음식을 먹으면 염소 응가는 면할 수 있을 것 같네요. 미슐랭 3스타 셰프 에릭 리퍼트Eric Ripert는 사찰 순례 수준입니다. 맛있는 음식은 누구나 만들 수 있지만, 집착이나 중독을 만들지 않는 음식은 사찰음식이 유일하다고 칭찬이 마르지 않습니다. 급기야 2020년에는 넷플릭스가 제작하는 다큐멘터리 〈셰프의 테이블(Chef's Table)〉 3부는 국내 스님이 주인공입니다. 스님이 셰프도 아닌데 말이죠. 결국, 사찰요리가 다큐의 한 부문을 차지해서 실리콘 밸리가 놀랐다는 후문도 들립니다. 사찰요리가 유수한 스타 셰프들, 그리고 글로벌 '대용 단백질' 업계에 무슨 매력이 있는 걸까요?

우리는 일상, 그들은 혁신

달래 무침, 냉이 된장국, 초고추장에 두릅, 입맛 도는 이 음식들은 언제 먹나요? 오이무침, 열무 냉면은요? 또 표고버섯전, 더덕무침, 그리고 시금치나물, 연근조림, 우엉볶음은요? 봄, 여름, 가을, 겨울순으로 제철 채소로 만든 몇 가지 음식들을 나열해보았습니다. 기후변화로 경계가 모호해져가지만, 우리나라는 뚜렷한 사계절이 있죠. 이에 따라 온도, 습도, 일조량, 강우량 등 환경의 차이에 따른 계절별 채소가 매우 다양합니다. 또한, 인간이 계절 변화에 적응하도록 자연스럽게 생성된 채소에 따라 영양 가치도 다르고요. 예를 들어, 봄철의 향기 나는 나물은 겨울에 얼었던 몸을 깨우고, 에너지 대사에 필요한 비타민과 무기질을 공급해 활력을 줍니다. 버섯과 같이 점액성이 있는 음식은 면역력을 길러 다가올 추위를 대비하게 하죠. "음식이 약이 되게 하고 약이 음식이 되게 하라"는 히포크라테스Hippocrates의 말이 옳습니다.

하지만 경제가 발전하고 서구 문명이 들어오면서 한국의 음식문화에도 많은 변화가 생겼습니다. 과거에는 없던 대장암이 많이 발생한 것처럼 육류와 가공식품 섭취가 늘어났죠. 하지만 여전히 한국은 그 어느 나라보다도 채소 소비량이 많습니다. OECD국가 평균 대비 2배이고 거의 탑에 위치합니다. 어떻게 한국인은 온갖 현대적 삶의 압박 아래에서도 채소를 많이 섭취하는 식생활을 유지할 수 있었을까요? 이는 음식 문화에서 답을 찾을 수 있습니다. 우리는 서구처럼 채소를 단순히 건강에 좋기 때문에 선택적 섭취를 하는 것이 아닙니다. 매우 쉬운 예로 우리는 김치와 나물을 매일 먹고 있지 않나요? 우리는 오랜 식습관으로 채소를 '맛'있는 음식으로 즐기기 때문입니다. 더구나 채소를 생으로 먹기보다는 데쳐서 나물로 먹다 보니 많은 양을 한꺼번에 먹을 수 있는 이점이 있죠.

그런데 이러한 상황에서 육류 섭취가 완전히 배제된다면 어떤 현상이 벌어질까요? 어려운 가정은 아닙니다. 사찰이라면 이 상황이 일상이겠죠. 육류 섭취 없는, 원래 그런 세상 말입니다. 여기서 질문이 생깁니다. 시금치만으로 뽀빠이의 근육이 만들어지지 않듯, 육류 없이 채소가 그득한 사찰음식은 어떻게 균형 잡힌 '건강을 요리'했을까요?

사찰음식의 기저에는 '콩'이 있습니다. 된장, 고추장, 간장, 두부, 콩국(두유), 콩나물, 콩장, 유부, 콩떡… 콩의 요리 세계는 일반 소비자들의 식탁 위와 별반 다르지 않습니다. 하지만 동물성 식품의 선택이 제한된 사찰에서의 콩은 특별합니다. 단백질의 주요 공급원이기 때문입니다. 또한, 특별하고 세련된 '맛' 내기는 사찰음식 문화 위에 있습니다. 식물성 음식만 일상적으로 먹어야 하는 데서 요구된 다양성으로부터 발전되어 온 것이죠. 자연 친화적인 유기농 식재료의 사용은 이상적인 건강 식단을 완성했고요. 그러고 보니 사찰이 '비건 전용 공간'이었네요. '균형 잡힌 영양 만점의 비건 식단'으로도 완벽하고요. 바로 이러한 점들이 '대용 단백질' 시장, 그리고 스타 셰프들과의 접점인 동시에 매력 포인트가 된 것입니다.

흥미롭습니다. 우리가 매일 먹고 있는 콩이 마치 신대륙의 대발견인 양, 혁신인 양, 전 세계 식품업계가 눈독을 들이고 있으니 말입니다. 그들은 선사시대의 식량 공급 수단인 콩에 '테크'를 걸고 있습니다. 2050년 인구 100억 명을 먹여 살릴 지속 가능한 미래 식품을 만들겠다고요. 익숙하지 않은 식재료를 다루느라 애쓰고 있는 서구입니다. 콩 외의 사례들도 많습니다. 4000년이 넘도록 동양의 식품 역사에 있는 녹두도 한 예입니다. 우리는 '익숙하게' 녹두전과 숙주나물로 녹두를 먹고 있죠. 반면 잇 저스트는 '처음 본' 녹두에서 테크의 힘을 빌려 달걀 단백질 요소를 찾아냈고요. 서구에서 '대용 단백질' 시장이 정착하는 데 시간이 걸리는 이유 중 하나입니다. 콩과 같은 식물성 단백질 섭취가 익숙한 동양은 빠른 대응이 어렵고요. 여하튼 '대용 단백질' 비즈니스 역시 결과적으로 '기본으로의 회귀'에서 시작했습니다. 응원은 잊지 말아야 합니다.

Now Asia goes, goes the world, 아시아에서 세계로

살충제 DDT 기억하시나요? 국내에선 1970년대에 골목길을 누비며 하얀 연기를 뿜어내던 소독차 추억이 있죠. 살충제와 농약으로서의 강력한 효능을 인정받아 이를 발견한 박사가 노벨 생리의학상을 받았습니다. 농업에서 병충해뿐만 아니라 세계대전 중 말라리아, 장티푸스의 전염병을 막아내는 등 기적의 약으로 만연되었고요. 음식 이야기를 맛있게 하다가 응가, 이제는 살충제까지 불러왔습니다. 기본으로 돌아가자니 할 수 없습니다.

식량이 부족했던 과거에는 안전보다 생산 증대가 주요 목적이었죠. 농업에서는 병충해를 없애고자 농약이 무분별하게 사용되었어요. 시간이 지남에 따라 원인 모를 새들의 죽음, 벌의 증발, 농약에 노출되었던 사람들의 발병이 이어졌습니다. 그간의 수없이 뿌려진 농약 사용으로 토양은 이미 오염된 상태였고요. 이때 《침묵의 봄》(1962)이 발간됩니다. 앞서 미국에서 벌의 증발 원인으로도 지목되었던 살충제 남용을 고발한 책이었죠. 이 경고를 받아들인 미국 정부를 중심으로 전 세계는 친환경 캠페인을 시작합니다. 살생물질이 되어버린 DDT 사용도 금지했고요.

국내에서도 조용한 움직임이 있었습니다. 어느 농부가 우연히 농약을 사용하지 않는 유기농법을 알게 된 것이 시작입니다. 그 농부가 '풀무원(1981)'의 시조인 정농회(1976)를 조직한 원경선 선생입니다. 유기농이라는 단어조차 생소하던 시절, 그는 유기농법이 환경과 인간의 건강을 이끄는 '바른 농사'임을 확신했고, 유기농법만으로 채소를 경작했습니다. 그러나 농약을 쓰지 않으니 벌레 먹은 구멍이 그대로 보이는 채소 모양은 엉망이었고 크기도 작았죠. 면적당 생산량도 농약 재배 작물 대비 70%이니 가격도 비쌌고요. 팔리지가 않습니다. 당시 소비자는 환경이나 식품 위생에 대한 경각심이 지금만 하지는 못했으니까요. 밭의 고기로 불리던 두부 역시 방부제나 공업용 황산칼슘 함유 이슈가 종종 터지곤 했죠. 이런 상황에서 풀무원이 두부를 만들기 시작합니다. 고집스러운 소신은 두부에서도 져버리지 않았습니다. '쌀과 채소는 유기농, 잡곡은 국산으로 한다'라는 소신은 지금까지도 풀무원의 원칙으로 남아 있습니다.

풀무원이 두부를 만든 지 40여 년이 되어 갑니다. '대용 단백질' 시장이 떠오르면서 세계적으로 콩과 콩으로 만든 두부가 새롭게 각광을 받고 있습니다. 서구는 소비자의 관심 증대로 두부 소비량이 늘기(2021 미국 가구 5% → 16%) 시작했고요. 콩과 두부에 익숙한 우리가 모르는 사이 풀무원은 미국 두부 시장의 75%를 점유하고 있습니다. 풀무원이 미국 진출 29년 만에 흑자 전환과 더불어 얻은 쾌거입니다. 풀무원의 '바른 먹거리' 미션은 멈추어본 적이 없었죠. 그냥 얻은 75%는 아닙니다. 풀무원은 급기야 2021년에 국산콩 두부 10종에 대해 글로벌 탄소 발자국 인증을 획득하고, 식물성 지향 식품(Plant Forward Foods) 선도 기업임을 선언하기에 이릅니다. 국내뿐만 아니라 해외로의 그들의 행보는 숨 가빴습니다. 100년 대계 앞에서는 짧은 40년의 역사지만, 지속 가능성의 관점으로 보면 가히 광폭적입니다. 그 추이를 잠깐 열어볼까요? 환경 공해로부터 벗어나 바른 식생활과 건강한 삶을 바라는 대중을 향한 그들의 지속적인 실천을 들여다볼게요.

두부 생산 이래 <u>1984년</u> 국내 최초로 '포장 두부' 출시를 시작합니다. <u>1987년</u> 요즘 두부 포장의 정석으로 알고 있는 '플라스틱 포장' 두부를 국내 최초로 출시했고요. <u>1989년</u> 한국국제기아대책기구(KFHI) 설립기금 지원으로 시장을 확대하기 시작합니다. <u>1991년</u> 미국 현지법인 설립, <u>1993년</u> '전통식품의 과학화'라는 새로운 개념 아래 장류(간장, 된장, 고추장)와 기름(참기름, 들기름) 등 전통 조미식품 개발, <u>1996년</u> 나물만을 전문으로 생산하는 전 공정 자동화 공장 설립, <u>1997년</u> 콩 발효 요구르트 개발, <u>1997년</u> 김치 박물관 인수와 김치 교육 전개, <u>2004년</u> 두부로 유럽 시장 진출과 미국 와일드우드 내추럴 푸드^{Wildwood Natural Foods} 인수, <u>2008년</u> 세계 최대 두부 시장인 중국 진출, <u>2010년</u> 중국에 식품유한공사 설립, <u>2014년</u> 일본 아사히 식품공업 인수, <u>2016년</u> 미국의 두부 1위 업체 비타소이^{Vitasoy} 사업권 인수, <u>2018년</u> 나또 공장 설립, <u>2019년</u> 글로벌 김치공장 설립과 베트남 법인 설립, <u>2020년</u> 중국 시장 진출 10년 만에 흑자 돌입, <u>2021년</u> 고질의 식물기반 대용육 개발을 위해 글로벌 향미료 기업 IFF(International Flavors&Fragrances)와 협력해, 자사 브랜드 플랜트스파이어드 제품을 미국 웰빙푸드 체인 와바그릴에 입점, 여기서 더 나아가 <u>CES 2022</u>에서는 '테크'를 입혔습니다. 60초 이내에 식사를 준비하는 '로봇 푸드 플랫폼'으로 식물기반 스테이크뿐만 아니라 유기농 식사 솔루션까지 제공했지요. <u>2022년</u> 일본에서는 '두부바' 누적 판매 1,000만 개 돌파까지….이제는 '대용 단백질' 제품 생산을 넘어 '푸드테크' 시장을 리드하고 있습니다. 예사롭게만 볼 수 없는 역사를 만들어가고 있는 것입니다.

하지만 혁신의 과정이 쉬울 리는 없습니다. 1996년 유기 농산물의 농약 검출 파동, 1999년 GMO 사용 미표기 제소 등 크고 작은 사건들이 있었죠. 그런데 풀무원은 위기에 처할수록 진실하고 정정당당했습니다. 2000년 두부 및 콩나물 제품에 GMO 원료 미사용 선언, 2005년 생산 이력제 도입과 국내 생식업계 최초로 HACCP(Hazard Analysis and Critical Control 식품안전 관리제도) 인증 획득, 2006년 국내 최초 완전 표시제 시행, 2007년 국내 최초 동물 복지 제도 도입, 그리고 유통기한과 제조일자 병행 표기, 2013년 친환경 포장제 전면 교체 등 적극적인 대응 관리로 위기를 재도약의 기회로 삼았고, 그렇게 철저하게 미션 중심의 기업으로 거듭 발전해왔습니다.

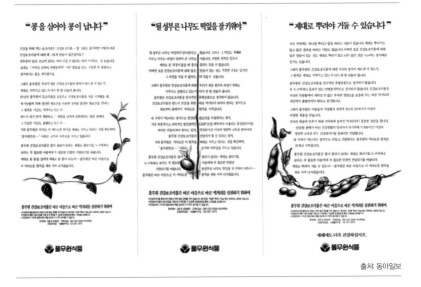

출처: 동아일보

〈자료 55〉 풀무원 1990년대 신문 광고 (1993년 12월 14일 - 1993년 12월 23일 - 1994년 1월 7일)

결과는 순간의 사건이 아닙니다. 더구나 기념비적인 혁신의 결과라면 보이지 않는 처절한 과정 없이는 불가능한 것입니다. 〈자료 55〉의 1990년대 광고 내용은 단지 고객을 웃고 울리는 감동 광고로 그치지 않고 우리의 식탁 위에 '바른 먹거리'로 자리하고 있습니다. 풀무원의 이야기를 귀담아들을 이유입니다. 이제 풀무원의 초기 소신은 로하스(LOHAS Lifestyles Of Health And Sustainability, 건강과 지속 가능한 발전을 생각하며 사는 의식 있는 생활양식) 사명으로 정착했고, 풀무원은 바른 먹거리로 인류와 지구의 건강한 내일을 만드는 기업으로 거듭나고 있습니다. 굽히지 않는 미션 아래 '고객 중심'의 새로운 '푸드 컨셉'과 '라이프 컨셉'을 실현하기 위해 혁신적인 기술을 활용하고 있는 풀무원 역시 식품업계의 별★입니다.

콩과 두부, 그 사이에 빼놓을 수 없는 식품이 하나 더 있습니다. 콩을 끓여서 갈은 물, 콩국물입니다. 스타 셰프도 열망하던 콩국물에 물을 희석해 일상적 음료로 만들면 두유(豆乳), 콩국물에 응고제를 넣으면 두부(豆腐)가 되죠. 앞서 콩의 역사에서도 보았듯이, 한국인, 더 넓은 범위로 동양인의 건강을 지켜왔다고 해도 과언이 아닌 두부, 그리고 두유입니다. 두유는 어떤 역사의 흐름을 가지고 있을까요?

국내 사례로 찾아볼게요. 19세에 의사시험 전 과목에 합격한 의사가 있었습니다. 1935년 의사 견습생이던 시절, 백일도 안 된 사내 아기가 우유나 모유를 소화하지 못해 묽은 녹색 변만 흘리다 사망하는 것을 경험하죠. 하지만 당시에는 병의 원인을 알 수 없었어요. 그가 1960년 영국 유학을 하게 되면서 소아 알레르기 질환을 전문적으로 연구하는 메디컬 센터에서 '유당불내증' 연구 논문을 발견합니다. 여기서 유당불내증이 그 아기의 사망 원인임을 알게 된 것입니다. 거의 30여 년 만이네요.

이에 그는 유당이 함유되지 않은 대용 유액을 궁리했죠. 우유 못지않게 단백질이 풍부한 대용식품으로 콩을 연구하기 시작해, 마침내 1967년에 국내 최초로 콩으로 만든 음료수를 출시합니다. 치료식으로 시작한 콩 국물을 우리 가정에 건강한 음료수 두유로 정착시킨, 바로 '정'식품의 베지밀(Vegemil: Vegetable(식물)+Milk(우유))입니다. 창립자 정재원 선생이 그 소아과 의사이고요. 그는 100세로 타계할 때까지 '인류 건강 문화에 이 몸 바치고저'를 이념으로 평생 콩, 두유의 연구에만 매달렸습니다. 하루도 빠지지 않고 하루에 4번, 6시간마다 두유를 음용했다는 그의 인터뷰는 식물성 고단백질 섭취로 100세 건강을 유지했을 것이라는 추측을 낳게 합니다. 베지밀 출시 후 50여 년 동안 수많은 두유업체가 생겼지만, 베지밀 매출을 넘어본 업체가 없습니다. 별★은 아무에게나 주어지지 않는 법입니다.

콩(대두)의 활용							
영양소	콩(가공 이전)						대두박 (탈지대두)
	단백질 45% 지방 20% 탄수화물 30% 무기질 5%						조직화(공정) 하면 단백질 양 80%까지 증가
필수 아미노산	라이신 부족 → 라이신이 풍부한 쌀과 함께 섭취 시, '완전(동물성) 단백질' 섭취 가능						
활용 식품	날것	익힘	발효		가공		발아	고도 가공
			간장, 된장	청국장, 낫또	두부	두유	콩나물	대용 단백질 식품
소화 흡수율	소화 방해효소 함유	60% 증진	85%	90%	95%	95%	익혀 먹으면 증진	대용육, 대용우유 등 식물기반 대용 단백질의 공급원으로 활용 (첨가물에 따라 영양소 가변)
영양소 생성	영양소 그대로 유지	영양소 그대로 유지	• 비타민 B1 B6 B12 생성 • 장내 유익균 생성		영양소 그대로 유지		• 비타민 C 생성 • 비타민 A 18배 증진 • 아스파라긴산 풍부	

(참고_단백질 소화 흡수율 비교 콩1:쇠고기0.92)   @필자 작성_자료참고: 식약처

〈자료 56〉 콩(대두)의 활용

여기까지 오다 보니, 콩 냄새가 자욱합니다. 콩 그리고 콩으로부터 간장, 두부, 두유, 콩나물, '대용 단백질', 여기에 콩밥까지…, 콩의 건강 활용도가 무궁무진합니다(〈자료 56〉 참조). 잭이 소와 바꾼 콩 덕분에 부자가 되었다는 이야기가 실감 나지 않는지요?

대중화된 고기에 밀려 콩이 천대받던 지난 세월에도 철저한 소신을 지키며 풀무원과 정식품은 두부와 두유로 자기 자리를 지켜왔습니다. 저버리지 않은 그들의 시대적 사명감은 100년 대계 안에서 한국인뿐만 아니라 인류의 건강을 위한 또 다른 40년 50년을 기대하게 합니다.

선한 기업들의 명맥이 3000년 전 동양에서 경작되기 시작한 '콩'의 부활을 이끌고 있습니다. 시간을 따라 그리고 테크를 따라 서양에서 다시 깨어났습니다. 아시아에서 세계로, 선사시대 식량이 미래 식량으로 귀환하고 있습니다.

마침 서구에서 깜짝 놀랄 만한 콩 관련 뉴스가 날아왔습니다. 뉴욕발 (發)입니다. 콩으로 만든 햄버거로 시끄러워하던 서구인들이 급기야 뉴욕 한복판에서 청국장을 먹는다고요. 이야기의 전말은 이렇습니다. 미국 최고의 레스토랑으로 뉴욕 소재 한국 식당이 선정되었습니다. 미국 전역 식당업계가 술렁거렸죠. 2022 세계 베스트 50 레스토랑(The World's 50 Best Restaurants)에서 한식당 아토믹스ᵃᵗᵒᵐⁱˣ가 미국 지역 전체 1위(글로벌 33위)에 이름을 올린 것입니다. 이는 전 세계 미식업계의 오스카상으로 불리고 미슐랭 가이드와 함께 가장 권위 있는 식당 평가 리스트죠. 선보인 메뉴는 '청국장과 보리굴비, 김부각과 창난젓, 두부와 청포묵'이었고, 전통 발효 요리법을 활용했다고 합니다. 듣기만 해도 동물성과 식물성 음식이 균형 있게 고루 갖추어진 식단이네요. 2016년 아토보이 개장에 이어 2018년 문을 연 아토믹스는 밥과 반찬을 조화롭게 차려놓은, 상차림 코스만 제공하는 고급 한식 식당입니다. 개업 초부터 넘쳐나는 아이디어로 〈뉴욕 타임스〉 등으로부터 찬사를 받아왔죠. 이미 미슐랭 2스타 레스토랑이기도 하고요. 여기서 콩을 발효한 맛에 흥미로워하고, 건강에 관심이 많은 고객을 두부와 청국장으로 사로잡은 것입니다. 메뉴를 낼 때마다 재료나 식기에 담긴 스토리를 카드에 담아주는 디테일 또한 놓치지 않았고요. 두부는 토푸(Tofu)가 아니라 두부(Dubu)로 표기했습니다 (〈자료 57〉). 제대로 공을 들였습니다. 반짝입니다. 별★처럼요.

〈자료 57〉 아토믹스 가을 메뉴 (2022)

정리해볼까요?

전 세계 인구가 늘고 있어요. 2050년이면 100억을 바라본다고 하죠. 식량난을 걱정합니다. 특히 '단백질' 수요증가에 대해서요. 혹여나 인구가 감소할 것이라는 예견이 맞는다 해도 개발도상국에서 수요가 늘어날 것이기에 식량난은 여전히 인류의 과중한 숙제입니다. 현재의 식량 시스템으로는 그 수요에 대비할 수 없다고 하고요. 동시에 환경 파괴로 인한 기후 위기에 직면해 있는 지금, 지구를 죽이지 않고 식량난을 해결해야 합니다. '대용 단백질' 시장이 '테크'를 빌어 등장한 배경입니다.

필자는 '대용 단백질' 식품시장이 지향할 혁신적 솔루션의 본질을 3가지로 집약합니다. '공장식 농축산업의 지양', '동물성과 식물성 단백질의 균형적 섭취', 그리고 '클린 라벨 확보'입니다. 결론적으로 Less and Well('덜' 그리고 '잘' 먹기)로 미래 먹거리를 정의하고자 합니다.

아무리 어려운 질문일지라도 정답은 늘 단순합니다.

환경 파괴로 인한 지구와 인류의 건강을 회복하기 위해서는 '변화에 현명하게 대응'해야 합니다. 지속적으로 유지하기 위해서는 '본질에 충실'해야 함은 더욱 중요한 실천 덕목이고요.

이를 바탕으로 삼아 '대용 단백질' 시장의 비전을 제시하고자 합니다.

알면 쉽습니다

'대용 단백질' 시장이 급격히 부상한 새로운 분야이다 보니 참여한 플레이어들이 동상이몽입니다. 소비자와 과학 기술은 맛과 건강에서, 생산자와 과학자는 고기 흉내를 내고자, 생산자와 투자자는 대량 생산을 기대하는 수익으로, 그리고 투자자와 소비자는 ESG를 지향하는, 각 접점들로 한자리에 모였습니다. 하지만 각자 머릿속에서는 다른 그림을 그리고 있어요. 소비자는 가격을 묻습니다. 투자자는 끊임없이 수익을 계산하죠. 생산자는 지속적인 판매 가능성이 고민이고요. 기술은 규제 승인 획득이 우선 가치인 겁니다. 그야말로 지금의 '대용 단백질' 시장은 '각자도생' 상황입니다(〈자료 58〉).

이제 우리는 시장의 속사정을 다 알았습니다. 화성으로 이사 가기엔 살아남아야 할 시간은 너무 길고요. 우선 지구를 살려야 합니다. 내 자식도, 내 손주도 밟을 땅이 있어야 하니까요. 서 있을 터전이 있어야 사회 조직도 형성이 되고 지속적인 경제가치도 생기겠죠. 하루 3번, 일 년이면 1,100번의 '먹거리'가 '테크'를 만나 그 솔루션으로 나섰습니다.

알면 쉽습니다. 거대한 담론보다 구체적인 현실, 바로 먹거리에서 대안을 찾을 기회입니다.

아는 만큼 보입니다

기후위기 덕분에 자본의 셈법이 바뀌었습니다. 이제 투자자는 기후 리스크가 곧 투자 리스크임을 인정합니다. 소비자 역시 이제 발등이 뜨거운 줄 압니다. 의식적 구매 선택에 눈을 떴습니다. 생산자들과 과학자들도 소비자 의식의 변화에 따라 인류와 지구의 건강을 최우선 가치로, 즉 기본 원칙으로 회귀하고자 합니다. 테크는 소비자가 요구하는 수준의 개인화 및 건강상의 이점을 제공할 수 있을 만큼 민첩하고요. 정부의 지원책도 어느 때보다도 적극적이고 고무적입니다. 아는 만큼 보입니다. 이제 모두가 '사회적 합의'하에 한 방향으로 정렬할 수 있습니다(《자료 59》).

결국 '푸드테크' 기반 '대용 단백질' 식품이 윤리적이고 투명하게 생산, 공급되며, 기능적으로 영양가가 있고, 문화적으로 의식이 있으며, 무엇보다도 맛이 있어야 한다는 본질에 기반한 의미입니다. 이러한 지속 가능성에 대한 총체적인 접근은 '대용 단백질' 시장 참여자 모두에게 유익한 방식으로 변화를 만들어 갈 것이고요.

이제 모두 하나의 목소리로 뜻을 같이하면서 즐겁고 건강한 식단을 기대하시죠.

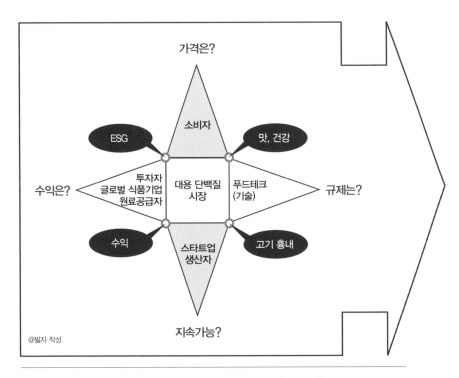

가격은?

소비자

ESG

맛, 건강

수익은?

투자자
글로벌 식품기업
원료공급자

대용 단백질
시장

푸드테크
(기술)

규제는?

수익

스타트업
생산자

고기 흉내

지속가능?

@필자 작성

〈자료58〉 '대용 단백질' 시장의 현재 상황 '각자도생'

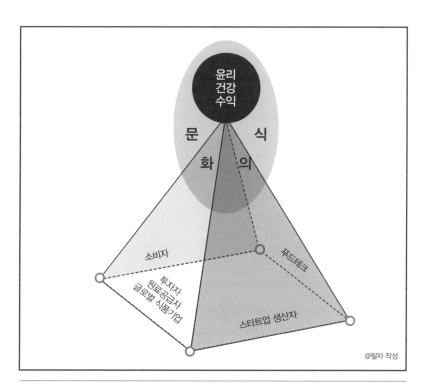

윤리
건강
수익

문   식

화   의

소비자

푸드테크

투자자
원료공급자
글로벌 식품기업

스타트업 생산자

@필자 작성

〈자료59〉 '대용 단백질' 시장 비전 제시 '**사회적 합의**'

참고자료

책

김백민, 《우리는 결국 지구를 위한 답을 찾을 것이다》, 2021

비 윌슨(Bee Wilson), 《식사에 대한 생각》, 2019

레이첼 카슨, 《침묵의 봄》, 1962

이시카와 신이치(石川伸一), 《분자요리》, 2016

조너선 샤프란 포어(Jonathan Safran Foer), 《우리가 기후다》, 2019

주종문, 《실내농장(Indoor Farm)》, 2020

Bill Gates, 《How to avoid a climate disaster》, 2021

Denis Parsons Burkitt, 《Don't forget fibre in your diet》, 2004

Ed Winters, 《This is Vegan Propaganda》, 2022

Mark Maslin, 《How to Save Our Plane》, 2021

Michael Pollan, 《The Omnivore's Dilemma》, 2006

Michael Pollan, 《In Defense of Food: An Eater's Manifesto》, 2009

Paul Greenberg, 《The Climate Diet》, 2021

Thomas Campbell, T. Colin Campbell, 《The China Study》, 2006

Tobias Leenaert, 《How to create a vegan world》, 2017

보고서

축산 식품과학과 산업, 〈식용곤충 신시장 창출을 위한 기술 동향 분석 및 시장 전망〉, 2020

American Journal Public Health, 〈Milk, Dietary Calcium, and Bone Fractures in Women: A 12-Year Prospective Study〉, 1997

CONCERN worldwide, 'Global Hunger Index', 2021

European Journal of Marketing, 'How UNIQLO evolves its value proposition and brand image: Imitation, trial and error and innovation', 2014

FAO, 〈The future of food and agriculture: Trends and challenges〉, 2017

Ingredion, 〈Put profitability on the menu〉, 2022

IPCC, 〈AR6 Synthesis Report: Climate Change〉, 2022

IPCC, 〈Climate Change 2022: Impacts, Adaptation and Vulnerability〉, 2022

Mckinsey, 〈ICE businesses: Navigating the energy-transition trend within mobility〉, 2022

Mckinsey, 〈Mapping public transportation's pain points〉, 2022

Meticulous, 〈Alternative Protein Market(2020-2027)〉, 2020

METTLER TOLEDO, 〈The Ultimate Salt Guide〉, 2017

Nutrients, 〈The Interplay between the Gut Microbiome and the Immune System in the Context of Infectious Diseases throughout Life and the Role of Nutrition in Optimizing Treatment Strategies〉, 2021

PNAS, 〈Global reconstruction of historical ocean heat storage and transport〉, 2018

PNAS, 〈The opportunity cost of animal-based diets exceeds all food losses〉, 2018

SOYINFO CENTER, 〈HISTORY OF INTERNATIONAL TRADE IN Soybeans, Soy oil and Soybean meal, plus Trade policy (1859~2021)〉, 2021

Transparency Market Research, 〈Texturized Vegetable Protein Market〉, 2021

웹사이트

기후변화에 관한 정부 간 협의체 https://www.ipcc.ch

나스닥 https://www.nasdaq.com

농림축산식품부 https://www.mafra.go.kr

머시 포 애니멀스 https://mercyforanimals.org

미국농무부 https://www.usda.gov

미국보건복지부 https://www.hhs.gov

미국식품의약국 https://www.fda.gov

미국영양학회 https://nutrition.org

미국질병통제센터 https://www.cdc.gov

베지 소울 푸드 https://veggiesoulfood.com

보건복지부 http://www.mohw.go.kr

세계보건기구 https://www.who.int

식품의약품안전처 https://www.mfds.go.kr

야후 파이낸스 https://finance.yahoo.com

유엔식량농업기구 https://www.fao.org

하버드대학 공중보건학교 https://www.hsph.harvard.edu

한국과학기술기획평가원 https://www.kistep.re.kr

한국농수산식품유통연구소 https://www.kati.net

한국영양학회 https://www.kns.or.kr

비건을 경영하다

제1판 1쇄 2023년 1월 2일

지은이 조은희
펴낸이 최경선 **펴낸곳** 매경출판(주)
기획제작 ㈜두드림미디어
책임편집 최윤경, 배성분 **디자인** 얼앤똘비악earl_tolbiac@naver.com
마케팅 김성현, 한동우, 장하라

매경출판㈜
등록 2003년 4월 24일(No. 2-3759)
주소 (04557) 서울시 중구 충무로 2(필동1가) 매일경제 별관 2층 매경출판㈜
홈페이지 www.mkbook.co.kr
전화 02)333-3577
이메일 dodreamedia@naver.com(원고 투고 및 출판 관련 문의)
인쇄·제본 ㈜M-print 031)8071-0961
ISBN 979-11-6484-495-1 (03330)

**걱정하지 마라
90%는 일어나지 않는다**

《你所烦恼的事, 九成都不会发生》

作者 : 美禾

Chinese Edition Copyright ⓒ 2016 北京慢半拍文化有限公司 All Rights Reserved.

Korean Translation Copyright ⓒ 2018 by Mirae Book Korean edition is published by
arrangement with 北京慢半拍文化有限公司mthrough EntersKorea Co., Ltd. Seoul.

걱정하지 마라,
90%는 일어나지 않는다

초판1쇄 인쇄 2018년 7월 17일

초판1쇄 발행 2018년 7월 24일

지은이 | 메이허

옮긴이 | 김경숙

펴낸이 | 임종관

펴낸곳 | 미래북

편   집 | 정광희

표지 디자인 | 김윤남

본문 디자인 | 디자인 [연:우]

등록 | 제 302-2003-000026호

주소 | 서울특별시 용산구 효창원로 64길 43-6 (효창동 4층)

마케팅 | 경기도 고양시 덕양구 화정로 65 한화 오벨리스크 1901호

전화 02)738-1227(대) | 팩스 02)738-1228

이메일 miraebook@hotmail.com

ISBN 979-11-88794-16-4   03320

걱정하지 마라 90%는 일어나지 않는다

메이허 지음 | 김경숙 옮김

MIRAE
BOOK

당신이 걱정하는 일의
90퍼센트는 일어나지 않는다。

당신은 어떤 일 때문에 불안과 걱정에 빠지거나 마음이 점점 무거워진 적이 있는가?

처칠이 이런 말을 했다.

"모든 걱정을 되돌아보았을 때, 한 노인의 이야기가 생각났다. 그는 임종 전에 말했다. '나는 평생 많은 걱정거리를 안고 있었지만 걱정한 일의 대부분은 실제로 발생하지 않았다.'"

이는 이 책의 제목인 《걱정하지 마라, 90%는 일어나지 않는다》의 유래다. 사실 대부분의 걱정은 모두 '망상', '편견', '오해' 그리고 '불필요한 걱정'에서 비롯된다. 이러한 걱정은 본질상 심리 작용에 불과하다. 즉 대부분의 경우 우리는 '불필요한 일'을 사서 걱정하는 것이다. 걱정이 당신을 떠나지 않는 것이 아니라 당신이 걱정을 내려놓지 못하는 것이다.

사람들은 대부분 다음과 같은 경험을 한 적이 있을 것이다. 어떤 일 때문에 제대로 먹지도 못하고 잠도 못 이루며 고민할 때, 갑자기 글귀 하나 또는 노래 가사 한 구절 덕분에 생각이 확 트인다. 그리고 '그것은 터무니없는 걱정에 불과하다'고 의식하고 깨달음을 얻는다. 사실 걱정과 이별을 고하는 가장 간단한 방법은 바로 걱정을 내려놓는 것이다. 짊어진 걱정을 내려놓지 못하는 일은 삶 자체에 위배된다. 걱정과 믿음이 대립할 때, 당신의 굳은 믿음은 당신에게 희망과 자신감을 가져다주고, 걱정은 그 '무게'를 잃고 아무런 형태도 남기지 않고 사라진다. 일단 걱정이 사라지면 우리의 삶에는 생각지도 못한 변화가 발생한다. 물론 말로는 쉽지만 실제로 실천하기란 어려운 법이다. '현재'에 집중하는 법을 배우고 아직 발생하지도 않은, 혹은 발생할 가능성이 없는 일을 더 이상 미리 걱정하지 마라. 그러한 걱정은 언젠가 분명 연기처럼 사라져버릴 것이다.

- ◆ '인정받으려는 욕구'와 '감정'을 컨트롤하고, 타인의 생각에 끌려 다니지 마라.
- ◆ 근본적으로 걱정할 필요 없는, 자신이 만들어낸 상상에 시간을 낭비하지 마라. 우리가 걱정하는 일 중 90퍼센트는 일어나지 않는다.
- ◆ 현재를 열심히 살고 오늘은 바로 당신이 어제 걱정하던 내일이었다는 사실을 기억하라.

이것이 바로 이 책에서 이야기하고자 하는 내용이다.

차례

|프롤로그|

004 당신이 걱정하는 일의 90퍼센트는 일어나지 않는다

첫 번째 솔루션

무의미한 집착 대신 잊을 것은 잊고,
포기할 것은 포기하는 법을 배우자.

012 생각할수록 후회스럽다?

한 번 엎지른 물은 다시 담을 수 없고,
이미 지나간 일은 돌이킬 수 없다.
즉 후회는 무익하다

020 더 이상 이렇게 살아갈 수는 없다!

미래를 걱정하기보다는
스스로 계획하라

032 나는 무엇을 선택해야 할까?

'만약'이 당신의 결단에
영향을 끼쳐서는 안 된다
즉 후회는 무익하다

043 포기해도 괜찮을까?

무언가를 얻으려면
너무 많은 것에 유혹되어서는 안 된다

052 만약 애당초……

당신이 더 이상 '만약, 만일'이라고
말하지 않는다면
문제는 해결될지도 모른다

060 나는 정말 남들만 못한 사람일까?

최고의 시절은
자기 자신의 장점을
깨달았을 때 찾아온다

070 100점이 아니면 성공이라 할 수 없다!

유감을 내려놓지 못하는 것이
최대의 유감이다

두 번째 솔루션

감정이 이성을 잠식하게 내버려두지 말고
자신의 내면을 지배하라。

078 나는 과중한 압력을 받고 있다!

압력은 당신이 얼마나
강대한 사람인지 테스트한다

**084 자질구레한 일은
나를 정말 귀찮게 한다!**

이미 완성된 작은 일은
계획 중인 큰일보다 훨씬 낫다

**094 그를 질책하는 이유는
다 그 사람을 위해서다!**

'만약 링컨이 나와 같은 상황이었다면
어떻게 문제를 해결했을까?'

**103 내 눈 안의 티끌조차
용서할 수 없다!**

너무 고지식한 사람이 지는 거다

**113 그 사람이 나를
해치려는 것은 아닐까?**

의심은 수많은 즐거움을 앗아가고
당신에게는 아무것도 남지 않는다

119 그가 어쩜 이럴 수가 있지!

분노는 독약의 일종으로
내면에서 당신을 먹어 삼킨다

**128 다른 사람이 나에게
하는 대로 똑같이 돌려준다?**

도량이 좁으면 번뇌도 많아지는 법,
그러므로 넓은 도량과 풍족한 지혜를
가진 사람이 돼라

135 두려움이 사라졌을 때 다시 시작하자?
사람이 부끄러워해야 할 것은
패배가 아닌 두려움이다

세 번째 솔루션

운명 속에서 방황하기보다는
열심히 현재를 살아가자。

146 이 일이 과연 성공할 수 있을까?

성공을 간절히 바라는 사람만이 성공한다

153 과연 이는 모험할 가치가
있는 일일까?

사람은 항상 자신감을 가지고
이성적으로 모험에 나서야 한다

160 좀처럼 성과가 보이지 않는 일,
계속 해야 할까?

일은 인내로 이루어지고
조급함에 무너진다

168 왜 나에게는 좋은 기회가
오지 않는 것일까?

평범해 보이는 기회를 소홀히 하지 마라

174 나는 과연 나에게 맞는
자리에 있는 것일까?

당신은 그저 잘못된 곳에 있는 것일 뿐,
재능을 펼 기회가 없다고 고민하지 마라

178 나는 왜 항상 운이 없을까?

인생의 골짜기에 있는 사람은
방향을 따지지 말고 무조건 높은 곳으로
올라가야 한다

네 번째 솔루션

'인정받으려는 욕구'를 버리고
평상심으로 자신을 사랑하라。

190 만약 실패한다면
내 체면은 어떻게 될까?

체면을 위해 잘못을 고치지 않는 것이야말로
가장 부끄러운 일이다

200 그는 나를 무시하는 걸까?

두려워 말고, 마음을 가라앉혀라.
우리는 이미 더 나은 길을 걸어가고 있다

212 돈 이야기를 하면 사람들은
나를 속물이라고 생각할까?

악의 근원은 돈이 아닌 탐욕이다

227 나도 그 사람처럼 되어야 할까?

그 누구도 대신할 수 없는 당신의
본래 모습을 드러내라

236 질의와 비판 때문에 고민하고 있다?

위인의 결점을 찾아내고 즐거워하는 사람은
소인배뿐이라는 사실을 기억하라

242 '안 된다'는 말을 꺼내지 못한다고?

'안 된다'는 말은 '거절'이 아닌 '선택'을 의미
한다

251 그 사람의 도움이 없으면 어떡하지?

무조건 타인을 의지하면
당신은 점점 나약해진다

258 뒤로 물러나고 싶지 않다?

나아가야 할 때는 용감하게 나아가고
물러나야 할 때는 깨끗하게 물러나라

267 혼자가 두렵다고?

불꽃 아래의 고독은 모든 꿈을 이루는
과정에서 반드시 겪어야 하는 단계다

275 자신이 좋아하는 일을 할 것인가,
허울 좋은 일을 할 것인가?

초심을 잊지 말아야 좋은 결과를 얻을 수 있다

모든 걱정은 자신의 생각에서 비롯된다. 그것은 바로 '아집'이다.
자신이 그려온 이상에 집착한 나머지 현실과의 차이가 발생하면
바로 걱정에 빠진다.

무의미한 집착 대신 잊을 것은 잊고,
포기할 것은 포기하는 법을 배우자。

생각할수록
후회스럽다?

•
•

,

한 번 엎지른 물은 다시 담을 수 없고,
이미 지나간 일은 돌이킬 수 없다。
즉 후회는 무익하다。

살아가면서 우리는 후회할 일을 흔히 겪는다. 이미 저지른 수많은 일을 후회하고, 하지 않은 일도 후회한다. 많은 사람이 후회할 일에 맞닥뜨리고, 이를 놓치면 더욱 후회한다. 또한 수많은 말을 내뱉은 다음 후회하고, 내뱉지 않아도 후회한다. 유감과 후회라는 감정은 마치 우리가 선천적으로 타고난 것처럼 보인다. 고난이 우리 삶과 시종일관 함께 하는 것처럼 유감과 후회도 우리 삶과 함께 존재한다.

《사서史書》에는 다음과 같은 이야기가 나온다.

'한漢나라를 환제桓帝와 영제靈帝가 통치하던 시기, 태원太原에 맹민孟敏이라는 사람이 있었다. 그는 어느 날 길을 가다 잘못해서 시루를 깨뜨리고 말았다. 그런데도 그는 아랑곳하지 않고 자기 갈 길을 갔다. 이를 보고 기이하게 생각한 명사 곽태郭泰는 맹민을 따라가 이유를 물었다. 그러자 맹민이 대답했다.

"떨어져서 이미 깨어져버린 시루는 더 이상 쓸 수가 없지요. 그런데 군이 신경 쓸 필요가 있겠습니까?"

곽태는 '결단력' 있는 맹민의 태도에 감복하여 이 일을 세상에 널리 알렸다.'

시루가 깨졌다는 사실은 분명 후회스러운 일이다. 그러나 이야기 속의 맹민은 신경 쓰지 않고 자기 갈 길을 갔다. 이해득실을 따지는 데 능한 그는 후회와 불평을 품기보다는 훌훌 털어버리고 앞으로 나아가는 게 훨씬 낫다는 사실을 깊이 알고 있었기 때문이다. 그는 이미 발생한 손실을 더 이상 따지지 않고 시원스럽게 털어버린 다음 오로지 앞으로 나아갈 일만 생각했다. 이처럼 우리도 앞으로 나아가는 과정에서 이해득실을 잘 헤아리고 너그럽고 탁 트인 도량으로 후회를 극복해야 한다.

인생은 한 번뿐이고, 꽃도 한철이다. 자신의 삶을 후회하지 않는 사람이 어디 있겠는가. 그리고 자신이 예기한 목표를 달성하는 데 절대 실수를 저지르지 않을 거라고 장담할 수 있는 사람이 어디 있단 말인가. 이는 허울 좋은 환상에 불과하다. 사람은 누구나 실수를 저지르고, 인생의 길을 돌아간다. 그러면서 후회라는 감정을 느끼는 일은 매우 정상적이다. 이는 자아반성의 일종이자 자기를 더욱 객관적으로 분석하고 포기하는 법을 배울 수 있는 초석이다. 이처럼 '긍정적인 후회' 덕분에 우리는 비로소 더욱 평탄한 인생길을 걸어갈 수 있는 것이다.

그러나 만약 후회에 빠진 나머지 이를 극복하지 못하고, 못난 자신을 부끄러워하며 자포자기한다면 이는 어리석은 행동이다. 인생에는 왕복 티켓이 없으며, 이 세상에 후회를 사라지게 할 묘약은 없다는 사실을 알아야 한다.

고대 그리스의 시인 호메로스Homeros는 말했다. "과거의 일은 이미 지나간 것이고 다시는 돌이킬 수 없다." 그의 말처럼 어제의 햇살이 아무리 아름다웠다 하더라도 이를 오늘의 스케치북에 옮길 수는 없다. 우리는 왜 현재를 소중히 살아가지 않고 지금 이 순간 가지고 있는 것을 소중히 여기지 않는가? 왜 과거의 후회 속에서 아름다운 세월을 낭비하고 있는가?

한 번 엎지른 물은 다시 담을 수 없고, 이미 지나간 일은 돌이킬 수 없다. 즉 후회는 무익하다.

폴 브랜드와인 박사는 성공학의 대가 데일 카네기에게 자신이 경험을 통해 얻은 소중한 교훈을 들려준 적이 있다. 이에 큰 깨달음을 얻은 카네기는 말했다.

"20년 전, 저는 쓸데없는 걱정을 달고 사는 대학생이었습니다. 종종 작은 좌절로도 가슴이 답답하고, 초조해서 잠이 오지 않았죠. 내가 한 일을 돌이켜 생각하면서 왜 더 좋은 방법을 사용하지 않았는지 항상 후회했고, 말을 내뱉고는 왜 더 적절한 말을 하지 못했는지 후회했습니다.

어느 날, 클래스의 학생들이 과학 실험실에 모였습니다. 박사님은 이미 거기서 우리를 기다리고 있었습니다. 책상에는 우유 한 컵이 놓여 있었는데 우리는 자리에 앉으면서 모두 그 우유 한 컵에 주의를 집중하고 있었습니다. 우유 한 컵과 위생학이 과연 무슨 관계가 있는 것인지 마음속으로 추측하고 있을 때, 박사님은 갑자기 일어서면서 우유를 엎질렀습니다. 그러고는 우리에게 엎질러진 우유와 컵의 파편을 자세히 관찰하라고 했습니다. '자세히 보게! 자네들은 이 교훈을 절대 잊어서는 안 되네. 이미 쏟아진 우유는 아무리 아깝고 속상해도 다시 담을 수 없네. 혹시 좀 전에 조금만 더 조심했더라면 우유를 엎지르지 않을 수 있었을까? 그렇게 생각해도 이미 늦었네. 그러니 우리는 우유를 엎지른 일을 깨끗이 잊고 앞으로의 일을 신중히 의논할 수밖에 없네.'"

한 번 엎지른 물은 다시 담을 수 없다는 말은 비록 상투적이기는 하지만 심오한 지혜가 담겨 있다. 길고 긴 인생길에는 수많은 미지와 예측할 수 없는 요소가 가득하다. 이러한 요소는 크게 두 가지 유형으로 나눌 수 있다. 하나는 변화시킬 수 있는 것, 즉 우리가 노력하거나 일정한 조건이 바뀌면 변화시킬 수 있는 일이다. 다른 하나는 변화시킬 수 없는 기정사실, 즉 이미 발생하여 우리가 어떤 노력을 해도 변화시킬 수 없는 일이다. 아무리 노력해도 변화시킬 수 없는 사실을 마주했을 때, 우리는 현실과 당당하게 마주하고 긍정적이며 낙관적인 태도를 취해야 한다.

버드나무가 비바람을 겪고, 물방울이 그릇의 형태에 따라 떨어지는 것처럼 우리는 변화시킬 수 없는 사실과 필연적인 일을 주도적으로 받아들여야 한다. 우리는 어떤 일이든지 있는 그대로 받아들일 수 있고, 자신을 적응시킬 수도 있으며, 완전히 잊어버릴 수도 있다. 네덜란드의 수도 암스테르담에 위치한 15세기 고대 성당의 폐허에는 다음과 같은 말이 새겨져 있다.

'세상일은 다 그렇다. 다른 형태는 없다.'

길고 긴 세월 속에서 우리는 모두 마음이 불편한 일에 맞닥뜨린다. 이러한 일은 기왕 그렇게 된 것일 뿐 다른 형태가 될 수 없다. 그러나 우리는 선택할 수 있다. 기왕 벌어진 일을 피할 수 없는 상황으로 여기고 더 나아가 이를 받아들이며 적응하는 것, 혹은 후회로 자신의 삶을 파괴하며 결국에는 살아갈 힘마저 잃어버리는 것, 이 둘 중 하나를 선택하는 것이다.

첫 번째 솔루션

우리는 피할 수 없는 일을 받아들이고 적응해야 한다. 이는 결코 쉽지 않은 일이지만 제왕의 자리에 오른 사람들조차 자신도 그렇게 한다고 우리를 일깨운다. 조지 5세는 버킹검 궁전의 벽에 다음과 같은 글귀를 걸어놓았다.

'달을 위해 울지 마라. 그리고 과거의 일 때문에 후회하지도 마라.'

수번화叔本華도 말했다.

"당신에게 닥친 일을 순순히 받아들이는 것은 인생의 여정에서 가장 중요한 첫걸음이다."

〈필라델피아 데일리 뉴스Philadelphia Daily News〉의 플뢰터 프랑제터 선생은 진부한 진리를 현대적인 삶에 적용할 줄 아는 사람이었다. 어느 날 그는 한 대학의 졸업생을 위한 연설에서 다음과 같이 말했다. "톱으로 나무를 잘라본 사람이 있으면 손을 들어보세요!" 그러자 대부분의 학생이 손을 들었다. 그런 다음 그는 다시 물었다. "그럼 톱으로 톱밥을 잘라본 사람이 있으면 손을 들어보세요!" 그러자 아무도 손을 들지 못했다.

"물론 톱으로 톱밥을 자르는 일은 불가능합니다. 톱밥은 톱으로 나무를 자르고 남은 찌꺼기이기 때문이지요. 우리의 과거도 톱밥과 같다고 생각하지 않습니까? 돌이킬 수 없는 일을 후회하는 것은 톱으로 톱밥을 자르는 것과 마찬가지입니다." 그는 이러한 방법으로 학생들에게 후회라는 감정을 극복하는 방법을 가르쳤다.

데일 카네기는 싱싱 교도소를 방문한 적이 있다. 그는 수감자들이 일반적인 사람들처럼 즐겁게 생활하는 모습을 보고 깜짝 놀랐다. 교도소장 로즈는 카네기에게 말했다. "수감자는 교도소에 갓 들어왔을 무렵에는 모두들 가슴 가득 불평을 품고 있습니다. 그래서 종종 성질을 부리거나 번거로운 일을 일으키지요. 그렇지만 몇 개월이 지나면 대부분은 모두 냉정하게 현실을 받아들입니다. 다들 운명이라 단념하고 복역하면서 될 수 있는 한 즐겁게 생활하려 하지요. 꽃을 파는 사람이었던 한 수감자는 채소와 화초를 기르면서 한편으로 즐겁게 노래를 흥얼거립니다. 이런 노래이지요."

사실은 이미 운명으로 정해져 있고, 일정한 루트를 따라 전진한다네.

고통, 슬픔은 이미 정해진 상황을 바꾸지 못하고

첫 번째 솔루션

이는 어떠한 상황도 마찬가지라네.

눈물 또한 아무 도움이 되지 않고, 기적을 창조하지 못하네.

그렇다면 우리는 도대체 무엇 때문에 눈물을 흘리는가!

그 누구도 시간을 되돌릴 수는 없는 법, 그러니 고개를 들고 앞을 보며 나아가자.

머릿속 걱정 몰아내기

지나간 일을 후회하지 마라. 후회는 현실을 바꾸지 못하고, 아름다운 미래와 삶에 그림자를 드리운다. 만약 원하는 것을 얻을 수 없다면 그로 말미암은 걱정이나 후회가 우리의 삶을 방해하지 않도록 하는 것이 가장 좋은 해결 방법임을 마음속 깊이 기억하라. 또한 우리는 자신을 용서하고 더 너그러운 마음을 가질 필요가 있다.

더 이상 이렇게
살아갈 수는 없다!

●
●
,

미래를 걱정하기보다는 스스로 계획하라。

사람이 만약 과거의 일을 계속 마음에 두거나 미래를 걱정만 한다면, 혹은 다른 사람의 말을 너무 깊이 생각해 과도한 걱정에 빠진다면 이는 몸과 마음에 모두 해롭다.

얼마 전, 닥터 왕王은 자칭 불치병을 앓고 있다는 환자를 진찰하게 되었다. 환자인 린林 선생은 마흔 살 전후의 중년 남성으로, 한 외자 회사의 판매 업무에 종사하는 사람이었다. 업무 때문에 그는 종종 전국 곳곳을 돌아다녀야 했고 생활 리듬과 식생활 모두 불규칙적이었다. 3개월 전, 린 선생은 식욕이 없고 밥을 먹고 나면 속이 더부룩했으며, 자주 설사를 했다. 처음에 그는 단순한 위장 문제나 소화 불량이라 생각해 임의로 소화제를 먹었다. 그러나 한참이 지나도 병세는 호전되기는커녕 더욱 심각해졌다. 린 선생은 여러 병원을 전전하며 복부 초음파, 위 내시경, 소화기 방사선 촬영을 받았지만 이상은 발견되지 않았다. 그러나 그는 항상 속이 불편했고 자신이 분명 위암 같은 불치병에 걸렸다고 생각했다.

닥터 왕은 처음 단계에서 그의 병세를 이해하고 린 선생에게 현재 업무와 생활에 대해 물었다. 불혹의 나이인 린 선생은 매일 적어도 10시간 동안 일했고, 저녁에는 피곤한 몸을 이끌고 집에 돌아가 아들의 숙제를 도와주었으며, 종종 아이에게 받아쓰기를 시키고 한쪽에서 토끼잠을 잤다. 업무와 생활에서 비롯된 스트레스에 린 선생은 숨이 막힐 정도였다. 그는 자주 허리와 등이 쑤셨으며 온몸이 나른했고 때로는 잠을 이루지 못했다. 게다가 한동안 업무가 더 바빠져 설상가상으로 소화 불량이라는 새로운 고질병을 얻게 된 것이었다.

닥터 왕은 그의 '고충'을 귀 기울여 듣고 각 검사 항목의 결과를 자세히 분석한 다음 최종적으로 '기능성 위장 장애를 수반한 우울증'이라고 진단했다. 린 선생은 그 결과에 크게 놀랐다. 자신은 분명 소화 계통에 문제가 있다고 생각했는데 어떻게 우울증이라는 진단이 나올 수 있단 말인가? 그러나 일찍이 19세기에 한 학자가 정서적 변화가 인체의 위장 운동에 끼치는 영향에 대해 연구한 적이 있었다. 연구 결과 환자가 우울한 기분과 두려움을 느끼고 쉽게 분노하면 위장의 소화와 배설이 현저하게 늦춰지며, 결장 운동 또한 명확하게 억제된다는 사실이 밝혀졌다. 통계를 내보니 기능성 위장 장애 환자 중 우울증 진단 기준에 부합하는 사람이 30퍼센트 이상을 차지하며, 결장 기능에 문제가 있는 환자의 50퍼센트 이상이 우울증 증상을 보였던 것이다.

연구 결과가 보여주듯 '위궤양은 대부분 정서적 긴장 때문에 발생한다.' 이 사실은 마야 임상 의학 센터의 수만 가지 사례를 증거로 들 수 있다. 사례의 5분의 4가 신체적인 기능 문제 때문이 아닌 불안, 걱정, 원망, 증오, 열등감, 현실 생활에서의 부적응 등으로 위장병 혹은 위궤양이 발생한 것이었다. 게다가 위궤양으로 사망에 이르는 예는 결코 드물지 않다. 〈라이프LIFE〉지의 통계에 따르면 죽음에 이르는 병의 순위에서 위궤양은 10위를 차지한다고 한다.

걱정은 위장의 질병을 일으키는 큰 원인이자 류머티즘 및 관절염을 유발하기도 한다. 세계적으로 유명한 관절염 의학의 권위자 로슬러는 관절염을 유발하는 네 가지 원인을 다음과 같이 지적했다.

◆ 결혼 생활의 어려움
◆ 경제적 곤란

◆ 극도의 걱정

◆ 오랫동안 쌓여온 원한

물론 위의 네 가지 상황이 관절염을 유발하는 원인의 전부는 아니지만 그중에서도 '가장 보편적인 요소'로 볼 수 있다.

미국에서 심장병은 사인의 1순위를 차지한다. 제2차 세계 대전 중 전사자는 30여만 명인데, 같은 시기에 심장병으로 사망한 사람은 200여만 명에 달했다. 게다가 그중 약 100만 명은 다양한 걱정과 긴장 때문에 심장병으로 사망한 것이었다. 이에 명의조차도 고개를 저으며 탄식했다. "걱정에 속수무책으로 잠식된 비즈니스맨은 명을 재촉할 수밖에 없다."

에드워드 포돌스키라는 의사는 그의 저서《걱정을 멈추면 건강해진다》에서 다음과 같은 문제점을 이야기했다.

◆ 걱정이 심장에 끼치는 영향

◆ 고혈압을 유발하는 걱정

◆ 류머티즘은 걱정으로 인해 일어난다.

◆ 당신의 위를 보호하려면 걱정을 줄여라.

◆ 걱정은 감기를 유발한다.

◆ 걱정과 갑상선

◆ 걱정과 당뇨병 환자

걱정에 대해 이야기하는 또 다른 책, 칼 밍거 박사가 지은《자신에게 맞서다》에서는 비록 우리가 걱정하지 않을 수 있는 방법에 대해 이야기하지는 않지만 우리에게 무서운 사실을 알려준다. 초조, 불안, 증오, 후회, 반감, 공포 등의 정서가 우리의 심신 건강을 해친다는 것이다. 프랑스의 유명한 철학가 몽테뉴는 고향 보르도 시의 시장으로 당선되었을 때 유권자들에게 이야기했다.

"저는 기꺼이 두 손으로 여러분을 위해 봉사하겠습니다. 그러나 걱정과 긴장이 제 몸을 해치게 내버려둘 생각은 결코 없습니다."

걱정은 끊임없이 떨어지는 물방울처럼 점차 사람의 정신을 무너뜨린다. 만약 당신이 하루 종일 걱정으로 고통스러워 한다면 머지않아 더 이상 받아들이기 힘든, 말로 표현할 수 없을 정도로 심한 고통을 주는 우울증을 겪게 될 것이다.

이느 유명 영화배우는 말했다.

"나는 걱정을 단호하게 거절한다. 그 이유는 걱정이 영화배우의 최대 자산인 미모를 빼앗아가기 때문이다. 그래서 나는 절대 나 자신을 걱정에 빠지도록 내버려두지 않는다. 영화계에 발을 들이기로 결심했을 때, 내 마음속에는 두려움과 초조함이 가득했다. 멀리 떨어진 지방에서 낯선 런던으로 상경한 나는 영화계에 들어가고 싶었다. 당시 감독을 몇 명 만나보았지만 나를 고용하는 사람은 아무도 없었고, 수중의 돈은 이미 다 떨어진 상태였다. 나는 2주 동안 비스킷과 끓인 물을 먹으며 생계를 유지했다. 굶주림과 불안한 마음이

첫 번째 솔루션

이중으로 나를 공격할 때, 나는 자신에게 이야기했다. '넌 정말 바보구나. 반반한 얼굴 외에는 무대 경험조차 없는데 누가 너를 써주겠니!' 나는 거울 앞에 서서 얼굴을 자세히 살펴보았다. 걱정하느라 움푹 들어간 뺨과 생기를 잃은 눈빛, 쓸데없이 늘어난 주름이 눈에 들어왔다. 나는 다시금 자신에게 경고했다. '네가 자랑스러워하는 유일한 자산은 바로 너의 외모야. 이러다간 파산하고 말겠어!'"

걱정은 여성의 노화를 촉진하고 외모를 망가뜨린다. 또한 우리의 표정을 보기 흉하게 만들고, 이를 악물게 하며 얼굴에 주름을 만든다. 걱정하면서 살면 항상 얼굴을 찡그리게 되고 흰머리가 생기며 심지어 머리카락이 빠지기도 한다. 그리고 걱정은 당신의 얼굴에 반점과 뾰루지가 생기게 한다. 걱정은 심지어 매우 건강한 사람을 병들게 한다. 미국 남북 전쟁의 최후 며칠 동안, 그랜트 장군은 이 점을 발견했다.

그랜트 장군은 군대를 이끌고 9개월간 리치몬드를 포위 공격했다. 리 장군의 부하들은 입을 옷도 변변치 못하고 굶주림에 시달린 나머지 패배하고 말았다. 한번은 몇 군데의 부대에서 병사들이 대오를 이탈해 도망가기도 했다. 남은 사람들은 장막에서 울부짖으며 기도하면서 갖가지 환상을 보았다. 전쟁이 막 끝나가는 것을 지켜보고만 있던 리 장군의 부하들은 리치몬드의 목화 창고, 담배 창고에 불을 질렀다. 그들은 무기 공장마저도 불태워버렸다. 그런 다음 맹렬한 불길이 솟아오르는 깜깜한 밤에 도시를 버리고 도망 갔다. 그랜트 장군은 승세를 몰아 리 장군의 부대를 추격했다. 좌우 양측과 후방에서 남부 연합군을 협공했고 기병은 정면에서 공격했다. 그들은 철도를 끊어버리고 보급품 운송 차량을 습격해 전리품을 획득했다.

그러던 중 격렬한 두통 때문에 시야까지 흐릿해진 그랜트 장군은 대오에서 벗어나 한 농가에 머물렀다. 그는 회고록에서 이야기했다. "나는 그곳에서 하룻밤 머물렀다. 그러면서 두 다리를 겨잣가루를 넣은 냉수에 담그고, 겨자 고약을 두 팔과 목에 붙여 다음 날 아침에는 몸이 좋아지기를 기대했다."

다음 날 아침, 그의 몸은 예상대로 회복되었다. 그러나 그가 회복된 이유는 겨자 연고 때문이 아니라 한 병사가 가져온 리 장군의 항복 선언서 때문이었다.

그랜트는 다음과 같이 이야기했다. "병사가 나에게 항복 선언서를 가지고 온 순간에도 내 머리는 여전히 아팠지만 그 내용을 읽자마자 아픔이 바로 사라졌다."

그랜트 장군은 분명 걱정과 긴장, 정서적 불안 때문에 병이 난 것이다. 일단 그가 정신적인 자신감을 회복하고 성취와 승리를 확신하자 몸은 바로 좋아졌다.

만약 걱정이 사람에게 끼치는 영향에 대해 알고 싶다면 굳이 도

첫 번째 솔루션

서관이나 병원까지 가서 실례를 살펴볼 필요도 없다. 집 안에서 창문 밖을 한번 내다보라. 분명 멀리 떨어지지 않은 곳에 걱정으로 인해 정신이 무너져버린 사람이 있을 테고, 또 다른 집에는 걱정 때문에 당뇨병이 생긴 사람이 있을 것이다. 그의 혈액 및 소변 속 당 수치는 주가가 하락하자 바로 상승했을 것이다.

그렇다면 인생의 행복을 파괴하는 걱정이라는 적수에 우리는 어떻게 대처해야 할까? 뉴욕 카렐 유한공사의 회장 웰스 카렐의 경험과 방법은 우리에게 수많은 교훈을 준다.

카렐은 젊었을 때 뉴욕 주 버펄로의 철강 회사에서 일했다. 어느날 그는 미주리 주 피츠버그에 있는 유리 회사에 가스 세척기를 설치하러 가게 되었다. 가스로 인한 불순물을 제거해 연소율을 높이고 엔진의 마모를 방지하기 위해서였다.

그러나 사실 세척기는 오로지 한 차례의 테스트를 거쳤을 뿐인 제품이었다. 카렐이 미주리 주에 도착하자 생각지도 못한 문제가 여기저기서 발생했다. 비록 노력을 거친 끝에 기계를 사용할 수는 있었지만 그 효과는 예상을 훨씬 밑돌았다. 그는 자신이 실패했음을 느꼈다.

카렐은 그 일을 회고하며 말했다. "나는 자신의 실패에 매우 놀랐고, 뜻밖의 충격을 받았다. 그러자 위와 배가 아프기 시작했고 밤새 잠을 이룰 수 없었다. 그러나 나는 걱정이 결코 문제를 해결할 수 없다는 사실을 깨달았다. 그래서 걱정하지 않고도 문제를 해결할 수 있는 매우 효과적인 방법을 생각해냈다."

그가 생각해낸 방법은 이러했다. 그는 우선 완벽하고 참을성 있게 전체적인 상황을 분석한 다음, 만일 실패가 발생했을 경우 야기될 최악의 결과를 상정했다. 그는 생각했다. '결과가 어떻든 적어도 누군가 나를 가두거나 총살할 리는 없다. 기껏해야 해고되는 것에 불과하다. 그러나 이로 말미암아 사장 또한 손실을 입을 것이다.' 최악의 결과를 예측하자 그는 이를 받아들일 마음의 준비를 할 수 있었다. 그는 상황이 그렇게 나쁜 쪽으로 흘러가지는 않을 거라고 스스로를 다독였다. 설령 지금의 일자리를 잃는다고 하더라도 기회만 된다면 다른 일을 할 수 있을 거라고 생각했다. 게다가 사장 또한 그 기계가 테스트 단계에 머무르고 있다는 사실을 알고 있었으므로 손해가 발생해도 테스트 비용으로 여기면 그만이었다. 그러자 마음이 훨씬 홀가분해진 그는 차분한 마음으로 발생할 가능성이 있는 모든 일에 대처할 수 있게 되었다.

"그런 다음 나는 직면한 상황을 개선하는 데 기력과 시간을 전부 쏟아 부었다. 우리에게 닥친 2만 달러라는 손실을 조금이라도 줄일 방법을 찾기 위해 노력했다. 몇 번의 테스트를 거친 후 나는 5천 달러만 더 투자해 설비를 첨가하면 모든 문제가 순차적으로 해결되리라는 기쁜 사실을 발견했다. 회사는 내 생각대로 일을 진행하는 데 동의했고, 그 결과 손실은 5천 달러에 불과했다."

카렐의 노력으로 회사는 큰 손실을 만회할 수 있었고 그는 자연히 사장의 특별한 총애를 받게 되었다.

만약 당시 카렐이 계속해서 걱정만 했다면 아마도 문제를 성공적으로 해결하지 못하고 더 큰 난관에 봉착했을 것이다. 걱정은 문제를 해결하는 데 가장 큰 장애물이며 좌절에 직면했을 때 집중해야 할 정신을 흩트린다. 걱정할 때 우리의 사고는 격렬한 충돌을 일으켜 올바른 문제 해결 양식을 도출할 수 없게 만든다. 그리고 결국에는 결정을 내리는 판단력조차 상실하게 된다. 만약 스스로 현재 상황을 받아들이고 싶다면 우선 정신적인 준비가 필요하다. 그러면

우리는 가능한 상황을 모두 가늠해보고 치밀한 사고를 진행할 수 있으며, 이를 통해 사고를 충분히 집중시키고 상황을 반전시킬 방법을 생각할 수 있다.

카렐이 걱정거리를 해소한 공식을 심리학적인 각도에서 분석하면 우리는 다음과 같은 사실을 발견할 수 있다. 그의 공식은 우리를 거대한 회색 심리인 걱정으로부터 끌어내 더 이상 고민하느라 맹목적으로 탐색하지 않게 한다. 또한 우리가 자신감 있게 당당히 서 있을 수 있는 정확한 위치를 알게 해준다. 우리는 심리적으로 최악의 결과를 받아들였을 때 실제로 개인의 잠재력을 충분히 발휘할 수 있다. 최악의 결과를 받아들이면 더 이상 잃을 것이 없다고 생각하고 오히려 모든 고민을 사소하게 여기게 되기 때문이다. 다시 말해 모든 것을 잃을 수도 있지만 되찾을 수도 있다고 생각하게 된다.

그렇지만 언제나 많은 사람이 걱정 때문에 자신의 삶을 무너뜨린다. 이는 그들이 최악의 결과를 근본적으로 받아들이지 못하기 때문이다. 그러므로 개선을 도모하거나 불운 속에서도 어떻게든 좋은 결과를 찾아내려 하지 않는다. 그들은 이해득실을 걱정하는 데 온몸과 마음을 쏟아 붓는다. 그리고 실제로 손실이 발생하면 결국 그들은 무너진 감정의 희생물이 된다.

카렐의 마법 같은 공식이 뛰어난 심리적 효과를 발휘하고 광범위하게 응용될 수 있는 이유는 무엇일까? 우리는 걱정을 할 때 쉽게 맹목적인 상태에 빠진다. 그러나 해결책을 모색할 때 그의 공식을 응용하면 우리는 거듭된 먹구름에서 벗어날 수 있고, 착실하게 안정된 대지를 걸을 수 있다.

응용심리학의 아버지 윌리엄 제임스는 학생들에게 다음과 같이 말했다.

"이미 발생한 불행을 흔쾌히 받아들이는 일은 불행을 극복하는 첫걸음이다."

머릿속 걱정 몰아내기

오늘은 정말 소중하다. 그러므로 괴로운 걱정과 고통스러운 후회로 오늘을 낭비해서는 안 된다. 고개를 똑바로 들고 다시는 돌아오지 않을 오늘을 당신의 것으로 만들어라.

나는 무엇을
선택해야 할까?

●
●

'

'만약'이 당신의 결단에 영향을 끼쳐서는 안 된다。
즉 후회는 무익하다。

많은 성공 인사는 신속한 결정과 뛰어난 용기를 통해 위기와 고비를 넘긴다. 그들은 우유부단한 성격이 단지 재난과도 다름없는 결과만 불러올 뿐이라는 사실을 깊이 깨닫고 있다. 작은 일에도 동요하고 결정짓지 못하고 망설이는 사람은 주관이 없는 나약한 성격의 소유자로, 결국 아무런 일도 이루지 못한다.

윌리엄 워트는 말했다. "만약 한 사람이 두 가지 일 사이에서 망설이며 어떤 일을 먼저 해야 할지 결정하지 못한다면 그는 한 가지 일도 이루지 못할 것이다. 만약 친구의 반대 의견을 듣고 동요하여

첫 번째 솔루션

자신의 원래 결정을 이행하기를 주저한다면, 자신의 의견과 또 다른 의견, 이 계획과 저 계획 사이에서 갈팡질팡한다면, 바람에 흔들리듯 여기저기 나부낀다면 미풍마저도 그에게 영향을 끼칠 것이다. 주관이 없는 나약한 성격의 소유자인 그들은 결국 아무런 일도 이루지 못한다. 무릇 중대한 일이든 보잘것없는 일이든 예외는 없다. 모든 일에 적극적이고 진취적으로 나서야 함에도 그는 기꺼이 제자리걸음을 하거나 아예 물러나버린다. 고대 로마의 시인 루카누스는 시저Caesar 같은 견인불발의 정신을 가진 사람을 자신의 작품 속에 묘사했다. 그리고 실제로도 이러한 사람만이 최후의 성공을 얻을 수 있다. 이러한 사람은 우선 현명하게 다른 사람에게 가르침을 청하고, 타인과 의논한 다음 과감하게 결정을 내린다. 그리고 절대 타협하지 않는 용기와 강인한 의지로 결정을 실행한다."

셰익스피어가 지은 《햄릿Hamlet》의 주인공은 우유부단한 성격을 보여주는 전형적인 예다. 햄릿의 실제 능력과 이상 사이에는 매우 큰 격차가 존재했다. 사물의 일면만 보고도 쉽게 결정을 내리고 어떤 대책을 취해야 할지 쉽게 분별하는 사람이 있는 반면, 햄릿은 사물의 모든 방면을 살피는 사람이었다. 그의 머릿속에는 다양한 관념, 두려움, 억측이 가득했다. 결국 그는 우유부단하고 맺고 끊음이 불분명한 성격으로 변했다. 자신이 본 망령이 정말 자신의 아버지의 원혼인지 단정할 수 없었고, 자신의 결정이 옳은지 그른지, 길인지 흉인지 판단하지 못했다. 그래서 그는 계속 스스로 '죽느냐 사느냐'를 고민한 것이다.

주관이 없어 이런저런 의견에 흔들리는 사람은 아무리 강대한 면을 가지고 있더라도 경쟁에서 자신의 의지를 끝까지 지키는 사람, 절대 동요하지 않는 사람에게 쉽게 밀리고 만다. 자신의 의지를 끝까지 지키는 사람, 절대 동요하지 않는 사람은 자신이 원하는 것을 파악한 다음 즉시 실천한다. 심지어 가장 지혜로운 사람은 과감한 판단력이 있는 사람이라고도 말할 수도 있다. 양쪽 강가 사이에서 결정을 내리지 못하는 사람은 결국 피안에 다다를 수 없다. 수많은 성공한 사람은 중요한 순간에 모험을 무릅쓰고 신속한 결정을 내려 막대한 부를 창조한다. 반면 수많은 사람이 삶이라는 전쟁에서 패하는 이유는 결단을 내리지 못하고 질질 끌어 시기를 놓치기 때문이다.

회음후淮陰侯 한신韓信의 평생에 걸친 경험은 우유부단함이 사람에게 얼마나 해를 끼치는지 여실히 드러난다. 한신은 평생 수많은 전쟁에 참여하여 백전백승을 거두었고, 공격하면 반드시 승리하는 큰 지혜와 용기를 갖춘 장수였다. 그러나 그의 우유부단하고 나약한 성격 때문에 '큰 지혜와 용기'는 그다지 큰 빛을 발하지 못했다. 장장 4년간에 걸친 초한楚漢 전쟁에서 만약 한신이 항우項羽나 유방劉邦을 따르지 않았다면 그는 분명 독자적인 세력을 구축할 수 있었을 것이다. 그랬다면 유방 및 항우와 균형적인 3구도를 유지

첫 번째 솔루션

하며 대립할 수 있었을 것이다. 당시의 환경 또한 그가 독자적인 세력을 구축하는 데 수많은 기회를 제공했다. 그러나 우유부단하고 겁이 많은 성격 때문에 결국 그는 왕이 될 기회를 잃고, 여후呂后의 흉계에 빠져 죽음을 맞이했다.

한신은 병사를 거느리고 제齊나라를 정벌해 제나라 왕 전광田廣의 목을 치고 그 영토를 점령했다. 이에 그의 영토는 크게 확장되었고 세력도 더욱 강건해졌다. 이때 한신은 이미 수십만 대군을 거느렸고, 일거수일투족이 큰 영향을 끼치는 중요한 인물이었다. 당시 초한 전쟁의 형세는 만약 한신이 유방을 반역하고 항우를 따랐다면 유방에게 재난으로 작용했을 것이고, 유방을 따르고 항우를 배반했다면 분명 항우가 죽음을 맞이할 상황이었다. 만약 한신이 독자적인 세력을 구축하려 한다면 충분히 가능했다.

유방과 항우의 싸움이 가장 격렬했을 때, 제후들은 나름대로의 세력을 유지하면서 항우를 배신하고 유방에게 속하든지, 유방을 배신하고 항우에게 투항하든지, 혹은 스스로 왕이 되기도 했다. 수많은 영웅은 세력을 다투며 각자의 재능을 뽐냈다. 형세가 급격하게 변하는 초한 전쟁에서 영웅은 끊임없이 배출되었다. 누구나 얕잡아보던 소인인 괴통蒯通조차 영웅이 될 수 있었다. 당시 천하가 돌아가는 형세를 면밀히 관찰한 괴통은 권세가 한신에게 있음을 깊이 알고 있었다. 그래서 그는 한신을 알현해 당시의 형세에서부터 한신이 처한 환경과 실력, 앞으로 천하를 얻게 될 이익에 이르기까지 다양한 방면을 조목조목 설명하며 한신에게 독자적인 세력을 구축하라고 거듭 충고했다. 그러나 한신은 한참 생각한 다음 말했다. "당신 말에도 일리가 있습니다만 부디 내게 좀 생각할 시간을 주시오." 괴통은 한신을 설득하는 데 성공했다고 생각해 인사를 고하고 물러났다.

괴통은 한신을 흉금이 넓고 의지가 굳으며 장래 반드시 큰 업적을 이룰 인물이라고 생각했다. 그러나 며칠을 기다려도 한신 스스로 독자적인 세력을 일으키려는 기미는 보이지 않았다. 괴통은 다시 한신을 찾아가 말했다. "장군님, 어서 결정을 내려주십시오. 기회는 한 번 가면 다시 오지 않습니다." 그러자 한신은 즉시 대답했다. "선생, 더 이상 제 일로 마음 쓰지 마십시오. 재삼 고려해 보았지만 제가 한나라에 돌아온 후 유방은 저를 장군에 앉히고 수만 대군을 통솔하게 했습니다. 만약 제가 제나라의 왕이 되어 은덕을 배반한다면 분명 응보를 받을 것입니다. 게다가 저는 조趙나라, 연燕나라, 제나라를 평정하며 전공을 세웠고 줄곧 그에게 충성을 다했습니다. 저는 분명 한나라 왕이 저를 부당하게 대하지 않을 거라 생각합니다."

한신의 말을 들은 괴통은 자신의 설득이 더 이상 소용없다는 사실을 깨닫고 물러났다. 혹시라도 탈이 날까 두려웠던 그는 하늘을 바라보며 길게 탄식했고, 정신이 나간 척하며 한나라 군영에서 달아났다.

첫 번째 솔루션

당시 한신은 초한 전쟁이라는 난세를 겪고 있었지만 이는 자신의 나라를 세울 수 있는 절호의 기회였다. 한신은 비범한 지혜와 용기가 있는 사람이었고, 수십만 병력을 소유하고 있었다. 그야말로 천지에 웅거하며 왕이 될 능력을 갖춘 사람이었다. 게다가 괴통이 나서서 그를 위해 좋은 계획을 생각해주기까지 했으니 하늘이 내린 시기, 지리적 우세, 인재가 모두 구비되어 있는 상황이었다. 그러나 여전히 우유부단하고 소심했던 한신은 말했다. "만약 내가 덕을 배반하면 분명 불길한 일을 맞이하게 될 것이오." 훗날 사실이 증명하듯 그의 운명은 정말로 '불길'했다. 그러나 '덕을 배반했기 때문'이 아니라 우유부단하고 소심한 성격이 불길한 일을 불러올 줄 그 누가 알았겠는가?

훗날 한신은 또다시 좋은 기회를 놓쳤다. 유방은 항우의 옛 부하 종리매鍾離眛를 죽이려 했지만 한신은 동향의 정으로 종리매를 거두어 주었고 이는 유방의 노여움을 샀다. 만약 이때 한신이 적시에 종리매와 손을 잡고 한나라에 항거하는 결단을 내렸다면 종리매의 목숨을 부지할 수 있었음은 물론 그 자신에게 닥쳐올 재앙도 막고, 두 사람은 탄탄대로를 나아갈 수 있었을 것이다. 그러나 안타깝게도 한신은 좋은 기회를 앞에 두고도 결정을 내리지 못했다. 그는 친구를 잃었을 뿐만 아니라 눈을 빤히 뜨고도 성공의 기회를 놓치고 말았다.

어쩌면 한신에게 가장 이상적인 행동 방식은 다른 사람이 먼저 반역을 일으키면 자신은 방관하면서 승자의 기세에 편승하는 것일 수도 있었다. 그리고 한신은 정말로 그렇게 했다. 그러나 결코 우유부단한 성격이 아니었던 유방과 여후는 어지러운 형세를 명쾌하게 처리하고 한신을 처형했다.

우유부단한 성격 때문에 목숨까지 잃은 한신은 죽을 때까지 절대 반역하지 않았다. 다만 결정을 내리지 못하고 주저한 탓에 형장에 끌려가게 되었을 뿐이다. 죽음이 임박한 순간 그는 하늘을 바라보며 길게 탄식했다. "괴통의 말을 듣지 않은 것이 후회되는구나. 여인의 음모로 죽임을 당하게 되다니 참으로 슬프도다!"

한신의 이야기를 통해 우리는 결연한 성격이 사람의 일생에 매우 중요하게 작용한다는 결론을 도출할 수 있다. 단호하고 결연한 성격을 가진 사람만이 갑작스럽게 변화하는 상황에서 신속하게 형세를 분석하고 제때에 즉시 결단을 내릴 수 있다. 또한 시기를 놓치지 않고 계획, 방법, 책략 등으로 신속하게 변화하는 상황에 정확하게 적응할 수 있다. 반면 우유부단한 사람은 형세가 급격하게 변화하면 허둥대고 우왕좌왕한다. 그들은 변화된 상황에 맞는 새로운 전략을 적시에 내리지 못하고 동요하며 형세를 살피다가 좋은 기회를 놓친다. 그리고 신속하게 변화하는 형세를 뒷전으로 생각한다.

결단력 있는 성격은 지도자뿐만 아니라 일반 사람들에게도 필요하다. 업무뿐만 아니라 삶과 학업에도 모두 필요한 덕목이다. 과감한 결단은 용기, 대담함, 결연함, 완강함 등 다양한 의지적 소질의 종합체라 할 수 있다. 결단력 있는 성격은 우유부단함을 극복하는 과정에서 끊임없이 강해진다. 인간은 두뇌가 고도로 발달했기 때문에 목적성과 계획성이 있는 행동을 한다. 그러나 행동하기에 앞서 과도하게 생각하면 사람은 종종 주저하며 결정짓지 못하고 우유부단의 경지에 들어서고 만다. 많은 사람은 결정을 내릴 때 이런 방법은 부적절하고, 저런 방법은 어렵다며 쉴 새 없이 소소한 문제에 구애된다. 그 결과 모든 방안을 주저하며 결정하지 못하고 속수무책으로 갈팡질팡한다. 이는 사전에 과도하게 생각하기 때문이다. 물론 큰일은 심사숙고할 필요가 있지만 살아가면서 정말로 큰일이라 부를 수 있는 일은 그다지 많지 않다. 게다가 어떤 일이든 형세를 명백히 파악할 때까지 기다렸다 결정내릴 수는 없는 법이다. 사전에 여러 번 생각하는 일은 물론 중요하지만 과감한 결단 또한 중요하다. 정확한 판단을 위해서는 사전에 '완벽한 전략'을 추구하려는 생각을 포기해야 한다. 실제로 사전에 100퍼센트를 파악하려고 한 결과 종종 그 일을 진짜로 파악할 수 있는 방법조차 생각할 수 없는 경우가 많다. 결단력 있는 사람은 결정을 내리기 전에 완벽한 전략을 꾀하지 않는다. 단지 모든 방안 중에서 비교적 좋은 방법을 모색할 뿐이다. 그러나 실제로 행동하는 과정에서는 변화하는 상황에 근거해 수시로 기존의 방안을 조정하고 보완하며 이를 통해 기존의 방안을 조금씩 개선한다.

니콜라스라는 사람이 상트페테르부르크에서 모스크바를 잇는 철로를 처음으로 측량 조사할 때 한 가지 사실을 의식했다. 그 임무를 맡은 관원들에게 자신감이 부족한 이유는 대부분 기술적인 문제를 고려하지 않고 자신의 이익만 고려한 결과 과연 일이 제대로 진행될지 걱정하기 때문이라는 사실이었다. 그래서 그는 과감한 방법으로 복잡한 문제를 간단하게 처리하기로 결정했다. 부장이 철로 노선을 실제 조사한 지도를 그의 앞에 놓으며 철로를 어떻게 배치할지 설명하려 할 때, 그는 자를 꺼내 기점과 종점 사이에 직선을 그었다. 그런 다음 한 치의 반박도 허용하지 않겠다는 말투로 단호히 이야기했다. "여러분은 반드시 이대로 철로를 설치해야 합니다." 그리하여 철로는 니콜라스의 방안대로 확정되었다. 링컨 대통령은 앤티텀 전투가 막 끝나자 국회의원들에게 말했다. "노예해방선언을 선포할 때가 왔습니다. 더 이상은 지체할 수 없습니다."

그는 대중이 분명 이 법령을 지지할 것이라고 생각했다. 또한 그는 반드시 이 정책을 실현시키겠다고 신에게 맹세했다. 그는 만약 리 장군이 펜실베이니아 주에서 쫓겨난다면 노예해방선언으로 승리를 축하하리라고 엄숙하게 선서했다.

결단력 있는 성격은 분명 우리에게 무궁한 혜택을 준다. 어쩌면 당신의 결단은 처음부터 잘못되었을 수도 있지만 당신은 그로부터 경험과 교훈을 얻고, 잘못으로 생긴 손실을 충분히 보완할 수 있다. 그리고 관건이 되는 순간에 결단을 내렸다는 자신감을 통해 당신이 다른 사람의 신뢰를 얻을 수 있게 된다는 사실이 더욱 중요하다. 나폴레옹은 긴급한 상황에서 항상 자신이 가장 현명하다고 판단한 방법을 실행하며 다른 모든 가능한 계획과 목표를 희생했다. 그는 다른 계획과 목표가 자신의 생각과 행동을 끊임없이 방해하는 것을 허락하지 않았다. 이는 용감한 결단의 역량을 충분히 드러내는 효과적인 방법의 일종이다. 즉 적시에 가장 현명한 방법과 계획을 선택하기 위해서는 다른 모든 가능한 행동 방안을 포기해야 한다.

결단은 타인의 의견을 무시하고 자기 의견만 고집하는 '맹목적인 판단'이나 일시적으로 자신의 능력을 뽐내기 위한 '망단妄斷'이 아니며 제 손바닥으로 하늘을 가리는 '독단'은 더더욱 아니다. 결단을 내리기 위해서는 객관적이고 사실적인 근거, 뛰어난 예견 외에도 결심과 패기가 필요하다.

셰익스피어는 말했다. "시저가 '이 일을 하라'고 이야기할 때는 이미 그 일이 발생했음을 의미한다는 사실을 기억하라."

조지 앨리엇은 다음과 같이 사람을 판단했다.

"어떤 일에 확실한 결과가 있다는 사실을 알고 나서야 그 일을 하는 사람은 절대 큰일을 이룰 수 없다."

✦ 머릿속 걱정 몰아내기

우유부단한 사람은 어떤 것을 버리고 취할지 선택할 때 늘 주저하며 결정을 내리지 못한다. 그러면 본래 취하려던 것을 얻기는 커녕 오히려 쉽게 잃어버리고 만다. 그리고 원래 버려야 했던 것은 오히려 그 사람의 기력을 소비하게 만든다. 좋은 기회는 사람을 기다려주지 않는다. '세월은 사람을 두고 훌쩍 떠나가고, 앵두는 붉게 익고 파초는 푸르러진다.' 사람은 살아가면서 제때에 기회를 포착하고 할 수 있는 노력을 다해야 비로소 성공을 손에 넣을 수 있다. '꽃이 피었을 때 꺾을 수 있다면 꺾고, 꽃이 저버리고 난 뒤에 빈 가지를 꺾지 말라.'는 말처럼 좋은 기회를 놓치지 마라.

포기해도
괜찮을까?

●
●

，

무언가를 얻으려면
너무 많은 것에 유혹되어서는 안 된다。

인생에는 얻는 것이 있으면 잃는 것도 있다. 득은 곧 실이며 실은 곧 득이다. 그러므로 인생 최고의 경지는 아무것도 얻지 않고, 아무것도 잃지 않는 것이다. 그러나 사람들은 모두 일득일실에 울고 웃는다. 현명한 방법은 바로 포기를 배우는 것이다. 포기는 큰 것을 포기하고 큰 것을 얻고, 작은 것을 포기하고 작은 것을 얻고, 포기하지 않고 얻지 않는 경지의 일종이다.

2차 세계 대전이 막 끝났을 무렵, 미국, 영국, 프랑스를 필두로 한 전승국 수뇌부는 여러 차례 교섭을 거친 끝에 미국 뉴욕에 세계 각국과 관련된 사무를 협조하고 처리하는 유엔을 설립하기로 했다. 그러나 그들은 모든 준비를 갖춘 후에야 비로소 세계적으로 가장 위엄 있는 조직이 자리할 곳이 없다는 사실을 발견했다.

부지를 매입하려 했지만 이제 막 설립된 유엔에는 자금이 전혀 없었다. 세계 각국의 원조 아래 유엔이라는 간판을 막 내걸기는 했지만 부지 매입을 위해 각국에 경제적 부담을 할당하는 일은 부정적인 영향이 너무 컸다. 게다가 '2차 세계 대전'이 끝난 직후라 각국 정부는 국고가 텅텅 빈 상태였다. 수많은 나라의 재정 적자는 하늘 높은 줄 모르고 치솟았다. 금싸라기 땅인 뉴욕에 자금을 모금해 부지를 매입하는 일은 결코 쉽지 않았다. 이에 유엔은 속수무책이었다.

이러한 소식을 들은 미국의 유명한 가족 재단 록펠러 가문은 협의를 거쳐 870만 달러를 과감하게 출자해 뉴욕의 부지를 구입했다. 그리고 이 부지를 아무런 조건 없이 이제 갓 간판을 내건 국제적 조직, 유엔에 기증했다. 동시에 록펠러 가문은 이 부지와 인접한 넓은 면적의 땅을 전부 사들였다.

록펠러 가문의 의외의 행동에 당시 수많은 미국의 그룹은 크게 놀랐다. 870만 달러는 전후 경제가 쇠퇴한 미국과 세계 각국에 결코 적지 않은 금액이었다. 게다가 록펠러 가문은 아무런 조건도 내걸지 않고 순순히 기증했다. 이러한 소식이 전해진 후 미국의 수많은 그룹 주와 부동산 업자들은 잇달아 '어리석은 행동'이라며 록 펠러 가문을 조소했다. 게다가 이어서 '그런 식으로 경영하다가는 제아무리 유명한 록펠러 가문이라 해도 곧 망하고 말 것이다.'라 고 단언했다.

그러나 생각지도 못한 일이 벌어졌다. 유엔 빌딩이 막 완공되자 부근의 땅값이 즉시 상승하기 시작한 것이다. 기부한 금액의 수십 배, 거의 백 배에 달하는 거액이 끊이지 않고 록펠러 가문의 재단 으로 밀려들었다. 그 결과 과거에 록펠러 그룹의 기부를 비웃은 그룹과 상인들은 아연실색할 수밖에 없었다.

이는 '포기한 결과 더 큰 이익을 얻은' 전형적인 예다. 만약 록펠 러 가문이 870만 달러를 '포기하는 것이나 다름없는 행동'을 하지 않았다면, 용감하게 눈앞의 이익을 희생할 줄 몰랐다면, 아무런 결 과도 얻지 못했을 것이다. 포기와 얻음은 영원한 변증법이라 할 수 있다. 그러나 현실에서는 많은 사람이 얻는 것에 집착하기 때문에 종종 포기가 지고한 인생의 경지라는 사실을 잊는다. 무엇이든지 얻으려 하는 사람은 결국 자신이 얻은 것으로 인해 피폐해지고, 아 무것도 얻지 못한다는 사실을 기억해야 한다.

'나는 물고기도 가지고 싶고, 곰 발바닥도 가지고 싶다. 그러나 두 가지를 한꺼번에 얻을 수 없으니 물고기를 포기하고 곰 발바닥 을 취하련다.'

우리는 선택을 마주했을 때 반드시 포기하는 법을 배워야 한다. 포기는 결코 실패를 의미하지 않는다. 바둑을 둘 때처럼 작은 이익을 포기하면 더 큰 이익을 얻을 수 있다. 그러나 만약 '물고기와 곰발바닥'을 둘 다 얻으려 한다면 물고기조차 얻지 못할 수도 있다.

워털루 전투가 벌어지는 동안 큰 비가 내려 길이 진창이 되었고, 이에 포병이 이동하기 힘들어졌다. 나폴레옹은 가장 자신 있는 포병을 포기하고 싶지 않았다. 그러나 더 이상 지체하면 상대의 증원 부대가 자신의 지원군보다 먼저 도착할 가능성이 있었고 그렇게 되면 상상할 수도 없는 결과가 벌어질 것이었다. 나폴레옹이 주저하고 있는 사이에 몇 시간이 흘렀고, 상대의 증원 부대가 도착했다. 그 결과 전쟁의 형세는 신속하게 전환되어 나폴레옹은 비통한 실패를 맞이했다.

인생의 중요한 시기, 앞날과 운명을 결정하는 데 관건이 되는 순간에 우리는 주저하며 결정을 내리지 못해서는 안 된다. 반드시 명확한 결단을 내리고 용감하게 포기할 줄 알아야 한다. 나폴레옹의 실패는 이를 여실히 증명해준다. 탁월한 군사 전략가는 항상 가장 중요한 전쟁에 주요 병력을 집중시키고 전력을 다해 승리를 쟁취한다. 그리고 중요하지 않은 전쟁에서는 조금 양보하거나 희생하면서 담담한 마음으로 부차적인 전쟁에서의 손실과 패배를 받아들인다.

인생도 전쟁과 마찬가지다. 무언가를 얻으려 하면서도 자신이 이미 가지고 있는 수많은 것의 유혹을 버리지 못하면 마음속에는 난잡한 번뇌가 쌓여만 가고, 노력해야 할 방향은 과도하게 분산된다. 우리는 자신의 인생을 간략화할 필요가 있다. 우리는 생활과 내면에 존재하는 잡념을 단호하게 포기할 줄 알아야 한다.

인생의 중요한 시기에 그동안 자라난 잡초는 우리의 아름답고 풍요로운 인생이라는 화원을 잠식하고 혼란에 빠뜨린다. 우리는 이러한 잡초를 제거하는 법을 알아야 한다. 자신에게 맞지 않는 직업, 자신을 비뚤어지게 만드는 직위, 당신의 약점을 드러내는 환경과 업무, 헛된 명성과 권력, 인사 분쟁을 포기해야 한다. 그리고 이미 변해버린 우정, 실연, 깨어져버린 결혼, 의미 없는 교제를 포기해야 한다. 그리고 나쁜 감정, 편견과 악습, 당신을 쓸데없이 바쁘게 만드는 스트레스 등을 포기해야 하는 것이다.

인생이라는 경작지에 생겨나는 잡초와 해충을 제거해야 우리는 비로소 진정으로 자신에게 도움이 되는 사람이나 일과 가까워질 기회를 얻고, 자신에게 가장 적합한 수확을 얻을 수 있다. 인생이라는 경작지에 좋은 종자를 뿌리고 가치 있는 수확을 얻기 위해 힘써야 마지막에 풍성한 과실과 아름다운 꽃을 얻을 수 있다.

똑똑한 젊은이가 있었다. 그는 모든 면에서 주위 사람보다 강해지고 싶었고, 특히 대학자가 되고 싶었다. 그러나 오랜 세월이 흘러도 그의 학업은 향상되지 않았다. 그는 매우 고민하며 한 대사에게 가르침을 청하러 갔다.

대사가 말했다. "우리 함께 산에 올라가세. 정상에 이르면 어떻게 해야 할지 알게 될 걸세."

그 산에는 사람을 미혹시킬 정도로 아름답고 반짝반짝 빛나는 작은 돌들이 많았다. 마음에 드는 돌을 볼 때마다 대사는 그에게 돌을 등에 맨 자루에 넣으라고 했다. 얼마 지나지 않아 그는 더 이상 자루를 지탱할 수가 없었다. "대사님, 돌을 매고는 더 이상 정상에 오를 수 없을 것 같습니다. 움직이기도 힘들어요."라고 말하며 그는 의혹의 눈길로 대사를 바라보았다. "그렇지. 그럼 어떻게 하겠는가?" 대사는 웃으며 말했다. "내려놓아야지. 등에 진 돌들을 내려놓지 않고 어떻게 산을 오르겠는가?"

깜짝 놀란 젊은이는 홀연 마음속에 깨달음을 얻었다. 그는 대사에게 감사의 인사를 전하고 떠났다. 그런 다음 그는 일심으로 학문에 몰두해 결국 대학자가 되었다.

사람은 무언가를 얻으려면 버릴 줄도 알아야 한다. 포기를 배워야만 인생의 정상에 오를 수 있다.

우리는 대부분 하늘을 자유롭게 비상하는 새를 부러워한다. 사실 사람도 새처럼 나뭇가지를 오가며 수풀 사이를 도약하고 시원한 바람과 노닐 수 있다. 또한 밝은 달과 함께 하며, 샘물을 마시고, 벌레를 찾으며 아무런 구속도 없이 살아갈 수 있다. 이것은 새에게 당연한 생활이며 사람도 마찬가지로 누려야 할 삶이다. 그러나 어떤 새들은 굶주림, 갈증, 고독, 애정에 대한 유혹을 참지 못하고 새장 속의 새가 되기를 선택한다. 그리하여 자유를 영원히 잃고, 인간의 노리개로 전락한다.

사람에 비교하면 새가 마주한 유혹은 실로 간단하지만 사람은 번잡한 세상에서 비롯된 다양한 유혹을 마주한다. 그래서 사람들은 종종 이러한 유혹 속에서 자기 자신을 잃고 욕망의 심연에 빠진다. 그리고 정밀하게 만들어진 '공명과 이익'이라는 새장에 자신을 몰아넣는다.

이는 새의 슬픔이자 인간의 슬픔이기도 하다. 그렇지만 새는 새장 속에 갇혀 사람들에게 제멋대로 희롱당하지만 여전히 환호하며 높은 소리로 노래를 부르고 심지어는 사람의 환심을 얻으려 한다는 사실이 더 슬프다. 이처럼 사람도 공명과 이익에 둘러싸여 여전히 자신을 최고라 여기고 우쭐한다. 이는 더욱 심층적인 슬픔이라 할 수 있을 것이다.

살아가면서 우리는 끊임없이 많은 것을 포기해야 한다. 성공을 향해 나아가는 길에서 권력 추구를 포기하고 어떤 환경에도 적응하고 만족하면 평온하고 담백한 생활을 얻을 수 있다. 부를 추구하는 과정에서 금전에 대한 끝없는 욕심을 버리면 안심과 즐거움을 얻을 수 있다. 모든 일이 순조롭게 풀리고 주위에 수많은 미녀들이 몰려들 때, 미색을 포기하면 따스하고 만족스러운 가정을 얻을 수 있다.

우리는 원하는 것을 모두 얻을 수 없으므로 포기할 줄 알아야 한다는 사실을 명심해야 한다. 삶은 때로 당신을 핍박한다. 당신은 어쩔 수 없이 권력을 넘겨주고, 기회를 놓치고, 심지어 어쩔 수 없이 사랑을 포기해야 할 때도 있다. 그러나 포기란 결코 무언가를 잃는 것이 아니다. 포기할 줄 알아야만 비로소 또 다른 것을 얻을 수 있기 때문이다.

아름다운 야생화 한 다발을 얻으려면 도시의 쾌적함을 포기해야 한다. 등산가가 되고 싶다면 부드럽고 깨끗한 피부를 포기해야 한다. 사막을 건너려면 커피와 콜라를 포기해야 한다. 박수를 받으려면 눈앞의 헛된 영화를 포기해야 한다. 매화와 국화는 안일함과 편안함을 포기해야 비로소 서릿발 속에서도 곱고 아름다운 자태를 뽐낼 수 있고, 대지는 아름다운 황혼을 포기해야 비로소 떠오르는 아침 해의 서광을 맞이할 수 있다. 마찬가지로 봄은 사방에 향기를 내뿜는 꽃을 포기해야 비로소 큰 과실을 맺는 가을을 맞이할 수 있으며 배는 안전한 항구를 포기하고 바다에 나가야 비로소 배를 가득 채울 물고기를 얻을 수 있다.

당신이 발걸음을 내딛기 어려운 이유는 너무 무거운 짐을 지고 있기 때문이다. 그리고 당신이 너무 무거운 짐을 지고 있는 이유는 포기하지 못하기 때문이다. 공명과 이익은 종종 미소를 지으며 사람을 사지死地로 인도한다. 번뇌를 내려놓으면 당신은 즐거움과 인연을 맺을 수 있고, 이익을 포기하면 초연한 경지에 들어설 수 있다. 만약 당신이 포기할 수 있는 것을 다 포기하면 당신은 위대한 성인이나 다름없는 사람이 될 수 있다.

옛 사람들은 말했다. 사욕이 없어야 강해질 수 있다고. 이는 일종의 경지이며 수양이다. 사람은 과도한 욕망을 버려야 더욱 심플하고 자유로운 삶을 살아갈 수 있다.

✦ 머릿속 걱정 몰아내기

포기, 이는 일종의 지혜이자 도량이다. 그것은 결코 맹목적이지 않고 편협하지도 않다. 포기는 우리 마음에 여유를 주고 영혼을 더욱 윤택하게 한다. 또한 마음의 먹구름을 몰아내고 깨끗하게 한다. 포기할 줄 아는 사람만이 비로소 맑고 담담한 마음으로 살아갈 수 있다. 그리고 그러한 삶만이 비로소 찬란한 햇빛을 맞이할 수 있다.

부디 '포기'라 부르는 삶의 지혜를 잊지 말라!

만약
애당초……

·
·

,

당신이 더 이상 '만약, 만일'이라고
말하지 않는다면 문제는 해결될지도 모른다。

    끊임없이 과거를 그리워하며 현실에서 도피하는 것(과거의 기억 속에 빠져 사는 것)은 확실히 무익한 습관이다. 이는 종종 사람이 성숙한 사고를 회피하게 만들고, 더 나아가 허무맹랑한 환상 속에 살게 한다.

    어느 여름날 오후, 뉴욕의 한 중식당에서 오리슨 콜이 사람을 기다리고 있었다. 그는 실망하고 풀이 죽어있었다. 그 이유는 그가 맡은 업무에 몇 가지 착오가 발생해 상당히 중요한 프로젝트를 완성하지 못했기 때문이었다. 비록 그는 가장 소중한 친구를 기다리고 있었으나 평소처럼 즐거움을 느낄 수는 없었다.

드디어 그의 친구가 가게에 모습을 드러냈다. 그의 친구는 실력이 뛰어난 정신과 의사였다. 병원은 식당 근처에 있었는데 콜은 친구가 방금 그날의 마지막 환자와 이야기를 마치고 왔다는 사실을 알고 있었다.

"무슨 일이야, 친구." 의사는 인사하는 대신 단도직입적으로 말했다. "안 좋은 일이라도 있었어?" 이처럼 사람의 마음을 통찰하는 친구의 능력을 일찍이 알고 있었기 때문에 콜은 놀라지 않았다. 그래서 그는 솔직하게 자신이 고민하고 있는 사정을 이야기했다. 그러자 의사가 말했다. "우리 병원에 가자. 네 반응을 한번 살펴보아야겠어."

의사는 골판지 상자에서 카세트테이프를 꺼내 카세트에 집어넣었다. 의사는 말했다. "이 카세트테이프에는 내가 진찰한 세 사람의 대화가 녹음되어 있어. 물론 그들의 이름을 밝힐 필요는 없겠지. 너는 우선 그들의 말을 주의 깊게 들어. 네가 이 세 가지 사례를 지배하는 공통적인 요소를 찾아낼 수 있는지 없는지 살펴보자. 단지 네 글자야." 의사는 살짝 미소 지었다.

콜이 들어보니 카세트테이프에 녹음된 세 사람의 목소리의 공통적인 특징은 유쾌하지 않다는 것이었다. 첫 번째 남자의 목소리에서는 사업상의 손실 혹은 실패를 겪었음이 명확하게 드러났다. 두 번째는 여자의 목소리였는데, 그녀는 홀어머니를 돌보아야 한다는 책임감에 지금껏 결혼하지 못했고, 결혼할 수 있었던 기회를 몇 번이나 놓친 것에 대해 힘겹게 이야기하고 있었다. 세 번째는 한 아이를 둔 어머니의 목소리로, 10대의 아들이 경찰과 충돌한 일 때문에 줄곧 자책하고 있었다.

세 명의 목소리를 들으며 콜은 그들이 네 글자를 여섯 번이나 반복했다는 사실을 알아챘다. 그것은 '만약, 만일'이었다.

"넌 분명 이상하다고 생각하겠지." 의사가 말했다. "너도 잘 알고 있을 거야. 내가 이 의자에 앉아서 수많은 사람들의 마음속에 맺힌 말을 듣고 있다는 걸. 바로 그 단어로 시작하는 말들이지. 그들은 내가 멈추라고 할 때까지 이야기를 멈추지 않아. 때로는 그들에게 내가 방금 너에게 들려준 카세트테이프를 듣게 하면서 말하지. '만약 당신이 만약, 만일이라는 말을 더 이상 하시 않는다면 우리는 어쩌면 문제를 해결할 수도 있을 겁니다!'" 의사는 느긋하게 다리를 펴며 말했다. "'만약, 만일' 이 네 글자를 사용한다는 게 문제야. 이 단어는 기정사실을 변화시킬 수 없고, 우리를 잘못된 방향으로 나아가게 만들어. 앞으로 나아가는 게 아니라 후퇴하게 하고, 게다가 시간을 낭비시키지. 결국 이 단어를 사용하는 게 습관이 되면 이는 네가 성공으로 가는 길을 방해하는 진정한 걸림돌이 될 수 있어. 그리고 네가 더 이상 노력하지 않을 구실이 되는 거지. 그럼 이제 너의 상황을 예로 들어 이야기해보자. 너의 계획은 성공하지 못했어. 그 이유는? 네가 실수를 저질렀기 때문이야. 그러면 좀 어때! 누구나 실수를 저지르기 마련이고 실수는 우리에게 교훈을 주지. 그렇지만 네가 실수를 저질렀다고 나에게 이야기하며 그것 때문에 유감스러워하고 후회한다면 너는 그 실수에서 결코 아무것도 배울 수 없어."

"네가 어떻게 알아?" 콜은 약간 방어 기세를 취하며 말했다.

그러자 의사가 대답했다. "왜냐하면 네가 과거형에서 벗어나지 못했기 때문이야. 너는 미래에 관한 말을 한마디도 하지 않았어. 어떤 면에서 보자면 너는 매우 성실하고, 네 마음은 그것을 즐거움으로 삼고 있어. 우리는 모두 약간 좋지 않은 고질병을 가지고 있는데, 그건 계속해서 과거의 잘못을 토론하기 좋아한다는 거야. 어찌 됐든 과거의 재난 혹은 좌절을 이야기할 때 너는 여전히 주인공이고, 모든 사건의 핵심이지……."

의사의 일깨움을 통해 콜은 자신이 과거의 실패의 그림자에 휩싸여 있었다는 사실을 깨닫게 되었다. 과거에서 진정으로 벗어나지 못했고, 현재의 상황을 변화시키려 적극적으로 나서지도 않았다. 의사는 그가 심각한 '과거병'에 걸렸다고 이야기했다. 그리고 '만약, 만일'이라는 단어는 과거에 집착하는 병의 중요한 특징이라고 했다.

사람이 어느 정도 과거를 그리워하는 일은 정상적이며 필요하다고 말할 수 있다. 그러나 오로지 과거에만 집착해 현재와 미래를 부정하는 일은 병적이다.

과거에 과도하게 집착하는 일과 진취적인 인생은 서로 완전히 상반된다. 일반적인 사람들이 집착하는 대상은 종종 약점이나 결점, 즉 급소다. 고대의 공심술에서는 집착하는 대상이 매우 중요한 돌파구가 될 수 있다고 했다. 감정지수 연구에서는 과거에 집착하는 일이 내면의 안정, 평온을 통해 인간미를 드러내는 것이라 이야기한다. 그러나 과거에 대한 집착이나 그리움이 자신의 발전에 장애가 되거나 외부적으로 불필요한 괴로움을 조성한다면 반드시 현실에 적응해야 한다.

항상 현재 상황에 불만을 가지거나 과거의 추억에 과도하게 빠져서는 안 된다. 질리지도 않고 과거의 일을 반복해서 이야기한다면 오늘, 지금 경험하고 있는 일을 소홀히 할 가능성이 있다. 과도한 시간을 추억에 쏟아 부으면 많든 적든 당신의 정상적인 생활에 영향을 끼친다. 일단 삶이 답답하고 괴로워졌을 때, 운명이 당신을 심연과 무한한 괴로움에 빠뜨릴 때, 감당하기 힘든 현실에서 도피하기를 원하는 것은 매우 자연스러운 일이다.

그렇지만 과거가 과도하게 그리워지면 우리는 백일몽을 꾸며 햇살이 따사로웠던 과거의 백사장으로 돌아가려 한다. 우리는 때로 어떤 광고, 우편엽서, 혹은 영화에서 이상적인 장소를 발견하고는 그곳에 있기를 희망한다. 혹은 과거에 지나왔던 천국 같은 나날을 회상하며 당시에는 지금보다 젊었고, 삶도 지금처럼 복잡하지 않았다는 사실을 깨닫는다.

대개 이와 같은 일시적인 도피는 우리의 정신적인 긴장을 해소하는 데 어쩌면 큰 도움이 될 수도 있다. 그러나 계속해서 과거를 그리워하며 현실에서 도피하는 것(과거의 기억 속에 빠져 사는 것)은 확실히 무익한 습관이다. 이는 종종 사람이 성숙한 사고를 회피하게 만들고, 더 나아가 허무맹랑한 환상 속에 살게 한다.

이처럼 '과거에 집착하는 병'을 앓는 사람은 중요한 현재의 생활에서 벗어나게 된다. 생활이 뜻대로 되지 않을수록 '과거의 좋았던 시절'을 회상하는 증상은 더욱 심해진다. 이는 과거를 더욱 비현실적으로 만든다. 만약 이러한 습관이 고정되면 사고가 헛된 망상으로 치달을 가능성이 있다.

또한 '과거에 집착하는 병'을 앓는 사람은 새로운 삶에 대한 자신감을 찾으려는 의지를 잃는다. 우리는 종종 사람들이 '만약 이렇게 했다면 좋았을 걸!'이라고 한탄하는 소리를 듣는다. 이는 명확히 과거를 그리워하는 감정이고, 우리는 누구나 이따금 그러한 한탄을 한다. 그러나 실제로 이러한 한탄은 현재의 당신에게 아무런 도움도 되지 않는다. 그것은 당신이 겪어온 과거를 변화시킬 수 없을 뿐더러 오히려 당신이 현재 하는 모든 일에 지장을 준다.

'어제는 이미 사용한 수표와 같고, 내일은 아직 발행되지 않은 채권이며, 오로지 오늘만이 현금이기 때문에 지금 당장 사용할 수 있다.'는 사실을 기억해야 한다. 오늘은 우리가 쉽게 소유할 수 있는 재물이다. 오늘이라는 현금을 무절제하게 사용하고 까닭 없이 그냥 보내버리는 일은 모두 귀중한 인생을 낭비하는 것이나 다름없다.

이 세상에 오늘만큼 진실한 것은 없다. 설령 과거로 되돌아간다 해도 여전히 유감스러운 부분은 많이 남을 것이다. 이는 마치 아문 상처를 다시 뜯어내는 것과 같다. 우리가 변화시킬 수 없는 과거의 사실과 메울 수 없는 공백은 모두 '오늘'을 그냥 흘려보냈기에 빚어진 결과다. 어쩌면 과거로 돌아갈 수 없는 안타까움에 흘리는 눈물에 영혼을 뒤흔드는 역량이 담겨 있을 수도 있다. 어쩌면 우리는 이미 흘러가버린 어린 시절을 돌이킬 수 없기에 동경하는지도 모른다. 그리고 돌아갈 수 없기에 결실을 맺지 못한 첫사랑이 비로소 우리의 삶이라는 나무에 영원히 지지 않는 꽃을 피워줄지도 모른다. 또한 돌이킬 수 없기에 과거의 잘못이 당신의 오늘을 변화시키는 동력이 될 수도 있다.

진실하지만 우리를 힘들게도 하는 오늘을 회피하지 마라. 지금 가야 할 길을 가고, 마음에서 우러나오는 노래를 부르고, 머리 위로 쏟아지는 햇빛으로 오색찬란한 구름을 만들어 폭풍우처럼 몰아치는 고난을 막아야 한다. 누구에게나 활짝 열려있는 매일은 꽃과 미소로 하여금 당신의 피폐한 영혼을 치유하고, 즐거움을 오늘의 중심이 되게 한다. 만약 가시밭길이 당신의 바쁜 발걸음을 방해한다면 그것이 오늘 느낄 수 있는 가장 진실한 고통이다.

우리는 당당하게 일어서서 오늘을 맞이해야 한다. 당신의 손으로 과거의 열정과 적막함을 털어버리고, 내일에 드리운 안개와 노을을 열어젖혀라. 그리고 당신 자신의 손으로 심각하고도 가벼운 오늘을 꽉 잡아라. 바람에 흔들리며 춤추는 좋은 기분을 오늘에 남기고, 보였다 안 보였다 하는 그림자도 오늘에 남겨라.

오늘을 손에 넣어야만 비로소 삶의 무한한 즐거움을 느낄 수 있다.

✦ 머릿속 걱정 몰아내기

과거의 일은 어쩌면 아름다울 수도 있고, 슬플 수도 있다. 그러나 어떻든지 당신은 그것을 마음의 중심에서 놓아서는 안 된다. 그러면 당신은 앞으로 나아갈 수 없다.

나는 정말 남들만
못한 사람일까?

●
●
,

최고의 시절은 자기 자신의 장점을
깨달았을 때 찾아온다。

자신감은 성공의 중요한 조건이다. 자신감이 있는 사람은 작은
일도 위대하게 만들고, 평범한 일도 신비롭게 만든다. 그러므로 승
리가 반드시 지혜의 편이라고는 할 수 없지만 자신감의 편이라는
사실은 분명하다. 만약 당신이 진정으로 자기 자신을 믿고, 꿈은 반
드시 이루어진다고 믿는다면 분명 평탄한 길을 걸어갈 수 있다.

헬렌 켈러는 태어났을 때 정상적인 아이였다. 보고 들을 수 있었
고 옹알거리며 말을 배웠다. 그러나 그녀는 병에 걸려 보고 듣고

말할 수도 없는 장애인이 되었다. 그때 그녀는 19개월에 불과했다. 급격한 생리적 변화에 어린 헬렌 켈러의 성격은 크게 변했다. 조금이라도 자기 뜻대로 되지 않으면 그녀는 난동을 부렸다. 만약 그녀의 행동을 바로잡으려 하면 바닥에 데굴데굴 뒹굴며 마치 '작은 폭군'처럼 굴었다. 부모는 절망한 끝에 그녀를 보스턴의 맹아 학교에 보냈고 그녀를 돌보아줄 교사를 특별히 초빙했다.

다행히도 헬렌 켈러는 어둠 속에서 위대한 스승, 앤 설리번을 만나게 되었다. 그녀는 지대한 사랑과 인내심으로 헬렌 켈러에게 내재된 자신감을 불러일으켰다. 그리하여 헬렌 켈러는 고독한 지옥에서 벗어날 수 있었고, 열심히 분발해 결국에는 잠재적인 역량을 발휘하고 빛으로 나아갔다.

헬렌 켈러는 자신감을 가지고 힘들고 어려운 투쟁을 거쳐 촉각으로 외부와 소통하는 법을 배웠다. 그녀는 손가락으로 언어를 그리는 법과 점자, 발성을 배웠다. 그리고 1904년에 매사추세츠 주의 래드클리프 대학에 들어가 공부하여 세계 최초로 대학 교육을 받은 시각 및 청각 장애자가 되었다. 그녀는 매우 우수한 성적으로 대학을 졸업했다. 그뿐만 아니라 헬렌 켈러는 말하는 법과 타자기로 책을 쓰는 법도 배웠다. 그녀는 비록 시각 장애인이었지만 시력이 정상적인 사람들보다 훨씬 많은 책을 읽었다. 또한 그녀는 《만약 내게 3일간 빛이 주어진다면》, 《나의 삶》 등 37권의 책을 집필했다. 그녀는 1964년에 미국 '대통령 자유 훈장'을 수여하는 영예를 얻었다. 그리고 〈타임〉지가 선정한 20세기의 위대한 미국 영웅 중 한 사람으로 뽑혔다.

헬렌 켈러는 강인한 신념으로 결국 자신과의 싸움에서 승리했고 인생의 가치를 실현했다. 여기서 볼 수 있듯이 스스로 강해지려 노력하는 사람만이 비로소 성공의 문을 열 수 있다. 이 세상에 불가능한 일은 없다. 우리가 그저 자신감을 잃은 것일 뿐. 그리고 우리는 자신감을 잃으면 무능한 사람이 될 수밖에 없다.

2001년 5월 20일, 조지 허버트라는 이름의 미국 세일즈맨이 부시 대통령에게 도끼 한 자루를 판매하는 데 성공했다. 이 소식을 접한 브루킹스 연구소는 '가장 위대한 세일즈맨'이라 새겨진 황금 장화를 그에게 수여했다. 이는 1975년에 연구소의 수강생이 소형 녹음기를 닉슨 대통령에게 판매한 이래 처음으로 누린 특별한 영광이었다.

브루킹스 연구소는 세계적으로 걸출한 세일즈맨을 양성하기로 유명한 곳이다. 연구소에는 한 가지 전통이 있는데, 그것은 바로 졸업하는 학생들에게 세일즈맨의 능력을 가장 잘 드러낼 수 있는 실전 문제를 제시하고 이를 완수하게 한다는 것이다. 클린턴 정부 때 연구소에서는 현재 대통령에게 삼각팬티를 판매하라는 문제를 냈다. 8년 동안 무수한 학생들이 온갖 지혜를 다 짜냈지만 결국 모두 실패하고 말았다. 클린턴이 퇴임한 후 브루킹스 연구소는 도끼를 부시 대통령에게 판매하라는 문제로 바꾸었다.

지난 8년간의 실패와 교훈을 거울삼아 많은 학생들이 황금 장화를 포기했다. 학생들은 심지어 이번 졸업 실전 문제가 클린턴 정부 때와 마찬가지로 해결할 수 없는 문제라고 생각했다. 현재 대통령은 부족한 것이 아무것도 없고, 설령 부족하다 하더라도 직접 구매하는 일은 없을 것이기 때문이었다.

그러나 조지 허버트는 별다른 노력을 들이지 않고도 이를 해냈다. 그는 어느 기자와의 인터뷰에서 이렇게 말했다. "저는 도끼를 부시 대통령에게 판매하는 일이 반드시 가능하다고 생각했습니다. 왜냐하면 부시 대통령은 텍사스 주에 농장을 가지고 있는데, 그곳에 수많은 나무가 자랐거든요. 그래서 저는 부시 대통령에게 편지를 한 통 보냈습니다. '운 좋게도 기회가 닿아 당신의 농장을 참관했는데 큰 나무가 여기저기 자라난 것을 보았습니다. 게다가 이미 죽은 나무도 많아서 목재의 질이 좋지 않더군요. 제 생각에는 작은 도끼가 필요할 것 같습니다. 그렇지만 대통령님의 현재 체력을 고려하면 작은 도끼는 너무 가벼우니 그다지 날카롭지 않은 낡은 도끼가 필요할 것 같습니다. 마침 제게 그러한 도끼가 있는데 아마 오래된 나무를 베는 데 매우 적합할 것입니다. 만약 흥미가 있으시다면 이 편지에 적힌 주소로 답신을 보내주십시오…….' 결국 그는 제게 15달러를 부쳐왔습니다."

조지 허버트가 성공한 후 브루킹스 연구소는 그를 표창하면서 황금 장화 수여자의 자리가 이미 26년간 공석이었다고 이야기했다. 26년 동안 수많은 세일즈맨을 양성하고 셀 수 없이 많은 백만장자를 배출한 브루킹스 연구소가 황금 장화를 수여하지 않은 이유는 목표를 달성할 수 없다고 말하며 포기하거나 완성하기 어려운 일에 자신감을 잃지 않는 사람을 줄곧 찾고 있었기 때문이다.

자신감이 매우 강한 사람은 분명 대담하게 생각하고 용감하게 행동하는 사람이다. 그러한 사람은 삶을 수동적으로 기다리거나 소극적인 태도로 관망하느라 다양한 기회를 놓치는 법이 없다. 그리고 행동과 실천을 하면서 자신의 재능을 드러낸다.

물론 여기에서 이야기하는 대담한 생각과 용감한 행동은 결코 맹목적이거나 주관주의적인 공상, 억지가 아니다. 독일의 정신학 전문가 린데만은 실험으로 이를 직접 증명했다.

1900년 7월, 린데만은 홀로 작은 배를 타고 파도가 세차게 이는 대서양을 항해하고 있었다. 그는 역사상 전대미문의 심리학 실험을 진행하고 있었다. 그는 이를 위해 자신의 목숨을 대가로 치를 각오가 되어 있었다. 그는 사람은 반드시 자신감을 가져야만 정신과 신체의 건강을 유지할 수 있다고 생각했다. 당시 독일 전국은 홀로 대서양을 횡단하는 린데만의 비장한 모험에 주목하고 있었다. 과거에 100명이 넘는 용감한 도전자가 연이어 시도했지만 실패했고, 살아 돌아온 사람은 아무도 없었다. 린데만은 조난당한 사람이 죽음을 맞이한 이유가 육체적으로 패배했기 때문이 아니라 정신적인 붕괴와 두려움 및 절망 때문이라고 생각했다. 이러한 자신의 생각을 증명하기 위해 그는 가족과 친구가 만류했음에도 직접 실험을 감행했다. 그는 항해를 하면서 상상할 수 없는 어려움을 겪었고, 몇 번이나 죽음에 직면했다. 심지어 환각을 보기도 했고, 때로는 진정한 절망을 느끼기도 했다. 그러나 이런 생각이 들 때마다 그는 즉시 큰 소리로 자신을 일깨웠다. "겁쟁이 같으니라고! 너도 다른 사람들처럼 실패해서 바다에 생매장되고 싶으냐? 아니다. 나는 반드시 성공할 것이다!" 결국 그는 성공적으로 대서양을 건넜다.

어쩌면 누군가는 자신이 평생 동안 아무것도 이루지 못하고 평범하게 사는 이유가 노력이 부족해서 혹은 경제적인 배경이 뒷받침되지 않아서라고 말할지도 모른다. 그러나 이러한 이유는 중요하지 않다. 사람은 자신감이 있어야만 자기 손으로 무엇이든지 이룰 수 있다! 그리고 자신감이 없는 사람은 설령 세력, 자본, 배경이 뒷받침되더라도 자립할 수 없다. 그 사람에게 부족한 자신감이야말로 가장 관건이 되는 역량이기 때문이다.

미국의 한 사회학자가 연구를 진행했다. 그는《미국 명인록Who's

Who》에서 두드러진 성취를 이룬 사람 1500명을 무작위로 선출해 그 사람의 태도와 특성을 조사했다. 이 책에 실릴 수 있는 기준과 조건은 부나 사회적 지위가 아니라 현재 어떤 영역에서 얼마나 두드러진 성취를 달성했는가였다. 연구 결과, 성공한 사람들에게는 수많은 공통적인 특성이 있었는데 그중에서도 성공에 가장 중요한 영향을 끼치는 요소 중 하나가 바로 자신감이라는 사실이 밝혀졌다. '가장 풍족한 성취를 이룬 사람은 자신감, 지혜, 능력을 바탕으로 성공을 손에 넣은 것이다.' 이러한 평가 문항에서 피조사자의 77퍼센트가 자신에게 A를 매겼다.

어떤 때든지 자신감은 한 사람의 인생이 발전해 나가는 데 측정할 수 없는 작용을 한다. 지력이나 체력 혹은 업무 능력에서 자신감은 이러한 능력을 뒷받침하는 기초적인 역할을 한다.

첫 번째 솔루션

미국의 저명한 정신과 의사 킨 박사는 환자들에게 종종 자신이 어렸을 때 경험한 감동적인 일화를 들려주었다.

어느 날, 몇몇 백인 어린이들이 공원에서 놀고 있었다. 이때 풍선을 파는 노인이 리어카를 밀며 공원에 들어왔다. 백인 어린이들은 벌떼처럼 몰려들어 한 사람당 하나씩 풍선을 샀다. 그들은 즐거워하며 하늘에 날린 오색찬란한 풍선을 쫓아다녔다. 공원의 한쪽 구석에서 누워있던 흑인 아이는 백인 아이들이 즐겁게 노는 것을 부러워하며 바라보았다. 그는 열등감을 가지고 있었기 때문에 감히 그들에게 같이 놀자고 말할 수가 없었다. 백인 아이들이 모습을 감추자 그는 쭈뼛거리며 노인의 리어카 곁으로 다가가 간절한 말투로 물었다. "제게도 풍선을 하나 파시겠어요?" 노인은 자상한 눈길로 그를 바라보고는 온화한 목소리로 말했다. "물론이고말고. 어떤 색이 좋으니?" 흑인 아이는 용기를 내어 대답했다. "검은색이요." 노련하고 침착한 노인은 의아하게 생각하며 흑인 소년을 바라보았다. 그리고 그에게 검은색 풍선을 즉시 건네주었다.
흑인 아이는 기뻐하며 풍선을 받아들었다. 작은 손을 놓자 검은색 풍선은 미풍에 실려 천천히 하늘로 떠올랐다. 흰 구름과 파란 하늘이 검은 풍선을 두드러지게 해 특별한 풍경이 펼쳐졌다.
노인은 눈을 가늘게 뜨고 풍선이 떠오르는 것을 바라보면서 손으로 가볍게 흑인 아이의 뒤통수를 어루만지며 말했다. "잘 기억해

두렴. 풍선이 날아오를 수 있는 이유는 색깔이나 모양 때문이 아니라 그 속에 수소가 가득 들어있기 때문이란다. 마찬가지로 한 사람의 성패는 종족, 출신에 달린 것이 아니라 네 마음속의 자신감에 달려있단다."

그 흑인 아이는 바로 킹 박사 자신이었다.

배우는 데 열심인 목수가 있었다. 어느 날 그는 법관의 의자를 수리하게 되었다. 그는 열심히 정성을 다해 일했고, 의자의 장식을 바꾸어 달았다. 누군가 그 이유를 묻자 그는 설명했다. "저 자신이 법관이 되어 이 의자에 앉을 때까지 오래 사용할 수 있는 의자를 만들고 싶었습니다." 이 목수는 훗날 정말로 법관이 되었고, 자신이 수리한 의자에 앉게 되었다.

자신감은 인생의 끊임없는 원동력이다. 자신감은 우리가 평범한 생각을 극복할 수 있도록 도와준다. 자신이 원하는 사람이 될 수 있다고 굳게 믿고, 열심히 노력하면 분명 원하는 사람이 될 수 있을 것이다.

첫 번째 솔루션

머릿속 걱정 몰아내기

자신감이 있는 사람은 작은 일도 위대하게 만들고, 평범한 일도 신비롭게 만든다. 살아간다는 것은 그 누구에게도 결코 쉬운 일이 아니지만 우리는 반드시 견인불발의 정신을 가지고 있어야 한다. 가장 중요한 것은 우리 스스로 자신감을 가져야 한다는 사실이다. 우리는 자신이 어떤 일에 천부적인 재능을 가지고 있다고 믿고, 어떠한 대가를 치르더라도 그 일을 완성하겠다고 결심해야 한다. 그리고 그 일이 끝났을 때, 만약 당신의 신념이 여전히 확고하다면 당신을 쓰러뜨릴 사람은 아무도 없다는 사실을 발견하게 될 것이다.

100점이 아니면
성공이라 할 수 없다!

●
●

,

유감을 내려놓지 못하는 것이
최대의 유감이다。

　인생에 완벽은 없다. 완벽은 오로지 이상 속에만 존재한다. 우리의 삶에는 도처에 유감이 존재하고, 이것이 바로 진실한 인생이다. '완벽'을 추구하느라 고뇌하면 우리는 더 많은 유감을 남길 가능성이 있다.

　《백유경百喩經》에는 우리를 깊이 반성하도록 하는 우스꽝스러운 이야기가 나온다.

　　한 남자가 몸매도 아름답고 얼굴도 수려한 아내를 맞아들였다. 두 사람은 깊이 사랑했고, 사람들은 모두 그 선남선녀를 부러워했다. 아내는 외모가 뛰어날 뿐만 아니라 성격도 온화했다. 다만 한 가지 결함이 있다면 그것은 딸기코였다. 고운 눈썹과 눈, 앵두 같은 입술, 갸름한 얼굴에 딸기코는 마치 조각가가 실수로 망쳐놓은 작품처럼 매우 기괴했다.

남편은 아내의 코를 항상 마음에 두고 있었다. 남편은 어느 날 밤에 장사를 하러 나갔다가 노예를 파는 시장을 지나게 되었다. 사방에서 떠들썩한 말소리가 들려오는 광장에서는 사람들이 큰 소리로 가격을 부르며 노예를 매매하고 있었다. 광장의 중앙에는 몸이 수척해서 가냘픈 소녀가 서 있었다. 그녀는 눈물이 글썽글썽한 눈으로 자신의 운명을 결정지을 사나운 남자의 무리를 겁먹은 듯 둘러보고 있었다. 남편은 소녀의 얼굴을 자세히 살펴보다가 순간 그녀에게 깊이 매료되었다. 마침 소녀의 코는 단정했다. 남편은 당장에 소녀를 사들였다.

비싼 돈을 주고 코가 단정한 소녀를 사들인 남편은 신바람이 나서 소녀를 데리고 집으로 돌아가는 길을 재촉했다. 남편은 어서 사랑하는 아내를 깜짝 놀라게 해주고 싶었다. 집에 돌아와 소녀를 안정시킨 남편은 칼로 소녀의 아름다운 코를 잘라냈다. 남편은 선혈이 뚝뚝 떨어지고 아직 온기가 남아있는 코를 들고 큰 소리로 아내를 불렀다.

"여보! 어서 나와봐! 당신에게 정말 소중한 선물을 사왔어!"

"뭐 그렇게 대단한 선물이라고 야단법석이에요?" 아내는 의심스런 목소리로 대답했다.

"자! 봐봐! 당신을 위해 단정하고 아름다운 코를 가져왔어. 한번 달아봐."

남편은 말을 마치더니 갑자기 품고 있던 날카로운 칼을 꺼내 단칼에 아내의 딸기코를 베어버렸다. 순식간에 아내의 콧등에서는 피가 줄줄 흘렀고 딸기코는 땅에 떨어졌다. 남편은 황급히 두 손으로 소녀의 단정한 코를 상처에 끼워 넣었다. 그러나 남편이 아무리 노력해도 아름다운 코는 아내의 콧등에 붙지 않았다.

가여운 아내는 남편이 고심 끝에 사가지고 온 단정하고 아름다운 코를 얻지 못했을 뿐만 아니라 비록 못생기기는 했지만 자신의 딸기코까지 잃고 말았다. 게다가 칼날에 상처까지 입고 말았다. 그러한 결과를 부른 남편의 어리석은 행동은 더욱 가여웠다.

자신이 완벽을 추구한다고 생각하는 사람들이 있지만 사실 그들이야말로 가장 가여운 사람들이다. 그들은 완벽하지 않은 상황에서 완벽을 추구하지만 완벽은 근본적으로 존재하지 않기 때문이다.

옛말에 '금 중에 완벽한 금은 없고, 사람 중에 완벽한 사람은 없다.'는 말이 있다. 인생에는 확실히 완벽하지 않은 부분이 수없이 존재한다. 모든 사람은 이런저런 유감스러운 부분을 가지고 있기 마련이고 진정으로 완벽한 사람은 존재하지 않는다. 중국 고대의 '4

대 미녀'조차도 각각 부족한 부분이 있었다. 역사에 기재된 사실에 따르면 서시西施는 발이 컸고, 왕소군王昭君은 어깨가 처졌으며 초선貂蟬은 귓불이 너무 작았고 양귀비楊貴妃는 액취증이 있었다고 한다.

그리고 완벽의 기준은 상대적이라 할 수 있다. 사람의 미적 가치관은 각자 다르기 때문에 오늘은 뚱뚱한 것을 아름답다고 생각하다가도 내일은 비쩍 마른 것을 아름답다고 생각할 수 있다. 옛날 사람들은 작은 발을 미의 기준으로 여겼지만 만약 오늘날 '전족한 작은 발'로 길거리를 돌아다닌다면 분명 사람들의 비웃음을 살 것이다.

완벽을 추구하는 태도를 그르다고 할 수는 없지만 자칫하면 완벽을 달성하지 못해 열등감을 갖거나 파멸할 수 있다. 설령 결점이 아무리 큰 사람이라 해도 분명 빛나는 부분이 있을 것이고, 이는 아무리 완벽한 사람이라 해도 결함이 있는 것과 마찬가지다. 자신의 장점을 충분히 발휘하면 분명 멋진 인생을 얻을 수 있다.

청淸나라의 시인 고사협顧嗣協은 말했다. "준마는 위험을 겪을 수 있지만 소처럼 밭을 갈지는 못한다. 견고한 수레는 짐을 많이 실을 수 있지만 배처럼 강을 건너지는 못한다. 그러므로 장점을 취하고 단점을 버려라. 지혜로운 사람이라고 해서 계책을 잘 세우는 것은 아니다. 가진 재주를 귀하게 사용하되 절대로 가혹한 요구를 해서는 안 된다."

이 세상은 결코 완벽하지 않고, 인생에는 부족한 부분이 있기 마련이다. 어느 정도 유감을 남기는 것은 오히려 사람을 더욱 정신 차리고 분발하게 만드는 좋은 일이다.

다케다 신겐武田信玄은 일본 전국 시대 장수 중에서도 전투를 가장 잘 이해한 사람이었다. 오다 노부나가織田信長조차 그를 두려워해 신겐이 살아있는 동안 그들은 거의 교전을 벌이지 않았다. 그리고 승패를 가늠하는 신겐의 견해는 매우 독특했다. 그는 '전쟁의 승리에서 50퍼센트를 이기는 것은 상에 속하고, 70퍼센트 이기는 것은 중에 속한다. 그리고 100퍼센트의 승리는 하에 속한다.'고 생각했다. 이는 완벽주의자들의 생각과 완전히 상반된다. 가신들이 그 이유를 묻자 그는 말했다. "50퍼센트의 승리로는 자기 자신을 더욱 분발하도록 격려할 수 있고, 70퍼센트의 승리는 게으름을 나타낸다. 그리고 100퍼센트의 승리는 사람을 교만하게 만든다." 다케다 신겐의 평생 숙적 우에스기 겐신上杉謙信도 이러한 신겐의 설법에 찬성했다. 우에스기 겐신은 다음과 같은 말을 남겼다. "내가 다케다 신겐에 미치지 못하는 이유는 바로 승패에 대한 그의 견해 때문이다."

실제로 신겐은 줄곧 적을 60~70퍼센트 이기는 방침을 고수했다. 그래서 그는 16세 때부터 38년간 전쟁을 했지만 한 번도 패배한 적이 없었다. 그리고 자신이 공격한 영토와 성을 탈환당한 적도 없었다. 이러한 그의 사상은 도쿠가와 이에야스德川家康가 이어받았다. 만약 신겐의 비완벽주의가 없었다면 도쿠가와 가문의 300년 역사도 분명 존재하지 않았을 것이다.

✦ 머릿속 걱정 몰아내기

인생에는 완벽하지 않은 부분이 분명 수없이 존재한다. 그러나
우리는 완벽하지 못한 인생을 탄식할 것이 아니라 완벽하지 않
은 감정에서 벗어나는 길을 선택해야 한다.

스스로 걱정거리 만들기를 좋아하는 사람에게는
고민도 저절로 들러붙어 절대 놔주지 않는다.
반대로 마음이 넓고 대범한 사람 앞에서는
고민도 멀리 자취를 감춘다.

감정이 이성을 잠식하게 내버려두지 말고
자신의 내면을 지배하라。

나는 과중한
압력을 받고 있다!

●
●

,

압력은 당신이 얼마나
강대한 사람인지 테스트한다。

잠재력은 치약 껍데기 안에 들어있는 치약이나 마찬가지다. 압력을
주어 짜내면 비로소 치약이 나오는 것처럼 잠재력도 압력을 받을 때
비로소 모습을 드러낸다. 그러므로 우리는 인생의 거대한 곤경과 압
력을 마주했을 때, 견딜 수 없이 무거운 짐에 무너지지 말고 용기를
가지고 자신을 격려해야 한다.

　사람은 자신의 잠재력이 얼마나 되는지 종종 인식하지 못한다.
막대한 책임, 변고, 혹은 위기를 겪으면서 잠재력은 비로소 발휘된
다. 잠재력에는 마치 잠수정의 수뢰처럼 거대한 군함을 분쇄시킬

역량이 있다. 그러나 수뢰는 보통의 충격으로는 큰 폭발력을 발휘하지 못한다. 매우 두꺼운 군함 강판에 충돌했을 때 비로소 수뢰는 어마어마한 폭발력을 발휘한다. 아이를 양육할 때도 마찬가지다. 아이는 스스로 외부와 충돌하고 변화해야 비로소 잠재력을 발휘할 수 있다. 그러기 위해서는 아이에게 너무 간섭하지 말고 스스로 시련을 이겨내며 다양한 놀이를 하게 하는 편이 좋다.

링컨은 밭을 가는 일, 나무를 베는 일을 했고, 철도원, 측량사, 주의원, 변호사로 일하기도 했으며 국회의원을 연임하기도 했다. 비록 그는 맡은 직책에 최선을 다했지만 결코 비범한 재능을 드러내지는 못했다. 그러나 그는 한 나라의 대통령이 되었을 때, 국가의 존망이 걸린 위기가 어깨에 놓였을 때 미국 역사 이래 가장 위대한 인물 중 한 사람으로서 비로소 지혜를 발휘할 수 있었다.

사람은 때로 거대한 압력을 받으면 상상 외의 역량을 발휘한다. 사람은 압력에서 벗어나기 위해 필사적으로 발버둥치고, 쉽게 굴복하지 않는 열정을 쏟아낸다. 이러한 투지는 때로 일반적으로 보기에 기적과도 같은 현상을 일으킨다.

존스는 위스콘신 주에서 농장을 경영했다. 전 가족의 생계를 겨우 유지할 만큼 한정된 수입밖에 얻을 수 없었지만, 신체가 건강하고 근면한 그는 막대한 부를 얻고 싶다는 허황된 생각은 한 적이 없었다. 그러나 그는 불의의 사고로 몸이 마비되어 침대에 누워 꼼

짝할 수 없게 되었다. 친구들은 그의 인생이 끝났다고 생각했지만 사실은 전혀 그렇지 않았다.

비록 몸은 마비되었지만 그의 의지는 조금도 지장을 받지 않았기에 여전히 사고하고 계획할 수 있었다. 그는 희망이 충만하고 낙관적이며 유쾌한 삶을 살고 싶었다. 그리고 쓸모 있는 사람이 되어 계속해서 가족을 부양하고 싶었다. 절대 가족들에게 부담을 주고 싶지 않았다.

그는 자신의 구상을 가족들에게 이야기했다. "나는 두 손으로 일을 할 수 없게 되었지만 머리를 쓰는 일은 할 수 있소. 가족 모두가 나의 두 손을 대신해주었으면 하오. 우선 우리 농작물을 전부 옥수수로 바꾸고, 옥수수를 수확해 돼지를 기릅시다. 돼지의 육질이 신선하고 연한 젖먹이일 때 소시지를 만들어 판매하면 반드시 성공할 거요!"

'존스의 새끼 돼지 소시지'는 역시 단번에 성공했고, 누구나 다 아는 음식이 되었다.

하늘이 무너져도 솟아날 구멍은 있는 법이다. 삶은 우리에게 한 가지 문제를 던지는 동시에 그 문제를 해결할 능력도 준다. 이는 압력과 동력의 병존이라 할 수 있다. 인생이 항상 순조로울 수는 없다. 우리는 살면서 각양각색의 좌절을 만나게 된다. 행운과 불운은 각각 잊기 힘든 기억을 남기지만 그렇다고 해서 방종하거나 고통스

두 번째 솔루션

러워할 필요는 없다. 거대한 압력을 마주했을 때, 당신은 압력에 압도되는가? 그러나 당신은 반드시 냉정을 유지해야 한다. 이성적이고 의연한 태도를 보이고, 어떤 문제든지 해결할 능력이 자신에게 있다고 믿어야 한다.

존스는 비록 몸이 마비되었지만 의지는 조금도 지장을 받지 않았다. 그는 낙관적으로 잔혹한 현실과 마주했다. 그는 자신의 두뇌를 이용하고 다른 사람의 손을 빌려 의연히 자신의 사업을 일으켰으며, 난제를 해결할 최선의 방법을 생각해냈다. 존스의 사업이 성공한 이유는 그가 압력에 굴복하거나 좌절에 넘어지지 않았기 때문이다. 그리고 그는 다른 방법을 찾아내 사업의 성공을 향해 나아갔다.

사람의 잠재 능력은 일단 발휘되면 매우 거대한 작용을 한다. 어느 날, 화재가 나자 나이가 지긋한 부인이 놀랍게도 상수리나무로 만든 대형 장롱을 3층에서 지상으로 옮겼다. 화재 후 세 명의 건장한 남자들이 엄청난 힘을 들여서야 비로소 그 장롱을 3층의 원래 위치로 옮길 수 있었다. 이때 부인에게 다시 장롱을 들어보라고 하자 그녀가 아무리 애를 써도 장롱은 꿈적도 하지 않았다.

거대한 압력이 작용할 때 사람들의 필사적인 정신력과 인내력은 불가사의할 정도로 발휘된다.

중국의 유명한 화가 양제陽杰는 양팔이 없다. 농촌에서 태어난 그는 여섯 살 때 놀다가 잘못해서 고압선에 닿아 불행히도 양팔을 잃고 말았다. 그는 아동 복지원에 보내져 10년간 생활했다. 10년 후 집에 돌아갔을 때, 주위의 모든 환경은 크게 변한 상태였다. 생활에 답답함과 생소함, 어려움을 느낀 그는 적응하지 못했다. 그러나 그는 고통을 가라앉히고 계속해서 그림 그리는 일에 몰두했을 뿐만 아니라 새롭게 투지를 불태울 길을 찾았다. 그는 다른 사람에게 붓과 먹을 가져다달라고 한 다음 매일 입으로 먹을 갈며 서예를 연습했다. 그가 연습에 사용한 종이를 쌓으면 그의 키보다 몇 배나 높았다. 노력은 결코 그를 배신하지 않았고, 그의 그림은 몇 차례나 외국에서 전시되었다. 그 자신도 여러 나라에서 구필 예술을 공연했고 개인 화집을 발간했을 뿐만 아니라 수없이 많은 영예로운 칭호를 얻었다.

양제의 이야기를 통해 우리는 사람의 잠재력이 대단하다는 사실

두 번째 솔루션

을 알 수 있다. 빈곤한 환경, 재난과 압력은 우리가 잠재력을 발휘하지 못하는 변명이 될 수 없다. 오히려 이는 잠재력을 발휘시키는 촉매제 역할을 한다. 이러한 도리를 인식하기만 하면 불리한 일은 유리하게 변하고, 불가사의한 성과를 이룩할 수 있을 것이다.

머릿속 걱정 몰아내기

인생이라는 여행의 즐거움은 어디에 있을까? 우리는 왜 멀리 여행을 떠나고 산을 오르는가? 그리고 왜 강을 건너는가? 위험과 풍파는 좋은 동기가 되고 인생에 즐거움을 가져다준다. 인생도 여행이나 마찬가지기 때문에 압력을 겪어야만 비로소 인생 고유의 즐거움을 누릴 수 있다.

자질구레한 일은
나를 정말 귀찮게 한다!

•
•

,

이미 완성된 작은 일은
계획 중인 큰일보다 훨씬 낫다。

유럽에는 다음과 같은 속담이 널리 알려져 있다.

'작은 못 하나 때문에 말발굽을 잃고, 말발굽 때문에 좋은 말을 잃는다. 좋은 말 한 마리 때문에 좋은 기수를 잃고, 좋은 기수를 잃어 전쟁의 승리를 잃는다.'

작은 못 하나 때문에 전쟁에서 패배하는 것, 이는 바로 작은 일을 소홀히 한 결과다. 아마 당신도 열심히 관찰해보면 성공을 이룬 사람이나 위인은 모두 작은 일에 주의한 사람이라는 사실을 발견할 수 있을 것이다. 작은 일에 주의하는 사람이야말로 천재가 된다고

할 수 있다. 아주 사소하고 작은 일에는 종종 거대한 위기와 당신 일생의 승패를 좌우하는 요소가 내포되어 있다. 그리고 진정으로 위대한 인물은 이러한 도리를 아주 잘 알고 있다. 그들은 일상생활에서 일어나는 사소한 일을 절대 무시하지 않는다. 설령 보통 사람이 가치 없다고 생각하는 일이라 하더라도 그들은 가슴 가득 열정을 품고 그 일을 한다.

대부분의 경우 작은 일은 정말로 사소하며, 큰일이 정말로 대단하다고 할 수는 없다. 관건은 그 일을 하는 사람이 그것을 어떻게 인지하는가다. 무조건 큰일만 하려는 사람은 종종 사소한 일에 일고의 가치도 없다고 생각해 코웃음을 친다. 그러나 사실 작은 일조차 제대로 처리하지 못하는 사람은 큰일을 성공시키기 어렵다.

어느 지혜로운 사람이 다음과 같이 이야기했다.

"작은 일조차 제대로 처리하지 못하는 사람이 무언가 큰일을 해낼 것이라고 믿기는 어렵다. 큰일을 이룬 성취감과 자신감은 작은 일로 얻은 성취감이 조금씩 축적되어 이루어진 것이다. 안타깝게도 우리는 평소에 종종 이러한 사실을 소홀히 하고 작은 일을 그냥 흘려보낸다."

작은 선이라도 실천하지 않으면 안 되고, 아무리 작은 악이라도 실천해서는 안 된다. 작은 일을 처리하는 데서 바로 그 사람의 정신을 엿볼 수 있다. 작은 일을 하려는 마음가짐이 있으면 큰일을 할 패기도 생겨난다. 그러므로 작은 일을 사소하거나 귀찮다고 생각해서는 안 된다. 업무와 사업에서 이익을 얻으려면 무릇 작은 일부터 시작해 큰일을 이룰 기초를 공고히 다져야 한다. 작은 일이 오랜 시간 쌓여서 이룩한 성과야말로 견고해서 무너지지 않는다.

큰일은 하지 못하면서 작은 일까지 하지 않으려 하는 것은 최악의 경우다. 작게는 개인에서 크게는 회사, 기업에 이르기까지 성공적인 발전은 바로 평범한 일이 누적되어 이루어진다. 회사가 필요로 하는 인재는 평범한 업무를 통해 성장하는 사람이다. 모든 일을 진심으로 대하고 평범한 업무를 잘 해내는 사람이야말로 실력을 발휘할 수 있는 사람이다. 그러므로 어떤 일이든지 소홀히 하지 말라. 어느 날 갑자기 벼락출세하는 사람은 없다. 당신은 모든 일을 진실하게 대하고 이해하고 난 후에야 비로소 갈수록 넓어지는 인생의 길에 성공의 기회가 이어지는 것을 볼 수 있다.

한 여대생이 있었다. 그녀는 졸업 후 어느 회사에 들어가 일했다. 그녀에게 배정된 업무는 매우 자질구레하고 단조로웠다. 예를 들어 매일 아침 화장실을 청소하거나, 점심 때 먹을 도시락을 예약하는 일 등이었다. 시간이 흐르자, 그녀는 일을 그만두고 싶은 기분이 들었다. 그녀는 자신이 이렇게 작은 '탕비실'이 아니라 더 큰 '무대'로 나아갈 사람이라고 생각했다.

그러나 자기 집조차 제대로 청소하지 못하는 사람이 어떻게 천하를 청소할 수 있겠는가. 보통 사원은 설령 제아무리 좋은 아이디어를 가지고 있고, 중용되기를 원해도 긴 시간 단련을 받아야 한다.

두 번째 솔루션

자신의 의견을 다른 사람들이 경청해줄 정도의 자격과 성과를 얻기 위해 노력해야 한다는 사실이 가장 중요하다. 다른 사람들이 모두 당신을 중요한 영향을 끼치며 쉽게 홀시할 수 없는 사람이라고 생각해야 한다. 그러므로 젊었을 때는 작은 일부터 열심히 완벽하게 처리하도록 노력해야 한다. 과거에 한 인사부 담당자가 한탄하며 말했다.

"직원을 모집할 때마다 항상 이런 상황을 겪는다. 대졸자를 전문학교 혹은 중등 전문학교 졸업생과 비교했을 때, 우리는 일반적으로 대졸자의 소질이 비교적 높다고 생각한다. 그렇지만 때로 대졸자는 자신의 능력을 과신해 회사에 들어오면 주된 역할을 맡기를 원하고, 좋은 대우를 받기를 강조한다. 그러나 정작 중요한 임무를 주거나 구체적인 업무를 그 사람에게 전적으로 맡기면 종종 일을 시원하게 처리하지 못하거나 실수투성이다. 일 자체도 그리 어렵지 않고, 일하려는 의지도 있지만 툭하면 다른 사람을 깔본다. 큰일을 못할 것 같아서 작은 일을 배정하면 억울해한다. 자신의 재능을 발휘하지 못하게 한다고 불평하며, 자신만의 틀을 고집한다. 우리가 사람을 뽑는 이유는 일을 시키기 위해서인데 제대로 일은 하지 않으면서 대학 졸업장만 갖고 있다면 그게 무슨 소용인가? 그렇기 때문에 때로는 전문학교나 중등 전문학교 졸업생이 훨씬 실질적이고 업무에 도움이 된다."

현재 수많은 기업에서 인재를 급히 필요로 하지만 몇몇 대졸자는 자기가 원하는 일이 아니면 하려 하지 않기 때문에 기업에서 환영받지 못한다. 이러한 현상은 인사부 담당자가 고민하는 이유 중 하나다. 진정한 위대함은 평범함에 있고, 진정한 숭고함도 보통에 있다. 가장 평범하고 보통인 것은 오히려 가장 위대하고 숭고하다. 보통에서 특별함을 뚜렷이 드러내고 평범함 속에서 위대함을 드러내는 것, 이것이야말로 처세의 도리다.

일반적으로 사람들은 사소한 일을 하려 하지 않는다. 그러나 성공한 사람과 그러지 못한 사람의 가장 큰 차이는 다른 사람이 원하지 않는 일을 기꺼이 하려 하는가, 그러지 않는가에 있다. 일반적인 사람들은 이러한 노력을 치르려 하지 않지만 성공하는 사람은 기꺼이 노력하기 때문에 비로소 성공을 얻는다.

누구나 싫어하는 커피 타기지만 정말 맛있는 커피를 타보면 어떨까. 누구나 싫어하는 변기 청소지만 그 누구보다 반짝거릴 정도로 깨끗하게 변기를 청소해보면 어떨까. 모두들 싫어하는 훈련에 그 누구도 아닌 자기 자신을 위해 열심히 참가해보면 어떨까. 누구나 귀찮아하는 사전 준비를 더욱 완벽하게 해보면 어떨까. 다른 사람이 치르기 원하지 않는 대가를 스스로 나서서 치르기 위해 노력해보면 어떨까. 다른 사람이 원하지 않는 사소한 일을 기꺼이 받아들인다면 당신의 성공률은 분명 끊임없이 상승할 것이다.

어느 나이 든 교수가 자신의 경험을 이야기했다.

두 번째 솔루션

"나는 몇 년 동안 실제로 학생들을 가르치면서 학교에서는 평범했던 학생들이 사회에 나가면 좋은 성과를 얻는다는 사실을 발견했다. 그들의 성적은 대부분 중하위권에 편향되어 있고, 특별한 재능이 있는 것도 아니며, 오로지 자기 분수를 알고 성실한 성격만이 장점이다. 그런데 이러한 학생들은 사회에 나갔을 때 주제넘게 자신을 내세우지도 않고 묵묵히 일한다. 그들은 너무나도 평범해서 졸업해 학교를 떠나면 교수나 학생들이 그들의 이름이나 생김새를 기억하는 경우가 별로 없다. 그러나 졸업 후 몇 년 혹은 몇 십 년이 지나면 그들은 성공해 교수를 찾아온다. 그리고 원래 전도유망하다고 생각했던 학생들은 아무런 성과도 이루지 못한다. 이는 도대체 어떻게 된 일일까?

나는 종종 동료들과 함께 생각해본다. 성공과 학교 성적은 결코 필연적이라고 할 수는 없지만 착실한 성격은 성공과 밀접한 관련이 있다. 평범한 사람은 비교적 성실한 편이고 자신을 다스릴 줄 안다. 그래서 수많은 기회가 그에게 주어진다. 만약 평범한 사람이 부지런함으로 부족한 재능을 보완한다면 성공의 문은 반드시 그를 향해 활짝 열릴 것이다."

착실한 품성을 지닌 사람은 끊임없이 배우기 위해 노력하는 역량을 가지고 있다. 그리고 적극적으로 자신의 뛰어난 점을 갈고닦으면 성공은 훨씬 쉬워진다. 끊임없이 자신의 능력을 확장시키는 사람은 항상 열정적인 마음을 가지고 있고, 다른 사람이 사소하게 생각하는 일을 기꺼이 한다. 이를 통해 배움을 얻으며 다양한 방면의 사람들에게 가르침을 청한다. 그들은 비록 비교적 늦게 두각을 드러내기는 하지만 다양한 직위에서 식견을 넓히고 능력을 확충하며 수많은 지식을 배운다.

한 젊은이가 있었다. 그는 항상 회사가 자신을 보결 직원으로 여긴다고 생각했다. 어느 부서에 인력이 부족하면 그는 그곳으로 배정되었고, 능력을 정상적으로 발휘할 방법이 없었다. 실망한 젊은이는 현재 한 회사의 인력 자원 부서 담당자로 일하는 친구에게 하소연했다.

"계속 이렇게 일할 가치가 있는 걸까? 아무래도 내 장점을 발휘하지 못하는 것 같아."

그러자 친구는 매우 진지하게 그에게 이야기했다.

"네가 자주 다양한 부서로 이동하는 이유는 회사가 너에게 일을 가르치려 하기 때문이야. 지금 네가 해야 할 일은 첫째도 노력이고, 둘째도 노력이며, 셋째도 노력이야. 그러면 분명 얼마 지나지 않아 회사의 직원들 중 가장 단련된 사람은 바로 네가 될 테고, 회사를 위해 지혜를 공헌하는 사람도 네가 될 거야. 너 자신도 그렇게 생각해야 해."

마지막으로 친구는 한 가지 성공 비결을 가르쳐주었다. 적극적으로 일하는 것이 바로 성공이며, 일득일실에 고민하고 쉬운 일만

하려 들며 어려운 일을 회피하기만 하면 성장할 기회를 잃는다고. 고통은 성공으로 나아가기 위해 반드시 거쳐야 하는 과정이라고 말이다. 친구의 말을 듣고 젊은이는 일을 계속하기로 마음먹었다. 그리고 정말 열심히 일했다. 1년 후, 그는 결국 회사에서 가장 눈부신 활약을 하는 신예가 되었다.

스티븐은 하버드 대학 기계공학과의 우등생이었다. 그의 꿈은 졸업 후 미국에서 최고로 유명한 기계 제작 회사에 들어가는 것이었다. 그러나 그도 수많은 사람들과 마찬가지로 회사에서 매년 한 차례 실시하는 고용 테스트 신청을 거절당했다. 사실 이 시기에 고용 테스트는 이미 텅 빈 이름뿐이었다. 스티븐은 희망을 버리지 않고 반드시 비스카야 중형 기계 제작 회사에 들어가겠다고 결심했다. 그런 다음 그는 일부러 자신에게 별다른 능력이 없는 척하는 전략을 취했다.

그는 우선 회사의 인사부를 찾아가 무상으로 노동력을 제공하겠다고 제안했다. 회사가 배정해준 곳이라면 어디서든 일할 것이며 일을 제대로 해내기까지는 어떤 보수도 받지 않을 생각이라 이야기했다. 회사는 처음에 의아하게 생각했지만 별다른 비용도 들지 않고 딱히 신경을 쓰지 않아도 되겠다는 생각에 그에게 작업 현장의 고철 쓰레기 청소하는 일을 맡겼다.

1년 동안 스티븐은 간단하지만 피곤한 업무에 근면 성실하게 임했다. 그는 먹고살기 위해 퇴근 후에 바에서 아르바이트도 해야 했다. 열심히 일하면서 비록 사장과 직원들의 호감을 얻기는 했지만, 그의 고용 문제를 제기하는 사람은 아무도 없었다.

1990년대 초, 회사의 수많은 주문서가 잇달아 취소되었다. 그 이유는 대부분 제품의 질량 문제였다. 그로 말미암아 회사는 막대한 손실을 입었다. 이사회는 쇠퇴해가는 회사를 구제하기 위한 대책을 의논할 긴급회의를 소집했다. 회의가 절반 이상 진행되었는데도 희망이 보이지 않고 있는데 스티븐이 갑자기 회의실에 쳐들어와 사장에게 직접적으로 이야기를 꺼냈다.

스티븐은 문제가 발생한 원인에 대해 사람들이 놀랄 만한 의견을 내놓았고, 공정의 기술적인 문제에 대한 자신의 생각을 밝혔다. 그런 다음 직접 만든 제품의 개조 설계도를 내놓았다. 그의 계획은 매우 선진적이었으며 기존 기계의 장점을 적절히 보존하는 동시에 이미 나타난 결함을 극복할 수 있는 것이었다.

업계의 전문 지식에 능통한 정원 외 청소부를 본 사장과 이사회 임원들은 즉시 그의 배경과 현재 상황에 대해 물었다. 스티븐은 당장에 생산 기술 문제를 책임지는 부사장으로 임용되었다.

사실 스티븐은 청소부로 일하면서 회사 어디든지 갈 수 있다는 청소부의 특권을 이용해 전체 부서의 생산 상황을 면밀히 관찰했다. 그리고 이를 일일이 상세하게 기록한 다음 기술적인 문제와 그 해결 방안을 발견했다. 이를 위해 그는 거의 1년 동안 설계에 힘써 대량의 데이터를 얻었고, 결국에는 자신의 웅대한 뜻을 펼칠 기초를 다질 수 있었다.

마음속에 원대한 포부만 있다면 뛰어난 인물이 될 가능성이 있다. 그러나 성공하려면 원대한 포부만으로는 부족하다. 반드시 작은 일부터 열심히 해야 한다. 만약 다른 사람들이 줄곧 당신을 중요한 인재로 생각하지 않는다면 우선 자신의 목표를 낮춰보라. 가장 기본적인 일부터 시작하면 언젠가 분명 성공을 얻을 수 있을 것이다.

✦ 머릿속 걱정 몰아내기

'아름드리나무는 지극히 작은 씨앗에서 시작되고, 구층탑은 주춧돌에서 시작된다. 그리고 천 리 길은 한 걸음부터 시작된다.' 천 리를 가고 큰 나무가 되려면 지금 한 걸음부터, 지극히 작은 것부터 시작해야 한다. 평범하고 사소한 일을 하찮게 여기는 사람은 설령 그의 이상이 제아무리 웅장해도 비누거품에 불과하다. 원대한 포부를 이루기 위해서는 반드시 작은 일부터 착실하게 최선을 다해야 한다.

그를 질책하는 이유는
다 그 사람을 위해서다!

•
•
,

'만약 링컨이 나와 같은 상황이었다면
어떻게 문제를 해결했을까?'

어쩌면 모두의 내면 깊은 곳에는 타인의 칭찬을 받고 싶은 갈망이 존재하는지도 모른다. 그리고 질책은 상대의 마음을 불편하게 만들고, 자기 자신과 업무에 모두 부정적인 영향을 끼친다. 그러나 생활 속에서 많은 사람이 다른 사람을 질책하기 좋아한다. 질책은 불화와 반감을 일으키고 심지어는 원한을 초래하기도 하는데 이는 개인의 인맥이나 앞날에 모두 부정적으로 작용한다. 타인을 과도하게 질책하는 것은 어리석은 행동이며 인생의 큰 실패라고까지 할 수 있다.

심리학자 스키너는 동물 실험으로 다음과 같은 사실을 증명했다. 좋은 행동으로 칭찬을 받은 동물은 학습 속도가 빠르고 그 행동을 오랫동안 지속한다. 반면 나쁜 행동으로 벌을 받은 동물은 학습 속도는 물론 지속력도 매우 떨어진다. 이러한 원칙은 사람에게도 마찬가지로 적용된다. 질책은 현실을 변화시킬 수 없을 뿐만 아니라 오히려 원망을 초래한다. 또 다른 심리학자 한스 힐은 말했다.

"우리가 질책 받는 일을 두려워한다는 사실을 드러내는 증거는 매우 많다."

질책을 받아 야기된 부끄러움과 분노는 종종 사람의 기분을 상하게 만든다. 또한 응당 교정해야 할 상황에 조금도 도움이 되지 않는다.

오클라호마주의 조지 존슨은 건축 회사의 안전 검사원이었다. 그의 업무 중 하나는 현장에서 일하는 노동자들이 안전모를 착용했는지 조사하는 것이었다. 안전모를 착용하지 않고 일하는 직원을 볼 때마다 그는 직권을 이용해 시정을 요구했다. 그러나 지적을 받은 사람들은 종종 불쾌한 기색을 내비쳤다. 게다가 그가 사라지면 바로 안전모를 벗어버렸다.

훗날 존슨은 시정을 요구하는 방식을 바꾸기로 결정했다. 그는 안전모를 착용하지 않은 직원을 보면 안전모를 착용했을 때 불편하거나 사이즈가 맞지 않는지 물었다. 그리고 유쾌한 말투로 직원에게 안전모의 중요성을 일깨운 다음 일을 할 때는 반드시 안전모를 착용하라고 이야기했다. 이러한 방식은 이전보다 훨씬 좋은 효과를 거두었고, 불쾌해하는 직원은 아무도 없었다.

링컨의 마지막 숨이 끊어졌을 때 국방장관 스탠든은 말했다.
"이곳에 누워있는 사람은 인류 역사상 가장 완벽한 통치자였습니다."

링컨이 다른 사람과 잘 지냈던 비결은 과연 무엇일까? 카네기는 10년 동안이나 링컨의 일생을 연구했고, 3년이라는 시간을 들여 《링컨의 또 다른 일면》이라는 책을 집필하고 수정했다. 카네기는 링컨의 성격과 평소 생활에 대한 자신의 연구가 그 누구보다 자세하고 철저하다고 자신했다. 특히 링컨의 처세와 외유내강한 성격에는 깨달은 바가 더 깊었다. 링컨은 과연 질책을 좋아하는 사람이었을까? 그렇다. 그는 인디아나 주에 살았을 무렵에는 나이도 어렸고, 시비를 가리는 것은 물론 다른 사람을 풍자하는 시나 편지를 쓰는 일을 좋아했다. 그는 종종 다 쓴 편지를 일부러 마을의 길에 떨어뜨려 당사자가 발견하게 했다.

1842년 가을, 링컨은 자부심이 대단한 정계의 인사 제임스 쉴즈를 풍자하는 글을 썼다. 그리고 이를 〈스프링필드 데일리 뉴스The Springfield Daily News〉에 익명의 편지로 보내 그를 조롱하며 마을 전체의 웃음거리로 만들었다. 자부심이 높고 예민한 제임스는 화를 냈음은 물론 결국 편지를 쓴 사람을 찾아냈다. 그는 말을 타고 링컨의 행방을 좇았고, 결투를 선전포고했다. 링컨은 결투가 내키지 않지만 상황이나 명예 때문에 어쩔 수 없이 도전을 받아들였다. 그에게는 무기를 선택할 권리가 있었다. 팔이 긴 그는 기마병이 드는 칼을 선택했고, 웨스트포인트 육군사관학교 졸업생에게 검술을 배웠다. 약속한 날이 되어 링컨과 제임스는 미시시피 강가에서 만나 승부를 겨룰 준비를 했다. 다행히 최후의 순간에 그들을 말리는 사람이 나타나서 결투는 종료되었다.

링컨은 일생에서 가장 조마조마했던 이 사건을 계기로 사람들과 잘 지내는 기술을 배우게 되었다. 이후로 그는 다른 사람을 욕하는 편지를 쓰지 않았고, 더 이상 제멋대로 다른 사람을 희롱하지도 않았다. 그리고 바로 이때부터 그는 더 이상 어떤 일로도 다른 사람을 질책하지 않게 되었다.

1863년 7월 1일에서 3일에 이르는 기간에 '게티즈버그 전투'가 벌어졌다. 7월 4일 밤이 되자 리 장군은 남쪽으로 퇴각하기 시작했다. 당시 날씨는 먹구름이 짙게 깔린 데다 폭우까지 퍼붓고 있었다. 리 장군은 패잔병을 이끌고 포토맥 강가까지 도망갔다. 앞에는 높이 불어난 강물이, 뒤에는 승세를 엎고 뒤를 쫓아온 정부군이 있었다. 진퇴양난에 빠진 리 장군은 절망했다. 링컨은 이것이 하늘이 내린 절호의 찬스라는 것을 알았다. 리 장군의 군대를 패배시키기만 하면 전쟁은 즉시 끝날 것이었다. 그래서 링컨은 희망을 가득 품고 미드 장군에게 명령을 내렸다. '긴급 군사 회의'를 통지할 필요 없이 즉시 출격하라는 것이었다. 링컨은 전보로 명령을 내렸을 뿐만 아니라 특사를 파견해 미드 장군에게 즉시 행동하기를 요구했다.

과연 미드 장군은 즉각 행동에 나섰을까? 완전히 반대였다. 그는 링컨의 명령을 어기고 먼저 '긴급 군사 회의'를 통지했다. 주저하며 결단을 내리지 못한 그는 일부러 시간을 끌었고, 이런저런 구실을 대며 리 장군을 공격하기를 주저했다. 결국 불어난 강물은 빠졌고, 리 장군과 그 군대는 포토맥 강을 건너 순조롭게 남쪽으로 도망갔다.

링컨은 크게 화를 냈다. "도대체 어떻게 된 일이지?" 링컨은 아들 로버트를 바라보며 소리쳤다. "신이시여, 도대체 어찌된 일이란 말입니까? 그들은 바로 손에 닿을 거리에 있었는데, 내가 손을 뻗기만 하면 그들은 분명 도망가지 못했을 텐데. 저의 명령으로는 군대를 반걸음도 움직이지 못한단 말입니까? 이런 상황이라면 누구든지 리 장군을 대패시킬 수 있었을 테고, 바로 제가 리 장군을 굴복시킬 수 있었을 거란 말입니다."

극도로 실망한 나머지 링컨은 앉아서 미드 장군에게 보낼 편지를 쓰기 시작했다. 여기서 기억해야 할 사실은 이때의 링컨은 과거보다 말을 자제하고 자신을 억제하는 사람이었다는 것이다. 그러므로 1863년에 작성된 이 편지는 링컨의 내면에 불만이 가득함을 실증하기에 충분하다.

'친애하는 장군에게

당신이 리 장군을 놓친 불행한 소식을 그야말로 믿을 수가 없군요. 그는 우리가 손을 뻗으면 닿을 거리에 있었고, 그를 사로잡기만 하면 우리는 승리를 얻고 전쟁은 즉시 종결되었을 겁니다. 그렇지만 지금도 전쟁은 계속되고 있지요. 지난 월요일 당신이 리 장군을 순조롭게 체포하지 못했고 지금 그는 포토맥 강 남쪽으로 도망가는 지경에 이르렀으니 어떻게 전쟁의 승리를 보장할 수 있단 말입니까? 당신이 성공하기를 기대한 것은 현명하지 못했던 것 같군요. 그리고 나는 당신이 더욱 잘해낼 거라고 결코 기대하지 않습니다. 좋은 기회는 한 번 놓치면 다시 오지 않지요. 정말 유감일 따름입니다.'

미드 장군은 이 편지를 읽고 나서 어떤 반응을 보였을까? 사실 미드 장군은 이 편지를 읽지 못했다. 그 이유는 링컨이 편지를 부치지 않았기 때문이다. 이 편지는 링컨이 세상을 떠난 후 다른 사람이 그의 문서 속에서 발견한 것이다. 사람들은 다음과 같이 추측했다. 링컨은 편지를 다 쓴 후 창밖을 바라보며 여러 가지 생각을 했고, 결국 편지를 그냥 내버려두었다는 것이다. 그는 일찍이 비통한 경험을 통해 날카로운 비판과 공격으로 얻을 수 있는 효과는 아무것도 없다는 사실을 알고 있었던 것이다.

미국의 전 대통령 루스벨트는 대통령에 당선되고 나서 해결하기 어려운 문제가 생기면 벽에 걸린 링컨의 초상화를 바라보며 자문했다.

"만약 링컨 당신이 나와 같은 상황에 처했다면 이 문제를 어떻게 해결하실 겁니까?"

카네기는 현명하지 못한 사람만이 다른 사람을 비판하고 질책하며 원망한다고 이야기했다. 확실히 대부분의 어리석은 사람은 그렇게 한다. 그러나 타인의 마음을 잘 헤아리고 너그럽게 용서하기 위해서는 수양과 자제력이 필요하다. 칼라일은 말했다.

"위대한 사람은 소인배를 대하는 행동 속에서 그 위대함을 드러낸다."

밥 후버는 유명한 테스트 파일럿이었다. 그는 자주 공중 비행 묘기를 선보였다. 한번은 그가 샌디에이고에서 공연을 마친 후 로스앤젤레스로 회항 비행을 준비하던 중이었다. 한 비행 잡지가 묘사한 바로는 이때 후버가 조종하던 비행기의 엔진 두 개가 300피트 상공에서 동시에 고장이 났다고 한다. 다행히도 그는 민첩한 행동으로 비행기가 추락하지 않도록 조종했고 결국 안전히 착륙할 수 있었다. 비록 사상자는 나오지 않았지만 비행기는 크게 손실되었다. 후버는 긴급 착륙을 하자마자 비행기 연료를 체크했다. 그의 예상대로라면 2차 세계 대전 당시 프로펠러 비행기에 실어야 하는 것은 제트기 연료였다. 공항에 돌아온 후버는 비행기 보수를 책임지고 있는 기술자를 만나려고 했다. 젊은 기술자는 자신이 저지른 잘못을 일찍이 파악하고 고통스러워했다. 그는 후버를 보자마자 눈물을 흘렸다. 그는 값비싼 비행기를 망가뜨렸을 뿐만 아니라 자칫 잘못하면 세 사람의 목숨을 앗아갈 뻔했다.

후버가 불같이 화내리라는 것은 쉽게 예상할 수 있었다. 책임감이 강하고 엄격한 비행사는 부주의한 기술자에게 크게 화를 내고 엄하게 꾸짖는 것이 마땅하다. 그러나 후버는 기술자를 질책하지 않고 양손을 뻗어 그의 어깨를 안아주며 말했다.

"다시는 실수하지 않겠다는 사실을 증명하기 위해 자네는 내일 F-51 비행기의 보수 작업을 해주어야겠네."

'만약 벌꿀을 채취하려면 절대 벌집을 뒤집어엎어서는 안 된다.'

는 카네기의 지혜로운 말을 기억하라. 다른 사람을 최대한 이해하려면 우리는 질책이나 조소의 방식을 취해서는 안 된다. 그리고 될 수 있는 한 다른 사람의 입장에서 생각하기 위해서는 그들이 왜 그렇게 했는지를 알아야 한다. 이는 비평, 질책보다 훨씬 유익하며 우리의 마음에 공감과 인내, 인자가 생겨나게 한다.

✦ 머릿속 걱정 몰아내기

광풍은 사람이 옷을 더욱 단단히 여미게 만들고, 햇살은 사람이 마음의 문까지 활짝 열게 만든다는 도리를 이야기한 우화가 있다. 질책은 사람의 신경을 더욱 팽팽하게 조이고, 경계 심리를 발생시키지만 칭찬은 서로의 마음을 더욱 가깝게 한다. '진심으로 칭찬하고 넓은 마음으로 칭찬하라.' 선의의 칭찬을 좀 더 많이 하고, 질책을 좀 더 삼가면 세상은 더욱 조화롭고 아름다워질 것이다.

두 번째 솔루션

내 눈 안의 티끌조차
용서할 수 없다!

●
●

'

너무 고지식한 사람이 지는 거다.

어떤 사람이 될 것인가는 하나의 학문이다. 심지어 평생 노력을 기울여도 그 원인과 결과를 밝힐 수 없는 대학문이기도 하다. 그 얼마나 많은 사람이 고독을 받아들이지 못하고 인생의 진리를 깨달아 눈부신 인생을 살아가기 위해 노력했던가. 그러나 인생은 복잡하기 때문에 유한한 시간 동안 인생에 내포된 전부를 통찰할 수는 없다. 인생에 대한 이해와 깨달음은 항상 일정한 사건에 한정될 수밖에 없다. 예를 들어, 너무 고지식하게 일을 처리하지 않는 것은 인생의 도리 중 하나다. 이것은 누군가는 시원스럽게 살아가고, 누군가는 피곤하게 살아가는 이유이기도 하다.

물론 사람은 세상을 살면서 모든 것을 하찮게 여기거나 인생을 너무 즐겨도 안 되지만 너무 완고하거나 고지식해도 안 된다. '물이 너무 맑으면 고기가 살지 않고, 지나치게 결백한 사람에게는 친구가 생기지 않는다.'는 말이 있다. 이처럼 너무 고지식한 탓에 모든 일을 눈에 거슬리게 생각하고, 친구 한 명조차 받아들이지 못하는 사람은 사회와 격리된다. 거울의 표면은 매우 매끈하지만 고도의 확대경으로 바라보면 마치 산이 이어진 것처럼 울퉁불퉁하다. 육안으로는 깨끗해 보이는 물건도 현미경을 통해 바라보면 세균이 득실거린다. 한번 생각해보자. 만약 우리가 확대경이나 현미경을 끼고 생활한다면 아마 밥조차 제대로 먹지 못할 것이다. 같은 이치로 확대경을 끼고 다른 사람의 결점을 바라본다면 아마 그 사람은 구제할 방법이 없는 죄인처럼 비칠 것이다.

사람은 위대한 성인이 아니므로 누구나 잘못이 있기 마련이다. 다른 사람과 잘 지내기 위해서는 서로를 이해해야 하며 때로는 자신의 실력을 감출 필요도 있다. 또한 아집을 버리고 다수의 의견을 따를 줄도 알아야 하며 넓은 도량으로 타인을 용서해야 한다. 그래야만 많은 친구를 얻을 수 있고 모든 일이 순조롭게 풀린다. 반대로 사소한 일까지 세세하게 따지며 눈 안의 티끌조차 용서하지 못하는 사람, 과도하게 트집을 잡고 자질구레한 일로 시비를 가리며 타인을 용서하지 않는 사람, 마음의 문을 닫고 자기가 최고라 생각하며 살아가는 사람은 누구나 회피한다. 동서고금을 막론하고 대업을 이룬 인물은 다른 사람이 용서하지 못하는 것을 용서하고, 참지 못하는 것을 참으며, 타인의 의견을 존중하고 다수를 단결하는 우수한 품격을 지녔다. 그들은 도량이 넓어 작은 일에 연연하지 않으며 식견이 넓어 착안점을 크게 둔다. 또한 사소한 일을 일일이 따지는 법도 없으며 비원칙적인 일로 분쟁을 일으키지도 않는다. 그래서 그들은 대업을 이루고 스스로 비범한 위인이 된다.

그러나 사람이 고지식함을 버리고 항상 다른 사람을 용서하기란 쉬운 일이 아니다. 그러기 위해서는 양호한 수양과 다른 사람의 뜻을 잘 헤아리는 사고방식이 필요하다. 또한 상대방의 관점에서 문제를 생각하고 일을 처리할 필요가 있다. 관용적인 태도로 다른 사람을 더 이해하도록 노력하고 조화로운 우정을 가꾸어 나가야 한다. 예를 들어, 어떤 사람은 일단 출세하고 나면 부하 직원의 단점을 용서하지 않는다. 이에 걸핏하면 화를 내고 부하 직원은 다들 그를 무서워한다. 이런 상황이 오래 지속되면 부하 직원의 마음에는 분명 원한이 쌓이게 될 것이다. 세상의 모든 일은 당신 한 사람만의 힘으로 이루어지지 않는다는 사실을 기억하라. 그런데 왜 사소한 잘못을 따져 다른 사람의 화를 돋우는가? 반대로 입장을 바꾸어 꾸지람을 듣는 쪽에서 상사의 조급한 성미를 이해해 줄 수도 있다.

송宋나라의 범중엄范仲淹은 선견지명이 뛰어난 사람이었다. 그는 사람을 임용할 때 주로 그 사람의 지조를 살피되 사소한 부분은 따지지 않았다. 범중엄이 원수를 지낼 때 막료를 모집했는데, 막료들 중에는 죄를 지어 조정에서 강등된 사람도 있었고, 유배당한 경험이 있는 사람도 있었다. 사람들은 범중엄이 왜 그런 사람들을 임용했는지 이해하지 못했다. 그러나 범중엄은 생각했다. "재능이 있고 죄를 짓지 않은 사람은 조정에서 당연히 중요한 자리에 임용할 것이다. 그러나 세상에 완벽한 사람은 없다. 만약 분명 쓸모 있는 인재인데도 사소한 잘못 혹은 조정의 의론으로 화를 당한 사람이 있다면 그 장점을 보고 특별한 수단으로 다시 등용해야 한다. 그러지 않으면 그들은 분명 쓸모없는 사람이 될 것이다." 비록 이런저런 문제가 있는 사람이 많았지만 범중엄은 오로지 주요한 부분만 보았다. 그가 임용한 사람은 대다수 유용한 인재들이었다.

사람 중에 잘못 없는 사람이 어디 있겠는가? 도덕적 수양이 있는 사람은 잘못을 범하지 않아서 도덕적 수양을 쌓은 것이 아니라 잘못을 범했어도 다시는 똑같은 잘못을 저지르기 않기 때문에 수양을 쌓을 수 있는 것이다. 그러므로 사람을 쓸 때 과거가 있는 사람을 임용하는 일은 일반적이라 할 수 있다. 그 사람의 잘못을 단순한 우연으로 생각하고, 기본적인 사람 됨됨이가 옳은지 살펴야 한다. 《상서尚書·이훈伊訓》에는 '타인에게 완벽을 바라지 말고 자기 스스로 모자람이 없는지 살펴야 한다.'는 말이 있다. 이는 우리가 다른 사람에게 완벽을 추구하지 말고, 자기 자신을 단속할 때는 엄격해야 한다는 이야기다. 다른 사람의 입장에서 생각하고, 자신을 엄격하게 지키며, 관용으로 사람을 대해야 비로소 우호적으로 다른 사람과 힘을 합쳐 일을 완수할 수 있다. 반면 타인에게 무조건 가혹하게 요구하는 사람은 아무 일도 이루지 못한다.

어느 철학자는 말했다. 관용과 인내의 고통은 달콤한 성과와 맞바꿀 수 있다고.

먼 옛날 진효陳囂와 기백紀伯이라는 사람이 이웃해 살고 있었다. 어느 날 밤, 기백은 몰래 진효의 집 울타리를 뽑아 안쪽으로 옮겨놓았다. 진효는 이 사실을 발견하고는 마음속으로 생각했다. '혹시 기백이 자기 땅을 좀 더 넓히려 한 것인가? 그럼 기꺼이 그렇게 해주지.' 그는 기백이 없는 틈에 다시 울타리를 뽑아 안쪽으로 한 척이나 옮겼다. 날이 밝자 기백은 자신의 땅이 훨씬 넓어진 것을 보고 진효가 한 일이라는 사실을 알았다. 부끄러운 마음이 든 기백은 스스로 진효를 찾아가 무단으로 침범한 땅을 다시 돌려주었다.

《우포잡기寓圃雜記》에는 양저楊翥에 관한 두 가지 일화가 등장한다. 양저의 이웃이 새를 한 마리 잃어버렸다. 이웃은 양 씨 성을 가진 사람이 훔쳐갔다고 욕했다. 가족들이 이를 양저에게 알리자 그는 말했다. "세상에 양 씨가 우리 집만도 아니니 그가 마음대로 욕하게 내버려 둡시다." 그리고 또 다른 이웃은 비가 내리는 날마다 자기 집 마당에 고인 물을 양저의 집으로 퍼냈다. 그래서 양저의 집은 질척질척하고 더러워졌다. 가족들이 이를 양저에게 알리자 그는 가족들을 타이르며 말했다. "어쨌든 비 오는 날보다는 갠 날이 많지 않소."

오랜 시간이 지나 결국 이웃들은 양저의 인내심에 감동했다. 그러던 어느 해, 도적떼가 양저의 재물을 빼앗으려고 작당했다. 이 사실을 알게 된 이웃들은 자발적으로 나서서 양저의 집을 밤새 지키는 조직을 꾸렸고, 양저는 재난을 면할 수 있었다.

인내와 관용을 말하기는 쉽지만 실천하기는 결코 쉽지 않다. 인내와 관용을 실천하려면 모두 그만한 대가를 치러야 하기 때문이다. 심지어 고통스러운 대가를 치를 때도 있다. 사람은 누구나 살아가면서 고의적 혹은 무의식적으로 타인 때문에 개인의 이익을 침해 빈다. 앙호한 심리석 소질을 배양하고 단련하려면 당신은 용감하게 인내와 관용의 시련을 받아내야 한다. 설령 감정을 통제할 수 없을 때라 해도 입을 굳게 다물고, 생각을 통제하며 참고 또 참아야 조급하고 경솔한 마음에서 비롯된 충동적인 행동을 제어할 수 있다. 만약 진효나 양저처럼 스스로 마음의 균형을 잡고 납득할만한 이유를 찾는다면 인내의 고통은 자연스레 사라지고 관용과 도량이 생긴다.

집 근처에 있는 식료품점에서 간장을 파는 점원의 태도가 좋지 않다고 항상 불평하는 사람이 있었다. 점원은 마치 다른 사람이 자기에게 진 빚이라도 있는 것 같은 태도로 일했다. 훗날 불평하던 사람의 부인이 점원에게 사정을 물어보았다. 그러자 점원은 남편의 외도로 이혼하고, 중풍이 들어 병상에 누워있는 노모를 모시고 있다고 이야기했다. 게다가 천식을 앓고 있는 초등학생 딸을 키우며 매달 200~300위안의 월급으로 12평방미터의 집에 살고 있다는 것이었다. 그래서 점원은 하루 종일 눈썹을 잔뜩 찡그리며 일할 수밖에 없었다. 점원의 태도에 불평하던 사람은 그때부터 일일이 따지지 않기로 했다. 심지어 점원을 돕기 위해 자신이 할 수 있는 일을 했다.

공공장소에서 불쾌한 일이 발생했다 해도 사실 여기에 화를 낼 가치는 없다. 안면이 전혀 없는 사람이 무례한 행동을 하는 데는 분명 다른 원인이 있을 것이다. 그 사람의 기분을 혼란스럽게 하는 고민이 있을지도 모르고, 자신의 행동을 제어하지 못하는 상황에서 공교롭게 당신과 마주친 것일 수도 있다. 인격을 모욕하는 행동이 아닌 이상에야 우리는 너그러운 마음으로 용서해야 한다. 혹은 상대가 이해할 수 있도록 이치를 설명해주면서 부드러움으로 강함을 이겨야 한다. 결국 원래 아무런 원한도 없는 사람을 노려보느라 굳이 힘쓸 필요는 없다는 이야기다. 만약 하나하나 따지기 시작하면 서로 감정이 상해 크게 화를 내게 될 것이다. 눈에는 눈, 이에는 이로 겨루다보면 좋지 못한 결과가 빚어질 것은 뻔하고 이는 아무 가치가 없는 일이다. 우연히 마주친 사람과 시비를 겨루는 사람은 현명하지 못하다. 만약 상대가 교양 없는 사람이라면 그와 시비를 겨루는 당신의 교양도 떨어지고 체면도 잃는다. 그밖에도 상대의 무례한 행동이 어느 의미에서 감정 발산이나 고통 전가에서 비롯된 것이라면 사실 우리에게 이를 분담할 의무는 없다. 그러나 객관적으로 생각하면 이는 확실히 상대에게 도움이 되는 일이고 무형 중에 선을 베푼 것이나 다름없다. 그렇게 생각하면 상대방을 용서할 수 있다.

세상에서 벌어지는 수많은 일은 원칙이나 입장에서 근본적인 시비를 가릴 문제가 아니므로 군이 옳고 그름을 가려야 할 필요는 없다. 사람들은 단체나 사회에서 다양하게 규범화된 역할을 담당하고 있다. 엄숙하게 자신의 직책을 지켜야 하는 공무원, 영리하고 체면을 중시하는 상인, 부지런하고 성실한 회사원 모두 집에 돌아가면 자신이 연기하고 있는 '복장'을 벗어버린다. 사회가 그 역할에 요구하는 규율과 속박에서 벗어나 자신의 원래 얼굴을 드러내고 될 수 있는 한 가정의 난란함을 누리려 한다. 만약 당신이 집에서도 사회에서와 마찬가지로 고지식하게 규율을 지키며 사사건건 시비를 가리고 그 영향력과 결과를 헤아린다면 이는 우스울 뿐만 아니라 너무 피곤한 일이다.

실연한 할리우드 여배우가 있었다. 그녀는 원망과 복수심에 불타올라 얼굴이 경직되고 주름이 늘어났다. 그녀는 가장 유명한 메이크업 아티스트에게 메이크업을 받으러 갔다. 그녀의 심리 상태를 깊이 이해하고 있었던 메이크업 아티스트는 정곡을 찌르며 말했다. "당신이 만약 마음속의 원망과 증오를 없애지 않으면 세상의 어떤 메이크업 아티스트도 당신을 아름답게 꾸며주지 못할 거예요."

사사건건 따지고 드는 심리는 건강에 매우 유해하다는 사실이 심리학 연구를 통해 밝혀졌다. 고혈압, 심장병, 위궤양 등의 질병은 오랜 기간 쌓인 원한과 과도한 긴장에 의해 조성된다는 것이다.

《증광현문增廣賢文》은 중국의 민간에 널리 전해지는 처세에 관한 책이다. 이 책에는 오랜 시간 검증되어온 철학적 이치와 민간 격언이 가득 담겨 있다. 그중 '남을 용서하는 사람은 바보가 아니며, 바보는 남을 용서할 줄 모른다.'는 말이 있다. 즉 이는 '남을 용서할 수 있는 만큼 용서하라.'는 말이다. 무슨 일이든지 적절한 정도에서 그쳐서 자신에게 물러날 여지를 남겨두라는 것이다.

어느 현자가 말했다. 그는 큰길에서 누군가 자신을 욕해도 고개조차 돌리지 않으며 자신을 욕하는 사람이 누군지 전혀 알고 싶지 않다고 했다. 짧고 소중한 인생에는 해야 할 일이 너무나도 많은데 굳이 기분을 불쾌하게 만드는 사람과 시비를 따지는 데 시간을 낭비할 필요가 있느냐는 것이다. 그는 분명 해야 할 일과 하지 말아야 할 일, 반드시 따져야 할 일과 일고의 가치도 없는 일이 무엇인지 잘 아는 교양이 뛰어난 사람이다. 그러나 실제로 현자 같은 행동을 하기는 쉽지 않고, 장기간의 연마가 필요하다. 만약 우리가 굳이 따지지 않아도 되는 일, 적당히 처리할 필요가 있는 일을 확실히 이해한다면 시간과 기력적인 여유가 생기고, 자신이 해야 할 일에 전력투구할 수 있다. 그러면 성공의 기회와 희망은 크게 늘어난다. 동시에 우리의 도량을 넓혀주기 때문에 사람들은 우리와 교제하기를 즐겁게 생각하게 되고, 친구도 갈수록 늘어난다. 사업의 성공에는 사교적인 성공이 뒤따르기 마련이고, 이는 인생의 큰 기쁨 중 하나다.

✦ 머릿속 걱정 몰아내기

'실력이나 총명함을 감추고 어리숙하게 행동하기란 어려운 법이다.'라는 정판교鄭板橋의 말은 지금까지도 사람들에게 현명한 처세의 최고 경지로 받들어지고 있다. 고지식함을 버리면 우리는 더 많은 수확을 얻을 수 있다.

그 사람이 나를
해치려는 것은 아닐까?

•
•

,

의심은 수많은 즐거움을 앗아가고
당신에게는 아무것도 남지 않는다。

의심이 강한 사람의 정신은 종종 고도의 긴장 상태에 놓인다. 그들은
자신의 상상과 개인적인 호오를 바탕으로 주위의 모든 것을 이해한
다. 그러므로 근거 없는 사실이나 트집 잡을 일, 터무니없는 소문이
생겨난다. 이에 원래는 정상적이어야 할 수많은 상황이 모두 왜곡된
다. 의심이 강한 사람은 이를 모두 '적정敵情'으로 생각한다.

자오쥔趙君은 한 회사의 업무 관리자다. 젊고 멋스러운 그는 대외
적인 업무 처리에도 능숙하고 능력이 뛰어나기 때문에 회사는 종

종 그를 외부로 출장을 보냈다. 이 때문에 그의 부인은 꽤나 골치가 아팠다. 혹시나 멋진 남편이 여자들의 꼬임에 넘어가지는 않을까 걱정이 되었기 때문이다. 만약 출장에서 돌아온 자오쥔의 기색이 좋지 않으면 부인은 항상 조바심을 느꼈다. '남편이 어디서 바람이라도 피고 온 건 아닐까?'

한번은 자오쥔이 열차 시간을 착각해서 한밤중이 되어서야 돌아온 적이 있었다. 연일 바쁘게 뛰어다니느라 너무 피곤했던 그는 간단하게 씻고 쉬고 싶었다. 부인은 냉담한 남편의 태도를 보고 기분이 좋지 않았다. 오랫동안 숨겨온 마음속의 의심은 일시에 질투로 달아올라 폭발했다. 남편을 조금도 배려할 줄 모르는 부인을 본 자오쥔은 순간 화가 머리끝까지 치밀었다. 그가 바쁘게 일하며 고생하는 이유는 오로지 가정을 위해서였다. 그런데도 부인은 혹시 자신이 바람을 피우는 것은 아닌지 의심하고 있는 것이었다. 결국 잠깐 사이에 두 사람은 서로 주거니 받거니 큰 말싸움을 벌였다.

그런 다음부터 두 사람은 냉전 상태를 유지하며 오랫동안 서로를 차갑게 대했다. 그들 부부에게서 가정의 따스함이란 찾아볼 수 없었다. 자오쥔은 여전히 바쁘게 출장을 가야 했지만 모든 것은 변해버렸다. 그들의 결혼 생활은 큰 위기를 맞이했다.

아내는 당연히 남편과 그의 인품을 믿어야 한다. 이는 아내의 자

두 번째 솔루션

신감을 구체적으로 드러내는 행동이기도 하다. 만약 남편을 까닭 없이 의심한다면 쓸데없는 자극과 상처가 야기될 뿐이고, 부부 사이는 엇갈리기 시작한다. 의심은 확실한 근거가 없는 상황에서 주관적인 억측으로 타인의 행동을 불리하게 판단하는 것이다. 사건의 진상을 알고 싶지만 적절한 근거가 없을 때 종종 추측이나 회의가 생겨나고 때로는 이를 바탕으로 타인에 대한 편견을 갖게 된다.

'의인투부疑人偸斧'라는 사자성어의 유래가 된 우화가 있다. 도끼를 잃어버린 사람이 있었는데 그는 이웃집 아들이 훔쳐갔다고 의심했다. 이러한 마음으로 이웃집 아들의 행동과 몸가짐을 관찰하니 모든 것이 도끼를 훔쳐갔다는 사실과 딱 들어맞았다. 깊이 생각한 결과 원래의 의심은 한층 더 강화되고 굳어졌고, 그는 이웃집 아들이 도끼 도둑이라고 단정했다. 그러나 머지않아 그는 산골짜기에서 도끼를 찾았다. 그러자 이웃집 아들은 더 이상 도끼를 훔쳐갈 도둑으로는 보이지 않았다.

의심은 항상 일정한 가정을 바탕으로 시작되어 결국에는 가정으로 귀결된다. 이는 마치 동그라미를 그리는 일과 같아서 그리면 그릴수록 굵고 둥글어진다. '의인투부'는 바로 끝없는 의심을 품고 색안경을 끼고 타인을 바라보는 사람, 심지어 아무런 근거도 없이 타인을 의심하는 사람을 풍자하는 이야기다. 한번 의심하기 시작하면 타인의 일거수일투족이 모두 수상하게 느껴지는데 이것이 바로 '의심암귀疑心暗鬼'다. 도량이 좁은 사람은 동료, 친구, 가족까지 이유 없이 의심한다. 이는 일에 지장을 줄 뿐만 아니라 인간관계, 화목한 가정, 자기 자신의 심리 건강에도 좋지 않은 영향을 끼친다. 그렇다면 어떻게 해야 의심을 극복하고 인생의 패국에서 벗어날 수 있을까? 심리학자들은 의심을 극복하려면 다음과 같은 사항을 실천해야 한다고 제안한다.

다른 사람을 믿는다

'사람을 쓰면 의심하지 말고, 의심이 가는 사람은 쓰지 말라.'는 옛말이 있다. 당신이 상대를 친구, 연인 혹은 반려자로 선택했다면 그 사람을 충분히 믿어라. 상대의 마음에 거리낄 것이 없고, 당신에게 불리한 일을 하지 않을 거라고 믿어야 한다. 물론 신뢰는 상호적인 작용이므로 상대를 진심으로 대하면 상대도 당신에게 신뢰감을 가질 것이다.

긍정적인 자기 암시를 강화한다

의심이 갈수록 심각해질 때, 이성의 힘으로 '급브레이크'를 걸어 자신의 '허튼 생각'을 제어해야 한다. 긍정과 부정 양쪽의 정보를 받아들여 의심 가는 대상을 대해야 한다. 예를 들어 '어쩌면 내가 틀렸을 수도 있다.', '어쩌면 그(그녀)는 그런 사람이 아닐지도 모른다.', '어쩌면 상황은 내가 생각하는 것보다 나쁘지 않을지도 모른다.' 등등 '해결책'을 더 많이 생각하라. 조건이 허락한다면 조사를 해서 진상을 확실하게 밝히고, 때로는 인품이 올바른 친구에게 상황을 분석해달라고 도움을 청해도 된다. 이를 통해 실제와 부합하지 않는 자신의 가정과 추측을 없애는 것이다.

전면적, 논리적으로 일과 사람을 대하는 법을 배워라

사실에 근거해 실사구시로 일과 사람을 대하되 유언비어를 가볍게 믿지 마라. 또한 주관적인 상상으로만 문제를 다루어도 안 된다.

의혹은 제때 풀어라

의심에는 필연적인 원인이 있다. 혹은 상대의 잘못이나 서로의 오해일 수도 있다. 이러한 상황에서는 마음을 열고 제때에 문제를 공개적으로 드러내 선의로 상대방과 의견을 교환하며 토론해야 한다. 이를 통해 사실을 똑똑하게 밝히고 의혹을 해소할 수 있다.

교제를 강화하고 이해를 증진시킨다

서로를 이해하지 못하고 파악하고 있는 정보가 너무 적으면 의심이 발생하기 쉽다. 일단 의심이 발생하고 나면 서로의 균열은 더욱 격화된다. 이러한 점을 이해하고 주도적으로 상대와의 접촉을 늘리고 교제하라. 의심을 품은 대상을 객관적으로 관찰해가며 상대를 이해하고 파악하는 것이다. 이때 상대와 진심을 털어놓는 대화를 나누면 가장 효과적이다. 이를 통해 자신이 의심을 품은 이유가 잘못된 정보를 접했거나 농담 때문에 발생한 오해라는 사실을 알게 될 가능성이 있다. 혹은 주위의 경솔한 사람들이 양쪽에 말을 전해 의심이 생겨났을 수도 있다. 그래서 사람들은 '오랫동안 서로를 잘 이해해야 비로소 서로 의심하지 않을 수 있다.'고 이야기하는 것이다.

머릿속 걱정 몰아내기

영국의 사상가 베이컨은 말했다. "의심은 마치 박쥐와도 같아서 항상 해질 무렵에 날아오른다. 의심은 사람의 정신을 혼란시키고, 사고력을 흩뜨린다. 또한 사람을 곤란에 빠뜨리며 적과 친구를 헷갈리게 해 그의 사업을 파괴한다."

그가 어쩜 이럴 수가 있지!

·
·
,

분노는 독약의 일종으로
내면에서 당신을 먹어 삼킨다.

사람의 정서에 존재하는 양대 '폭군'(분노와 욕망)에 이성은 홀로 맞선
다. 감성과 이성은 심리에 정반대의 영향을 끼치고, 격정은 이성과는
거리가 멀다. 화를 낼 줄 모르는 사람은 바보지만 일부러 화를 내지
않는 사람이야말로 현명하다. 사람은 반드시 자아 조절을 배워 자신
의 감정과 기분을 조절해야 한다.

1965년 9월 7일, 세계 당구 챔피언 결정전이 미국 뉴욕에서 열렸
다. 루이스 폭스는 줄곧 큰 점수로 리드하고 있었다. 몇 점만 더 획
득하면 안정적으로 챔피언이 될 것이었다. 그 순간 큐볼에 파리

한 마리가 앉아있는 것을 발견한 그는 손을 휘둘러 파리를 쫓아버렸다. 그가 다시 몸을 구부려 공을 치려고 할 때 또 파리가 날아와 큐볼에 앉았다. 그는 관중들의 웃음소리를 들으며 다시금 파리를 쫓아버렸다. 얄미운 파리는 그의 감정을 무너뜨렸다. 게다가 마치 일부러 대결이라도 하는 양 그가 당구대로 돌아오자 파리도 다시 큐볼로 돌아왔다. 이에 주위의 관중들은 크게 웃음을 터뜨렸다. 감정이 극도로 악화된 루이스 폭스는 결국 이성을 잃고 화를 내며 당구대로 파리를 내리쳤다. 그러면서 당구대가 큐볼을 건드렸고, 심판들은 그가 큐볼을 쳤다고 판정해 점수를 획득할 기회를 잃고 말았다. 그 후 마음이 심란해진 루이스 폭스는 연이어 실점했고, 그의 적수였던 존은 갈수록 용기가 붙어 결국 루이스를 제치고 챔피언 왕관을 거머쥐었다. 그다음 날 아침, 사람들은 강에서 투신 자살한 루이스 폭스의 시체를 발견했다.

작은 파리 한 마리 때문에 승승장구하던 세계 챔피언은 무너지고 말았다. 루이스 폭스는 챔피언 왕관을 얻기는커녕 오히려 목숨을 잃고 말았고, 이는 절대 발생해서는 안 될 일이었다.

과거 호텔업계에서 다년간 고생했던 어느 사장이 말했다.

"사람의 머리를 아프게 하는 일만큼 큰일은 없다. 호텔을 경영할 때 거의 매일 화를 낼 일이 발생했다. 나는 호텔 경영을 생계를 위해서, 그리고 사람들과 교제하기 위해서 한다고 생각하기 시작했

두 번째 솔루션

다. 그때 나는 마음속에 두 가지 사실을 깊이 새겼다. 하나는 절대 다른 사람의 열세를 이용해 나의 우세를 취해서는 안 된다는 것이고, 다른 하나는 의외의 일이 발생하거나 누군가 나를 정말로 화나게 할 때 노발대발하지 않고 침착함을 유지해야 한다는 것이었다. 이는 나의 심신건강에 매우 유익했다."

비즈니스계에서 활약하는 사람이 말했다.

"나는 다른 사람들과 함께 일하면서 평생 많은 것을 배웠다. 그중 하나는 바로 다른 사람에게 절대 고함을 쳐서는 안 된다는 것이다. 그 사람이 내 고함이 들리지 않을 정도로 멀리 떨어졌을 때를 제외하고 말이다. 그리고 비록 그렇다 하더라도 당신이 왜 그에게 고함을 치는지 그가 이해할 수 있어야 하고, 다른 사람에게 고함치는 일이 전혀 가치가 없다는 사실을 알아야 한다. 이는 내가 평생을 통해 깨달은 경험이다. 고함은 불필요한 걱정을 만들어낼 뿐이다."

한 경영자가 모든 직원들에게 내일부터 절대 지각을 허용하지 않겠다고 선포했다. 자신이 직접 나서서 솔선수범하겠다고 한 그는 다음 날 늦잠을 자고 말았다. 자신에게 실망한 그는 회사를 향해 쏜살같이 차를 몰았다. 그러면서 빨간 신호를 두 번이나 어겨 신호 위반 벌점을 받았다. 그는 숨을 헐떡이며 사무실 자리에 앉았다. 마케팅 부장이 찾아오자 그는 물었다.

"어제 그 물건들은 발송했나?"

마케팅 부장이 대답했다.

"아직 여유가 있습니다. 오늘 바로 발송할 예정입니다."

그는 책상을 탁 치며 엄한 목소리로 마케팅 부장을 꾸짖었다. 마케팅 부장은 불쾌한 마음으로 자기 사무실에 돌아왔다. 비서가 들어오자 그는 어제 문건에 날인을 했냐고 물었다. 비서는 아직 시간에 여유가 있어서 하지 않았지만 지금 당장 할 거라고 대답했다. 그러자 화풀이를 할 구실을 찾은 마케팅 부장은 엄한 목소리로 비서를 꾸짖었다. 비서는 울화가 치밀었지만 묵묵히 참으며 퇴근 때까지 일했다. 퇴근 후 집에 돌아가니 아이가 소파에 누워 텔레비전을 보고 있었다. 그녀는 아이에게 숙제를 하거나 책을 읽지 왜 텔레비전을 보냐고 꾸짖었다. 기분이 매우 나빠진 아이는 방으로 돌아가 고양이가 자신의 카펫 위에서 자고 있는 모습을 보고 힘껏 발로 차버렸다.

이것이 바로 분노의 연쇄사슬이다. 사람은 대부분 '다른 사람에게 화풀이'를 한 경험이 있을 것이다. 부서의 책임자에게 혼나고 일이 잘 풀리지 않은 사람은 집에 돌아가 가족에게 화풀이를 한다. 그러면 가족들에게도 불쾌한 감정이 옮겨가 집 안의 물건을 부수거나 좋지 않은 기분을 회사까지 가져간다. 이로 말미암아 정상적인 업무 진행에 차질이 생기고, 심지어 길 가다가 마주친 낯선 사람이 잘못해서 자전거에 흠집이라도 내면 즉시 화를 내며 말다툼을 벌인다. 만약 불쾌한 기분을 운전으로 발산하려 한다면 더욱 심각한 결과를 초래할 것이다.

주위를 둘러보면 쉽게 성질을 부리고 화를 내는 사람이 있다. 그들은 조금이라도 마음에 들지 않는 일이 있으면 머리끝까지 화를 낸다. 사람은 화를 낼 때 이성을 잃고 무례한 말을 내뱉기 쉬우므로 인간관계에 지장을 주고 다른 사람에게 상처를 입힌다. 때로는 만회할 수 없는 손실을 불러오기도 하는데 이런 일이 벌어진 다음에 후회해봤자 소용없는 일이다.

분노는 흔히 볼 수 있는 부정적인 감정이다. 이는 인간이 객관적인 현실에 불만을 품었을 때, 혹은 자신이 원하는 것을 얻으려고 하는데 외부의 방해를 받을 때 발생하는 일종의 심신 긴장 상태다. 원하는 만족을 얻지 못할 때, 실패나 불공평한 일을 마주할 때, 개인의 자유에 제한을 받을 때, 자신과 반대의 의견을 들을 때, 이유 없이 모욕을 당할 때, 개인적인 비밀이 폭로될 때, 다른 사람에게 속을 때 등등 다양한 상황에서 분노라는 감정이 발생한다. 분노의 정도는 그 유발 원인과 개인적인 기질에 따라 다르지만 불만, 화냄, 감정의 폭발, 대노, 격노 등 각기 다양한 단계로 나타난다. 감정의 일시적인 긴장 상태인 분노는 종종 사나운 폭풍우처럼 맹렬하게 다가왔다 금세 지나간다. 그러나 짧은 시간 동안 비교적 강력한 정서적 긴장과 행동 반응을 일으킨다.

또한 분노는 개인의 성격적 특징과 관련이 있다. 쉽게 화내는 사람은 대부분 다혈질에 속한다. 다혈질인 사람은 솔직하고 열정적이지만 충동적이고 감정의 변화가 심하다. 또한 성미가 급해서 쉽게 화를 낸다. 분노는 연령과도 관계가 있는데 젊은 사람은 비교적 성미가 급해 충동적이고 정서가 불안정한 편이다. 또한 자아 컨트롤 능력이 떨어지므로 성인에 비해 쉽게 화를 낸다.

분노라는 정서는 사람의 심신 건강에 좋지 않다. 화를 내면 교감신경이 흥분해 심장이 더욱 빨리 뛰고 혈압이 상승하며 호흡이 가빠진다. 자주 화를 내는 사람은 고혈압, 관상동맥 경화증 등에 걸리거나 식욕이 저하되어 소화불량이 되기 쉬우므로 소화 계통의 질병이 유발된다. 또한 이러한 질병을 이미 앓고 있는 환자는 화를 내면 병세가 더욱 위중해지고 심지어 사망에 이르기도 한다. 고대 사람들은 이러한 점을 일찍이 인식하고 있었기 때문에 중의학에서는 '화는 간을 상하게 한다.' 혹은 '기가 너무 세면 정신 건강을 해친다.'고 말한다. 이처럼 분노는 심신에 유해하다. 그렇다면 분노를 참고 마음속에 억눌러야 하는가? 물론 그렇지 않다.

분노는 건강에 유해하기는 하지만 발산하지 않아도 문제가 된다. 영국의 어느 권위 있는 심리학자는 마음속에 축적된 분노는 마치 위치 에너지와 같아서 제때에 방출하지 않으면 시한폭탄처럼 폭발해 큰 재난을 불러일으킬 수 있다고 이야기했다. 이때 취할 수 있는 가장 좋은 방법은 분노를 적시에 발산하고, 마음속의 불만을 솔직하게 이야기하는 것이다. 자신을 잘 아는 친구에게 모든 것을 털어놓아도 좋고, 일기를 쓰면서 기분 전환을 하는 것도 좋은 방법이다.

혹은 실외로 나가 구기 운동을 하거나 달리기, 등산 등을 해도 좋다. 야외 활동을 하며 신선한 공기를 마시면 분노는 땀과 함께 흘러나갈 것이다. 또는 감정을 전환하는 방법을 사용해도 좋다. 일에 몰두하거나, 음악을 듣거나, 연극을 감상하면서 심리적 균형을 유지하는 것이다.

분노를 발산하는 방법을 안다고 해도 이를 행동에 옮기지 않으면 소용없다. 그러나 무엇보다도 분노를 제어하고 될 수 있는 한 화를 내지 않는 방법을 배우는 게 가장 중요하다. 쉽게 분노하지 않는 것이 바로 상책이다. 그러기 위해서는 포용력과 사사건건 마음에 담아두지 않는 태도가 필요하다.

관용은 일종의 수양이자 품격이다. 모든 시냇물을 받아들이는 바다처럼 넓은 마음으로 다른 사람을 대해야 비로소 마음을 편안하게 유지할 수 있다. 도량이 넓은 사람의 마음에는 항상 따스한 햇살이 충만하다.

옛날, 자질구레한 일로 화를 잘 내는 부인이 있었다. 그녀는 자신의 성격이 좋지 않다는 점을 잘 알고 있었다. 그래서 고승을 찾아가 상황을 솔직히 이야기하고 도량을 넓히는 방법을 구했다.

고승은 그녀의 말을 듣고 아무 말 없이 부인을 수행을 하는 방으로 데려가 자물쇠를 채우고는 자리를 떴다.

부인은 발을 동동 구르며 크게 화를 내고 한참 동안 막말을 쏟아부었지만 고승은 아랑곳하지 않았다. 부인은 다시 애원하기 시작했고 고승은 여전히 못 들은 척했다. 결국 부인은 입을 다물었다.

그러자 고승이 문밖에서 물었다. "아직도 화가 납니까?"

부인은 말했다. "저는 저 자신에게 화가 날 뿐이에요. 도대체 왜 여기를 찾아와서 이런 꼴을 당하고 있는지 모르겠어요."

"자기 자신도 용서하지 못하는 사람의 마음이 어찌 고인 물처럼 차분할 수 있겠습니까?" 고승은 다시 자리를 떴다. 잠시 후 고승이 다시 찾아와 물었다. "아직도 화가 납니까?"

"나지 않습니다." 부인은 말했다.

"왜 그렇습니까?"

"화를 내도 소용이 없기 때문입니다."

"당신의 화는 결코 사라지지 않았습니다. 그저 마음에 억누르고 있을 뿐이지요. 그러면 언젠가 격렬히 폭발할 겁니다."

이렇게 말하고 고승은 다시 자리를 떴다.

고승이 세 번째로 문 앞에 찾아왔을 때 부인은 말했다. "저는 이제 화가 나지 않습니다. 화를 낼 가치가 없다고 생각하기 때문입니다."

"가치가 있는지 없는지 따지는 것을 보니 마음속에는 아직 응어리가 남아있군요. 화의 근원은 아직 사라지지 않았습니다." 고승은 웃으며 말했다.

고승이 석양을 받으며 문밖에 서 있을 때 부인이 물었다.

"대사님, 화란 무엇인가요?"

고승은 손에 들고 있던 찻물을 바닥에 쏟아버렸다. 부인은 이를 오랫동안 바라보다가 갑자기 깨달음을 얻었다. 그리고 공손히 절

두 번째 솔루션

을 한 다음 떠났다.

우리가 화를 내는 이유는 무엇인가? 화는 다른 사람이 뱉어낸 음식을 당신의 입속으로 받아들이는 것과 같다. 만약 그것을 삼키면 분명 구역질이 날 테지만 당신이 아랑곳하지 않으면 바로 사라질 것이다.

✦ 머릿속 걱정 몰아내기

사람들은 '분노는 다른 사람의 잘못을 가지고 자신을 징벌하는 것'이라 이야기한다. 제멋대로 분노하는 일은 유한한 생명을 불태우는 것과 같다. 짧고 고단한 인생은 가치가 있는 것만을 느끼기에도 모자라다. 화를 내느라 시간과 기력을 소비하는 일은 실로 우둔한 행위다. 사실 인생은 좀 더 너그럽고 관용 있게, 느끼고 깨달으며 이성적으로 살아야 한다. 분노라는 정서는 고승의 손에서 쏟아진 찻물과도 같아서 땅에 떨어지면 아무것도 아니게 된다.

다른 사람이 나에게 하는 대로
똑같이 돌려준다?

●
●

,

도량이 좁으면 번뇌도 많아지는 법,
그러므로 넓은 도량과 풍족한 지혜를 가진 사람이 돼라.

도량은 일종의 지조이자 수양이다. '아량'을 가진 사람만이 자신과 타인을 선하게 대할 수 있고 그 인생도 비로소 큰 경지로 나아간다.

당唐나라의 누사덕婁師德은 대단한 도량을 가진 사람이었다. 모르는 사람이 그를 모욕하면 그는 못 들은 척했고, 누군가 그 사실을 전해주면 이렇게 말했다.

"아마 다른 사람을 욕하는 거겠지요!" 그러면 전해준 사람은 말했다.

"그 사람이 분명 당신의 이름을 불렀다니까요!" 그러면 그는 말

두 번째 솔루션

했다.

"이 세상에 동성동명인 사람이 있을 수도 있지 않습니까."

누군가 그에 대해 불평하는 소리를 듣고 이를 대신 전해줄 때도 그는 말했다.

"그들이 나를 욕한 것을 당신 입으로 그대로 전해주는 일은 나를 두 번 욕하는 것이나 다름없습니다. 그런데도 굳이 나에게 전해주느라 수고스러운 발걸음을 하셨군요."

뚱뚱한 누사덕은 행동이 느릿느릿했다. 어느 날 그가 조정에 들어갈 때 동행이 그에게 말했다.

"마치 대단한 원로대신이라도 된 것 같군요!" 그러자 누사덕은 웃으며 말했다.

"내가 아니면 누가 원로대신을 감당할 수 있겠습니까?"

청나라 중기, 당대의 재상인 장정옥張廷玉과 엽葉씨 성을 가진 시랑侍郎이 안휘安徽 성 동성桐城에 살았다. 서로 인접해 살고 있던 두 집안은 비슷한 시기에 새 집을 짓게 되었다. 그러다 토지 문제로 말썽이 일어나 서로 충돌했고, 장정옥의 부인은 남편이 직접 나서서 일을 해결해주기를 바라며 북경에 편지를 보냈다. 비범한 견문을 갖춘 장정옥은 부인의 편지를 읽은 다음 즉시 시를 지어 부인에게 권고했다. '천 리나 떨어진 집에서 보낸 편지가 고작 벽 문제 때문이라니, 남에게 3척을 양보해도 괜찮지 않소? 만리장성은 지금까지도 존재하지만 이를 지은 진시황을 만날 수는 없는 법이오.' 남편의 편지를 읽고 도리를 깨달은 부인은 즉시 주도적으로 3척을 양보했다. 엽씨 집에서는 그 사정을 알고 깊이 부끄러워하며 자신도 3척을 옮겼다. 이렇게 해서 장씨 일가와 엽씨 일가의 담장 사이에는 6척이나 되는 골목이 생겼고, 이는 지금까지도 유명한 '6척 골목'이 되었다.

일본에는 백은선사白隱禪師라는 사람이 있었는데 그의 이야기는 세계 각지에 널리 전해지고 있다. 그중에서도 대만의 저명한 작가 린신쥐林新居가 쓴 《그렇습니까?》는 매우 감동적인 이야기다.

집 근처에서 식료품점을 운영하는 부부가 있었다. 그들은 아름다운 딸 하나를 두었는데, 어느 날 딸의 배가 점점 불러오고 있다는 사실을 발견했다. 남부끄러운 일을 저지른 딸에게 매우 격노한 부부는 아이 아버지가 누구냐고 계속 추궁했고, 결국 딸은 우물쭈물하며 '백은'이라는 말을 꺼냈다.

화를 참지 못한 그녀의 부모는 백은선사에게 따지러 갔다. 그러나 백은선사는 왈가왈부하지 않고 태연하게 대답했다. "그렇습니까?" 아이는 태어난 후 바로 백은선사에게 보내졌다. 이때 백은선사의 명예는 이미 곤두박질한 상태였지만 그는 전혀 아랑곳하지 않고 매우 정성스레 아이를 보살폈다. 그는 이웃에게 젖동냥을 다녔고 아이에게 필요한 용품을 구걸했다. 부당한 멸시나 조소를 받으면서도 그는 항상 태연자약했다. 마치 다른 사람의 아이를 부탁받아 기르는 것 같았다.

두 번째 솔루션

1년 후, 미혼모인 아이 엄마는 더 이상 다른 사람들을 속일 수 없어 부모에게 진상을 솔직하게 털어놓았다. 알고 보니 아이의 생부는 어시장에서 일하는 청년이었다. 부부는 즉시 딸과 함께 백은선사를 찾아가 사과하며 용서를 빌었다. 그리고 아이를 데리고 집으로 돌아갔다.

백은선사는 여전히 태연한 모습이었다. 그는 아이를 돌려주면서 가벼운 목소리로 말했다. "그렇습니까?" 마치 아무 일도 없었다는 말투였다. 실제로는 큰일이었지만 이는 백은선사에게는 미풍이 귓가를 스치는 것처럼 순식간에 사라지는 일이었다.

백은선사는 미혼모에게 살아갈 기회와 여지를 남겨주는 대신 아이를 키우는 책임을 떠맡아 누명을 씻을 기회를 희생했다. 그리고 기꺼이 사람들의 냉소와 풍자를 견뎌냈다. 그는 시종일관 태연자약한 태도로 "그렇습니까?"라고 말했다. 담담한 그의 한마디 말에 그의 '아량'과 높은 수양, 도덕이 잘 드러난다.

송宋나라의 재상 부필富弼은 큰일이나 작은 일 모두 여러 번 생각하는 사람이었다. 사람들은 너무 신중한 그의 태도를 비판하고 공격하기도 했다. 어느 날, 그가 막 조정에 나가려는데 시녀가 뜨거운 연밥 수프를 건네면서 그의 예복에 엎질렀다. 이는 누군가 고의로 시킨 일이었다. 그러나 부필은 시녀에게 말했다. "손은 데지 않았느냐?" 그런 다음 그는 침착하게 예복을 갈아입었다.

이렇게 넓은 도량을 가진 사람이 어찌 훌륭한 재상이 되지 않을 수 있겠는가?

독일의 대문호 괴테가 바이마르 공원의 오솔길을 산책하고 있을 때였다. 매우 좁은 오솔길에서 하필이면 괴테는 자신을 적대시하는 평론가와 마주치게 되었다. 두 사람은 멈춰 서서 상대를 바라보았다. 먼저 평론가가 입을 열었다. "나는 지금껏 바보에게 길을 양보한 적이 없소."

"저랑 완전히 반대시군요." 그렇게 말하고 괴테는 옆으로 길을 양보해주었다.

사람은 도량이 있어야 품격이 있다. 그리고 품격이 있어야 타인과 더 좋은 관계를 맺고 큰일을 완성할 수 있다. 비록 도량은 천성적인 것이지만 후천적으로도 얼마든지 학습하고 배양할 수 있다.

그렇다면 어떻게 해야 도량을 기를 수 있을까?

◆ 평소에 작은 일을 과도하게 따지지 않으며 다른 사람의 잘못을 양해해야 한다. 다만 큰일을 애매모호하게 처리해서는 안 되고 시비를 가려야 한다.

◆ 여의치 않은 일로 스트레스를 받지 마라. 그런 일이 발생했을 때 태연자약한 태도로 일을 처리하고 스트레스를 받지 않으면 도량은 저절로 넓어진다.

◆ 다른 사람이 당신을 비난하거나 욕하면 스스로 반성해보고 상

두 번째 솔루션

대에게 반격하지 마라. 그러면 도량은 나날이 넓어진다.

◆ 기꺼이 손해를 감수하는 법을 배워라. 우선적으로 다른 사람의 편의를 봐주고, 이를 오래 지속하면 손해를 보면서도 도량을 기를 수 있다.

◆ 사람을 만날 때마다 한 가지씩 선한 일을 행하고, 그 사람의 100 가지 잘못은 잊어라. 다른 사람의 결점만 보고 장점을 보지 못하는 사람은 도량을 기를 수 없다.

당신의 도량이 다른 사람이 아닌 자신만 돌보는 것이라면 이는 오로지 당신에게만 도움이 된다. 그러나 만약 당신의 도량이 온 가족을 품을 수 있는 것이라면 당신은 한 집안을 대표하는 사람이 될 수 있다. 역사적으로 성공한 인물은 초인적인 능력이 아닌 넓은 도량을 가진 사람이었다.

  도량이 작은 사람은 타인을 용서하지 못한다. 그런데 어떻게 타인이 자신을 용서해주기를 기대할 수 있겠는가? 그래서 포대화상布袋和尙은 '도량이 넓은 사람은 포용력이 있어 인간사의 많은 일을 해결하고, 가슴 가득 기쁨을 품고 시름을 웃음으로 날려버린다.'고 이야기했다.

머릿속 걱정 몰아내기

불경에서는 '도량이 넓은 사람은 무궁한 세계를 끌어안을 수 있고, 세상이 다 그의 마음에 있다.'고 이야기했다. 넓은 하늘과 우주를 마음에 품을 수 있다면 당신의 도량은 자연히 하늘처럼 넓어질 것이다. 인생은 유한하고 우주는 무한하다. 도량이 좁은 사람은 인생을 암담하게 만들 뿐이지만 도량을 넓히면 인생의 외연을 확장시킬 수 있을 것이다.

두 번째 솔루션

두려움이 사라졌을 때
다시 시작하자?

●
●

'

사람이 부끄러워해야 할 것은
패배가 아닌 두려움이다。

두려움은 인류 최대의 적이다. 불안, 걱정, 질투, 분노, 위축 등은 모두 두려움의 표현이다. 두려움은 사람에게서 행복과 능력을 빼앗고 비겁하게 만든다. 그리고 사람은 두려움 때문에 실패하고 비천해진다. 두려움은 이 세상 어느 것보다도 두려운 존재다. 그리고 두려움을 극복하는 일은 모든 사람이 마주해야 할 중대한 문제다.

　사람이 두려움을 느끼는 대상은 매우 다양하다. 바람이나 추위를 두려워하고, 먹는 음식에 혹시 유해한 성분이 들어있지는 않을까 두려워하고, 가난과 실패를 두려워하고, 좋은 성과를 얻지 못할까 두려워한다. 천둥 번개를 두려워하고, 폭풍우를 두려워하고…….
사람들의 삶에는 두려움, 두려움, 두려움이 여기저기 가득하다. 두
려움은 우리의 창조 정신을 파괴한다. 두려움은 정신을 쇠약하게
하고 우리가 가진 개성을 소멸시킨다. 일단 마음에 두려움이나 불
길한 예감이 생겨나면 우리는 어떤 일에서도 좋은 효과를 거둘 수
없다. 두려움은 사람의 무능과 나약함을 대표한다. 두려움이라는
이름의 악마는 옛날부터 지금까지 항상 인류의 가장 큰 적이자 인
류 문명의 파괴자였다.

최악의 두려움은 혹시 불길한 일이 발생하지는 않을까 항상 걱
정하는 것이다. 이처럼 불길한 걱정은 한 사람의 삶을 구름과 안개
에 휩싸이게 한다. 이는 마치 폭발 직전의 화산과도 같다.

많은 사람은 불필요한 걱정을 한다. 그들은 종종 커다란 불행이
찾아오지는 않을까 염려한다. 재산과 지위를 잃고, 뜻밖의 불행이
닥치거나 화재나 수해가 일어나지는 않을까 걱정한다. 그들의 자녀
가 집을 떠나 먼 곳에 있다면 마음속으로 이런저런 걱정을 한다. 내
자녀가 탄 기차가 혹시 탈선하지는 않을까, 배가 전복되는 것은 아
닐까 하며 항상 최악의 상황을 가정한다.

세상에는 두려움을 상상하며 살아가는 사람이 매우 많다. 게다
가 이러한 두려움은 터무니없는 생각에서 비롯된 것이다. 사람이
본능적으로 느끼는 두려움과 억측에서 비롯된 두려움에는 큰 차이
가 있다. 이를 프로이트는 다음과 같이 절묘하게 해석했다. 아프리

카 밀림에 사는 사람이 뱀을 보고 두려움을 느끼는 것은 지극히 정상이다. 이러한 두려움은 자기 자신을 보호하는 데 도움이 된다. 그러나 만약 평범한 집에서 생활하는 사람이 카펫 밑에 뱀이 숨어있지 않을까 걱정하고 두려움을 느낀다면 이는 병이고 비정상이다. 프로이트의 이론은 인류의 심리를 이해하는 데 큰 도움이 된다. 그의 이론을 통해 우리는 일반적인 사람들이 공포를 느끼는 심리를 고찰할 수 있다. 만약 아프리카의 빈곤 국가에 사는 아이의 어머니가 자기 자식이 굶어 죽을까 두려워한다면 이는 정상이다. 그러나 미국처럼 부유한 나라에서 살면서 다른 사람들에게 자신의 아이가 영양실조로 아사할까봐 두렵다고 이야기한다면 이는 병이고 비정상이다. 사실 이러한 공포 심리는 그 사람이 평소에 꺼림칙하게 생각하는 일이나 정신적 공황, 원한에서 비롯되었을 가능성이 있다.

사실 우리가 느끼는 대부분의 두려움은 위에서 이야기한 것처럼 환상에서 비롯된다. 프로이트의 말대로 카펫 밑에 뱀이 숨어있을 거라는 쓸데없는 두려움을 느끼는 것이다. 때로 우리는 자신의 건강을 너무 염려한 나머지 중병에 걸리지 않았을까 의심하면서 깊은 초조와 불안을 느낀다. 심장이나 혈압, 폐에 문제가 있을까 걱정하면서 잠을 이루지 못하고 두려워한다. 만약 경미한 병이라면 우리는 직접 맥박을 측정해보고 건강을 체크할 수 있다. 그러나 우리는 건강 때문에 초조해할 것이 아니라 그런 성격을 걱정해야 한다.

우리가 자기 자신에게 불안을 느끼는 이유는 실패하거나 잠재적인 위기가 닥치지 않을까 초조해하기 때문이다. 이러한 불안감은 종종 명목만 바뀌어 다른 형태로 드러나기도 한다. 그러나 실제로 우리가 불안해하는 진정한 원인은 내면 깊은 곳에 감추어져 있다.

불안감은 각종 형태로 위장해 우리를 잠식한다. 이는 때로 고소 공포증이나 폐쇄 공포증 같은 증상으로 드러나기도 한다. 현대 심리학에서는 어린 시절의 감추어진 기억으로 거슬러 올라가 사람들이 불안과 공포를 느끼는 진정한 심리적 근원을 찾아내기도 한다. 많은 사람이 우울하고 불안하게 살아가며 때로는 혼자 있는 것에 극단적인 공포를 느끼는 경우도 있다. 때로는 사람들을 멀리 하며 무리에 들어가는 것을 두려워하기도 한다. 그리고 다른 사람의 사랑과 존중을 받지 못할까봐, 자신을 깔보거나 상대도 하지 않을까 두려워한다.

만약 사랑을 두려워하는 여성이 있다면 그녀의 감정은 메마르고 차가운 돌덩이처럼 변해버릴 것이다. 성공을 두려워하는 남성이 있다면(실제로 우리 중 수많은 사람이 성공을 두려워한다.) 아무런 일도 이루지 못하고 청춘을 소모하며 의미 없이 살아갈 수밖에 없다. 칼 메닝거는 그의 저서《자기를 배반하는 것》에서 현대인들이 일종의 군집적 공포에 빠져있다고 이야기했다. 그들은 성숙한 인간이 되거나 성공하기를 두려워한다는 것이다. 또한 자신을 실패로 몰아넣기 위해 두려움과 죄책감을 감내한다고 한다.

두려움은 사람의 기력을 소모하고 창조력을 파괴한다. 마음에 두려움을 품고 있는 사람은 자신의 재능과 최고의 능력을 발휘하지 못한다. 곤경에 처했을 때, 그들은 속수무책으로 초조하고 불안해한다.

신념은 시대를 막론하고 위대한 기적을 만들어낸 창조자다. 당신이 무언가를 이루려 한다면 우선 신념을 가져야 한다. 방법, 이유, 시기에 상관없이 항상 전력을 다하고 신념을 가지기 위해 노력해야 한다.

많은 사람이 실패하는 이유는 성공으로 나아가는 도중에 항상 멈추어 서서 자신이 어떤 결과를 얻게 될지, 정말로 성공을 얻을 수 있을지 따져보기 때문이다. 끊임없이 결과만 따져보는 행동은 공포 심리를 발생시킨다. 또한 성공으로 가는 길에 두려움은 치명적으로 위해하다. 성공의 비결은 의지를 집중시키는 데 있다. 어떤 일을 하든지 걱정이나 두려움은 의지를 집중시키는 데 불리하다. 심지어 우리가 가진 창조력을 파괴하기도 한다. 두려움과 걱정, 초조함을 느낄 때 우리는 집중력을 발휘하지 못한다. 우리의 생각과 심리는 두려움에 휩쓸려 요동치므로 어떤 일을 해도 좋은 효과를 얻을 수 없다. 실제 생활에서 진정으로 고통스러운 일은 사실 우리가 생각하는 것만큼 대단하지 않다. 우리를 늙어보이게 하고 눈썹을 찡그리게 만드는 일, 발걸음을 무겁게 하고 얼굴에서 웃음을 거두어가는 일은 실제로 발생하지 않는다.

두려움은 순수한 심리 현상의 일종이지만 환상 속의 괴물이기도

하다. 일단 이러한 점을 인식하면 두려움은 사라진다. 우리는 그 어떤 억측도 우리를 해칠 수 없다고 스스로 타일러야 한다. 이를 충분히 이해할 만큼 해박한 식견을 가지고 있다면 우리는 더 이상 두려움을 느끼지 않을 것이다.

용감한 사고와 굳은 신념은 두려움을 치료하는 양약이다. 이는 화학자가 산성 용액에 알칼리성 물질을 넣어 부식을 방지하는 것과 마찬가지로 두려운 마음을 중화시킨다. 심리적으로 불안할 때, 그리고 불안이 우리의 활력과 기력을 소모하게 만들 때 우리는 최고의 효과를 얻을 수 없다. 더욱이 작은 노력으로 큰 성과를 얻는 일은 결코 일어나지 않는다.

두려움은 우리의 나약함 및 무기력과 어느 정도 관련이 있다. 두려움을 느낄 때, 우리의 의식과 거대한 역량은 분리되기 시작한다. 그러나 일단 의식과 역량이 서로 융합하기 시작하고, 만족과 깨달음을 얻을 수 있는 마음의 평화를 다시 찾으려 노력하면 우리는 사람으로서의 긍지를 진정으로 이해할 수 있다. 이처럼 무궁한 역량이 가져다주는 행복을 누린 사람은 더 이상 불안을 느끼지 않는다. 또한 의미 없고 위축된 삶에 절대 만족하지 않는다.

어떤 사람들은 하루 종일 각종 두려움이 충만한 세상을 방황하며 항상 초조함과 걱정이 가득한 얼굴을 드러낸다. 그들의 인생은 마치 영원히 뜻대로 되지 않을 것처럼 보인다. 이는 정말 안타까운 일이다.

두려움은 우리가 역량을 발휘하고 삶의 질을 상승시키는 데 방해가 된다. 그러나 두려움은 결코 이길 수 없는 상대가 아니다. 우리가 좀 더 적극적으로 행동하기 시작하면, 그리고 의식적으로 두려운 마음을 떨쳐버리려 노력한다면 두려움은 더 이상 위협이 되지 않을 것이다.

창작에 큰 야망을 품은 작가가 있었다. 그는 대문호가 되겠다는 꿈을 가지고 있었지만 그 꿈을 이루기도 전에 말했다. "내 마음속에는 두려움이 있었다. 나는 두려움과 걱정이 하루면 지나갈 줄 알았다. 그러나 일주일, 일 년이 지나도 나는 여전히 글을 쓸 수 없었다."

또 다른 작가는 말했다. "나는 어떻게 하면 자신의 생각을 기교 있고 효율적으로 발휘할 수 있는지를 중점적으로 생각했다. 영감이 하나도 떠오르지 않을 때도 책상 앞에 앉아서 글쓰기에 전념했고, 기계처럼 쉬지 않고 글을 썼다. 써내려간 문장은 난잡하기 그지없었지만 상관없었다. 손만 움직이면 그걸로 족했다. 손이 이끄는 대로 써내려가다 보면 점차 마음이 움직여 문장이 흘러나왔기 때문이다."

수영을 갓 시작한 사람이 처음부터 깊은 물에 들어가려 하면 두려움을 느끼기 마련이다. 그러나 든든한 배짱으로 용감하게 뛰어들면 두려움은 점차 사라진다. 이를 반복적으로 연습하면 두려움은 결국 사라진다.

만약 두려운 일에 맞닥뜨렸을 때 항상 '두려움이 사라졌을 때 다시 시작하자. 우선은 두려움에 위축된 마음을 쫓아내야 해.'라고 생각한다면 두려움을 떨쳐내는 데만 기력을 전부 소모하게 된다.

이러한 사람은 반드시 실패한다. 우리는 인간이 두려움을 느끼는 것이 매우 자연스러운 현상이라는 사실을 알고 있다. 또한 직접 행동해야 비로소 두려움을 해소할 수 있다는 사실도 알고 있다. 행동하지 않고 제자리에 앉아 두려움이 멀리 떠나기를 기다리는 사람은 당연히 아무 일도 이루지 못한다.

불안하고 두렵더라도 용감하게 행동하려 노력하고, 긴장된 신경을 누그러뜨려보라. 사람은 행동을 통해서만 활력과 생기를 얻을 수 있고, 이에 두려움은 점차 사라진다. 움츠러들지 말고 첫걸음을

두 번째 솔루션

떼야 비로소 제2, 제3의 출발을 이끌어낼 수 있다. 그러면 당신의
심리와 행동은 점차 올바른 궤도에 들어서게 될 것이다.

✦ 머릿속 걱정 몰아내기

고대 로마에는 '두려움이 수많은 사람을 지배하는 이유는 사람
들이 세상을 바라볼 때 원인을 이해하지 못하고 현상만 보기 때
문이다.'라는 격언이 있다. 중국 송나라의 이학자 정호程顥는 생
각했다. '사람들이 두려움을 느끼는 이유는 이를 다스리는 법을
알지 못하기 때문이다.' 현명한 사람은 생활 속에서 다양한 양
분을 흡수해 진실한 자신을 유지한다. 우둔한 사람은 생활 속에
서 다양한 독소를 흡수해 그의 내면과 외모는 갈수록 흉측해진
다. 미국의 저명한 작가이자 노벨 문학상 수상자인 윌리엄 포크
너는 말했다.

"세상에서 가장 나약한 것은 바로 두려움이다. 두려움을 잊고
온몸과 마음을 인류의 감정에 속한 진리에 집중해야 한다."

그리고 아인슈타인은 말했다.

"사람은 사회에 헌신해야만 짧고도 위험한 인생의 의미를 찾을
수 있다."

나는 더 이상 이전처럼 살지 않을 것이다.
운명은 때로 불행을 가져다주고 고민하게 만들지만
나는 현재를 누리고 과거의 일은 과거로 내버려둘 것이다.

운명 속에서 방황하기보다는
열심히 현재를 살아가자.

이 일이 과연
성공할 수 있을까?

●
●

,

성공을 간절히 바라는 사람만이 성공한다。

'하늘은 스스로 돕는 자를 돕는다.'는 말처럼 성공은 원하는 사람에게
만 주어진다. 편협한 심리는 사람이 전진하는 데 장애가 된다. 사람이
실패하는 대부분의 이유는 결코 객관적인 환경 때문이 아니라 스스
로 성공할 수 없다고 마음의 한계를 정해버리기 때문이다. 이처럼 편
협한 심리는 우리가 포부를 펼치지 못하게 하고 시야를 막는다. 또한
식견을 넓히지 못하고 심지어 심각한 자기 연민에 빠지게 한다. 이러
한 심리를 가진 사람은 타인과 어우러지기 힘들고 타인에게 쉽게 상
처를 준다. 자신의 역량을 봉인하고 한계를 그어버리는 그들은 정신
적으로 척박하고 두려운 인생을 살게 되므로 타고난 실패자라 할 수

세 번째 솔루션

있다.

누구나 알고 있듯이 코끼리는 코를 이용해 1톤이나 되는 짐을 거뜬히 들어 올릴 수 있다. 그러나 서커스 공연에서 거대한 코끼리는 얌전하게 작은 말뚝에 묶여있다.

코끼리는 아직 힘이 없는 어린 시절부터 무거운 쇠사슬로 견고한 쇠기둥에 묶인다. 쇠기둥은 어린 코끼리에게는 너무 무겁기 때문에 아무리 힘을 써도 당기지 못한다. 그러나 얼마 지나지 않아 어린 코끼리는 크게 성장하고 힘도 세지지만 쇠기둥에 묶어두기만 하면 함부로 행동하지 않는다.

이것이 바로 자아 한계다. 다 자란 코끼리는 쉽게 사슬을 끊어버릴 수 있지만 어린 시절의 경험 때문에 습관적으로(착각) 쇠사슬을 절대 끊을 수 없다고 생각한다. 그래서 더 이상 잡아당기려 하지 않는 것이다. 이는 사람도 마찬가지다. 비록 '두뇌'(무한한 능력)라는 강력한 무기를 가지고 있지만 스스로 이를 쓸모없는 무기라 생각하고 '보물'을 헛되게 낭비하는 실로 어리석은 짓을 저지른다. 이처럼 동물뿐만 아니라 인간도 '자아 한계'의 오류에서 벗어나지 못하고 상식적이고 부정적인 식견으로 사물을 바라보기 때문에 스스로 대단한 능력이 없다고 생각한다. 그래서 결국에는 큰 기회를 놓치고 만다. 이처럼 정지된 사고로 자신을 인식하는 형이상학적 오류뿐만 아니라 경직된 고정 관념으로 외부 세계를 인식하는 것 또한 때로는 우리에게 해가 된다. 예를 들어 일반적으로 우리는 바닷물은 마실 수 없다고 인식하고 있다. 그러나 만약 이러한 경험적 사고를 끝까지 고수하면 심각한 잘못을 저지를 수 있다.

한 원양선이 불행히도 암초에 부딪혀 망망대해에 침몰하고 말았다. 다행히 아홉 명의 선원은 목숨을 걸고 외딴섬에 도착해 살아남았다. 그러나 이어진 상황은 더욱 참혹했다. 섬에는 여기저기 돌만 가득할 뿐 굶주림을 해결해줄 먹을거리가 전혀 없었다. 게다가 작렬하는 태양 아래 모두 극도의 갈증에 시달리는데도 마실 물이 없는 상황이 더 심각했다. 비록 사방이 바다로 둘러싸이기는 했지만 바닷물은 쓰고 짜기 때문에 갈증을 전혀 해결해줄 수 없다는 사실을 모두 알고 있었다. 현재 아홉 사람의 유일한 생존 희망은 하늘에서 비가 내리거나 그 섬을 지나가는 다른 배가 그들을 발견하는 것이었다.

그들은 기다리고 또 기다렸지만 비가 내릴 기색은 전혀 보이지 않았다. 하늘의 끝은 망망대해였다. 설상가상으로 마치 죽음과도 같은 정적이 계속되는 외딴섬을 지나가는 배도 없었다. 그들은 점점 견디기 힘들어졌다. 선원 여덟 명이 갈증 때문에 잇달아 죽음을 맞이했다. 마지막으로 남은 선원 한 명은 거의 죽어가는 상황을 더 이상 참지 못하고 바다에 뛰어들어 '벌컥벌컥' 바닷물을 마셨다. 그는 바닷물을 마시면서도 짜고 떫은맛을 전혀 느끼지 못했다. 오히려 바닷물은 매우 감미로웠고 갈증도 해결되었다. 그는 자신이 죽음에 임박해 환각을 느끼고 있는 것이라고 생각했다. 그는 섬에 조용히 누워 사신의 강림을 기다렸다. 잠에서 깨어난 그는 여전히 살아있다는 사실에 매우 의아하게 생각했다. 그는 매일 섬 주변의 바닷물을 마시며 보냈고, 결국 구조 선박이 찾아왔다.

훗날 사람들은 화학 실험을 통해 한 가지 사실을 발견했다. 알고 보니 바다 주변 지하에서는 끊임없이 샘물이 솟아나고 있었고, 그래서 마실 수 있었던 것이었다. 습관적이고, 귀에 익고, 당연한 일들은 우리의 삶에 가득하다. 이는 우리가 사물에 대한 열정과 새로운 감각을 유지하는 데 장애가 된다. 그러면 경험은 우리가 사물을 판단하는 유일한 기준이 되고, 존재하는 모든 사물을 합리화한다. 지식이 축적되고 경험이 풍부해짐에 따라 우리는 더욱 규율에서 벗어나지 못하고 과도하게 신중해져 창의력을 잃고, 상상력이 위축된다. 경험주의는 인류가 자아를 초월하는 데 이미 큰 장애가 되고 있다.

에드윈 랜드는 평소에 딸을 위해 사진 찍어주기를 좋아했다. 그러나 사진을 찍을 때마다 딸은 아버지가 자신을 위해 찍은 사진을 즉시 갖고 싶어 했다. 그는 딸에게 사진은 다 찍고 나면 필름을 되감을 때까지 기다렸다가 카메라에서 꺼낸 후 다시 암실에서 특수한 약품으로 현상해야 한다고 이야기해주었다. 그리고 필름에 강한 빛을 비추어 다른 현상지에 옮기면서 다시 약품 처리를 해야 비로소 사진이 완성된다고 이야기했다. 그는 딸에게 이러한 설명을 해주는 동시에 속으로 자문했다. "잠깐만. 촬영과 동시에 현상되는 카메라는 정말 만들 수 없는 것일까?" 사진 촬영에 상식이 조금이라도 있는 사람은 그의 생각을 들은 후 이구동성으로 말했다. "그런 게 어떻게 가능합니까? 그야말로 기상천외한 생각이군요." 이런 말에 위축되지 않았던 그는 결국 난관을 극복하고 '폴라로이드 카메라'를 발명했다. 그의 딸이 원한 대로 찍자마자 현상할 수 있는 카메라를 발명한 덕분에 랜드는 자신의 기업을 설립할 수 있었다.

헨리 포드도 대단한 인물 중 하나다. 40세가 되기까지 그의 사업은 변변한 성공을 이루지 못했다. 사실 그는 정규 교육을 제대로 받지 못한 사람이었다. 그는 자신의 사업 왕국을 건립한 후 8기통 엔진 제작에 시야를 돌렸다. 그는 엔지니어들을 불러 모아 말했다. "여러분, 나는 여러분이 8기통 엔진을 만들어주기를 바랍니다." 양호한 교육을 받은 현명한 엔지니어들은 수학, 물리학, 엔지니어링에 통달한 사람들이었고, 그들은 어떤 것이 가능하고 불가능한지 잘 알고 있었다. 그들은 마치 '당신이 원하는 대로 한번 끌려가 드리지요. 어찌 됐든 당신은 우리의 사장이니까요.'라고 이야기하는 것처럼 관용적인 눈길로 포드를 바라보았다. 그들은 매우 인내심을 가지고 포드에게 경제적인 면에서 고려할 때 8기통 엔진이 얼마나 부적합한지 그 이유를 설명했다. 그러나 포드는 그들의 말에는 귀 기울이지 않고 오로지 강조했다. "여러분, 나는 반드시 8기통 엔진이 필요합니다. 부디 하나만 만들어 주시오."

엔지니어들은 대충 작업을 해본 다음 포드에게 종합적인 상황을 보고했다. "저희는 8기통 엔진을 만드는 일이 불가능하다고 생각합니다." 그러나 포드는 쉽게 설득할 수 있는 사람이 아니었다. 그는 고집스럽게 말했다. "여러분, 나는 반드시 8기통 엔진이 필요합니다. 제작에 속도를 붙여봅시다." 그리하여 엔지니어들은 다시금 행동에 나섰다. 이때 그들은 이전보다 더 열심히 노력했고, 더 많은 시간과 자금을 투입했다. 그러나 그들이 포드에게 보고한 내용은 전과 동일했다. "사장님, 8기통 엔진을 제작하기란 완전히 불가능한 일입니다."

그러나 과거에 조립 라인에서 매일 5달러의 일당을 받으며 일했고, T형 포드를 A형 포드로 개량시킨 자동차 업계의 전설적인 인물 포드의 사전에는 '불가능'이라는 말이 존재하지 않았다. 그는 이글거리는 눈빛으로 모두를 주시하며 말했다.

"여러분, 왜 이해를 못합니까? 나는 반드시 8기통 엔진이 필요합니다. 지금 당장 하나 만들어내란 말입니다."

과연 결과는 어땠을까? 그들은 결국 8기통 엔진을 만들어냈다.

반드시 오랜 경험이 옳고 새로운 생각이 틀리다는 보장은 없다.

심리적 구속에서 벗어나 경험주의의 굴레를 돌파해야 당신은 랜드
와 포드처럼 성공할 수 있다.

✦ 머릿속 걱정 몰아내기

《위로야화(圍爐夜話)》에서는 다음과 같이 이야기했다.

'사람이 정해진 틀만 고집하고 자기만의 정신을 드러내지 않으
면 꼭두각시에 불과하다. 일을 할 때 규정만 고집하고 임기응변
을 모르면 이는 본떠서 그린 조롱박과 같다.'

마음이 자유로운 사람은 용감하게 경험의 속박을 돌파하고 새
로운 것을 창조한다.

　　　　　　　　　　　　　　　　　　　　세 번째 솔루션

과연 이는 모험할 가치가 있는 일일까?

●
●

,

사람은 항상 자신감을 가지고
이성적으로 모험에 나서야 한다。

모험이 반드시 성과를 가져온다고 말할 수는 없지만 모험을 하
지 않으면 분명 성과는 있을 수 없다. 가난한 사람에게 부족한 것은
돈이 아니라 진취심이다.

프랑스의 부호 발랑이 세상을 떠난 후, 〈코르시카인 일보〉에는 그
의 특별한 유서가 실렸다.
'나는 원래 가난한 사람이었지만 내가 천당에 들어갈 때는 대부호
일 것이다. 나는 굳이 천당에까지 부자가 될 수 있었던 비결을 가

져갈 생각은 없다. 프랑스 중앙은행에 개인 금고가 있는데 거기에는 나의 비결을 숨겨놓았다. 개인 금고의 열쇠 세 개는 각각 변호사와 두 명의 대리인에게 맡겨 놓았다.

만약 누군가 '가난한 사람에게 가장 부족한 것은 무엇인가'라는 질문의 대답을 통해 나의 비결을 알아맞힐 수 있다면 그는 나의 축하를 받을 것이다. 물론 그때 나는 이미 무덤에 누워있을 테니 박수를 치며 그 사람의 지혜로움을 축하해 줄 수는 없지만 그는 나의 개인 금고에서 영광스럽게 100만 프랑을 가져갈 수 있을 것이다. 그것이 바로 내가 그에게 보내는 박수다.'

유서가 게재된 후 〈코르시카인 신문〉에는 대량의 편지가 도착했다. 절대 다수의 사람들은 가난한 사람에게 가장 부족한 것이 돈이라고 생각했다. 가난한 사람에게 부족한 것이 돈 말고 과연 무엇이란 말인가? 그리고 몇몇 사람들은 가난한 사람에게 가장 부족한 것이 기회나 기술, 혹은 도움과 관심이라고 생각했다. 사람들이 제출한 답은 천차만별이었다.

1년 후, 발랑의 기일을 맞이해 변호사와 대리인은 그의 생전 부탁대로 공증 기관의 감독하에 개인 금고를 열었다.

48,561통의 편지 중 테일러라는 이름의 소녀가 보낸 편지에 발랑의 비결이 적혀있었다. 소녀와 발랑 두 사람 모두 가난한 사람에게 가장 부족한 것은 야심이라고 생각했다. 즉 부자가 될 야심이라는 것이었다.

상을 수여하는 날, 사회자가 아홉 살 소녀 테일러에게 어떻게 야심이라는 답을 생각해냈는지 묻자 소녀는 대답했다. "언니가 열한 살인 남자 친구를 집에 데려올 때마다 항상 나에게 경고했어요. '야심을 가지면 안 돼! 야심을 가져서는 안 된다고!' 그래서 저는 어쩌면 야심이 사람이 원하는 것을 가져다줄 수 있을지도 모른다고 생각했어요."

현대 사회에서 살아가는 많은 사람은 돈을 많이 벌어 부자가 되기를 꿈꾼다. 반면 일찌감치 자신의 꿈을 포기하는 사람도 매우 많다. 그들은 꿈을 포기해 삶의 원동력을 잃는다. 그러면 그 삶은 계속 나락으로 떨어지기만 할 뿐 인생의 의미를 잃는다. 그래서 대부분의 사람이 실패하고 이름을 세상에 널리 알리지 못한다. 그러나 웅장한 뜻을 포기하지 않는다면, 설령 평생 돈을 많이 벌겠다는 꿈을 이루지 못해도 자신의 인생이 헛되지 않았음을 느낄 수 있을 것이다.

우리는 행동에 나서야만 반드시 결과를 얻을 수 있다. 나폴레옹 힐은 부에 이르는 과정을 6가지 단계로 총괄했다.

첫째, 당신이 원하는 금액을 생각한다.
둘째, 결정하고 나면 그에 걸맞은 대가를 치른다.
셋째, 당신이 원하는 금액을 획득할 확실한 시기를 정한다.
넷째, 당신의 꿈을 확실하게 실현할 수 있는 계획의 기초를 마련하고 즉시 행동에 나선다. 준비가 되었든 되지 않았든 우선 계획을 실행에 옮긴다.

다섯째, 당신이 원하는 금액과 그것을 획득할 시기를 간단명료하게 기록한다.

여섯째, 하루에 두 번 자기가 적은 내용을 낭독한다. 이른 아침에 잠에서 깼을 때 한 번, 저녁에 잠들기 전에 한 번 읽도록 한다.

이 6단계의 핵심은 바로 행동이다. 부자가 되겠다는 원대한 꿈은 행동을 통해 비로소 현실로 변화한다.

물론 모험이 탐험과 같다고는 할 수 없지만 탐험가는 반드시 충만한 모험 정신을 가지고 있다. 그래서 정화鄭和는 서쪽 바다로 항해를 떠났고, 장건張騫은 서역에서 외교활동을 펼쳤다. 그리고 콜럼버스는 신대륙을 발견했고, 마젤란은 세계 일주 항해에 성공했다. 그들은 모두 인류의 가장 위대한 모험 정신을 가지고 있었다. 그러지 않았다면 그들은 결코 성공을 맛볼 수 없었을 것이다. 그러나 시대에 획을 긋는 탐험 활동이 시시각각 일어날 수는 없고, 모험가라고 모두 뛰어난 성과를 이룩할 수 있는 것도 아니다. 그렇기 때문에 일상생활, 과학 실험, 군사 행동 및 상업 활동 등 다양한 분야에서 모험 정신은 더욱 보편적인 의미를 갖는다. 그리고 사람들이 사고하고 체험할 가치가 있다.

미국 비즈니스계의 귀재 아먼드 해머는 스물두 살에 미국 비즈니스계를 리드하는 인물이 되었다. 그의 성공 비결 중 하나는 바로 충만한 모험 정신이었다. 1921년 그가 소련과 사업을 시작했을 때, 소련은 막 전쟁을 끝낸 데다 작황이 좋지 못해 기근에 시달리는 상황이었다. 해머는 소련이 새로운 경제 정책을 실행한다는 이야기를 듣고 외국 상사의 투자를 격려했다. 당시 서방 세계는 소련에 큰 두려움을 느끼고 있었기 때문에 그 누구도 투자를 원하지 않았지만 해머는 과감하게 소련에 투자를 시작했다. 그는 우선 소련과 식량 사업을 시작했고, 소련과 해머 양측 모두 만족할 만한 이익을 얻었다. 훗날 그는 소련에서 기업을 경영했다. 그가 평생 이룩한 비즈니스 성과는 많은 사람의 칭찬을 받았다. 특히 소련에서의 성공적인 모험은 더욱 칭찬할 가치가 있는 것이었다. 아먼드 해머의 성공은 부자가 되려는 꿈을 가진 사람이 반드시 갖추어야 할 사항을 이야기한다.

모험 정신

성공하려면 모험 정신이 있어야 한다. 다른 사람을 초월하는 생각을 가져야만 비로소 승리를 얻을 수 있다. 만약 다른 사람과 똑같은 생각을 가지고 있다면 당신은 성공할 수 없다. 모험은 다른 사람이 하지 못하는 일에 과감하게 도전하는 것이다. 그 누구도 희망을 보지 못할 때, 당신은 성공의 희망을 발견할 수 있어야 한다.

구체적인 행동

어떤 꿈이든지 행동을 통해서만 현실로 변화된다. 그리고 꿈이 있어야 행동에 옮길 수 있고, 계획에 따라 일하고 노력할 수 있다. 행동하지 않는 사람은 성공할 수 없다. 그리고 행동은 맹목적이거나 경솔하지 않고 계획적이고 구체적인 단계를 갖추어 착실히 실행할 수 있는 것이어야 한다.

실패를 두려워하지 않고 좌절을 통해 단련된 강인한 의지

성공은 때로 쉽게 이루어지기도 하지만 좀처럼 이루기 어려울 때도 있다. 실패와 좌절이 닥쳤을 때 게을러지지 말고 끝까지 노력하면 반드시 수확을 얻을 수 있다. 스스로 자신의 길이 정확하다고 믿는 것이 가장 중요하다. 자신의 생각이 현실이 될 가능성이 있다면 이를 실행하기 위해 끝까지 노력해야 한다.

새로운 것을 창조하는 정신

새로운 것을 창조하는 일은 전통의 구속에서 벗어남을 의미한다. 기존 방법의 제한을 받지 않고 용감하게 새로운 방법으로 자신이 해야 할 일을 해야 한다.

용감하게 새로운 것을 창조하는 사람이야말로 과학이나 경제, 생활 등을 막론한 다양한 영역에서 성공할 가능성이 있다.

머릿속 걱정 몰아내기

누군가 말했다. 현재 상황에 만족하는 것은 일종의 사상병이라고. 거대한 부를 소유한 사람 중 대부분은 처음부터 다른 사람이 부러워할 만한 신분이나 여유로운 재력을 가지고 태어난 것이 아니다. 그렇다고 그들이 태어날 때부터 천재였던 것도 아니다. 그들은 심지어 최저 생계유지선 밑에서 생활하며 발버둥친 경험도 있지만 남다른 야심을 가지고 있었기에 용감하게 모험에 나섰다. 그리고 이를 통해 가난에서 벗어나 부를 얻었다.

좀처럼 성과가 보이지 않는 일,
계속 해야 할까?

●
●
,

일은 인내로 이루어지고
조급함에 무너진다。

성격이 급하다는 것은 경솔하고 조급하다는 뜻이다. 성격이 급한 단점을 가진 사람은 아무것도 이룰 수 없다. 주위를 둘러보면 종종 조급한 성격을 가진 사람을 볼 수 있다. 그들은 일을 할 때 사전 준비를 하지 않고, 계획도 없다. 그저 순간적으로 끓어오르는 흥미에 몸을 움직인다. 또한 한걸음씩 침착하게 앞으로 나아가지 않고 단번에 일을 이루고 첫술에 배부르기를 꾀한다. 그 결과 당연히 일은 원하는 방향으로 진행되지 않고, 너무 서둘러 그르치고 만다.

《맹자 · 공손추상孟子·公孫丑上》에는 다음과 같은 우언이 나온다. 송나라의 어느 농부가 논에 모를 심었다. 그런 다음 빨리 자라라고 모를 하나하나 위로 잡아당겼다. 일을 끝내고 집에 돌아간 농부는 가족들에게 말했다.

"오늘은 논에 심은 모를 길게 뽑아내느라 정말 피곤했어."

그의 이야기를 들은 아들은 급히 논으로 달려갔다. 예상대로 모는 전부 시들어있었다. 오늘날 너무 서두르면 오히려 일을 그르친다는 성어 '발묘조장拔苗助長'의 유래가 바로 이 이야기다.

식물이 성장하는 데는 적합한 온도, 적절한 물과 비료, 충분히 성장할 기간 등 일련의 조건이 반드시 필요하다. 성질이 급했던 송나라 농부는 성공을 서두른 나머지 식물의 성장 법칙을 어겼고, 하루 종일 힘들게 일했지만 농사를 그르치고 말았다.

어떤 사람은 문학 작품이 사회에 강렬한 반향을 일으키는 것을 보고 문학 창작을 배우려 한다. 그리고 어떤 사람은 컴퓨터 전공이 과학 연구에 광범위하게 응용되는 것을 보고 컴퓨터 기술을 배우려 한다. 또 누군가는 외국어가 외부와 교제하는 데 중요한 역할을 하는 것을 보고 외국어를 배우려 한다. 그러나 그들은 학문에는 장기적이고 막중한 책임이 따른다는 인식과 사고의 준비가 부족하기 때문에 오로지 '속성'을 추구한다. 그들은 일단 어려움이 닥치면 자신감을 잃고 중도에 물러나 결국에는 어떤 학문도 제대로 배우지 못한다. 이러한 상황은 명明나라의 변공邊貢이 쓴《증상자贈尚子》라는 시에 매우 적절하게 묘사되어 있다. '소년이 공부를 하면서 검술도 배우려 한다면 늙어서 머리가 허옇게 샜을 때 세월을 헛되이 보낸 사실에 한탄하게 된다.' 소년은 책의 지식을 공부하는 동시에 검술을 배우려 했다. 이처럼 한 가지 일에 집중하지 못하고 경솔하게 많은 것을 이루려 하면 어느 새 시간이 흘러 백발이 무성한 노인이 된다.

살다보면 우리는 종종 다음과 같은 사람을 만난다. 일을 꾸준히 하지 못하고, 색다른 것을 보면 쉽게 마음이 변하는 그들은 눈앞의 성공과 이익에만 급급해 안분지족하지 못하고 항상 교묘한 수단으로 사리사욕을 취하려 한다. 급변하는 사회에서 그들은 속수무책이고, 앞날에 자신감이 전혀 없기 때문에 불안하고 초조해한다. 그리하여 감정이 이성을 대신해 맹목적인 행동에 나선다. 행동하기 전에 충분히 생각해야 하지만 그러지 않으므로 돈만 벌 수 있다면 법을 어기고 질서를 어지럽히는 일을 저지른다.

사람들은 굶주리고 추운 날들을 견뎌내 더 이상 먹고사는 문제로 걱정하지 않게 되었다. 마음껏 쇼핑을 하고, 식사를 하러 가고, 좋은 집에 살고 심지어 좋은 차를 모는 이 시대에 사람들의 마음은 왜 점점 조급하고 불안해지는 것일까?

사회 변혁은 기존의 기구와 제도에 큰 충격을 야기한다. 기존의 체제가 해체되거나 개혁의 대상이 되었을 때 이에 상응하는 새로운 제도는 아직 구축되지 않은 상태다. 이러한 상황에서 사람들은 자신의 행동이나 미래를 정확히 예측하기 힘들다. 그리고 이때 사회 변혁은 그 사회의 이익과 구조를 대대적으로 조정한다. 이에 기존 사회에서 우위를 차지하고 있던 일부 사람들의 상황은 갈수록 나빠지고, 오히려 열세에 있던 사람들의 지위가 상승한다. 그러면 모든 사람은 사회 구조 속에서 새롭게 포지션을 정해야 하는 문제에 마주한다. 설령 대부호라 하더라도 영원히 자유롭게 돈을 쓸 수 있다는 보장은 없다. 사회의 중간 계층에 해당되는 사람은 일득일실에 전전긍긍하며 울고 웃는다. 또한 상류 계층과 하류 계층의 양 극단 사이에서는 이런저런 충돌이 발생한다. 그래서 사람들의 마음은 안정되지 못하고 여유를 잃어 항상 초조하고 불안해한다. 이는 피할 수 없는 일종의 사회적 심리 상태다.

급격하고 복잡하게 변하는 사회에서도 여전히 태연자약하고 안정된 마음을 유지하는 사람이 있는 반면 항상 타인과 높은 수준으로 비교하기 때문에 몸과 마음이 불안정한 사람도 있다. 그들은 자신이 사회의 생존 환경에 적응하지 못한다는 사실을 점차 깨닫고 이에 자기가 살아가는 상황에 불만을 품는다. 이로 인해 저절로 과도한 욕망이 발생한다. 배금주의, 향락주의, 기회주의가 득세하는 사회에서 많은 사람이 오로지 하나의 목표, 즉 돈을 위해 분투한다. 그러나 그들에게는 꾸준한 마음과 구체적인 실천 정신이 부족하다. 그래서 자신의 지력과 발전 능력을 정확히 인식하지 못한다. 그러므로 비정상적으로 나약하고 민감하며, 무모한 모험을 시도하기 때문에 약간의 유혹에도 맹목적으로 넘어간다.

결국 경솔하고 조급한 성격은 학습과 사업에 지장을 줄 뿐만 아니라 인간관계와 심신 건강에도 악영향을 끼친다. 그 폐해는 실로 막대하므로 우리는 반드시 경솔하고 조급한 성격을 경계해야 한다.

그렇다면 경솔하고 조급한 성격을 고칠 수 있는 방법은 무엇일까? 우리는 이러한 성격의 반대가 침착하고 냉정한 성격이라는 사실을 잘 알고 있다. 그러므로 경솔하고 조급한 성격을 경계하기 위해서는 반드시 침착한 기질과 정신을 배양해야 한다.

침착과 냉정은 개인의 정신적 수양 및 건전한 정신을 드러내는 표지라 할 수 있다. 사람은 냉정한 마음을 유지해야 비로소 문제를 사고할 수 있다. 그래야만 복잡한 세상에서 더욱 높이 서서 멀리 내다보고 번뜩이는 지혜를 발휘할 수 있다. 제갈량諸葛亮이 '평안하고 고요한 마음이 없으면 멀리 이르지 못한다.'고 말한 것이 바로 이러한 의미다. 우리가 '평안하고 고요한 마음을 가지고 멀리 이른다.'를 좌우명으로 삼으면 분명 경솔하고 조급한 성격을 극복하는 데 도움이 될 것이다.

청나라 조정이 대만에 처음으로 파견한 지방 행정 장관 유명전劉銘傳은 대만 최고의 공신이자 최초로 철로를 개설한 사람이다. 유명전의 임용과 관련된 일화는 우리에게 깊은 생각을 하게 해준다.

이홍장李鴻章은 유명전을 증국번曾國藩에게 추천하면서 두 사람의 학자를 함께 추천했다. 증국번은 세 사람 중 품격이 가장 뛰어난 사람을 선발하기 위해 일부러 그들에게 정해진 시간에 자기 집으로 오라고 했다. 그러나 약속한 시각이 다가와도 증국번은 얼굴을 보이지 않았다. 세 사람은 거실에서 기다리고 있었는데 증국번은 몰래 그들의 태도를 자세히 관찰했다. 유명전을 제외한 두 사람은 침착하지 못한 태도로 증국번을 기다리며 계속 불평하는 반면 유명전은 조용하고 평온한 마음으로 벽에 걸린 서화를 감상했다. 나중에 증국번은 세 사람에게 거실의 서화에 대해 상세하게 물었는데 오로지 유명전 한 사람만 제대로 대답할 수 있었다.

그 결과 유명전은 대만의 지방 행정 장관이 되었다.

침착하고 냉정한 태도는 사업의 성공에 매우 중요한 조건이다.

《좌전左傳》에는 노장공魯庄公 10년에 약소한 노나라가 장작長勺에서 강대한 제나라를 물리친 이야기가 등장한다. 두 나라의 군대가 대전할 때, 제나라 군대가 북을 울리자 노장공은 맞서 싸우려 했지만 조귀曹劌가 이를 저지했다. 그러다 제나라 군대가 세 번째 북을 울리자 조귀는 비로소 출격에 동의했다. 제나라가 패해서 도망갈 때 노장공은 서둘러 병사를 이끌고 추격하려 했지만 다시금 조귀가 저지했다. 조귀는 전쟁터를 한 차례 살펴보더니 이야기했다. "이제 괜찮습니다." 나중에 조귀는 노장공에게 말했다. "전쟁의 승패는 용기에 달려 있습니다. 북이 한 번 울리면 사기가 높을 때이고, 두 번 울리면 사기가 쇠했을 때이며, 세 번 울리면 사기가 다했음을 의미합니다. 즉 적진의 북이 세 번 울렸을 때 우리는 기세가 등등했으므로 그들을 이길 수 있었던 것입니다. 대국은 예측하기 어렵고 의외의 복병이 숨어 있을지도 모릅니다. 그러나 저는 수레 자국이 어지럽고 깃발이 쓰러진 형세를 보았기 때문에 그들을 추격하도록 한 것입니다." 침착하고 냉정하며 사고에 능한 조귀 덕분에 노나라 군대는 제나라 군대의 사기가 떨어진 틈을 타 공격을 개시할 수 있었다. 제나라 군대가 패배해 뿔뿔이 흩어지고 복병이 없다는 사실을 확실히 인식한 후 승세를 몰아 추격했던 것이다. 이는 약한 나라가 강한 나라에 승리한 역사적인 사례가 되었다.

《순자 · 권학荀子 · 勸學》에는 사람들이 깊은 반성을 하게 만드는 이야기가 나온다. '지렁이는 날카로운 발톱과 이빨이 없고 근골이 약하지만 위로는 흙을 먹고 아래로는 샘물을 마시는 데 온 마음을 다한다. 게는 여섯 개의 다리와 두 개의 집게발을 가지고 있지만 뱀이나 두렁허리의 구멍에 몸을 의탁할 수밖에 없는 이유는 마음이 경솔하기 때문이다.' 게는 여섯 개의 발(실제로는 여덟 개)과 집게발을 가지고 있어 지렁이보다 생존 조건이 훨씬 유리하다. 그러나 경솔하므로 뱀이나 두렁허리의 구멍이 없으면 몸을 의탁하지 못한다.

세 번째 솔루션

여기서 볼 수 있듯이 설령 조건이 좋지 않더라도 변하지 않는 뜻을 가지면 성취를 이룰 수 있다. 반대로 조건이 아무리 좋아도 성격이 급하고 경솔하면 아무 일도 이루지 못한다.

'흐르는 물은 모여서 바다를 이루고, 작은 돌은 모여서 태산泰山이나 화산華山을 이룬다.' 이는 송나라 시인 육구연陸九淵의《아호화교수형운鵝湖和敎授兄韻》에 등장하는 시구로, '졸졸 흐르는 시내가 모이면 망망대해를 이루고, 작은 바위가 계속해서 쌓이면 태산이나 화산처럼 높은 산이 된다.'는 뜻이다. 우리도 노력에 힘쓰고, 끈기를 가지고 착실하게 일하면 객관적 조건에 관계없이 자신만의 사업을 일으킬 수 있다.

✦ 머릿속 걱정 몰아내기

경솔한 사람은 시대조류에 휩쓸려 맹목적으로 행동하기 쉽고, 눈앞의 이익에만 급급해 현재의 지위까지 잃는다. 그리고 이성을 잃었을 때, 이는 자신뿐만 아니라 가족, 친구 심지어 사회에까지 해를 준다. 그러므로 경솔함과 작별을 고해야만 침착한 마음으로 매일 떠오르는 태양을 맞이할 수 있다.

왜 나에게는 좋은 기회가
오지 않는 것일까?

-
-

,

평범해 보이는 기회를 소홀히 하지 마라.

인생에서의 좋은 기회란 인류가 영원히 사고하고 탐색할 만한 가치
가 있는 주제라 할 수 있다. 인생의 득과 실은 종종 좋은 기회를 포
착하느냐 하지 못하느냐에 달려 있다. 좋은 기회가 찾아왔을 때 이를
포착하고 이용하면 당신의 운명은 크게 변화한다. 반대로 좋은 기회
를 소홀히 해 놓쳐버리면 보잘것없는 인생을 보내게 된다.

어느 화실에서 한 청년이 여러 신을 조각한 조각상 앞에 서 있었다.
그는 조각상 하나를 가리키며 호기심에 물었다. "이 작품의 이름
은 무엇인가요?" 그 조각상은 머리카락이 얼굴을 가리고 있고, 발

세 번째 솔루션

에는 날개가 달려 있었다. 조각가가 대답했다. "기회의 신입니다."

"그런데 이 조각상은 왜 얼굴을 가리고 있지요?" 청년이 재차 물었다.

"그가 사람들에게 다가갔을 때 그의 얼굴을 제대로 볼 수 있는 사람이 매우 드물기 때문입니다."

"그럼 발에는 왜 날개가 달려있나요?" 청년이 또 물었다.

"그는 매우 빨리 날기 때문에 일단 날아가면 사람들이 다시는 그를 볼 수 없기 때문입니다." 조각가가 대답했다.

생동적이고 구체적인 위의 이야기에는 '기회는 놓치면 다시 돌아오지 않는다.'는 소박하고 깊은 도리가 담겨있다. 홀웨이는 말했다.

"기회는 시간의 흐름 속에서 최고의 한순간을 의미한다."

기회는 준비가 되어있는 사람에게만 찾아온다. 번개처럼 짧은 순간에 다가오는 기회를 신속하게 포착할 수 있을지 여부는 전부 당신에게 달려있다. 미국 백화점 업계의 대가 존 워너메이커는 자신의 성공 경험을 다음과 같이 이야기했다.

"만분의 일이라도 가능성이 있다면 그 기회를 절대 놓치면 안된다."

스페인 작가 세르반테스는 말했다.

"잠깐 기다리는 길을 거쳐 가려 하는 사람은 종종 영원히 돌아올 수 없는 방에 들어가게 된다."

목표를 추구하는 과정에서 작은 것을 소홀히 하고 우물쭈물 앞으로 나아가지 못하면 기회는 당신의 어깨를 스쳐지나간다. '기회의 신은 언제나 먼저 자신의 머리카락을 보여준다. 만약 당신이 머리카락을 단번에 움켜쥐지 못하면 다시 잡으려 해도 민둥민둥한 머리에 부딪힌다.' 또 다른 격언도 있다. '행운의 신은 세상의 모든 사람에게 찾아온다. 그러나 행운의 신을 맞이할 준비가 되어 있지 않은 사람을 찾아갔을 때, 행운의 신은 큰 문으로 들어왔다가 작은 창문으로 날아가 버린다.' 또한 빌 게이츠는 말했다.

"친애하는 여러분, 저는 여러분이 반드시 만분의 일이라는 기회를 중시해야 한다고 생각합니다. 그것은 당신에게 생각지 못한 성공을 가져다주기 때문입니다. 누군가는 말합니다. 이는 바보에게나 통하는 말이고, 복권에 당첨될 확률보다 훨씬 막연하다고 말이지요. 이러한 관점은 편파적인 경향이 있습니다. 복권 추첨은 당신 자신이 아닌 다른 사람이 주재하는 일이기 때문입니다. 그러나 만분의 일이라는 기회는 오롯이 당신 자신의 주관적인 노력에 의해 쟁취할 수 있습니다."

또한 빌 게이츠는 만분의 일이라는 기회를 포착하려면 반드시 다음과 같은 조건을 갖추어야 한다고 생각했다.

◆ 원대한 식견: 식견이 좁아서 잎사귀만 보고 숲을 보지 못해서는 안 된다.

세 번째 솔루션

◆인내심: 끝까지 지속할 수 있는 끈기와 수없이 꺾여도 포기하지
않는 신념을 가지고 있어야 한다.

만약 위의 조건을 전부 갖추고 있다면 언젠가 당신은 물질적인
부와 정신적인 부를 동시에 지닌 백만장자가 될 수 있을 것이다. 다
만 당신이 이를 행동에 옮기기만 한다면 말이다.

기회를 정확히 바라보고 포착하면 그것은 현실의 부를 변화시킨
다. 이는 바로 성공한 사람의 현명한 선택이다.

두 젊은이가 있었다. 비슷한 상황에서 그들은 각기 다른 태도를
취해 상반된 결과를 얻게 되었다. 첫 번째 젊은이는 어느 상가에
서 4년 동안 일했다. 그는 상가가 자신을 중시하지 않기 때문에 이
직을 준비하는 중이었다. 어느 날, 한 손님이 그에게 다가와 모자
를 보여 달라고 했다. 그러나 젊은이는 손님을 아랑곳하지 않고
계속해서 다른 사람과 이야기를 나누었다. 이야기가 끝나고 나서
야 그는 불쾌한 얼굴로 손님에게 말했다. "여기는 모자 판매대가
아닙니다." 손님이 모자 판매대가 어디 있는지 묻자 젊은이는 대
답했다. "저기 있는 관리인에게 물어보세요, 가르쳐 줄 겁니다."
젊은이는 좋은 기회가 다가왔는데도 이를 알아차리지 못했다. 그
는 손님이 다시 찾아오게 하고 이를 통해 자신의 재능을 드러낼
수 있었는데도 좋은 기회를 놓쳤다.

두 번째 젊은이는 한 백화점의 점원이었다. 어느 날 오후, 밖에는 비가 내리고 있었다. 한 노부인이 상점에 들어와 목적 없이 여기 저기 돌아다니며 구경하기 시작했다. 노부인에게는 물건을 살 생각이 없다는 사실이 분명했다. 대다수의 판매원은 노부인을 상대하지 않았지만 젊은이는 주도적으로 인사하고 예의 바르게 어떤 서비스가 필요한지 물었다. 노부인은 그저 비를 피하기 위해 들어왔을 뿐이며 물건을 살 생각이 없다고 이야기했다. 젊은이는 괜찮다며 물건을 구입하지 않아도 환영한다고 이야기했다. 그는 주도적으로 노부인과 이야기를 나누면서 자신이 그녀를 환영하고 있음을 분명한 태도로 드러냈다. 노부인이 떠날 때 젊은이는 문까지 배웅하며 대신 우산을 펼쳐주었다. 노부인은 젊은이에게 명함을 한 장 달라고 하더니 떠났다.

훗날 젊은이는 이 일을 까맣게 잊고 있었다. 그러던 어느 날 사장이 갑자기 그를 사무실로 불렀다. 사장은 그에게 노부인이 보내온 편지 한 통을 건네주었다. 노부인은 회사를 대표해 큰 비즈니스를 맡길 수 있는 백화점 점원 한 명을 스코틀랜드로 파견해 달라고 요청했다. 노부인은 그 업무를 맡길 인물로 특별히 그 젊은이를 지목했다. 알고 보니 노부인은 미국의 철강왕 앤드류 카네기의 모친이었다. 젊은이는 자기 일에 최선을 다하며 손님을 친절하게 대했기 때문에 매우 큰 기회를 얻었다.

세 번째 솔루션

우리는 기회가 충만한 시대를 살아가고 있다. 막대한 부를 가져다주는 기회를 포착할 수 있을지 여부는 우리 자신에게 달려있다. 평범해 보이는 기회를 소홀히 하지 말고 이를 성공으로 변화시키기 위해 노력하라.

✦ 머릿속 걱정 몰아내기

기회는 한 번 놓치면 다시 돌아오지 않는다. 여기에는 간명하면서도 깊은 뜻이 담겨 있다. 기회를 포착하면 우리는 기세를 타고 성공의 정상에 오를 수 있다. 그러나 기회를 놓치면 본래 쉽게 손에 넣을 수 있었던 성공조차 스쳐지나가고, 이로 인해 당신은 분명 깊이 후회할 것이다. 영국의 군사학자 풀러는 말했다.

"기회를 잡아야 성공할 수 있다."

세계의 유명한 석유대왕 록펠러는 자신의 창업 역사를 이야기하면서 단 한마디를 남겼다.

"모든 것을 압도하는 것은 바로 기회다."

나는 과연 나에게 맞는
자리에 있는 것일까?

•
•

,

당신은 그저 잘못된 곳에 있는 것일 뿐,
재능을 펼 기회가 없다고 고민하지 말라。

　재능이 아무리 뛰어난 사람이라 해도 그 재능을 펼치지 못할 때
가 있다. 설령 당신이 재능을 펼 기회를 얻지 못했다고 해도 이를
고스란히 드러내면 다른 사람은 당신을 더욱 얕잡아본다는 사실을
기억하라. 그렇다면 우리는 평생 재능을 펼치지 못하는 상태로 살
아가야 하는 것일까? 당신이 선택하거나 참고할 수 있는 몇 가지
제안이 있다.

다른 사람에게 자신을 객관적으로 평가해달라고 부탁하라

때로는 곁에 있는 사람이 더욱 정확하게 우리를 이해한다.

사람은 자아 평가 능력을 갖추어야 한다. 그러나 자신을 평가하는 일이 두렵고 객관적으로 평가하지 못한다면 친구 혹은 비교적 친한 동료의 도움을 받아 함께 분석할 수 있다. 만약 다른 사람의 평가가 자아 평가보다 낮다면 당신은 이를 겸허하게 받아들여야 한다. 때로 주위 사람이 우리를 더욱 정확하게 이해하는 경우가 있다. 그러니 타인의 평가를 받아들여보면 어떨까?

자신이 가진 능력을 발휘하지 못하는 이유를 조사해보라

만약 타인에게서 비롯된 인위적인 요소 때문에 능력을 발휘할 수 없는 상황이라면 당신은 타인과 성실하게 소통할 필요가 있다. 혹시 타인에게 미움을 산 적은 없는지 한 번 생각해보라.

당신의 능력을 발휘하지 못하는 이유는 일시적으로 적합한 기회를 찾지 못했거나 환경 혹은 인위적인 제약을 받고 있기 때문일 수 있다. 만약 기회가 원인이라면 계속해서 기회를 기다려보면 어떨까? 환경이 문제라면 자신이 속한 환경을 떠나면 된다. 타인이 능력을 발휘하지 못하게 하는 상황이라면 상대와 성실하게 교류하기 위해 노력하고 혹시 미움을 산 적은 없었는지 한번 생각해보라. 만약 그렇다면 타인과 소통할 방법을 찾아보라. 혹은 고집이 센 당신의 성격 탓이라면 물론 또 다른 방법을 생각해야 한다.

자신의 다른 장점을 드러내라

만약 당신에게 또 다른 장점이 있다면 다른 사람에게 이를 펼쳐볼 기회를 달라고 요구할 수 있다. 어쩌면 이는 당신의 활로를 개척해줄지도 모른다. 때로 사람이 재능을 펼치지 못하는 이유는 잘못된 장점을 사용하기 때문일 수 있다. 재능이 있음에도 적합하지 않은 장소 혹은 시기에 사용하면 재능을 드러낼 수 없다.

더욱 조화로운 인간관계를 구축하라

다른 사람이 기피하는 대상이 되지 말고 당신의 재능을 사용해 주도적으로 동료에게 협조하라. 다만 다른 사람을 도와주면서 생색을 내서는 안 된다는 점에 주의해야 한다. 그러지 않으면 동료는 당신과 가까워지기는커녕 더욱 멀어질 것이다. 그리고 겸손한 태도로 인간관계를 넓히면 당신에게 생각지 못한 도움을 가져다줄 수도 있다.

재능을 지속적으로 강화시켜라

능력을 드러낼 시기가 무르익어야 당신은 비로소 눈부신 빛을 발할 수 있다.

당신이 어떤 방면에 재능을 가지고 있다 하더라도 그것이 부족하다면 다른 사람들은 발견하지 못한다. 이때 당신은 재능을 강화시켜야 한다. 그래야만 재능을 드러낼 기회가 찾아왔을 때 비로소 눈부시게 활약할 수 있다. 그러면 물론 다른 사람들도 당신의 재능을 알아보고 높게 평가할 것이다.

어찌 됐든 당신은 재능을 펴지 못해 불평하는 사람이 되어서는 안 된다. 우선 근면성실하게 자신이 맡은 일에 최선을 다하라. 설령 큰 인재가 작은 일에 쓰인다 하더라도 아예 쓰이지 않는 것보다는 훨씬 낫다. 작은 일부터 시작하면 언젠가 분명 큰일을 할 수 있을 것이다.

✦ 머릿속 걱정 몰아내기

재능을 펼칠 기회를 만나지 못했다며 한탄하는 사람이 수없이 많다. 그러나 한탄 자체는 어떤 상황도 변화시키지 못한다. 불평을 가득 안고 살아가기보다는 자신에 대해 깊이 생각하고 노력하는 편이 훨씬 낫다. '금은 언젠가 그 빛을 드러내기 마련이다.'라는 말을 믿어라. 빛나는 진주는 절대 모래에 묻히지 않는다.

나는 왜 항상
운이 없을까?

●
●
,

인생의 골짜기에 있는 사람은 방향을 따지지 말고
무조건 높은 곳으로 올라가야 한다。

사람은 평생 고조와 저조를 반복한다. 때로는 불가피하게 인생의 골
짜기에 떨어지는 경우도 있다. 평범하고 포부가 없는 사람의 삶은 마
치 고인 물과도 같다. 오로지 달관한 사람만이 비로소 진정한 해탈을
맛볼 수 있다. 인생은 바다와도 같아서 밀물과 썰물이 존재한다. 모든
일이 잘 풀려 득의양양하고 고조의 기쁨을 누릴 때가 있는가 하면 모
든 일이 마음대로 되지 않고 기대가 물거품처럼 사라져버리는 고통
도 있는 법이다. 만약 인생이라는 여정을 선으로 묘사한다면 분명 고
저의 기복이 있는 곡선일 것이다. 이는 틀에 박힌 직선보다 훨씬 풍부

하고 다채롭다.

'인생이 순조롭게 풀릴 때는 이를 힘껏 누리되 달을 보며 술잔을 기울여서는 안 된다.' 즐거울 때 당신은 마음껏 그 즐거움을 누리고 자신이 가지고 있는 모든 것을 소중히 하라. 반대로 삶에 고통과 불행이 찾아와도 원망하거나 슬피 울지 마라.

많은 사람이 인생의 골짜기에 떨어지면 계속해서 원망하고 고뇌하며 오랜 기간 빠져든 끝에 벗어나지 못하는 경우를 자주 볼 수 있다. 그들은 하루 종일 자기 자신도 어찌할 수 없는 감정과 눈물에 둘러싸여 있다. 그러나 한번 생각해보자. 원망과 걱정이 우리에게 무슨 도움이 되는가? 오히려 스스로 고통 속에 더욱 깊이 떨어지게 만들 뿐이다.

우리는 반드시 인생의 골짜기에서 벗어나야 한다. 왜 각도를 바꾸어 문제를 생각해보고 운명에 저항하지 않는가? 삶은 아름답기도 하지만 그만큼 무겁기도 하다. 인생은 풍부하고 다채로운 동시에 힘든 일이나 우여곡절도 있다. 고락과 우환, 사랑과 실연, 평탄대로와 울퉁불퉁한 길, 영예와 치욕, 꽃그늘과 달빛 아래, 지는 해와 서풍······. 인생은 누구에게나 똑같다. 때로는 해결하기 어려운 복잡한 일이 잇달아 발생하기도 하고 오색찬란한 다양한 자태를 드러낼 때도 있다. 결코 저녁 무렵 음악을 듣는 것 같은 상쾌하고 편안한 상황만 존재하지 않는다. 마찬가지로 여름날 맥주를 마시는 것 같은 시원하고 만족스러운 즐거움만 계속되지도 않는다. 마크 트웨인은 말했다.

"눈물에 젖은 빵을 먹어보지 못한 사람은 인생을 논할 수 없다."

세상은 베토벤에게 고난을 주었지만 그는 이를 악물고 운명을 극복해 고통 속에서 환희를 창조해 세상에 공헌했다. 인류 역사상 수많은 위인이 베토벤처럼 인생의 골짜기에서 세상을 깜짝 놀라게 할 대업을 이루어냈다. 사마천司馬遷은 고통 속에서도 역사를 엮어 인류를 위해《사기史記》라는 아름답고도 진귀한 목걸이를 만들어냈다. 조설근曹雪芹은 고통을 삶의 대관원에 쏟아 부어 후대에《홍루몽紅樓夢》이라는 아름다운 무지개를 남겼다. 위인들은 인생의 골짜기에서 저마다 찬란한 성과를 만들어냈다. 이는 물론 우리에게도 가능하다.

침체된 상황이 계속될 때 이를 행운이라 생각해보자. 당신에게는 드디어 자신이 걸어온 길을 자세히 살펴보고 사고할 시간이 생긴 것이다. 자신이 지금껏 걸어온 길의 어느 부분이 잘못되었는지, 혹시 발걸음이 너무 늦지는 않았는지, 불안하게 걸어온 부분은 없는지 한번 자세히 생각해보라. 그런 다음 역량을 축적하고 다시 출발할 기회를 기다리는 것이다. 그러면 분명 반짝이는 삶이 당신을 기다리고 있을 것이다.

인생의 길에는 선택과 변화가 충만하다. 인생의 골짜기에 빠졌을 때, 이는 변화가 닥쳐왔음을 예시하는 것일 수도 있다. 불행은 사람들에게 단순한 재난만을 가져다주지 않는다. 그것은 자신에게

적합하지 않은 삶을 살고 있다는 사실을 깨닫게 해주기도 하고, 원래의 꿈과 목표에 현실과 차이가 있다는 사실을 이야기해주기도 한다. 불행은 당신을 잠시 의기소침하게 만들지만 동시에 당신을 일깨워 마음을 가라앉히고 사고할 기회도 준다. 이때 흑암 속에서 운명의 신이 당신에게 보내는 암시를 포착한다면 분명 환한 앞날이 펼쳐질 것이다. 시카고 대학의 총장 로버트 메이넘 로지스는 좌절과 불행이 닥쳤을 때 항상 한마디 말을 마음에 새겼다.

'만약 레몬이 있다면 레몬수를 만들 수 있다.'

위대한 교육가의 이러한 방법을 우둔한 사람은 완전히 반대로 받아들인다. 현명하지 못한 사람은 삶이 그에게 레몬 하나를 주었다는 사실을 발견하면 자포자기하며 말한다.

"나는 실패했다. 이것이 내 운명인가 보다. 나에게는 기회조차 없다."

그런 다음 그는 이 세상을 저주하며 자기 연민에 빠져든다. 그러나 현명한 사람에게 레몬 한 개가 주어졌을 때 그는 말한다.

"이렇게 불행한 일을 통해 나는 무엇을 배울 수 있을까? 어떻게 해야 상황을 개선시키고 레몬을 레몬수로 만들 수 있을까?"

평생 동안 인류와 그 잠재 능력을 연구했던 위대한 심리학자 알프레드 아들러는 말했다. 인류의 가장 기묘한 특징 중 하나는 바로 '부정을 긍정으로 변화시키는 힘'이라고. 이어지는 셀마 톰슨의 이야기는 우리에게 재미와 감동을 준다.

전쟁 때 나의 남편은 캘리포니아 모하비 사막 부근의 군대 훈련지에 주둔하고 있었다. 나는 그와 조금이라도 가까이 있기 위해 그곳으로 거처를 옮겼다. 나는 그 지역이 극도로 싫었다. 지금껏 살아오면서 나는 그토록 고뇌한 적이 없었다. 남편이 출근하면 나는 혼자 작고 허름한 집에 남겨졌다. 그곳은 참을 수 없을 정도로 더웠고, 설령 커다란 선인장 그늘 안에 있어도 화씨 125도의 고온이었다. 멕시코인과 인디언 빼고는 대화를 나눌 사람도 없었고, 게다가 그들은 영어를 못했다. 끊임없이 불어오는 모래 바람에 숨쉬기조차 힘들었고, 사방은 모래투성이였다.

세 번째 솔루션

당시 너무나도 힘들었던 나는 아버지에게 편지를 써서 더 이상 견딜 수 없다고, 집에 돌아가고 싶다고 호소했다. 일 분도 지체할 수 없고, 여기서 계속 살아가느니 차라리 지옥에 가는 편이 낫다고 이야기했다. 아버지의 답장은 달랑 두 문장이었다. 그것은 줄곧 나의 기억 속에서 메아리쳤고, 나의 삶은 그로 인해 완전히 변화되었다.

'두 사람이 감옥의 철창을 통해 밖을 바라보았다. 한 사람은 진흙탕을 보았고, 다른 한 사람은 별을 보았다.'

나는 두 문장을 읽고 또 읽으며 반성했다. 나는 당시의 상황에서 반드시 좋은 점을 찾아내고 말겠다고 결심했다. 나는 별을 바라본 사람이 되고 싶었다.

나는 현지인들과 친구가 되었고, 그들은 나를 깜짝 놀라게 했다. 그들이 만든 옷감과 도기에 내가 깊은 흥미를 나타내자 그들은 관광객에게도 팔지 않는 그 물건들 중 내가 가장 좋아하는 것을 선물로 주었다. 나는 선인장과 실란의 매력적인 형태를 자세히 감상했고, 마모트에 관한 이야기를 들었다. 그리고 사막의 석양을 감상하며 조가비를 주우러 다녔다. 300만 년 전 이 사막은 깊은 바다였다.

나를 이토록 놀랄 만큼 변화시킨 것은 무엇일까? 모하비 사막은 조금도 변하지 않았다. 그곳에 사는 인디언도 변하지 않았고 변한 것은 오로지 나였다. 나는 나 자신의 태도를 변화시켰다. 그러자 나를 의기소침하게 만드는 환경은 삶의 가장 자극적인 모험이 되었다. 내가 발견한 참신한 세계는 큰 감동을 주었고 나를 몹시 흥분시켰다. 나는 기뻐하며 이를 바탕으로 《광명의 성루》라는 소설을 썼다. 나는 자신을 가둔 감옥의 철창을 내다보고 별을 찾았다.

셀마 톰슨은 예수 그리스도가 강림하기 500년 전 그리스 사람들이 깨달은 진리를 찾아냈다.

'가장 좋은 것은 가장 얻기 힘들다.'

해리 에머슨 포스딕은 20세기에 들어서서 다음의 말을 다시 한 번 반복했다.

"행복은 즐거움이 아닌 승리에서 비롯된다."

그의 말처럼 승리는 일종의 성취감, 만족감, 그리고 레몬을 레몬수로 만드는 우리의 행동에서 생겨난다.

플로리다주에 살고 있는 즐거운 농부가 있었다. 심지어 그는 독레몬을 레몬수로 만들 수 있는 사람이었다. 처음 농장을 사들였을 때 그는 매우 낙심했다. 땅이 너무 척박해서 과일은 고사하고 돼지조차 기를 수 없었다. 그곳에서는 오로지 백양나무와 방울뱀만 자랐다. 그러나 그는 자신이 가진 모든 것을 일종의 자산으로 생각하고 방울뱀을 이용할 좋은 아이디어를 떠올렸다. 방울뱀을 통조림으로 만들겠다는 그의 생각에 사람들은 모두 깜짝 놀랐다. 그

세 번째 솔루션

이후 사람들은 그의 방울뱀 농장을 참관하기 시작했고, 관광객은 매년 2만 명에 달했다. 그의 장사는 매우 번성했다. 그가 기르는 방울뱀의 독은 각종 대형 약 공장에서 뱀독을 제거하는 혈청으로 만들어졌다. 그리고 방울뱀 가죽은 신발과 가방을 만드는 데 높은 가격으로 팔렸다. 그밖에도 방울뱀으로 만든 통조림은 세계 각지의 고객에게로 보내졌다. 훗날 독 레몬을 달콤한 레몬수로 바꾼 이 농부를 기념하기 위해 마을은 방울뱀 마을로 이름을 바꾸었다.

인생의 골짜기에 떨어졌을 때 이용할 수 있는 조건을 모두 이용하고 운명과 맞서 싸우며 굴복하지 않으면 결국 삶은 우리에게 좋은 보답을 안겨준다. 뛰어난 의술로 의료업계에서 높은 명성을 떨치던 의사가 있었다. 그의 병원은 나날이 발전했지만 불행히도 어느 날 자신이 암에 걸렸다는 사실을 알게 되었다. 이는 그에게 큰 타격을 주었다. 그는 감정의 나락으로 떨어졌지만 결국에는 현실을 받아들이고 마음을 완전히 변모시켰다. 그는 더욱 관용적이고 겸허하며 자신이 가진 모든 것을 소중히 할 줄 아는 사람이 되었다. 열심히 일을 하면서도 그는 병마와의 싸움을 포기하지 않았다. 이렇게 그는 평안하게 몇 년을 살았다. 그의 경험에 놀란 사람들이 어떤 신비한 역량이 그를 지탱하는지 물었을 때 의사는 웃음을 머금고 말했다.

"바로 희망입니다. 매일 이른 아침, 저는 스스로 희망을 줍니다.

한 사람이라도 더 치료할 수 있다는 희망, 나의 미소가 모든 사람을 따스하게 할 수 있다는 희망 말입니다."

그는 뛰어난 의술을 가졌을 뿐만 아니라 인간으로서 최고의 경지에 올랐다. 물론 이 세상에는 우리가 예측하기 어려운 일들이 수없이 일어난다. 우리는 자기 자신을 주관할 수는 있지만 운명을 통제하지 못한다. 또한 미래를 예지할 수는 없지만 지금 이 순간을 손에 넣을 수 있다. 자신의 생명이 얼마나 남았는지 알 수 없어도 현재 생활을 안배할 수 있다. 또한 변화무쌍한 날씨를 좌우할 수는 없어도 자기 마음은 조절할 수 있다. 노력하고 희망을 품는다면, 그리고 자기 자신에게 조금 더 희망을 심어준다면 우리는 인생의 골짜기를 벗어나 본연의 색채를 발휘할 수 있을 것이다.

때로 인생은 피아노에 비유할 수 있다. 피아노에는 검은 건반과 흰 건반이 있고, 검은 건반만으로는 음악을 연주할 수 없다. 또한 진정한 인생은 흑과 백이 교차하며 대국을 벌이는 바둑판에 비유할 수 있다. 길다면 길고, 짧다면 짧은 인생에서 우리는 고통과 즐거움을 번갈아 맛본다. 우리는 성장하면서 때로 폭풍우를 만나기도 하고, 골짜기에 떨어지기도 하지만 언제나 따스한 햇살을 품을 수 있다. 찬란하게 빛나는 신념을 마음에 품고 '만약 레몬이 있다면 레몬수를 만들 수 있다.'는 태도로 인생을 대할 때, 우리는 분명 진퇴유곡의 인생 골짜기에서 벗어나 눈부시게 빛나는 새로운 희망을 맞이할 수 있을 것이다.

세 번째 솔루션

⎯ 머릿속 걱정 몰아내기 ⎯

사람은 인생의 골짜기에 떨어지더라도 반드시 충만한 자신감을 가져야 한다. '하늘은 큰 임무를 맡길 사람의 심지를 고통스럽게 하며, 근골을 힘들게 하고, 그 몸을 굶주리게 한다. 그리고 그 사람의 모든 행동을 불란하게 만들어 인내를 시험한다. 이로써 원래는 할 수 없던 일을 해내게 한다.'는 말을 굳게 믿어야 한다. 그래야만 골짜기에서 벗어나 찬란하게 빛나는 인생의 기초를 다질 수 있다.

당신을 걱정하게 만드는 것은 바로 당신 자신이다.
당신은 다른 사람의 말과 행동을 핑계로
스스로 걱정에 빠져드는 것뿐이다.

'인정받으려는 욕구'를 버리고
평상심으로 자신을 사랑하라.

만약 실패한다면
내 체면은 어떻게 될까?

●
●

'

체면을 위해 잘못을 고치지 않는 것이야말로
가장 부끄러운 일이다。

중국인들은 종종 '사람은 얼굴로 살아가고, 나무는 껍질로 살아간다.'
고 이야기한다. 중국인의 전통적인 도덕 관념에서 '체면'이 얼마나 높
은 지위를 차지하는지는 위의 말을 미루어 짐작할 수 있다. 중국 사회
에서 염치와 체면은 종종 사람을 구속한다. 그러나 모든 것을 '체면'
위주로 생각한다면, 목숨보다 체면을 중시하는 인생관을 가지고 있
다면 결코 좋은 결과를 얻을 수 없다.

사업에 실패한 사람이 있었다. 그런데도 그는 원래의 체면을 유지

네 번째 솔루션

하기 위해 최선을 다했다. 그는 다른 사람이 자신의 실패를 간파할까 두려웠다. 재기를 위해 그는 종종 다른 사람에게 밥을 사며 좋은 관계를 맺으려 했다. 연회를 열 때 차를 전세 내어 손님을 마중하러 가고, 요리를 내올 웨이트리스로 아르바이트생 두 명을 고용했다. 그리고 이미 오랫동안 고기 맛을 보지 못한 아이들이 요리를 훔쳐 먹지 못하도록 엄격한 눈빛으로 감시했다. 술병에 술이 아직 남아 있는데도 그는 굳이 진열장에 남은 마지막 양주를 꺼냈다. 속으로 그의 상황을 알고 있는 손님들은 후한 대접을 받고 작별을 고할 때 모두들 크게 감사했다. 그러나 그들의 눈에는 동정이 서려 있었고, 그를 돕겠다고 나서는 사람은 아무도 없었다.

타인에게 인정받으려는 욕구는 본래 크게 비난할 수 없는 정상적인 심리지만 사람들은 어느 정도 인정을 받고 나면 항상 더 큰 인정을 원한다. 그래서 그들의 인생은 종종 타인의 인정을 받기 위해 살아가는 허영심의 우리에 갇혀버리고, 체면은 모든 것을 좌우한다.

50여 년 전 린위탕林語堂 선생은 《오국오민吾國吾民》에서 중국을 지배하는 세 명의 여신을 '체면, 운명 그리고 은혜'라고 이야기했다. '체면 중시'는 중국 사회에 보편적으로 존재하는 민족성의 일종이다. 체면은 타인에게 존중받고 자존심을 지키기 원하는 중국인의 열망을 반영한다. 그러나 과도한 체면치레는 비이성적인 심리를 형성한다. 이를 방치해 심화되면 결국 다른 사람과 자기 자신 모두에게 해가 된다. 체면을 중시하고 허영심에 도취된 사람들에게 경종을 울리는 이야기를 한번 살펴보자.

리빈李賓은 헤이룽장黑龍江의 대학을 졸업하고 허난河南의 모 대학에서 교수로 일하고 있었다. 1986년, 그녀는 대학 동창과 결혼해 이듬해 딸을 낳았다. 그러나 시간이 흘러가면서 두 사람의 감정은 나날이 악화되었고 1996년 초에 이혼했다. 혼자서 딸을 키우며 살던 리빈은 1999년에 왕 모씨와 재혼해 두 번째 결혼생활을 시작했다.

두 번째 결혼은 사람들을 중매하기 좋아하는 노부인의 소개로 이루어졌다. 당시 중매인은 왕 모씨가 대학을 졸업하고 고급 간부로 일하고 있다고 그럴싸하게 이야기했다. 리빈은 상대의 실상을 제대로 알지 못한 상태에서 경솔하게 청혼을 받아들였다. 리빈은 허영이 심한 사람이었다. 첫 번째 결혼이 실패했을 때 큰 충격을 받은 그녀는 다른 사람들에게 두 번째 결혼을 알리고 싶지 않았다. 혹시나 다른 사람이 자신을 우스갯거리로 삼거나 얕잡아보며 차가운 눈빛을 보내지는 않을까 두려웠다. 결혼한 지 얼마 되지 않아 왕 모씨는 종종 아무 이유 없이 다른 사람을 욕하고 매도했다. 이에 리빈은 고등교육을 받은 사람이 어떻게 그럴 수 있는지 의심하게 되었다. 리빈이 왕 모씨에게 대학 졸업장을 어디에 두었냐고 묻자 그는 우물쭈물했다. 대학 생활이 어땠는지 물어보았을 때 왕 모씨는 완전히 잊어버렸다고 대답했다.

결혼한 지 반년도 되지 않아 왕 모씨는 고질병이 재발해 도박을 하느라 한밤중까지 집에 돌아오지 않았다. 리빈은 고통스러운 마음이었지만 이를 차마 입 밖에 낼 수는 없었다. 왕 모씨는 때로 도박에 져서 눈이 빨개진 채 돌아와 리빈의 예금 통장을 찾느라 집 안을 샅샅이 뒤졌다. 어느 날, 도박에 져서 화가 난 왕 모씨는 여느 때와 마찬가지로 현금과 통장을 찾는다고 집 안을 뒤지기 시작했다. 이를 더 이상 용서할 수 없었던 리빈이 몇 마디 하자 왕 모씨는 노발대발하며 입에 담기도 힘든 말을 끊임없이 내뱉었다. "대학 교수가 그렇게 대단해? 이 몸도 뒤지지 않는다고." 그러면서 전화기를 잡아채더니 리빈에게 던졌다. 그 순간 맹목적인 '신혼의 단꿈'에 빠져있던 리빈은 정신이 번쩍 들었다. 이어지는 의문에 그녀는 왕 모씨를 다시금 깊이 생각하게 되었다. 그러나 그녀가 채 손을 쓰기도 전에 그녀의 화를 돋우는 사건이 터지고 말았다. 어느 날 밤, 리빈이 집에 돌아오자 열 세 살짜리 딸이 눈물을 터뜨리면서 왕 모씨의 무례한 행동을 하소연했다. 리빈은 비록 화가 머리끝까지 치밀었지만 허영심이 다시금 그녀를 저지했다. 그녀는 그 일을 깊이 따지지 않고 그저 제대로 알지도 못하는 사람과 경솔하게 결혼한 자신의 탓이라고 자책하며 슬퍼했다. 스스로 '늑대를 집안에 끌어들여' 오늘의 화근을 만든 것이었다.

같은 해 12월, 결혼한 지 반년밖에 되지 않았지만 리빈은 왕 모씨와 별거를 결심했다. 그리고 다음해 7월에 두 사람은 협의 이혼에 이르렀다. 리빈은 이때부터 왕 모씨와 각자의 길을 갈 수 있을 거라 생각했지만 왕 모씨는 그녀와 딸이 사는 집에 강제로 눌러앉았다. 이는 살인 사건이 일어난 날까지 1년 반이나 계속되었다.

이혼 후 1년 반 동안 왕 모씨는 '협의 이혼'에서 즉시 리빈의 집을 떠나라고 요구한 조항을 무시했다. 그뿐만 아니라 더욱 심하게 모녀를 괴롭히고 학대했다. 딸의 말로는 왕 모씨는 그들의 집에 들어와 사건이 발생한 날까지 집을 위해 돈 한 푼 내놓은 적이 없었고 줄곧 빌붙어 살았다고 한다. 특히 협의 이혼이 이루어진 다음부터는 몸 여기저기에 멍이 들 정도로 리빈을 수차례 구타했다고 한다. 리빈은 마치 집 안에 야수를 기르고 있는 것 같은 느낌이 들었다. 모녀는 수시로 위험한 상황에 처했지만 체면을 중시하는 리빈은 혹시라도 자신의 이미지에 영향을 줄까 두려워 학교 측에 도움을 요청하지 않았다. 변호사에게 상담하자 변호사는 말했다. "두 분은 협의 이혼 상태라 문제가 생겨도 법원이 강제적으로 집행할 수 없습니다. 왕 모씨를 쫓아내려면 반드시 법원에 기소해야 합니다." 리빈은 법원에 기소를 하는 일쯤은 아무것도 아니라고 생각했다. 그렇지만 법원의 심의가 처리되고 판결이 나기까지는 아무래도 어느 정도 시간이 걸리는데다 설령 판결이 나더라도 왕 모씨가 즉시 자신의 집을 떠나리라는 보장은 없었다. 만약 그를 법원에 고소하면 더욱 심한 짓을 저지를지도 모를 일이었다. 그녀

　　　　　　　　　　　네 번째 솔루션

의 가장 큰 걱정은 법원까지 갈 정도로 일이 커져서 다른 사람들이 이 사실을 모두 알게 되는 것이었다. 그러면 체면을 어떻게 유지할지 허영심이 강한 리빈은 감히 상상도 할 수 없었다.

그래서 그녀는 1년 이상 참고 또 참았다. 2001년의 어느 날 리빈은 원래 젊고 건장한 대학생 몇 명에게 부탁해 의지할 곳 없는 모녀를 장기간 비합법적인 방법으로 괴롭히고 눌러앉은 야수를 쫓아낼 작정이었다. 이로써 자신과 딸의 합법적인 권리를 보호하려 했다. 그러나 그날 밤, 악행을 저지른 장본인인 왕 모씨가 먼저 경찰에 신고했고 경찰이 두 번이나 그녀의 집을 찾아왔다. 이 사건이 계기가 되어 결국 그녀는 화를 억누르지 못하고 살인이라는 큰 죄를 저지르게 되었다. 2002년 초의 어느 날 저녁, 리빈은 학생을 몇 명 불러 왕 모씨를 넘어뜨린 다음 염산을 그의 목에 들이부었다. 왕 모씨는 식도에 심각한 화상을 입고 사망했다. 리빈은 공안기관에 체포되었고, 살인과 연루된 몇 명의 학생들도 법망에 걸려들었다. 그녀는 허영과 체면 때문에 자신을 해쳤을 뿐만 아니라 미래가 창창한 학생들까지 범죄자로 만들고 말았다. 일어나지 않을 수도 있었던 살인 사건으로 말미암아 피해자는 가해자로 전락했고, 우수한 교수는 결국 체면이 만들어낸 허상에서 벗어나지 못하고 살인범이 되고 말았다. 이러한 비극을 통해 우리는 허영심이 얼마나 무시무시한 살상력을 가지고 있는지 알 수 있다.

　과도한 체면치레는 모두에게 큰 해를 입힌다. 그러므로 큰일을 이루려는 사람은 체면치레나 허영심과 용감하게 싸워야 한다. 만약 '체면'의 포로가 되면 아무 일도 이루지 못한다. 중국 속담 중에 '사람은 체면을 버리면 만사가 형통한다.', '체면을 버리면 천하에 어려운 일은 없다.'는 말이 있다. 이는 모두 체면이 사람에게 아무런 도움이 안 된다는 사실을 의미한다. 물론 체면을 너무 고려하지 않은 나머지 나쁜 짓을 저질러서는 안 되지만 때로는 하나의 이상이나 큰 목표를 이루기 위해 상식을 초월하는 방법을 사용할 수도 있다. 그리고 전통적인 인식을 타파해야 더욱 큰일을 이룰 수 있다.

　유비劉備와 유방劉邦이 나라를 세울 수 있었던 이유는 그들이 일반 사람들의 '체면'이라는 심리를 초월해 독특한 술책으로 승리를 거

　　　　　　　　　　　　　　네 번째 솔루션

두었기 때문이다. 특히 한나라의 고조 유방은 그 어떤 '체면'의 구애도 받지 않았다. 그는 연이어 항우項羽에게 패배하고 고향에 돌아가 병사를 모집해야 했음에도 치욕을 느끼지 않았다. 반면 체면을 중요하게 생각한 항우는 패배한 뒤 재기할 기회가 있었을지도 모르는데 '자신의 잘못을 부끄러워한 나머지' 스스로 목숨을 끊고 말았다.

때로는 체면에 구애받지 않고 담담하게 자신의 잘못과 결점을 받아들이는 사람이 타인에게 더욱 존중받기도 한다. 이는 '억지로 만든 허세'보다 훨씬 효과적이다. 진실하고 대담하게 자신의 결점과 약점을 드러내면 난처한 상황에 빠지거나 자신의 사업을 일으킬 때 긍정적으로 작용한다.

사람들은 모두 링컨이 못생겼다는 사실을 알고 있었지만 그는 이를 금기시하지 않았다. 오히려 종종 자신의 외모를 농담거리로 삼을 정도였다. 대통령 경선에서 그의 적수는 링컨이 두 얼굴을 가진 사람이라 분명 음모를 계획하고 있을 거라며 공격했다. 그러자 링컨은 자신의 얼굴을 가리키며 말했다.

"여러분이 판단해 주십시오. 만약 저에게 또 다른 얼굴이 있다면 지금 이 모양인 얼굴을 달고 다니겠습니까?"

또 한번은 링컨에 반대하는 의원이 그의 면전에서 빈정대며 말했다.

"들자하니 대통령님께서는 성공한 자아 설계자라면서요?"

"맞습니다. 선생." 링컨은 고개를 끄덕이며 말했다.

"그렇지만 저는 성공한 자아 설계자가 어떻게 자신을 이 모양으로 설계할 수 있는지 이해할 수가 없군요."

링컨의 경험을 미루어볼 때 우리는 결점에 용감하게 맞서고, 결점을 바탕으로 자신을 향상시키고 분투하게 만드는 사람이야말로 현명한 사람이라는 사실을 알 수 있다.

처칠은 영국 역사상 가장 위대한 수상 중 한 사람이다. 그는 강철 같은 의지로 영국을 구성하는 세 섬의 국민을 하나로 단결시켰고, 유럽을 삼키려는 독일 나치의 음모를 저지했다. 또한 2차 세계대전의 승리와 전후 세계의 정치 구조 형성에 막대한 공헌을 했다. 이처럼 숭고한 국제적 명성을 누리는 동시에 탁월한 지도력을 가진 처칠이 유권자들의 옹호를 받으며 영국 수상으로 연임되는 일은 당연한 것이었다. 그러나 사실은 이와 정반대였다. 유권자들은 처칠이 이미 할 도리를 다했고, 새로운 영국에는 새 지도자가 필요하다고 생각했다. 그래서 1945년 7월, 대선 후 처칠은 수상 직에서 물러나게 되었다. 리처드 핌 훈작이 처칠을 찾아가 대선 결과를 알려주었다. 그때 처칠은 욕조에 누워 샤워를 하고 있었다. 나쁜 소식이라 할 수 있는 대선 패배의 결과를 전해들은 후 처칠은 말했다.

"그들에게는 나를 끌어내릴 권리가 있지요. 그것이 바로 민주주의입니다. 이는 내가 지금껏 투쟁으로 쟁취한 것이지요. 미안하지만 수건 좀 건네주시겠소?"

처칠은 실패와 실망을 마주했다. 선거 결과는 전 세계 사람 앞에서 처칠의 체면을 밑바닥까지 떨어뜨리는 것이었다. 그러나 그는 담담하게 현실을 받아들였다. 처칠의 대처 방식을 통해 우리는 그의 또 다른 위대한 일면을 엿볼 수 있다. 그러므로 우리에게 결점이나 잘못이 존재한다 해도, 그리고 다른 사람이 이를 비판하고 풍자하며 심지어 모욕을 주어도 신경 쓰지 마라. 체면을 끝까지 지켜내느라 힘쓰지 않아도 된다. 대업을 이룬 인물들처럼 체면을 한쪽에 내려놓고, 자신과의 분투를 계속하라.

✦ 머릿속 걱정 몰아내기

과도한 체면치레는 극단적인 허영의 표현이다. 그러나 세상에서 허영이 없는 사람을 찾는 일은 내면에 비열한 감정을 감추지 않고 사는 사람을 찾는 일만큼이나 어렵다. 사실 허영은 비열한 심리를 감추기 위한 구실에 지나지 않는다. 허영과 체면에 달관해야 우리는 모든 일을 웃어넘길 수 있다.

그는 나를
무시하는 걸까?

．
．

，

두려워 말고, 마음을 가라앉혀라。
우리는 이미 더 나은 길을 걸어가고 있다。

자기를 비하하는 사람은 항상 자신이 남들보다 못하다고 생각한다. 그 이유는 내면에 불안이 가득하기 때문이다. 그들은 자신의 결함, 단점, 그리고 생활 속에서 자신에게 불리한 부분을 발견하는 데 능하다. 그런 다음 그것을 확대경으로 들여다보고는 깜짝 놀란다. 이렇게 엉망진창인 내가 어떻게 다른 사람과 비교하고 경쟁할 수 있을까? 자기 비하는 자신감의 천적이자 인생의 함정이다. 자기 비하라는 감정의 포로가 된 사람은 자신이 하는 일에서 좋은 성과를 얻기 힘들다.

　당대의 대시인 이백李白은《장진주將進酒》에서 다음과 같이 노래했다. '하늘이 나를 낳았으니 분명 나도 쓰임이 있을 것이다.' 이 얼마나 호탕한 기세인가! 만약 심리학자들이 이 구절을 읽는다면 분명 '이 얼마나 대단한 자신감인가!'라고 감탄할 것이다. 경쟁과 기회가 가득한 현대를 살아가는 우리에게 이백의 시 구절은 좋은 생활신조가 될 수도 있다. 모든 사람은 새로운 도전에 임하기 전에 항상 도전자 혹은 경쟁자에게 '하늘이 나를 낳았으니 분명 나도 쓰임이 있을 것이다. 이번 승리는 반드시 나의 것이어야 한다.'라는 태도를 드러내야 한다. 그러나 인생이라는 무대 위에서 누군가는 '하늘이 나를 낳았으나 나는…… 전혀 쓸모가 없구나.'라며 낮은 소리로 한탄한다. 이처럼 자기 비하적인 '자백'은 자신감을 가진 사람과 강렬한 대비를 이룬다. 자신감을 가진 사람은 자신의 역량을 믿고, 인생이라는 무대의 주인공이 되기 위해 최선을 다한다. 반면 자기를 비하하는 사람은 스스로 능력이 없다고 생각하고, 자신을 관중에 맞춘다. 자기 비하는 개인이 생리적 혹은 심리적인 결함 및 기타 원인때문에 자신을 경시하는 것이다. 그리고 어떤 방면에서 다른 사람보다 못하다고 생각하는 감정의 체현이며 이는 교제 활동에서 자신감 결핍으로 드러난다.

또한 자기를 비하하는 사람은 싫을 마주할 용기가 부속하다. 강대한 외부 세력과 대항하지 못하는 것은 물론 고통의 함정에 스스로 빠져들어 발버둥 친다. 실제로 다양한 이유로 자기를 비하하며 살아가는 사람들은 자기 비하가 결코 자신에게 유익하지 않다는 사실을 알아야 한다. 마음속 깊은 곳에서 '자기 비하'라는 잡초가 자라나면 반드시 이를 뽑아버려야 한다. 그리고 당당하게 가슴을 펴고 고개를 들고, 자신감으로 빛나는 미소를 지어보라.

자기 자신이 마음에 안 들고, 항상 다른 사람보다 못하다고 생각하는 것이 바로 자기 비하다. 당신은 자신을 불쌍하게 여기거나 적대시하는 데 시간과 심리적 에너지를 과도하게 소모한다. 타인과 다른 부분을 변화시키기 위해 노력하지만 종종 그 성과는 미미하다. 이어지는 소녀의 이야기는 자기 비하는 스스로 벗어나야 한다는 교훈을 준다.

귀에 난 작은 구멍 때문에 자신감을 잃은 소녀가 있었다. 그녀는 정신과 의사에게 자문을 구하러 갔다. 의사는 물었다. "다른 사람들이 다 알아챌 정도로 구멍이 크니?" 그녀는 머리를 길게 길러서 귀를 덮고 있다고 대답했다. 그리고 구멍은 귀걸이를 걸 수 있을 정도로 작지만 그렇다고 귀걸이를 걸 위치에 있는 것은 아니라고 했다.

의사가 또 소녀에게 물었다. "뭔가 심각한 증세가 있니?"

"글쎄요. 저는 다른 사람보다 살이 부족한 거잖아요. 그래서 고민이고 자괴감이 들어요."

현실 생활에서 소녀와 같은 사람은 실제로 너무 많다. 그들은 자신의 결함 혹은 단점 때문에 자신을 비하한다. 그러나 결함 혹은 단점을 찾는 데 집중하면 사실 거의 포함되지 않는 것이 없다. 피부가 검다, 솜털이 많다, 입이 너무 크다, 눈이 작다, 머리가 노랗다, 팔이 너무 가늘다, 얼굴에 여드름이 났다, 사투리를 쓴다, 서양 음식을 먹지 못한다, 집이 가난하다……. 이는 모두 자기 비하의 이유가 될 수 있다. 그리고 아마 소녀에게 '귀에 난 작은 구멍'은 가장 큰 이유일 것이다.

자기를 비하하는 사람을 보다가 자신감 있는 사람을 바라보면 우리는 새로운 사실을 발견할 수 있다. 신이 그들을 특별히 총애해서 완벽하고 무결한 사람으로 만든 것이 아니라는 사실을 말이다. 만약 '귀에 난 작은 구멍'이라는 척도로 잰다면 그들의 몸에는 다양한 결점이 무서울 정도로 많다. 나폴레옹은 키가 작았고, 링컨은 못생겼으며, 루스벨트는 장애인이었고, 처칠은 뚱뚱했다. 그 어떤 것도 '귀에 난 작은 구멍'보다 심각한 결점이지만 그들은 찬란하게 빛나는 인생을 살았다. 우리는 그들을 위인이라 부르며 우러러본다. 그러나 그들이 주위의 동료, 친구라면 당신은 분명 조금도 힘을 들이지 않고 다양한 결점을 찾을 수 있을 것이다. 그러니 당신도 그들처럼 담담하고 자유롭게 살아가야 한다. 그들은 자신감이 있었기 때문에 미간과 허리를 곧게 펼 수 있었고, 피부조차 반짝반짝 빛났다.

자기 비하는 인생 최대의 허들이다. 우리는 이를 성공적으로 넘어야 인생의 최고봉에 달할 수 있다. 어쩌면 아직 어린아이일 때부터 자기 비하라는 괴이한 괴물은 이미 당신을 뒤따르고 있었는지도 모른다. 그 괴물은 조금씩 당신의 용기와 자신감을 잡아먹기 때문에 아마도 당신은 짝이 자신을 얕보지는 않을까, 따돌리지는 않을까, 고립되지 않을까 걱정했을 것이다. 공부를 할 때도 자기 능력에 회의를 느끼고 항상 모자라다고 생각했고, 비록 노력을 게을리 하지는 않았지만 뛰어난 성적을 거두지는 못했다. 그로 말미암아 당신은 자포자기하고 자신을 방임하게 되었다. 당신은 선생님이 두려워지고 반 친구들 앞에서 고개를 들지 못했다. 그러면서 점점 고독하고 사람들과 잘 어울리지 못하는 성격으로 변했다. 사회에 발을 들였을 때는 다른 사람들이 자신에게 좋은 감정을 품고 있지 않을 거라 까닭 없는 추측을 하고, 상사가 자신을 중시하지 않는다고 불평하고, 세태에 한탄했다. 용기가 없어서 사람을 보면 얼굴이 붉어지고, 가슴이 뛰고 무섭고 불안해져 사교를 회피하게 되었다. 일을 할 때, 당신은 곳곳에서 스트레스를 느꼈다. 뜻대로 되지 않는 일이 너무나도 많고, 곤란한 상황에서도 속수무책이고, 누구를 믿어야 할지도 모르게 되었다. 연애를 할 때 당신은 과도하게 자신을 꾸미고, 상대방의 평가를 신경 쓰고, 자신의 매력에 의심을 품고, 상대가 자신을 버리지는 않을까 걱정하고, 이번 기회를 놓치면 더 이상 사랑을 하지 못할까 두려웠다. 결혼 생활을 시작했을 때 당신은 자신의 성적 능력과 양육 능력에 회의를 품기 시작했다.

자기 비하는 종종 부지불식간에 우리의 내면세계에 뛰어든다.

그런 다음 우리 생활을 통제하고, 결정과 선택을 해야 하는 순간에 용기와 담력을 빼앗아간다. 어려움이 닥쳤을 때, 자기 비하는 등 뒤에서 큰소리로 우리를 위협한다. 앞날을 향한 큰 발걸음을 내딛을 때, 자기 비하는 소매를 끌어당기면서 지뢰를 조심하라고 이야기한다. 우연한 좌절과 실패에 의기소침하고 더 이상 일어나지 못하는 당신은 자신의 일체를 부정하게 된다. 자기는 장점이 하나도 없고, 지극히 무능하다고 생각한다. 이렇게 당신은 자책의 소용돌이에 휘말리고 만다.

물론 자기 비하가 나타나는 상황이나 정도는 사람마다 다르다. 자기 비하가 강한 사람은 종종 자신의 권리를 희생하면서까지 주위 사람들에게 자신을 증명해 보인다. 자기 비하는 종종 인식이 아닌 감각의 차이에 의해 발생한다. 그 이유는 사람들이 현실적인 기준 혹은 척도로 자신을 평가하지 않고 언제나 자기가 정해놓은 기준이나 목표에 다다라야 한다고 생각하기 때문이다. 예를 들어 '나는 이래야 해.', '나는 반드시 누구처럼 되어야 해.' 같은 비현실적인 목표는 더 많은 걱정과 좌절을 야기하고, 스스로 자책하고 기분을 더욱 우울하게 만든다. 그러나 실제로 당신은 당신 자신일 뿐, 다른 사람과 같을 필요는 없다. 또한 다른 사람처럼 될 수도 없고, 다른 사람이 당신에게 자기처럼 되라고 요구할 수도 없다. 그러므로 주위 환경의 포로가 되고 싶지 않다면 자기 비하에서 벗어나 용감하게 도전을 마주해야 한다. 도전을 받아들이고, 싸워서 이기고, 초월해야 한다.

축구 황제 펠레의 명성은 수많은 축구팬들에게 칭송될 정도로 매우 높다. 그러나 사실 축구 황제라 불리는 펠레도 과거에는 자기 비하에 빠진 겁쟁이였다. 아마도 많은 사람이 불가사의하게 생각하겠지만 유명해지기 전에 그는 소심한 사람이었다. 브라질에서 가장 유명한 산투스 축구팀에 선발되었을 때, 그는 너무 긴장한 탓에 밤새 잠들지 못하고 뒤척이며 생각했다. '유명한 선수들이 나를 비웃으면 어떡하지? 만약 난감한 일이 생기면 가족과 친구들 얼굴을 어떻게 보지?' 심지어 그는 근거 없는 추측까지 했다. '설령 대단한 선수들이 나와 함께 축구하기를 원한다고 해도 나의 서툴고 굼뜬 동작은 그들의 절묘한 기술을 돋보이게 할 거야. 만약 그들이 축구장에서 나를 놀림감으로 삼고, 바보처럼 집에 돌아가게 되면 어떡하지? 진짜 어떡하지?'

지금껏 경험하지 못했던 회의와 공포가 펠레의 마음을 불안하게 했다. 그는 원래 같은 또래 중에서 뛰어난 선수였지만 걱정과 자기 비하 때문에 오랫동안 꿈꿔왔던 꿈이 현실이 이루어졌음에도 용감하게 뛰어들 수 없게 만들었다. 불가사의하게도 훗날 세계 축구계에서 당당한 위세를 자랑하고, 영웅이라는 칭송을 받으며 천 개가 넘는 골을 기록한 축구 황제 펠레는 원래 우유부단하고 소심하며 자기를 비하하는 사람이었다.

펠레는 어쩔 수 없이 산투스 축구팀에 들어갔고, 형용할 수 없는 긴장감과 공포가 몰려왔다. '정식 연습이 시작되자 나는 너무 겁을 먹어 온몸이 마비된 것 같았다.' 그는 갓 입단한 선수는 드리블이나 패스 같은 동작을 연습하거나 벤치에서 대기할 거라고 생각했다. 그러나 코치는 펠레를 경기에 참가시켰고 주요 공격수로 선발했다. 긴장한 펠레는 한참이나 정신을 차리지 못했고 두 다리는 마치 다른 사람의 것 같았다. 공이 굴러올 때마다 그는 다른 사람들이 주먹을 쥐고 자신에게 달려드는 것처럼 보였다. 거의 강제로 경기에 나간 그는 일단 아무것도 생각하지 않고 달리기로 결심했다. 그러자 그는 점차 자신이 누가 패스한 공을 차고 있는지 잊게 되었고, 심지어 자신의 존재조차 잊었다. 오로지 습관적으로 공을 받고, 드리블과 패스를 했을 뿐이었다. 훈련이 막 끝나갈 때 그는 마치 고향의 축구장에서 연습을 하고 있는 것처럼 편안하게 느껴졌다.

자아를 잊고, 경기에 집중하고, 태연자약한 마음을 유지한 펠레는 긴장감과 자기 비하 심리를 극복할 수 있었다. 이러한 방법은 우리에게도 마찬가지로 적용된다. 심리학 전문가들은 '다섯 가지 정확함'을 바탕으로 자괴감을 극복하고 자신감을 수립할 수 있다는 사실을 연구를 통해 발견했다.

자신을 정확하게 평가한다
사람은 누구나 약점과 단점을 가지고 있고, 강점과 장점을 가지고 있다. 어느 한 방면의 능력이 부족하다고 해서 자신이 가진 모든 능력을 의심해서는 안 된다. 우리는 다른 사람보다 못한 부분뿐만 아니라 다른 사람과 같은 부분, 뛰어난 부분도 보아야 비로소 자신을 정확하게 평가할 수 있다. 사회 심리학의 귀인 이론에 따르면 일상생활에서 승패와 득실은 모종의 원인으로 귀결할 수 있다고 한다. 많은 사람의 자기 비하 심리는 부당한 귀결로 인해 조성된 것이다.

자신을 정확하게 드러낸다

자기 비하는 종종 자신을 드러내는 과정에서 좌절을 맛본 후 자기 능력에 회의를 갖게 되면서 발생한다. 그러므로 자신을 정확하게 평가하는 것 외에도 재능을 적절하게 드러내는 법을 배우고 자기 자신에게 적절한 요구를 할 필요가 있다. 자기 비하는 항상 실망과 짝을 이룬다. 자기 비하는 실망을 바탕으로 형성된다고도 할 수 있다. 우리가 자기 자신을 얕잡아보는 이유는 자신에게 실망감을 느끼고 절망하기 때문이다. 실망이라는 감정은 기대치와 관련 있다고 할 수 있다. 사전에 기대치가 너무 높아서 일을 끝낸 후 이상적인 결과를 얻지 못하면 실망감은 깊어진다. 그러므로 우리는 어떤 일을 하든지 조급하게 서두르지 말고 단번에 높은 기대치를 가져서도 안 된다. 예를 들어 많은 관중 앞에서 발언한 경험이 없는 사람이라면 우선 몇몇 사람 앞에서 이야기하는 것부터 시작하는 편이 좋은 효과를 얻을 수 있다. 그러면 설령 실패해도 과도하게 실망하

네 번째 솔루션

지 않는다.

심리학자들은 자기 비하가 심한 사람은 먼저 자신의 능력이 닿고 자신감 있는 일을 좀 더 많이 하는 편이 좋다고 건의한다. 또한 비록 대단한 일이 아니더라도 반드시 성공하려는 마음을 가져야 한다. 모든 성공은 자신감을 높여주기 마련이고 이는 자기를 비하하는 사람에게도 마찬가지다. 모든 성공은 작은 성공이 모여서 이루어진다. 점진적으로 한걸음씩 능력을 단련하다 보면 분명 자기 비하는 자신감으로 대체될 것이다.

자기 비하의 이점과 폐해를 정확히 인식하고, 이를 극복할 자신감을 높여라

어떤 사람은 자기 비하라는 심리를 유해무익한 불치병의 일종으로 생각해 비관적으로 절망하고 자포자기한다. 그러나 이는 부정확한 인식이므로 자기 비하를 극복하기는커녕 오히려 가중시킨다. 실제로 자기 비하를 하는 사람은 오만하고 자기 위주로 생각하는 사람보다 훨씬 환영받는다. 그 이유는 그들이 매우 겸허하고 다른 사람을 잘 이해하며 이익을 다투지 않기 때문이다. 그들은 본분을 지키며 남들과 잘 지내고, 사고에 능하며 일을 할 때도 신중하다. 또한 그들은 감정과 우정을 중시한다. 이처럼 자기 비하의 유리한 조건을 충분히 이용해서 용기와 자신감을 높여야 한다. 또한 자기 비하 심리를 극복하면 분명 더욱 밝은 앞날이 기다리고 있다는 사실을 인식해야 한다.

부족한 부분을 정확하게 보완한다

자기 비하를 극복하기 위해 취할 수 있는 두 가지 적극적인 보완 방법이 있다. 하나는 부지런함으로 우둔함을 보완하는 것이다. 자신이 어떤 방면에서 다른 사람보다 못하다는 사실을 알고 있다면 우선 부담을 내려놓고 굳은 결심과 강한 인내를 가지고 남들보다 더 열심히 노력해야 한다. 다른 하나는 장점을 부각시켜 단점을 보완하는 것이다. 장애인은 비록 생리적인 결함으로 활동과 교제에 제약을 받는 것처럼 보이지만 이러한 와중에도 성공의 의지를 불태우는 사람들이 있다. 사지마비 장애인 장하이디張海迪의 성공이 바로 명확한 증거다. 그녀는 비록 신체적인 장애가 있지만 의지의 장애는 존재하지 않았다. 그녀는 음악, 의학을 사랑했고 정상인보다 10배나 노력해 수많은 방면에서 업적을 쌓았다.

인생을 정확하게 마주한다

사람은 누구나 사물의 본질을 정확히 파악해야 한다. 또한 낙관적이고 진취적으로 살아가며 미래에 충만한 자신감을 가지고 있어야 한다. 자기를 비하하는 사람은 항상 자신의 불리한 점과 부정적인 면에 집중하느라 유리하고 긍정적인 면은 보지 못한다. 즉 사물을 객관적, 전면적으로 분석하지 못하므로 능력과 자신감이 결여된다. 우리는 현상을 통해 사물의 본질을 파악하되 일시적이고 표면적인 현상에 미혹되어서는 안 된다. 자신에게 유리한 요소와 불리한 요소를 모두 객관적으로 분석해야만 충만한 자신감이 생겨난다. 또한 낙관적이고 진취적인 정신이 있어야 일시적인 좌절 때문에 자기를 비하하는 심리가 발생하지 않는다.

✦ 머릿속 걱정 몰아내기

이탈리아의 시인 단테는《신곡》에서 다음과 같이 말했다.
'두려워하지 말고 마음을 가라앉혀라. 당신은 이미 더 나은 길을 걷고 있다. 후퇴하지 말고 당신의 역량을 발전시켜라!'
자기 비하가 사라지면 자신이 현재 가지고 있는 역량에 만족을 느끼게 된다. 자신을 객관적으로 평가하고 역량을 믿으며 자신만의 장점을 발휘하라.

돈 이야기를 하면 사람들은
나를 속물이라고 생각할까?

•
•

,

악의 근원은 돈이 아닌
탐욕이다。

사람이 돈을 버는 이유는 살아가기 위해서지만 살아가는 이유는 돈을 벌기 위해서가 절대 아니다. 가령 사람이 오로지 돈만 추구하며 이를 인생의 유일한 목표이자 동력의 원천으로 삼는다면 그는 불쌍한 동물이나 마찬가지다. 그의 인생은 이미 돈의 노예가 되었기 때문이다. 사람들은 종종 '돈이 악의 근원'이라고 이야기한다. 돈 때문에 사람은 타락하고, 범죄를 저지르고, 고통을 받으며 파멸한다. 그러나 성경에는 다음과 같은 말이 나온다. '탐욕은 악의 근원이다.' 두 문장은 비록 돈과 탐욕이라는 단어만 다를 뿐이지만 큰 차이가 있다.

네 번째 솔루션

돈 자체에는 선악의 구별이 없다. 사람이 돈을 어떻게 사용하느냐에 따라 선악이 결정된다. 우리는 돈으로 무기, 약물을 살 수도 있지만 병원, 교회를 건설할 수도 있다. 그러므로 거액의 돈을 버는 행위는 결코 죄악이 아니다. 여러 사람에게 해를 끼치는 데 돈을 사용하느냐 혹은 사회를 행복하게 만드는 데 돈을 사용하느냐, 즉 돈이라는 자원을 가진 사람이 어떤 관념을 가지고 있는지가 중요하다. 누구나 잘 알고 있는 미국의 석유 대왕 록펠러를 전형적인 예로 들 수 있다.

미국의 석유 대왕 록펠러는 가난한 집안 출신이었다. 창업 초기에 사람들은 그를 좋은 청년이라고 칭찬했다. 황금은 마치 베스비어스 화산에서 넘쳐흐르는 마그마처럼 그의 주머니로 흘러들어갔고, 그는 탐욕적이고 냉혹한 사람으로 변했다. 록펠러 때문에 피해를 입은 펜실베이니아 주의 유전 지역에 사는 주민은 그를 극도로 미워했다. 어떤 사람은 록펠러 인형을 만들어 교수형에 처하거나 침을 찌르기도 했다. 또한 증오와 저주가 가득 담긴 협박 편지가 그의 사무실에 무수히 도착했다. 형제조차 그를 매우 미워했고, 게다가 아들이 유골을 록펠리 가문의 묘지에서 다른 곳으로 옮기겠다는 사람도 있었다. 그는 말했다. "록펠러의 영향력이 있는 토지 안에서 내 아들은 아마 미라가 될 겁니다."

돈을 벌기 위해 과로한 나머지 록펠러의 몸은 크게 망가졌다. 의

사는 그에게 현재 상태로는 50세까지밖에 살 수 없다는 무서운 사실을 선고했다. 그러면서 목숨 걸고 돈을 버는 생활을 변화시키라고 제안했다. 록펠러는 돈, 고뇌, 생명 중 반드시 하나를 선택해야 하는 상황이었다. 죽음이 머지않았다는 사실을 알게 됐을 때 그는 비로소 탐욕이라는 악마가 자신의 몸과 마음을 통제하고 있음을 깨달았다. 그는 의사의 권고대로 퇴직을 하고 집으로 돌아갔다. 골프를 배우기 시작하고, 극장에 희극을 보러 다니고, 종종 이웃들과 이야기를 나누었다. 반성의 시간을 거쳐 그는 어떻게 하면 막대한 재산을 다른 사람에게 기부할 수 있는지 생각했다.

처음에 사람들은 그의 기부를 받으려 하지 않았다. 관용적이고 너그러운 교회라 할지라도 그가 기부한 '더러운 돈'을 돌려보냈다. 그러나 성의는 결국 사람들의 마음을 열었고, 사람들은 점차 그의 진심을 받아들이게 되었다.

그러나 그에게 기부를 원하는 사람이 너무 많아졌다. 이른 아침이건 늦은 밤이건, 근무 시간이건 식사 시간이건 사람들은 그에게 몰려와 기부를 부탁했다. 한번은 한 달 동안 기부를 요청한 사람이 5만 명을 넘었을 정도였다. 록펠러는 기부금이 반드시 효과적으로 사용되기를 바랐기 때문에 모든 기부 신청서를 자세하게 심사했다. 수많은 기부 신청서를 앞에 두고 그는 급한 마음에 발을 동동 굴렀다.

비서는 그에게 충고했다. "당신의 재산은 마치 눈덩이 같아서 굴러갈수록 더욱 커집니다. 얼른 떼어버리지 않으면 그것은 당신뿐만 아니라 자손까지 파멸시킬 겁니다."

록펠러는 비서에게 말했다. "나도 잘 알고 있네. 그렇지만 기부를 원하는 사람이 너무 많아. 나는 우선 그들이 돈을 사용할 용도를 확실히 파악한 다음에 기부하고 싶네. 이를 처리할 시간과 기력이 부족하니 자네가 대신 사무소를 하나 설립해 조사 업무를 맡아주게. 나는 자네의 조사 보고에 따라 행동을 취하겠네."

그리하여 1901년, '록펠러 의학 연구소'가, 1903년에 '교육 보급회'가 설립되었다. 그리고 1913년에는 '록펠러 기금회'가, 1918년에는 '록펠러 부인 기념 기금회'가 설립되었다.

철학자 스위프트는 말했다.

"돈은 바로 자유다. 그러나 대량의 돈은 오히려 속박이다."

록펠러는 이러한 도리를 아주 잘 알고 있었다. 그는 평생 동안 수억의 재산을 기부했다. 그의 기부는 허영심이 아닌 진심에서 우러난 것이었고, 교만이 아닌 겸손에서 비롯된 것이었다. 그는 후반생 동안 돈의 노예가 되지 않았고, 스케이트와 자전거, 골프를 즐겼다. 90세가 되어서도 여전히 건강한 몸과 마음을 유지하며 노쇠하지 않았고, 매우 유쾌한 나날을 보냈다. 1937년, 향년 98세로 세상을 떠날 때 그는 가장 가치 있는 스탠더드 오일의 주식만 남기고 다른 산업은 모두 기부하거나 후계자에게 분할 증여했다.

괴테는 말했다. 돈의 진정한 의미를 아는 사람만이 비로소 부자가 될 수 있다고. 이는 수많은 사람이 신속하게 부를 이룩하기는 하지만 다른 사람에게 관심을 보이고 이해하려는 사람은 많지 않다는 뜻이다. 그들은 돈에 미혹되어 이를 합리적으로 운용할 이성을 잃어버리고 결국 비싼 대가를 치른다. 만약 당신이 돈의 주인이 되지 않는다면 돈의 노예가 될 것이다. 그 차이는 당신이 돈의 역량을 정확히 이해하고 돈을 사용하는 방법을 파악하고 있는가에 달려있다. 돈을 올바르게 사용해야만 비로소 청렴한 사람이 될 수 있고 평생의 이익을 누린다. 이는 아주 사소한 관념의 차이에서 비롯된다.

《승리자의 강운 법칙》이라는 책에서 저자는 다음과 같이 이야기했다.

'시대에 부합하는 금전 감각을 소유하려면 당신이 가진 돈을 합리적으로 지배해야 한다. 이는 말로 하기는 쉽지만 실제로 실천하기란 매우 어렵다. 사람의 생각과 창의력은 다소 성장 환경의 영향을 받기 때문에 비록 머리로는 이해해도 실천하기는 쉽지 않다.' 그러므로 여기서 모두에게 기본적인 철학 명제 하나를 이야기하려 한다. '돈의 주인이 되고 그 노예가 되지 마라!'

이처럼 돈의 속박에서 벗어나라는 간단하면서도 가장 기본적인 관념은 시대를 초월해 모든 사람이 마음에 새길 필요가 있다. 우리는 비록 록펠러와 카네기의 경지에 도달할 수는 없지만 보통 사람 나름대로의 방법을 생각할 수 있다. 톨스토이가 말한 것처럼 돈은 사용할 때 가치가 발생하고, 사용하지 않으면 근본적인 의미가 없다.

돈 쓰기를 주저하는 가련한 수전노가 되지 말고 자기 자신과 다른 사람을 위해 돈을 사용하라. 그런 사람은 통쾌하고 멋진 인생을 살아간다. 인생은 왕복 티켓을 가지고 떠나는 여행이 아니다. 돈에서 비롯된 번거로움과 구속에서 벗어나야 우리의 인생은 비로소 자유로워진다. 그래야만 인생이라는 여정의 풍경과 즐거움을 음미할 수 있다.

유럽 단체 관광객이 아프리카의 아미아니 원시 부락을 방문했다. 부락의 한 젊은이는 흰 천으로 된 옷을 입고 보리수 아래 책상다리를 하고 앉아 침착하게 식물 줄기로 수공예품을 만들고 있었다. 그 짜임은 매우 정교해서 한 프랑스 상인의 눈길을 끌었다. 그는 생각했다. '이 수공예품을 프랑스로 가져가면 파리의 여자들은 작은 모자를 쓰고 바구니를 팔에 걸고 다니겠지. 이국적인 풍취가 아마 크게 유행할 거야!' 여기까지 생각한 상인은 흥분해서 물었다. "이 수공예품은 하나에 얼마죠?"

"10페소입니다." 젊은이가 미소를 지으며 대답했다.

'세상에나! 이는 분명 나에게 큰돈을 벌어다 줄 것이다.' 이렇게 생각한 상인은 매우 기뻤다.

"만약 내가 모자 10만 개와 바구니 10만 개를 구입한다면 얼마나 할인을 해줄 수 있나요?"

"그렇게 되면 하나당 20페소가 됩니다."

"뭐라고요?" 상인은 자신의 귀를 의심했다. 그는 큰소리로 물었다. "왜 더 비싸집니까?"

"왜냐고요?" 젊은이도 화를 냈다. "똑같은 모양의 모자와 바구니를 10만 개씩 만들면 제가 너무 따분해지거든요."

젊은이의 대답을 듣고도 상인은 여전히 이해할 수 없었다. 부를 추구하는 과정에서 많은 사람이 삶에는 돈 이외의 것들이 존재한다는 사실을 잊는다. 이야기에 등장하는 아프리카 부락의 젊은이는 인생의 진리를 진정으로 이해하는 사람이었다. 그러나 현실을 돌아보면 돈을 벌기 시작할 때부터 그 목적을 생각하지 않는 사람이 매우 많다. 자신이 소비하기 위해서, 후대에게 물려주기 위해서, 자선 사업에 기부하기 위해서, 사회 복지를 위해서 등등 돈을 사용할 목적은 매우 다양하다. 그러나 목적을 생각하지 않는 사람들에게 왜 돈을 버냐고 묻는다면 대다수는 '모르겠다.'고 대답할 것이다. 사회 전체가 '돈을 버는 행위는 매우 중요하다.'고 인정하는 상황에서 사람들은 바쁘고 부지런히 일하며 돈을 벌기 시작한다. 그러나 돈을 아무리 많이 벌어도 죽을 때 가져갈 수는 없다는 사실은 누구나 다 잘 알고 있다. 수많은 사람이 평생 열심히 돈을 벌면서도 결국 돈을 버는 목적을 잊어버리거나 아예 깨닫지 못한다. 이는 수단이 목적으로 바뀐 것이다. 사람들은 목숨을 걸고 돈을 벌지만 어떻게 사용

네 번째 솔루션

해야 행복하고 건강한 삶을 영위할 수 있을지 이해하지 못한다. 게다가 자신이 번 돈을 사회에 환원할 줄도 모른다. 그들은 결국 수전노로 전락하거나 돈의 노예가 된다. 그들에게 돈은 의미를 잃어버린 화폐부호에 지나지 않는다. 게다가 많은 사람이 돈 때문에 해를 입고, 심지어는 돈의 수렁에 빠지기도 한다. 그러나 돈은 우리 인생에서 중요한 위치를 차지할 수 없다. 물론 돈이 없으면 생활할 수없지만 과도하게 많으면 오히려 거추장스럽다. 이는 사람이 열 개의 손가락을 가지고 있는 것과 같은 이치다. 손가락이 없으면 생활하기 불편하지만 그렇다고 열 개 이상의 손가락은 부담스럽다. 이처럼 과도한 재물은 해가 되고, 돈을 모으기만 한다면 더 큰 손해를 입을 수 있다.

청나라 때 산서山西 태원太原에 한 상인이 살고 있었다. 장사가 매우 잘돼서 그에게는 일 년 내내 재물이 끊임없이 흘러들었다. 비록 몇 명의 경리를 고용하기는 했지만 그는 장부를 항상 직접 계산했다. 벌어들이는 돈이 너무 많았기 때문에 상인은 매일 아침 일찍부터 밤늦게까지 주판을 튕겨야 했다. 너무 피곤해서 등허리가 쑤시고, 머리가 어지럽고 눈앞이 캄캄할 정도였다. 그는 밤에 침대에 누워서도 내일 장사를 생각했고, 번쩍번쩍 빛나는 은화가 쌓이는 광경을 생각하면서 흥분하기 시작했다. 낮에는 쪽잠을 잘 틈도 없이 바쁘고, 밤에는 흥분해서 잠을 이루지 못했기 때문에 그는 심각한 불면증에 걸렸다. 이웃에는 매일 아침 일찍 일어나 콩을 갈고, 두부를 만들어 파는 젊은 부부가 살고 있었다. 그들은 비록 가난했지만 항상 담소를 나누며 즐겁게 생활했다. 벽 너머 부자 상인은 침대에서 몸을 뒤척이다가 고개를 저으며 탄식했다. 가난한 옆집 부부가 부럽기도 하고 질투도 났다. 그때 그의 부인이 말했다.

"영감, 우리는 이렇게 돈을 많이 버는 데도 왜 맨날 피곤하고 걱정만 할까요? 옆집 가난한 부부가 훨씬 즐겁게 사는 것 같아요."

상인도 진즉에 자신의 생활이 가난한 옆집 부부만 못하다는 사실을 알고 있었다. 부인의 말이 떨어지자마자 그는 이야기했다. "저 사람들은 가난하니까 저렇게 웃을 수 있는 거요. 부자가 되면 그렇게는 안 될 걸. 내 당장 그들의 웃음을 거두어주겠소." 그러면서 그는 침대에서 내려가 금고에 든 금화와 은화를 한 움큼 쥐어 옆집 마당에 던져버렸다.

가난한 부부는 마침 노래를 부르며 두부를 만드는 중이었다. 별안간 마당에서 '쿵' 하는 소리가 들려 등을 비추어보니 번쩍번쩍 빛나는 금화와 은화가 놓여 있었다. 그들은 황급히 콩을 던져놓고 허둥대며 금화와 은화를 주웠다. 그리고 부부는 재물을 어디에 숨겨야 할지 걱정하기 시작했다. 집 안에다 숨겨도 마음이 놓이지 않았고, 마당에 숨기기에는 안전하지 않았다. 이때부터 옆집에서는 더 이상 젊은 부부의 웃음과 노랫소리가 들려오지 않았다. 부

네 번째 솔루션

자 상인과 부인은 즐거워하며 말했다. "보라고! 두 사람은 더 이상 웃지 않고, 노래도 부르지 않게 되었어! 좀 더 일찍 그들에게 돈맛을 보여주었으면 좋았을 걸."

위의 이야기에는 블랙 유머적인 요소가 충만하지만 우리는 이를 통해 깊은 생각을 할 수 있다. 과연 사람은 돈을 얻는 대신 삶의 즐거움을 잃을 수밖에 없는 것일까? 특히 상품 경제가 발달한 현대 사회에는 배금주의와 공리주의가 만연하다. 크고 작은 골목, 술집과 상점 등 곳곳에서 우리를 유혹하는 돈의 숨결이 울려 퍼진다. 그리고 갈수록 많은 사람이 돈에 탐닉하며 결국에는 노예가 되고 만다. 아래에 등장하는 이야기에서 남녀 주인공의 비애는 바로 물욕적인 현재 세상의 축소판이라 할 수 있다.

린화林華는 대학을 졸업하고 외자 기업에서 일하고 있었다. 똑똑하고 재능이 뛰어난 그는 사장의 총애를 받았다. 린화의 아내 우자吳佳는 비영리기업에서 일했는데 누구나 인정하는 엘리트 미인이었다. 두 사람의 결혼은 사람들이 흔히 이야기하는 '선남선녀'의 결합이었다. 연애에서 결혼에 이르기까지 두 사람은 줄곧 딱 들러붙어 떨어지지 않을 정도로 사이가 좋았고, 깊이 사랑했다.

결혼 후 5년 동안 린화의 회사는 나날이 발전했고, 그만큼 수입도 늘었다. 사람들은 누구나 그의 아내 우자를 부러워했다. 그러나 정작 그녀는 자신이 집안에서 철없는 막내 여동생 같은 역할을 맡고 있다는 생각이 들었다. 남편은 집안의 모든 일을 적절히 안배할 뿐만 아니라 심지어 그녀가 입는 것과 인간관계까지 간섭했다. 그녀는 남편의 재산이 나날이 늘어갈수록 자신은 집안에 놓인 꽃병이나 다름없는 장식품이 되어간다는 사실을 발견했다. 우자는 개성이 강하고 자신만의 견해와 현대적인 의식을 가진 여성이었다. 그녀는 자아를 잃고 싶지 않았다. 그래서 몇 번이나 남편에게 대항하며 자신의 권리와 이익을 쟁취하려 했다.

아내가 '쓸데없는 소란'과 '공연한 말썽'을 일으킨다고 여긴 린화는 자신의 생각을 이야기했다. "내가 가정을 위해 얼마나 노력하는지 알아? TV, 냉장고, 오디오 전부 수입 제품이고 당신은 먹고 살 걱정을 하지 않아도 되잖아. 뭐든지 해달라는 대로 해주는데 도대체 뭐가 불만이야? 내가 남의 돈을 훔치는 것도 아니고, 도박이나 여자에 빠져 돈을 허투루 쓰는 것도 아닌데 당신한테 떳떳하지 못할 게 뭐가 있어? 나는 즐거운 생활을 위해 돈을 쓰는 거야. 그것 때문에 당신의 원망을 산다면 나는 도대체 어떻게 해야 해?"

남편의 설명은 결코 아내의 반감을 상쇄시키지 못했다. 그녀는 반박했다. "당신은 이미 결혼했을 때의 그 사람이 아니야. 출세한 다음부터 당신은 완전히 변했어. 냉정하고 박정하고, 게다가 사람들을 항상 적대시하지. 냉담한 당신 때문에 애정도 식어버렸고, 당신이 돈을 많이 벌게 되면서부터 우리 관계도 변해버렸어. 예전에

네 번째 솔루션

내가 돈을 벌 때는 둘이 함께 즐길 수 있었지만 당신만 돈을 벌면서부터 당신에게 돈을 요구하는 건 오히려 불가능해졌어. 당신은 내가 하는 일에 사사건건 간섭하고, 나는 이미 당신의 장난감이나 다름없지. 돈은 당신의 가장 큰 원동력이고, 나를 포함한 다른 사람은 이미 부차적인 요소가 되어버렸어. 당신한테 돈은 이 세상의 전부야. 당신은 진작부터 우리의 애정을 중요하게 생각하지 않았어. 오로지 내가 당신에게 복종하기만을 원하지. 내가 과연 당신을 얼마나 참고 받아들일 수 있을지 나 자신도 모르겠어. 오로지 돈만 중시하는 당신 생각이 우리의 결혼생활을 망가뜨렸어."

린화는 아내의 말이 일고의 가치도 없다고 생각했다. "돈은 나에게 지위와 명성, 권력을 가져다줘. 내게 돈은 확실히 중요한 존재고 더 많이 벌고 싶어. 나는 내 생각이 그르지 않다고 생각해. 큰 집, 좋은 차, 좋은 옷을 원하고 클럽 활동에 참가하는 게 뭐가 나빠? 오히려 내가 추구하는 것이 있다는 사실을 설명해주잖아. 가진 재산이 늘어날수록 나는 더욱 신중하게 발전을 향한 발걸음을 내딛고 있어. 왜냐하면 계속해서 위로 올라가고 싶거든. 나는 이런 생활이 좋아. 높은 지위에 오른 이 느낌이 좋다고. 이런 생활을 영위할 수 있으니 당신도 당연히 만족해야지. 좋은 옷을 입고 좋은 음식을 먹으며 누리고 있는데 도대체 뭐가 불만인 거야? 그리고 당신이 쓰는 돈은 내가 벌어온 거야. 나는 돈이 어디로 나가는지 신경 쓰이고 내 돈을 쓰는 사람의 행동을 컨트롤할 필요가 있다고. 그러면 안 되는 거야?"

두 사람은 더욱 심하게 싸웠고, 서로의 갈등은 격화되기만 했다. 작은 싸움은 이혼을 언급할 정도로 큰 싸움이 되었다. 결국 서로 사랑하던 부부는 헤어져 각자의 길을 가게 되었다.

실제 생활에서도 린화와 우자 같은 경우가 많이 발생한다. 돈이라는 시련 앞에서 많은 사람이 충격을 경험하고 관념에서 마음, 가치관에서 철학, 감정에서 가정에 이르기까지 모두 변화의 진통을 겪는다. 갈수록 많은 사람이 범람하는 물욕 속에서 자기 자신을 잃고, 때로는 질식하는데 이는 매우 슬픈 일이다. 욕망에 잠식된 영혼은 생기를 잃고, 돈의 매력적인 유혹에 견디지 못할 무거운 짐을 지고 살아가다가 결국에는 돈의 노예가 된다. 실제로 많은 사람이 이러한 상황에 처해있다. 그러나 더욱 슬픈 일은 사람들이 물욕의 물결 속에서 부침하면서도 시종일관 돈에 대한 집착에서 벗어나지 못해 우울하게 삶을 마감하고 만다는 사실이다. 레오 로스턴과 무어의 이야기는 인생이라는 문제를 탐구하는 데 큰 깨달음을 줄 것이다.

레오 로스턴은 미국에서 가장 뚱뚱한 할리우드 영화배우였다. 1936년에 영국에서 공연을 할 때 그는 심부전으로 톰슨 응급 센터에 옮겨졌다. 구급대원이 가장 좋은 약을 사용하고 최첨단 설비를 동원했지만 그의 목숨을 건질 수는 없었다. 임종 전에 그는 절

망적으로 중얼거렸다. '이렇게 방대한 몸에 필요한 것은 오로지 심장 하나뿐이구나!'

로스턴의 말은 그 자리에 있던 하든 원장의 마음에 깊게 와 닿았다. 로스턴에 대한 추모의 마음을 표현하는 동시에 체중 과다인 사람들을 일깨우기 위해 그는 로스턴의 유언을 병원 빌딩에 새겼다.

1983년, 무어라는 이름의 미국인도 심부전으로 톰슨 병원에 입원했다. 석유 재벌이었던 그의 회사는 이란과 이라크의 전쟁으로 위험한 상황에 처했다. 곤경에서 벗어나기 위해 그는 유럽과 미국을 수없이 왕래했고 결국 오랜 병이 도져서 어쩔 수 없이 입원하게 된 것이었다.

그는 톰슨 병원 한 층을 전세내고 전화 다섯 대와 팩스 두 대를 설치했다. 당시 영국의 〈타임스〉는 '톰슨-미국의 석유 센터'라는 제목으로 이 소식을 게재했다.

무어의 심장 수술은 매우 성공적이었다. 그는 1개월 후 퇴원했지만 미국으로 돌아가지 않았다. 그는 10년 전 사두었던 스코틀랜드 시골의 별장에서 살기 시작했다. 1998년 톰슨 병원의 100주년 축하 행사에 초대받은 무어에게 기자들이 회사를 매각한 이유를 묻자 그는 병원에 걸린 글귀를 가리켰다. 그의 의도를 이해하지 못한 기자들은 결국 관련 기사를 쓰지 못했다. 훗날 사람들은 무어의 전기에서 다음과 같은 말을 발견했다. '부유함과 비만은 결코

다르지 않다. 그저 자신에게 필요한 것을 너무 많이 얻은 것에 불과하다.'

✦ 머릿속 걱정 몰아내기

인생에는 돈 말고도 추구할 가치가 있는 것이 매우 많다. 만약 돈 버는 일을 삶의 전부라고 생각하는 사람이 있다면 그는 돈의 노예가 되기 쉽다. 돈에 집착하는 사람은 기껏해야 직립 보행하는 돈주머니에 지나지 않는다. '지갑 속은 여유롭지만 마음속은 가난하다.'는 말은 돈에 미혹된 사람들의 모습을 그대로 묘사한 말이다.

나도 그 사람처럼
되어야 할까?

•
•
,

그 누구도 대신할 수 없는
당신의 본래 모습을 드러내라。

하루 종일 다른 사람의 영향을 받으며 살아가는 사람은 언젠가 완전
히 변해버린 자신을 발견하게 될 것이다.

리사는 어렸을 때부터 매우 예민하고 부끄러움을 많이 타는 아이
였다. 항상 뚱뚱했던 그녀는 자기 얼굴이 실제보다 훨씬 뚱뚱하다
고 생각했다. 리사의 어머니는 매우 완고해서 예쁜 옷을 입고 꾸
미는 것을 매우 어리석다고 여기는 사람이었다. 어머니는 항상 리
사에게 말했다.

"품이 넉넉한 옷은 입기 편하지만 달라붙는 옷은 쉽게 헤진단다."

어머니는 자신의 말대로 리사에게 옷을 입혔다. 또한 리사는 다른 아이들과 함께 밖에서 놀지 않았고, 심지어 체육 수업에도 참가하지 않았다. 그녀는 매우 부끄럼을 탔으며 자신이 다른 사람과 다르다고, 절대 다른 사람들이 자신을 좋아하지 않는다고 생각했다.

어른이 된 후 리사는 자신보다 몇 살 위의 남자와 결혼했다. 그러나 그녀는 조금도 변하지 않았다. 남편의 식구들은 모두 좋은 사람이었고 자신감이 충만했다. 리사는 그들처럼 되려고 최선을 다했지만 결국 해내지 못했다. 그들은 리사를 기쁘게 해주려고 다양한 궁리를 했지만 그녀는 자신의 껍데기 속으로 움츠러들 뿐이었다. 리사는 항상 불안하고 긴장했으며 모든 친구들을 피했다. 심지어 초인종 소리만 들어도 깜짝 놀랄 정도였다. 리사는 자신이 실패자라는 사실을 알고 있었다. 그리고 남편이 이를 알아챌까 두려웠기에 공공장소에 모습을 드러낼 때는 항상 다른 사람의 우아한 스타일, 동작과 표정을 따라 하기 위해 최선을 다했다. 그녀는 과장해서 즐거운 척했고 그럴 때마다 며칠간 괴로워했다. 결국 더 이상 살아갈 이유가 없다고 생각한 그녀는 자살을 결심했다.

이렇게 불행한 여인의 생활을 변화시킨 것은 과연 무엇이었을까? 그것은 무심결에 입에서 나온 한마디 말이었다. 그 말은 리사의 모든 생활을 변화시켰고, 그녀를 완전히 다른 사람으로 만들었다.

어느 날, 리사는 시어머니와 어떻게 아이를 키울 것인지 이야기를 나누고 있었다. 그때 시어머니가 말했다.

"나는 아이들에게 어떤 상황에서든 본래의 모습을 유지하라고 가르쳤단다."

'본래의 모습을 유지하는 것!' 바로 이 말이었다. 그 말을 들은 순간 리사는 비로소 자신이 항상 고민했던 이유가 자신과 어울리지 않는 사람을 따라 하려고 노력했기 때문이었다는 사실을 깨달았다. 리사는 훗날 다음과 같이 회고했다.

"하룻밤 사이에 나는 완전히 변했다. 나는 본래의 모습을 유지하기 시작했고, 더 이상 그 누구도 따라 하지 않았다. 나는 나만의 개성과 장점을 연구해보고, 색채와 스타일에 대한 지식을 공부했으며 나에게 맞는 방식대로 옷을 입기 위해 노력했다. 그리고 주도적으로 친구를 사귀고 사회 동아리에 참가했다. 처음에 참가한 사회 동아리는 규모가 매우 작았는데 그들은 나를 활동에 참가시켜주었고 깜짝 놀라게 했다. 그리고 나는 다른 사람들에게 말을 건넬 때마다 조금씩 용기가 늘었다. 현재 내가 느끼는 즐거움은 지금껏 내가 누릴 수 있다고 생각조차 못했던 것이다. 아이들을 기를 때 나는 고통스러운 경험을 통해 깨달은 사실을 가르친다. '어떤 상황에서든 네 본래의 모습을 유지하렴.'"

리사의 변화는 타인을 모방하면 자기 자신을 잃는 대가를 치러야 한다는 사실을 우리에게 알려준다. '동시효빈東施效矉(못생긴 여자가 서시가 눈썹을 찡그리는 모습을 보고 따라해 더욱 못생겨진다는 뜻으로 남의 단점을 장점인 줄 알고 따라함을 의미 -역주)', '한단학보邯鄲學步(한단에서 걸음걸이를 배운다는 뜻으로 남의 흉내를 내다가 자신의 본래 재능까지 잃는다는 의미 -역주)' 등의 고사성어는 모두 다른 사람을 모방해서는 안 된다고 경고한다. 모든 사람의 인생은 각각 유일무이하다. 다른 사람을 모방하는 일은 자신의 목을 조르는 일과 같다. 이어지는 이야기를 살펴보자.

공작을 따라 하는 참새가 한 마리 있었다. 공작의 걸음걸이는 얼마나 우아한가! 고개를 높이 치켜들고 꼬리 깃털을 부채 모양으로 펼친 자태는 그 얼마나 아름다운가! 참새는 공작처럼 되고 말겠다고 결심했다. 그러면 분명 모든 새들이 자신을 찬미할 거라고 생각했다. 그래서 참새는 목을 길게 빼고 고개를 들어 크게 숨을 들이마셔서 작은 가슴을 빵빵하게 만들었다. 그리고 꼬리에 난 깃털을 뻗어 나름대로 부채 모양으로 펼쳤다. 참새는 공작의 걸음걸이를 따라 하며 여기저기 천천히 걸어 다녔다. 그러나 이는 참새에게 매우 힘든 일이었기 때문에 목과 다리가 너무 아팠다. 게다가 의기양양한 까마귀, 아름다운 카나리아, 그리고 어리석은 오리까지 다른 새들 모두 공작을 따라 하는 참새를 비웃었다. 참새는 더 이상 참을 수 없었다.

'이런 놀이는 그만두자.' 참새는 생각했다. '이미 공작 놀이는 질렸어. 그냥 참새로 살자!' 참새는 원래대로 걸으려고 했지만 때는 이미 늦었다. 걷는 법을 잊어버린 참새는 한 발짝씩 총총 뛰어다닐 수밖에 없었다. 그래서 지금까지도 참새는 걷지 않고 총총 뛰어다니게 되었다.

저명한 심리학자 윌리엄 제임스는 자기 자신을 발견하지 못한 사람들에 대해 이야기했다. 그는 일반적인 사람들은 단지 10퍼센트의 잠재 능력을 발휘하고 있으며, 사람들은 각양각색의 능력을 가지고 있는데도 그것을 어떻게 이용하는지 이해하지 못한다고 했다.

사람들은 저마다 고유의 능력을 가지고 있다. 그러므로 우리는 다른 사람보다 못하다며 걱정하는 데 시간을 낭비해서는 안 된다.

찰리 채플린이 영화를 찍기 시작했을 때 영화감독들은 채플린에게 당시 가장 유명했던 독일의 한 코미디언을 따라 하라고 요구했다. 그러나 채플린은 자신만의 표현 방법을 창조한 다음부터 유명해지기 시작했다. 밥 호프도 채플린과 비슷한 경험을 했다. 그는 다년간 뮤지컬 영화에서 연기했지만 결국 아무런 성과도 얻지 못했다. 그러나 그는 코미디에서 재능을 발휘하기 시작한 다음부터 유명해졌다. 윌 로저스는 한 곡예단에서 몇 년 동안이나 무언의 밧줄 묘기를 선보였다. 그러나 자신에게 유머러스하게 이야기하는 특별한 재능이 있다는 사실을 발견한 그는 말을 하며 밧줄 묘기를 선보이기 시작했고 결국 성공을 얻었다.

매리 마가렛 맥브라이드는 처음 방송업계에 들어갔을 때 아일랜드의 코미디언을 따라 했지만 실패했다. 훗날 그녀는 미주리 주에서 온 평범한 시골 소녀인 자신의 본색을 발휘해 뉴욕에서 가장 사랑받는 방송 스타가 되었다.

진 오트리가 처음 일을 시작했을 때, 그는 텍사스 사투리를 벗어버리고 도시의 신사가 되려 했다. 그는 자신을 뉴욕 사람이라 이야기했고 사람들은 뒤에서 그를 비웃었다. 훗날 그는 밴조를 연주하며 자신만의 컨트리 송을 불렀다. 또한 연기도 시작해 영화와 방송에서 가장 유명한 컨트리 스타가 되었다. 자신의 본래 모습을 드러내기로 한 스타들의 결정은 정확했다. 만약 그들이 자신을 던져버리고 다른 사람을 모방했다면 분명 좋은 결과를 얻지 못했을 것이다.

소피아 로렌은 이탈리아의 유명한 영화배우다. 1950년 영화계에 입문한 이래 60여 편의 영화를 찍었고, 그녀의 연기는 최고 경지에 이르러 1961년에 아카데미 여우주연상을 수상했다. 그녀는 16세에 로마에 가서 연기자의 꿈을 이루려 했다. 그녀가 마음에 들었던 제작자 칼로는 그녀를 데리고 수많은 카메라 테스트를 했다. 그러나 촬영기사는 아무리 찍어도 그녀가 아름답게 보이지 않는다면서 불평했다. 그녀의 코가 너무 길고, 엉덩이가 글래머러스하기 때문이었다. 칼로는 소피아 로렌에게 만약 정말 배우가 되고 싶다면 코와 엉덩이를 손대야겠다고 이야기했다.

주관이 있었던 소피아 로렌은 단호하게 칼로의 요구를 거절하며 말했다. "내가 왜 다른 사람들과 똑같아져야 하는 거죠? 나는 코가 얼굴의 중심이기 때문에 얼굴에 독특한 성격을 부여한다는 사실을 알고 있어요. 나는 내 코를 좋아하고, 원래의 형태를 유지하고 싶어요. 그리고 엉덩이는 나의 일부분이에요. 난 그저 나의 현재 모습을 유지하고 싶을 뿐이에요." 그녀는 외모가 아닌 내면의 기질과 섬세한 연기로 승부하기로 결심했다. 그녀는 다른 사람과 의론하느라 발걸음을 멈춘 적이 없었다. 결국 그녀는 성공했고, '코가 길고, 입이 크고, 엉덩이가 크다'는 의론은 모두 사라졌다. 이러한 특징은 오히려 미녀의 기준이 되었다. 소피아 로렌은 20세기가 끝나갈 무렵 20세기의 가장 아름다운 여성 중 한 명으로 선정되었다.

소피아 로렌은 자서전《사랑과 삶》에서 다음과 같이 이야기했다.

'나는 영화계에 몸담을 때부터 자연적인 본능에 충실했고, 어떤 메이크업, 헤어스타일, 의상, 건강 유지법이 나에게 가장 적합한지 잘 알고 있었다. 나는 어느 누구도 모방하지 않았고, 노예처럼 시대의 흐름을 쫓고 싶지 않았다. 나는 있는 그대로의 내 모습을 보여주고 싶었다. …… 의상의 원칙도 마찬가지였다. 나는 이브 생 로랑이나 디올이 권한다고 해서 그 스타일을 선택해야 한다고 생각하지 않는다. 만약 그것이 어울린다면 잘된 일이지만 여전히 의문이 남는다면 자신의 감별력을 존중해 거절하는 편이 좋다. …… 의상을 고르는 고급스러운 취향은 한 사람의 완벽한 자아 통찰력을 반영한다. 새로운 스타일에서 자신의 특징에 가장 적합한 것을 골라내는 능력도 마찬가지다. …… 당신이 유일하게 의지할 수 있는 것은 진정으로 실재하는 것이다. …… 주위 환경과의 관계 속에서 자신을 평가하고, 자신이 원하는 사람이 되어야 한다.'

비록 소피아 로렌은 메이크업과 의상에 대해 이야기했을 뿐이지만 그녀는 사람 됨됨이의 원칙을 깊이 이해하는 사람이었다. 그 원칙은 어떤 일을 하든지 자신의 본래 모습을 굳건히 지켜야 한다는 것이다. 일시적인 만족을 위해 다른 사람을 모방하고 자기 자신을 잃는 대가를 치러서는 안 된다. 긴 안목에서 보면 이는 닭을 잡아 달걀을 얻는 것과 같은 이치다. 당신도 언젠가 맹목적인 동경은 무지하며, 모방은 자살과 다름없다는 사실을 발견하게 될 것이다. 좋든 나쁘든 당신은 본래 모습을 유지할 필요가 있다. 자신의 본래

　　　　　　　　　　　네 번째 솔루션

모습은 자연이 발생시킨 기적의 일종이자, 하늘이 베푼 최고의 은혜다.

우리는 저마다 독창적인 개성, 이미지, 인격을 가지고 있다. 그러므로 다른 사람을 모방하지 말고 본래 모습을 유지하며 최고의 자기 자신을 발휘해야 한다.

머릿속 걱정 몰아내기

행복하게 살아가려면 자신의 본래 모습을 유지하는 것이 가장 중요하다. 당신은 자신만의 노래를 부르고, 그림을 그려야 한다. 당신은 경험과 환경, 가정이 만들어낸 피조물이다. 좋고 나쁨을 떠나서 당신은 자신에게 맞는 작은 화원을 창조해야 하며, 삶이라는 교향악에서 당신에게 주어진 악기를 연주해야 한다.

질의와 비판 때문에
고민하고 있다?

●
●
'

위인의 결점을 찾아내고
즐거워하는 사람은 소인배뿐이라는 사실을 기억하라。

사람이 살아가면서 피할 수 없는 일이 하나 있다. 바로 타인의 불합리
한 비판이다. 많은 사람이 비판을 받으면 객관적이고 냉정한 태도를
유지하지 못하고, 자기 회의나 연민에 빠지고 만다. 그러나 카네기는
"불합리한 비판에는 종종 일종의 찬미가 숨겨져 있다."고 이야기했
다. 그러므로 비판의 폭풍우가 쏟아질 때, 우리는 반드시 당당하고 자
립적인 태도를 유지해야 한다.

1929년, 미국 전국의 교육계를 뒤흔드는 일이 발생했다. 이에 미

국 각지의 학자들은 모두 시카고로 몰려들었다. 몇 년 전 로버트 허친스라는 젊은이가 주경야독으로 예일 대학을 졸업하고 작가, 벌목공, 가정교사, 기성복 판매원 등으로 일했다. 그로부터 단지 8년이 흘렀을 뿐인데 그는 미국에서 네 번째로 부유한 시카고 대학의 총장이 되었다. 당시 그는 과연 몇 살이었을까? 30세였다! 30세밖에 되지 않은 젊은이가 총장이 되었다는 사실을 사람들은 모두 믿기 어려웠다. 구세대 교육가들은 고개를 크게 저으며 한탄했고, '신동'이나 다름없는 그에 대한 비판이 마치 산사태처럼 일제히 몰아쳤다. 사람들은 그가 너무 젊다는 둥, 경험이 부족하다는 둥 꼬투리를 잡으며 그의 교육 관념이 미성숙하다고 이야기했다. 심지어 각 신문에서까지 그를 공격했다. 로버트 허친스가 취임하는 날, 그의 아버지의 친구가 찾아와 말했다.

"오늘 아침 신문에서 자네 아들을 공격하는 사설을 읽고 정말 깜짝 놀랐다네."

"괜찮네." 허친스의 아버지는 말했다.

"아주 매섭게 비판하더군. 그렇지만 죽은 개를 건드리는 사람은 아무도 없다는 사실을 명심하게나."

그렇다. 개가 중요할수록 이를 발로 차는 사람은 더욱 만족을 느낀다. 훗날 영국의 왕 에드워드 8세가 된 윈저 왕자(즉 윈저 공작)는 엉덩이를 호되게 맞은 적이 있었다. 당시 그는 다트머스 해군사관학교에서 공부하고 있었는데 이곳은 미국의 아나폴리스 해군사관학교에 버금가는 곳이다. 어느 날, 이곳에서 공부하던 열네 살의 윈저 왕자가 울고 있는 것을 발견한 해군 군관이 사정을 물었다. 윈저 왕자는 처음에는 입을 열지 않았지만 결국 학생들이 자기를 발로 찬 일 때문에 울고 있었다고 이야기했다. 지휘관은 모든 학생을 소집하고는 결코 왕자가 고자질했기 때문에 모두를 부른 것이 아니며 단지 왕자를 학대한 이유를 알고 싶을 뿐이라고 말했다.

한참 동안 발뺌을 하며 책임을 전가하던 그들은 결국 왕자를 발로 찬 행동을 인정하며 이유를 이야기했다. 그들 자신이 훗날 황실 해군의 지휘관 혹은 함장이 되었을 때 다른 사람들에게 과거에 국왕의 엉덩이를 때린 적이 있다고 말하고 싶었을 뿐이라고 말이다.

그러므로 만약 당신이 비판을 받는다면 그 이유는 당신이 중요한 사람이기 때문일 수도 있다는 사실을 기억하라. 이는 당신이 성공을 이루었고 다른 사람의 주목을 받고 있다는 사실을 의미한다. 많은 사람이 자신보다 더 큰 성취를 이룬 사람을 질책하면서 만족감을 느낀다. 성공학의 대가 카네기는 자신의 경험을 이야기했다.

"저는 과거에 구세군 창립자 윌리엄 부스 장군을 비판하는 여인의 편지를 받은 적이 있습니다. 제가 방송 프로그램에서 부스 장군을 칭찬한 적이 있는데 그 여인은 편지에서 부스 장군이 가난한 사람을 구제하기 위한 800만 달러를 개인적으로 착복한 적이 있다고 이야기했습니다. 이러한 고발은 물론 매우 터무니없는 것이었습니다. 그렇지만 그 여인의 목적은 진실을 찾으려는 것이 아니라 자신보다 훨씬 우월한 사람을 공격하려는 것뿐이었습니다. 저는 그녀의 편지를 쓰레기통에 던져버렸습니다. 제 아내가 그런 사람이 아니라는 사실에 매우 감사하면서 말이지요. 그녀의 편지는 부스 장군에 대한 내 생각에 영향을 끼치기는커녕 오히려 편지를 보낸 그녀의 인격을 알게 해주었습니다."

철학자 수번화는 말했다. "위인의 결점을 찾아내고 즐거워하는 사람은 소인배뿐이다."

예일 대학의 총장이 그릇이 작은 사람이었다는 사실을 믿는 사람은 별로 없을 것이다. 그러나 과거에 예일 대학 총장이었던 티모시 드와이트는 마치 미국 대통령 후보를 비방하는 일을 즐거움으로 삼고 있는 사람으로 보일 정도였다. 드와이트는 만약 자신이 비판하는 후보가 미국 대통령이 된다면 다음과 같은 상황이 벌어질 것이라고 경고했다.

"미국은 합법적인 매춘과 비열한 행위가 벌어질 것이다. 시비를 분별하지 못하고, 도덕은 땅으로 추락하며 하늘을 존중하고 사람을 사랑하는 정신은 사라지게 될 것이다."

마치 히틀러라도 비판하고 있는 것 같은 어조이지 않은가? 그러나 그가 매도하는 대상은 바로 토머스 제퍼슨 대통령이었다. 〈독립선언〉을 쓰고 민주주의의 선구자라고 칭송받았던 그 제퍼슨 대통령 말이다. 그리고 또 한 명의 미국인은 사람들에게 '위선자, 사기

꾼, 살인범보다 악랄한 인간'이라는 비난을 받았다. 그가 누구인지 추측할 수 있겠는가? 한 신문에는 단두대 앞에 엎드린 그의 목을 커다란 칼이 겨냥하고 있고, 주위 사람들은 한숨짓는 장면을 묘사한 만화가 실린 적이 있었다. 그는 과연 누구일까? 바로 조지 워싱턴이다. 만약 이것만으로 설명이 부족하다면 계속해서 피어리 장군의 경우를 살펴보자.

피어리 장군은 1909년 4월에 북극을 탐험해 세상에 널리 알려졌다. 그는 엄동설한의 추위와 굶주림으로 죽을 수도 있는 위험을 무릅쓰고 탐험에 임했고, 동상에 걸려서 발가락을 여덟 개나 절단해야 했다. 그가 스스로 정신 착란에 걸리지는 않을까 싶을 정도로 상황은 악화되었다. 그러나 워싱턴의 해군 장교들은 피어리가 유명해지자 분노했다. 그들은 피어리가 과학 연구라는 명목으로 경비를 모금해 북극을 여기저기 돌아다녔을 뿐이라고 비난했다. 피어리에게 모욕을 주고 그 행동을 저지하려는 그들의 결심은 매우 강렬하고 완강했다. 이는 훗날 윌리엄 매킨리가 직접 명령을 내려 피어리가 북극 탐험이라는 대업을 완수할 때까지 계속되었다. 만약 피어리가 단순히 워싱턴 해군 총사령부에서 근무하는 사람이었다면 과연 누군가 그를 그렇게 질책했을까? 아마도 그렇지 않을 것이다. 그는 분명 중요한 사람으로 생각되지 않았을 것이고, 그러면 다른 사람의 질투를 받는 일도 없었을 것이다.

그랜트 장군의 상황은 피어리보다 훨씬 심각했다. 1862년, 남북 전쟁이 벌어지던 시기 그랜트 장군이 이끄는 북군은 큰 승리를 거두었다. 반나절 만에 얻은 승리에 그랜트 장군은 하룻밤 새에 전국적인 우상이 되었다. 메인 주에서 미시시피 강가에 이르기까지 모든 교회는 그의 개선을 축하하기 위해 일제히 종을 울렸다. 그러나 이렇게 위대한 승리를 얻은 지 6주 만에 북군의 영웅인 그랜트 장군은 체포되었다. 그는 모든 군대를 잃고 모욕을 받았으며 절망에 빠졌다. 그랜트 장군이 승리를 얻었음에도 체포된 이유는 무엇일까? 이는 오만한 장관 한 사람이 그의 성공을 질투했기 때문이다. 만약 불합리한 비판을 받으며 고민한다면 이성적으로 대처해야 한다. 불합리한 비판에는 종종 찬미의 뜻이 숨겨져 있고, 죽은 개를 발로 차는 사람은 없다는 중요한 원칙을 기억해야 한다.

머릿속 걱정 몰아내기

당신이 불공정한 비판을 받는다면 반드시 기억하라. 순결하고 숭고한 예수 그리스도조차도 많은 사람의 힐난과 비판을 받았다는 사실을. 어쩌면 '다른 사람이 제멋대로 이야기하게 내버려 두고 자기 자신의 길을 가라.'는 단테의 명언은 현명한 사람의 처세를 가장 잘 드러내는지도 모른다.

'안 된다'는 말을
꺼내지 못한다고?

•
•

,

'안 된다'는 말은 '거절'이 아닌
'선택'을 의미한다。

불리한 환경에서 용감하게 '안 된다'고 이야기하는 것은 자기 자신에
대한 존중이다. 그리고 자신을 존중할 줄 아는 사람만이 다른 사람의
존중을 받는다.

> 아빈阿賓이 갓 회사에 취직했을 때, 이모가 아빈이 사는 도시를 방
> 문했다. 아빈은 이모를 모시고 작은 도시를 구경시켜 주었고, 이
> 윽고 식사할 때가 되었다.
> 아빈은 수중에 50위안밖에 가지고 있지 않았다. 이는 그가 자신을

예뻐해 주는 이모를 대접하기 위해 내놓을 수 있는 전 재산이었
다. 그는 작은 식당에 가서 대충 한 끼를 해결하고 싶었지만 이모
는 굳이 격식 있는 레스토랑을 고집했다. 아빈은 어쩔 수 없이 이
모를 따라 들어갔다.

자리에 앉은 이모는 요리를 주문하기 시작했다. 이모가 아빈의 의
견을 물었을 때 그는 "아무거나. 아무거나 다 좋아요."라고 모호하
게 대답했다. 그는 속으로 안절부절못했다. 수중에 가지고 있는 50
위안으로는 턱도 없이 모자랐다. 어떻게 해야 할까?

그러나 이모는 아빈의 불안은 조금도 눈치 채지 못하고 계속해서
요리가 맛있다며 칭찬했다. 반면 아빈은 아무런 맛도 느끼지 못했
다. 결국 최후의 순간이 다가왔다. 점잖고 예의 바른 점원이 아빈
에게 계산서를 가져다주었다. 아빈은 입을 벌렸지만 아무 말도 나
오지 않았다.

이모는 온화하게 웃으며 계산서를 가져가더니 점원에게 돈을 건
네주었다. 그런 다음 아빈을 바라보며 말했다. "조카야, 네가 어떤
기분인지 잘 알고 있단다. 나는 네가 '안 된다'고 말하기를 계속 기
다리고 있었는데 왜 그러지 않았니? 때로는 용감하고 단호하게
'안 된다'고 말할 필요가 있단다. 그게 최선의 선택이지. 내가 너를
굳이 이곳에 데려온 이유는 그 도리를 알려주기 위해서였단다."

'안 된다'고 말해야 할 때 용감하게 '안 된다'고 하지 않으면 당신

은 피동적인 상황에 놓일 염려가 있다. 이는 모든 젊은이들이 알아두어야 할 도리다. 우리는 종종 타인의 지배를 받고, 자신이 원하지 않는 일을 한다. 다른 사람을 지배하려는 사람들은 항상 "당신은 이래야 해.", "당신은 이러면 안 돼."라는 말을 입에 달고 산다. 일반적으로 사람들은 그들의 요구를 거절하기 힘들다. 특히 요구를 제시한 사람이 가장 친밀한 동료라면 '안 된다'는 말은 더욱 꺼내기 어렵다. 그러나 이런 상황이 오래 지속되면 서로의 관계는 정형화되고, 일종의 암묵적 룰 혹은 약속이 발생한다.

만약 어느 날 상대가 다시금 당신에게 이런저런 일을 요구할 때, 당신이 자기 의견을 고수한다면 어떤 일이 발생할까? 상대방은 분명 화를 내며 당신이 쌍방의 암묵적인 약속을 위배했다고 생각할 것이다. 그리고 상대가 생각하기에 '당연한 일'을 받아들이지 않았다는 사실에 당신도 마음속으로 가책을 느낄 것이다.

그렇다면 당신은 왜 가책을 느끼게 되는가? 그 이유는 쌍방의 과도한 감정적 구걸 때문이다. 당신이 상대의 요구에 순종하는 이유를 한번 적나라하게 이야기해보자. 당신은 순종적인 표현을 통해 상대의 칭찬과 관심의 눈길, 심지어 환심을 얻으려 하는 것이다.

남의 비위를 맞추는 일이 당신의 행동 패턴이 되고 나면 상대의 요구를 거절했을 때 상대방은 분명 기분 나빠 할 것이고, 당신도 상대방에게 미안한 마음을 느끼게 된다. 마음의 가책은 걱정과 매우 비슷하고, 걱정은 마치 흔들의자에 앉아있는 것과 같다. 겉으로는

네 번째 솔루션

당신이 원하는 방향으로 의자를 흔들고 있는 것처럼 보이지만 실제로는 같은 거리를 왕복할 뿐 결국 어느 방향으로도 나아갈 수 없다.

살아가면서 우리에게는 어떤 일을 해야 할지 결정할 권리가 있으며 다른 사람이 결정하는 대로 따라가서는 안 된다는 사실을 기억해야 한다. 나아가 다른 사람이 우리의 의지를 좌우해서도, 우리 스스로 다른 사람의 꼭두각시가 되어서도 안 된다. 또한 다른 사람이 모든 일에 정통해 우리보다 현명한 결정을 내릴 것이라는 보장도 없다. 그렇다면 다른 사람이 제안한 '당연한 일'은 우리에게 최선의 선택지가 아닐 가능성이 있다. 그러므로 우리는 스스로 깊이 사고하고 분석한 후 독립적인 판단을 내리고 선택해야 한다.

특히 직장에서는 '안 된다'고 말하는 것이 매우 중요한 처세 책략이다. 이는 자신이 원하는 일을 해낼 수 있는지 여부를 결정한다. 사람들 중에는 안 된다는 말을 꺼내지 못해 자신의 있는 힘을 거의 다 쥐어짜낼 정도에 이르기도 한다. 상사가 임무를 맡기면 거절하지 못하고, 초과 근무를 요구해도 전혀 불평하지 않는다. 동료들이 일을 부탁하면 자신의 업무가 아닌데도 무조건 받아들인다. 이러한 사람들은 이미 몸이 열 개라도 모자랄 정도로 바쁘고 곤란한데도 억지로 분발하며 '문제없어! 문제없어!'라고 이야기한다. 그러나 그들이 녹초가 될 정도로 피곤하다는 사실을 알아주는 사람은 아무도 없다. 그런데도 그들은 다른 사람에게 '안 된다'는 말을 절대 하지 않는다.

대다수의 경우 우리는 체면 때문에 '안 된다'고 말하기를 미안해 한다. '안 된다'는 말을 하지 못하기 때문에 원래 자신의 일이 아닌 데도 전부 떠맡아버린다. 우리의 능력을 크게 초과하는 일을 떠맡 았을 때 우리는 붕괴 일보 직전까지 몰린다.

고용자 입장에서는 목숨 바쳐 일하는 사원이 마음에 들기 마련 이다. 그러나 만약 당신이 희생과 봉사 정신으로 사사건건 다른 사 람의 비위만 맞춘다면, 그로 인해 일반적인 사람들이 생각하는 모 범적인 사원이 된다고 해도 결국 당신은 자아를 잃게 될 것이다.

그러면 당신은 하고 싶지 않은 일인데도 반드시 해야만 한다고 자신을 강박하게 된다. 설령 불만이 생겨도 억지로 참고, 당신은 다 른 사람들이 일을 떠넘기는 이유가 당신을 중시하고 그 능력을 신 임하기 때문이라고 생각한다. 그러나 만약 당신이 거절하면 다른 사람들은 당신을 탓하고 모두와 협력할 줄 모르는 사람이라고 비판 할 것이다. 그러면 당신은 죄악감을 느끼고, 결국 당신은 거절 때문 에 이미지가 나빠지거나 자신의 앞날에 지장이 생길까 걱정하게 된 다. 그러면서 다른 사람의 요구를 무조건 받아들이는 일이 오히려 자신에게 방해가 된다는 사실은 깨닫지 못한다. 이어지는 이야기는 분명 많은 사람에게 작은 깨달음을 가져다줄 것이다.

이른 꽃샘추위가 기승을 부리는 어느 날 오후, 한 외자 기업의 문 앞에서 벌어진 일이다.

회사 정문으로 통하는 높은 계단 아래 호화로운 승용차가 멈췄다. 꽤나 잘생긴 중국 젊은이(아마도 비서)가 공손한 태도로 다가가더니 한 손으로 차문을 열고 다른 한 손으로는 문틀 윗부분을 누르며 공손하게 섰다. 몸집이 큰 외국인이 차를 탈 때 문틀 윗부분에 머리를 세게 부딪쳤고, 비서의 손등에서는 피가 흐르기 시작했다. 외국인이 일부러 그랬다는 것이 분명했지만 젊은이는 황송한 태도로 말했다. "사장님, 괜찮으십니까?"

"괜찮네. 자네는?"

"사장님만 괜찮으시면 됐습니다. 저는 아무래도 괜찮습니다."

젊은이는 시원스레 대답했다. 그러더니 꽤나 우아한 동작으로 다친 손을 등 뒤로 숨긴 다음 다른 한 손을 다시 문틀 윗부분에 가져갔다. 그리고 여전히 온화하고 우아한 미소를 띠며 말했다.

"타시지요."

"느려 터졌군!"

사장이 차에 탄 후 운전사가 시동을 걸려고 했을 때, 한 아가씨가 회사의 유리문에서 튀어나왔다. 계단을 내려오면서 하이힐 한쪽이 벗겨지자 그녀는 얼른 다른 한쪽도 벗어버리고 빠른 걸음으로 차 앞까지 다갔다. 그런 다음 순식간에 차 문을 열고 단호한 말투로 이야기했다. "사장님, 차에서 내려주십시오!"

가녀린 몸집의 아가씨는 맨발로 차문 앞에 조용히 서 있었다. 몇 초간 서로 양보 없이 맞서다 결국 외국인 사장은 차에서 내렸다.

그러자 아가씨는 몸을 돌려 비서의 손을 잡았다. 그러고는 주머니에서 손수건을 꺼내 신속하게 둘러주었다. 피가 손수건에 스며들자 아가씨는 손수건을 또 하나 꺼내 세심하게 한 겹 한 겹 둘러주었다.

업무 관계로 그녀는 매우 얇은 옷을 입고 있었다. 위에는 실크 셔츠 한 장을 걸치고, 밑에는 무릎까지 오는 검은색 스커트와 긴 스타킹을 신고 있었다. 비서는 부끄러운 듯 고개를 숙였다. 아가씨는 거만하고 비열한 사장을 향해 당당하게 말했다. "사장님에게는 이 사람을 병원에 데려가 치료받게 할 책임이 있습니다."

"그렇지, 그렇지." 외국인 사장은 연거푸 대답했다.

사장 전용 승용차는 사장 대신 비서를 태우고 질주하기 시작했다.

사람들은 외자 기업의 업무 환경에서 절대적으로 우수하고 후한 보수를 얻을 수 있으리라고 생각한다. 그래서 수많은 고학력자들이 일개 사무원 자리를 차지하기 위해 공을 들여 준비하고 전력을 다한다. 외자 기업의 고용주들은 마치 미녀 선발 대회라도 하듯 수많은 사람 중에서 회사에 맞는 사람을 골라낸다. 이렇게 선발된 사람들은 혹시나 해고를 당하지는 않을까 두려워하고, 심리적 압박을 받으며 최대한 겸손과 인내를 드러낸다. 위의 이야기에 등장하는 아가씨도 일을 위해 자신의 의견을 굽힌 경험이 있었을지도 모르지만 어쨌든 그녀는 동료가 고의적인 상처를 입자 자신의 의견을 당

네 번째 솔루션

당히 드러냈다. 이는 일종의 용기이자 인격적 역량이다. '안 된다'고 이야기하면 당신은 다른 사람의 통제에서 벗어날 수 있을 뿐만 아니라 인격적 역량을 확연히 드러낼 수 있다. 사실 우리는 다른 사람이 자신을 중요하게 생각하는지 과도하게 신경 쓴다. 우리는 종종 "당신이 없어도 지구는 여전히 돌아갈 거야."라는 비웃음의 의미가 담긴 말을 듣는다. 이 말은 이 세상에 대체할 수 없는 사람은 없다는 뜻이다. 만약 당신이 모든 일을 자신의 책임으로 여기고 반드시 완수하겠다는 헛된 생각을 한다면 이는 고통을 자초하는 것이나 마찬가지다. 당신이 진짜로 다해야 할 책임은 자기 자신에 대한 책임이지 다른 사람의 책임이 아니다. 당신은 우선 자신의 요구를 확실히 인식하고 가치관의 우선순위를 재배열한 다음 자신에게 진정으로 중요한 것이 무엇인지 확정해야 한다. 자신을 일순위로 생각하는 것은 결코 이기적인 행동이 아니라 스스로 도덕적인 자신감을 가지고 있다는 사실을 의미한다.

'안 된다'는 말은 '거절'이 아닌 '선택'을 의미한다. 사람은 끊임없는 선택을 통해 자아를 형성하고 자신을 정의한다. 그러므로 '안 된다'고 말하는 것은 당신 자신을 인정하는 일이다.

'안 된다'고 말한다고 해서 반드시 당신에게 곤란한 일이 발생하는 것은 아니다. 오히려 당신의 스트레스를 경감시켜준다. 만약 당신이 지금도 '안 된다'는 말을 꺼내지 못한다면 당신을 불쾌하게 만드는 중압감은 계속될 것이다. 그리고 어느 날 인내심이 한계에 도

달했을 때 어쩌면 당신은 자신을 억누르지 못하고 '안 된다'고 크게 소리쳐 버릴지도 모른다. 수습하기 힘든 상황에서 다른 사람들은 오히려 당신을 이해하지 못하겠다는 듯 물을 것이다. "왜 진즉에 안 된다고 말하지 않았어?"

만약 좀 더 자신답게 살고 싶다면 용감하게 '안 된다'고 말해야 한다. 이는 당신의 기본적인 권리이므로 양심의 가책을 느낄 필요는 전혀 없다.

✦ 머릿속 걱정 몰아내기

사람은 반드시 자신만의 가치 판단 기준과 주관이 있어야 한다. 남의 장단에 휩쓸리거나 내재적 혹은 외재적인 요소의 통제에 사로잡혀서는 안 된다. 그러지 않으면 생각지도 못한 수많은 걱정이나 곤란한 국면이 발생할 것이다. 그러면 당신은 고통과 걱정에 기력을 소비하게 되고, 점차 '현실 도피자' 혹은 '앵무새 같은 사람'이 되어갈 것이다. 그러면 다른 사람들은 더 이상 당신을 존중하지 않는다.

그 사람의 도움이 없으면
어떡하지?

●
●

,

무조건 타인을 의지하면
당신은 점점 나약해진다.

의지하는 습관은 성공으로 나아가는 당신의 발걸음을 방해하는 걸림
돌이다. 큰일을 이루고 싶다면 당신은 반드시 걸림돌을 힘껏 차버려
야 한다.

대업을 이룬 사람들에게 타인을 의지하려는 심리를 극복하는 일
은 그들의 능력을 시험하는 일종의 큰 시련이다. 타인을 의지하려
는 행동은 결코 옳지 않고, 이는 자신의 운명을 다른 사람에게 넘겨
주는 일이나 다름없다. 그러면 대업을 이룰 주도권을 잃게 된다.

무슨 일이 발생하면 우선 다른 사람에게 도움을 청하려 생각하

는 사람들이 있다. 그리고 어떤 사람들은 항상 타인의 뒤를 따르며 그가 자신의 모든 난제를 해결해 줄 것이라 생각한다. 그들은 시종일관 언제든지 기댈 수 있는 마음의 지팡이를 필요로 한다. 이러한 사람은 실제 생활에서 어디서나 볼 수 있다. 그리고 이는 의존 심리를 가진 사람이다.

사람들은 종종 다른 사람이 자신을 끊임없이 도와줄 것이며 이를 통해 이익을 얻을 수 있다고 생각한다. 그러나 이는 잘못된 생각이다. 그들은 무조건 타인에게 의지하는 행동이 자신을 더욱 나약하게 만든다는 사실을 깨닫지 못한다. 타인에게 의지하는 습관은 사람을 홀로 서지 못하게 한다. 줄곧 타인에게 의지하기만 한다면 절대 강인해지지 못하며 독창적인 정신을 소유할 수도 없다. 홀로 서지 못하고 웅장한 포부를 묻어버린 사람은 평생 평범하게 살아갈 수밖에 없다.

스포츠 센터에 앉아서 다른 사람이 대신 운동을 해준다면 당신은 영원히 근육량을 늘릴 수 없다. 아이를 대신해 특별한 환경을 조성해주면 아이들은 고군분투할 필요가 없기 때문에 독립하지 못하고, 진정한 성공을 얻을 수 없다. 에머슨은 말했다.

"안락한 자리에 앉아 있는 사람은 쉽게 잠든다."

타인에게 의지하고, 누군가 우리를 위해 대신 해주므로 노력할 필요가 없다는 생각은 자립정신을 발휘하고 고군분투하는 데 치명적인 장애가 된다. 한번 생각해보자. 체격이 건장하고 등도 넓고 배도 나온 100킬로그램 가까이 나가는 젊은이가 두 손을 주머니에 찔러 넣고 남의 도움만 기다리고 있다면 이는 세상에서 가장 어리석은 장면임에 틀림없다.

어떤 사람들은 아버지, 부유한 숙부 혹은 먼 친척으로부터 금전적 도움을 기다린다. 또 어떤 사람은 '운, 기적'이라는 신비한 힘이 자신을 도와주기를 기다린다.

도움을 기다리고, 다른 사람이 자신을 끌어주기를 바라고, 다른 사람의 돈을 바라고, 혹은 좋은 운이 내려오기를 기다리는 사람은 결코 진정한 성취를 이룰 수 없다. 스스로 노력하고, 자립적이고, 자존심 있는 사람만이 비로소 성공의 문을 열 수 있다.

어느 대기업 사장은 아들을 먼저 다른 기업에서 평사원으로 일하며 열심히 단련하고 고생하게 했다. 그는 아들이 처음부터 자신과 동등한 위치에서 시작하기를 원하지 않았다. 그 이유는 아들이 항상 자신에게 의지하고 도움을 기대할까 염려되었기 때문이다. 아버지의 사랑과 보호 아래 자기 마음대로 출퇴근하는 아들에게서는 발전성을 기대할 수 없다. 자립정신만이 사람에게 역량과 자신감을 가져다주고, 우리는 자신의 능력에 의지해야만 비로소 성취감을 느끼고 업무 능력을 배양할 수 있다.

아버지를 의지하거나 도움을 기대할 수 있는 곳에 자녀를 배치하는 일은 매우 위험하다. 바닥이 닿을 정도로 얕은 물에서는 수영을 배울 수 없다. 반면 깊은 물에서 아이는 더 빠르고 효과적으로 수영을 배운다. 뒤로 물러날 여지가 없을 때 아이는 안전하게 강가에 도착할 수 있다. 의존성이 강하고 편한 일만 좋아하는 것은 인간의 천성이다. 그러나 절박한 상황에서 우리의 잠재력은 비로소 발휘된다.

지팡이를 내던지고 스스로 강해지기 위해 노력하는 것, 이는 성공한 사람들 모두가 사용한 방법이다. 사람은 외부로부터의 도움이 모두 끊겼다고 생각하면 최대한 노력하고 강인한 끈기로 분투한다. 그 결과 그 사람은 스스로 운명의 흥망성쇠를 주재하고 있음을 발견한다.

미국의 석유 재벌 록펠러 1세가 손자와 함께 사닥다리를 오르내리는 놀이를 하고 있었다. 손자가 높지도, 낮지도 않은 높이(넘어져도 다치지 않을 정도의 높이)에 있을 때 그는 꼭 잡고 있던 손자의 두 손을 놓았다. 그러자 손자는 아래로 굴러 떨어졌다. 이는 록펠러가 잘못해서 손을 놓친 것도 아니고, 악질적인 장난도 아니었다. 그는 손자가 어떤 일을 하든지 자신의 힘에 의지해야 하고, 친할아버지의 도움조차 때로는 의지할 수 없다는 사실을 깨닫게 해주기 위해서 그런 행동을 했다.

사람은 자신의 힘에 의지해 살아가야 한다. 인생의 다양한 단계에 상응하는 자립 수준에 도달하기 위해 노력하고 자립정신을 가져야 한다. 이는 현대를 살아가는 사람이 사회에 발붙이기 위한 기초이자 자신만의 '생존 지원 시스템'을 구축하기 위한 주춧돌이다. 독립정신과 자립심이 부족한 사람은 자기 자신조차 컨트롤하지 못한다. 그런 사람이 어떻게 성공을 논할 수 있겠는가? 설령 당신이 '금수저'를 물고 태어났다 해도 반드시 밑바닥부터 차근차근 기반을 다지며 자립심을 단련해야 한다. 어찌 됐든 당신은 결국 혼자서 사회에 들어서고 경쟁에 참여해야 한다. 당신은 여유로운 가정보다 훨씬 복잡한 생존 환경에서 살아가야 하며 언제든지 당신이 예측하지 못한 난제가 발생할 수 있다. 당신이 필요로 할 때마다 다른 사람의 도움을 받을 수는 없는 법이므로 반드시 완강한 자립정신으로 곤란을 극복하고 계속 전진해야 한다.

한 청년이 있었다. 세상에 뛰어들었을 때 다른 사람들의 눈에는 그가 독립적이고 주관이 있는 사람으로 보였다. 그러나 사실 그가 세상에 나온 이유는 다른 사람이 불러냈기 때문이었다. 세상에 나온 후 그는 물론 일자리를 찾았다. 그러나 자신만의 방법을 찾지 못하고 항상 다른 사람이 대신 해주기를 바랐다. 다른 사람이 그의 일을 대신해 주는 일은 물론 가능했지만 계속해서 그와 함께 있어줄 수는 없었다. 일단 자신을 관리해주는 사람이 아무도 없게 되자 그는 앞으로 어떻게 살아가야 할지 생각하지 못했다.

훗날 그는 결국 또 다른 일자리를 찾았다. 옷을 파는 노점상의 하인이었다. 그를 세상에 끌어낸 사람은 매우 의아하게 생각했다. 선택의 여지가 많은데도 왜 하필이면 다른 사람의 하인이 된 것일까? 그는 말했다. 어떤 일이든 자신이 열심히 생각하고 주도적으로 해야 하는데 자신은 그것이 가장 두렵다고. 그는 기꺼이 다른 사람의 하인이 되기를 원했고, 다른 사람이 할 일을 가르쳐주면 그대로 했다.

한번 생각해보자. 만약 노점상 주인이 그를 필요로 하지 않게 되면 그는 어떻게 될까? 만약 그를 필요로 하지 않는다면 그는 분명 또 다른 사람을 찾아 따라다닐 것이다. 오늘은 노점상의 하인이지만 내일은 어느 작은 회사 사장의 하인이 될 수도 있는 것이다. 오늘은 누군가의 하인이지만 내일은 다른 사람의 노예가 될 수도 있다.

이렇게 의존 심리가 강한 사람이 어떻게 독립할 수 있을까? 그 같은 사람이 과연 한 분야에서 성공할 수 있을까? 결국 그가 세상

네 번째 솔루션

에 나온 데는 어떤 의미가 있을까?

세상에 나오기 전부터 그는 다른 사람을 따르고 싶었다. 그는 다른 사람이 성공하면 그 뒤를 따르는 자신도 성공할 수 있다고 생각했다. 의존 심리를 가지고 세상에 나온 그는 결국 어떤 성과도 이루지 못했다. 이처럼 심각한 의존 심리를 가진 사람에게 따끔한 충고를 한마디 해주고 싶다. '일찌감치 생각을 고쳐먹고 자신을 믿으며 자력갱생하라.' 그래야만 비로소 자신만의 인생을 찾을 수 있다.

─── 머릿속 걱정 몰아내기 ───

인생의 길에는 때로 천둥번개가 치기도 하고, 무성한 가시밭이 펼쳐지기도 한다. 그러나 다른 사람이 자신을 위해 비바람을 막을 우산을 펼쳐주거나 가시를 제거해주기를 기대해서는 안 된다. 독립적인 삶과 성공은 모두 자기 자신에게 달려있다. 루쉰魯迅 선생은 말했다. "이 세상에 본래부터 길이 있는 것은 아니다. 지나다니는 사람이 많으면 비로소 길이 되는 법이다." 진정으로 용감한 사람은 독립적으로 자신만의 인생길을 걸어간다.

뒤로 물러나고
싶지 않다?

•
•
,

나아가야 할 때는 용감하게 나아가고
물러나야 할 때는 깨끗하게 물러나라.

나아가야 할 때 나아가지 않으면 기회를 잃고, 물러서야 할 때 물러서지 않으면 번거로운 일, 심지어는 화를 불러온다.

성공을 추구하고 화를 멀리 하는 것은 수신처세의 비결이다. 세상의 모든 사물은 끊임없이 변화하며, 이는 시대의 성쇠와 인생의 흥망성쇠도 마찬가지다. 우리는 반드시 때를 기다렸다 행동을 취하고 자연의 순리를 따를 줄 알아야 한다. 이는 사람이 살아가기 위해서는 시기에 정통해서 나아갈 때와 물러날 때를 알아야 한다는 사실을 의미한다.

네 번째 솔루션

춘추전국시대, 오吳나라와 월越나라가 자웅을 겨루고 있었다. 월나라의 범려范蠡는 충성을 다해 월나라 왕 구천勾踐을 섬겼다. 길고 긴 굴욕을 인내한 후 월나라 왕 구천은 결국 권토중래해 일거에 오나라를 무찌르고 월나라를 다시 세웠다.

혁혁한 공을 세운 범려는 이를 축하하는 자리에 은밀히 서시西施를 데려왔다가 자신은 작은 배를 타고 사라졌다. 떠날 때 그는 사람에게 부탁해 좋은 친구 문중文仲에게 편지 한 통을 전했다. 편지의 내용은 이러했다. '교활한 토끼가 죽고 나면 쓸모없게 된 사냥개는 주인에게 먹히는 법이오. 적국을 멸하고 나면 공신도 필요 없게 되는 것이오. 월나라 왕은 자신을 얕보는 적은 참아도 공적을 세운 대신은 용납하지 못하는 사람이오. 우리는 왕과 함께 환난을 겪었지만 함께 안락할 수는 없소. 자네가 지금 떠나지 않으면 앞으로 물러나고 싶어도 그러지 못할까 걱정이오.'

그러나 애석하게도 문중은 그의 권고를 듣지 않았고 결국에는 구천의 손에 죽게 되었다. 죽음이 임박했을 때 그는 하늘을 바라보며 크게 탄식했다. 범려의 말을 듣지 않아 버려진 사냥개 신세가 된 것을 뼈저리게 후회했다.

문중과 반대로 범려는 관직을 그만두고 서시와 함께 돈과 보화를 밑천으로 장사를 시작했다. 그는 이름도 바꾸고 제나라로 달아났다. 몇 년 후 그는 백만장자가 되었고, 후대 사람들이 상성商聖이라 칭송하는 도주공陶朱公이 되었다.

범려와 문종의 일퇴일진은 바로 물러나야 할 때가 매우 중요하다는 사실을 이야기해준다. 범려는 제때 물러난 덕택에 더 많은 기회를 얻었고, 문종은 나아간 결과 죽음에 이르렀다.

노자老子는 말했다.

持而盈之는 不如其已하며,
揣而銳之이면 不可長保하다.
金玉滿堂은 莫之能守하며,
富貴而驕하면 自遺其咎하다.
功遂身退는 天之道다."
"지이영지는 불여기이하며,
췌이예지이면 불가장보하다.
금옥만당은 막지능수하며,
부귀이교하면 자유기구하다.
공수신퇴는 천지도다."

이는 '시종일관 넉넉한 상태를 유지하는 일은 이를 마치는 것만 못하고, 끊임없이 칼끝을 연마하면 이를 사용하기 마련이므로 칼끝이 영원히 예리하리라고 보장하기는 어렵다. 집안 가득한 금은보화는 영원히 지키기 힘들고, 사람은 부귀해지면 교만하고 방탕한 마

네 번째 솔루션

음이 생기니 오히려 잘못을 저지르기 쉽다. 공을 세워 이름을 떨치면 반드시 은거하는 것이 천리다.'라는 의미다.

이는 아무리 세상에 이름을 떨치는 혁혁한 공로를 세운 사람이라도 성공하고 나면 마음이 게을러지기 마련이므로 업적 또한 더 이상 진전되기 어렵다는 사실을 일깨워준다. 그러므로 아무리 높은 관직에 올랐더라도 물러나야 할 때 즉시 물러나 한거하는 편이 좋다고 이야기하는 것이다. 그러지 않으면 깨알만큼 사소한 일로 죄를 추궁당하거나 만년을 보장할 수 없는 액운을 만나게 된다.

사마천의 《사기》에 등장하는 이야기다. 전국시대의 범저范雎는 본래 위魏나라 사람이었지만 훗날 진秦나라 사람이 되었다. 그는 진소왕秦昭王에게 원교근공遠交近攻의 책략을 권해 깊은 신임을 얻어 재상으로 발탁되었다. 훗날 자신이 추천한 정안평鄭安平이 조나라와의 교전에 실패하자 범저는 크게 풀이 죽었다. 진나라의 법률에 따르면 추천한 사람에게도 잘못이 있는 것이므로 범저 또한 처분을 받아야 했다. 그러나 진소왕은 범저의 죄를 묻지 않았고 이에 그의 마음은 더욱 무거워졌다. 마침 그때, 채택蔡澤이 그를 만나러 와서는 말했다.

"사계절은 순환하며 변화하지요. 봄은 만물을 소생시키는 임무를 끝내면 여름에게 자리를 물려주고, 여름은 만물을 양육하는 책임을 다하면 가을에게 자리를 내줍니다. 가을은 만물을 성숙시키는 임무를 끝내면 겨울에 자리를 내어주고, 겨울은 만물을 수렴한 다음 다시 봄에게 자리를 내어주지요. 이는 사계절이 순환하는 법칙입니다. 만약 당신이 오랫동안 높은 지위에 있으려 한다면 뜻밖의 재난이 닥치지 않을까 염려됩니다. 지금의 자리를 다른 이에게 양보하는 것은 몸을 보전할 수 있는 현명한 길이라 생각합니다."

그의 말에 깨달음을 얻은 범저는 즉시 은퇴하고 채택이 재상 자리를 이어받도록 추천했다. 채택은 재상 자리에 오른 후 강대한 진나라를 만드는 데 중요한 공헌을 했다.

일진일퇴의 기술을 옛날 사람들은 수없이 이야기했다. '한 발짝 나아가면 막다른 골목에 몰리고, 한 발짝 물러서면 끝없이 넓다.', '한 걸음 물러나 발전을 도모하고, 한 걸음 나아갔을 때는 물러날 때를 생각한다.' 그러나 요즘 사람들은 이와 같은 격언을 홀시하고 한 귀로 듣고 흘려버리고 만다. 그 이유는 과연 무엇일까?

일반적으로 말해서 두 가지 이유가 있다. 하나는 역경에 처한 사람은 비록 일진일퇴의 기술을 알고는 있지만 실천하지 않기 때문이고, 다른 하나는 순경에 처한 사람은 일진일퇴의 기술을 실천할 수 있는 상황인데도 이를 깨닫지 못한다는 것이다.

역경에 처했을 때, 사람들은 대부분 어떻게 하면 눈앞의 불리한 국면을 벗어나 될 수 있는 한 신속하게 다시 분발할 수 있을지 생각한다. 그들의 머릿속에는 '한 발짝 나아가면 막다른 골목에 몰리고,

한 발짝 물러서면 끝없이 넓다.'는 말이 한없이 맴돌고는 있지만 정작 자신은 항상 배수진을 치고 싸워왔으므로 물러나고 싶어도 그럴수 없다고 생각한다. 그러면 그저 앞으로 나아갈 수밖에 없다. 그결과 여전히 '막다른 골목'의 단계에 머무르는 것이다.

반대로 순경에 처했을 때, 사람들은 대부분 어떻게 하면 눈앞의좋은 기세를 포착해 자신의 세력과 영향력을 더욱 넓힐 수 있을지생각한다. 즉 '순풍의 힘을 빌려 푸른 하늘까지 오르고 싶은 상황'인것이다. 인생이 순조롭게 풀리는 금자탑의 꼭대기에는 때로 감당할수 없는 매서운 바람이 불어와 그 추위를 오롯이 느끼게 된다. 이러한 사실을 알면서도 그들은 '물러남'을 생각하지 못한다. 물러날 기반을 가지고 있으면서도 일진일퇴의 기술을 알지 못해 난관에 봉착하는 것이다. 일진일퇴 속에 담긴 뜻을 더욱 확실히 이해하기 위해이어지는 이야기를 살펴보자.

미국의 전 대통령 빌 클린턴과 모니카 르윈스키의 '지퍼게이트'는대단한 파문을 일으켰다. 스캔들이 폭로되었을 때 클린턴은 다른사람에게 책임을 전가하는 선택을 할 수도 있었다. 전 세계 사람들앞에서 미국의 대통령이 스캔들을 인정하는 것이 얼마나 부끄러운일인가! 그러나 클린턴은 현명하게 '더 많은 것을 위해 물러나는책략'을 취했다. 그는 자신의 잘못을 인정했다. 사실 이는 무거운짐을 모든 미국인에게 던져버린 것이나 마찬가지다. '나는 이미 내 잘못을 인정했다. 당신들에게는 나를 끌어내릴 권리가 있고, 또한 나를 계속 대통령 자리에 앉힐 권리도 있다. 이미 잘못을 인정한 사람을 당신들 마음대로 하라!' 그 결과 클린턴은 승리했다.

마찬가지로 미국의 전 대통령 케네디는 참의원 경선의 가장 관건이 되는 시기에 적수에게 쉽게 약점을 잡혔다. 케네디가 학창 시절 커닝 때문에 하버드대학에서 퇴학당했다는 사실이었다. 이는 막강한 정치적 위력을 가지고 있었기 때문에 경선 적수가 이를 충분히 이용하면 성실하고 정직하며 도덕적인 케네디의 이미지를 뒤집고 정치 앞날을 암담하게 만들 수 있었다. 이런 상황에서 보통 사람은 자신의 과거를 극력 부인하며 결백을 밝히려 하지만 케네디는 시원스럽게 잘못을 인정했다. 그는 말했다. "제가 과거에 저지른 일은 정말 죄송스럽게 생각합니다. 저는 잘못을 저질렀음이 분명하고, 여기에 반박의 여지는 없습니다." 이러한 케네디의 대처는 '나는 이미 모든 저항을 포기했다.'는 말과 동일하다. 이미 저항을 포기한 그를 사람들은 과연 끝까지 추궁할 수 있었을까? 만약 적수가 이를 빌미로 계속해서 케네디를 공격했다면 오히려 그의 체면이 크게 떨어질 터였다. 여기서 우리는 한 가지 기본적인 원칙을 기억해야 한다. 그것은 누군가 자신의 잘못을 인정하면 사람들은 더 이상 그를 공격하거나 문제 삼지 않는다는 사실이다. 클린턴이나 케네디 모두 악행을 저질렀으나 정작 그들은 전혀 상처받지 않았다. 오히려 이를 우세로 변화시켰다. 이는 케네디가

네 번째 솔루션

훗날 대통령에 당선되고, 클린턴의 스캔들이 인터넷에 퍼졌는데도 지지율이 오히려 상승했다는 사실이 증명해준다. 그들은 잘못을 저질렀다고 인정하며 인간미를 보였다. '우리도 일반적인 사람들과 마찬가지로 잘못을 저지른다.' 이와 동시에 동정을 얻었고, 사람들은 기꺼이 그들을 용서하는 선심을 썼다.

순자는 말했다.

"대장부는 시기에 따라 실의를 참거나 포부를 펼칠 줄 알아야 하며, 얇은 방석처럼 부드러워 말거나 펼칠 수 있어야 한다."

인생 목표의 큰 방향이 바뀌지만 않는다면 때로는 한 발 물러서는 책략을 선택하는 것이 현명할 수 있다. 노벨상 수상자인 라이너스 폴링은 말했다.

"좋은 연구자는 어떤 구상을 발휘하고 포기할지 잘 알아야 한다. 그러지 않으면 형편없는 구상에 수많은 시간을 낭비하게 된다."

비록 당신이 열심히 노력해도 때로는 진퇴양난에 빠지기도 한다. 당신이 연구하는 노선은 어쩌면 막다른 골목일 수도 있다. 이때 가장 현명한 방법은 일단 물러나 다른 항목을 연구하며 성공의 기회를 찾는 것이다.

뉴턴은 일찍이 '영구 운동 기계'의 추종자였다. 수많은 실험을 진행했지만 실패한 후 '영구 운동 기계' 연구에서 물러나야 한다는 사실을 깨달은 그는 역학 연구에 더 큰 심혈을 기울였다. 결국 '영구 운동 기계'를 연구하던 많은 사람은 아무런 성과도 얻지 못했지만 뉴턴은 무의미한 연구에서 일찌감치 손을 뗀 덕분에 다른 방면에서 두각을 드러낼 수 있었다.

인생의 관건이 되는 순간에 우리는 신중하게 지혜를 운용해 가장 정확한 판단을 내리고 방향을 선택해야 한다. 동시에 자신이 선택한 방향의 각도를 항상 주시하고 적시에 조절해야 한다. 우리는 무의미한 고집을 버리고 냉정하고도 열린 마음으로 정확한 선택을 해야 한다. 나아가야 할 때와 물러서야 할 때를 정확하게 판단할 때마다 당신은 점차 성공에 가까워질 수 있을 것이다.

머릿속 걱정 몰아내기

우리는 성공의 길을 이야기할 때 용감하게 전진하는 정신, 즉 일종의 긍정적이고 향상하려는 정신을 강조하는 경우가 많다. 그러나 때로는 정면 돌파가 가장 좋은 방법이라고는 할 수 없다. 전진하기 위해서 한 발 물러서는 방법은 인생을 위한 책략의 일종이다.

네 번째 솔루션

혼자가
두렵다고?

•
•

,

불꽃 아래의 고독은 모든 꿈을 이루는 과정에서
반드시 겪어야 하는 단계다.

    고독은 우울의 파트너이기도 하지만 정신적 활동의 좋은 친구이
기도 하다. '고독을 품되 그 지배를 받아서는 안 된다.'는 말을 기억
하라.

    〈여명 전에 사망한 공격수〉라는 영화가 있다. 주인공인 유명한
축구 공격수는 우승을 위해 팀을 이끌고 분투한다. 훗날 그는 백만
장자의 눈에 들어 높은 개런티를 받고 스카우트된다. 그러나 그는
축구를 위해 고용된 것이 아니었다. 그는 백만장자의 별장에서 물
리학자 한 사람, 무용가 한 사람과 함께 '전시품' 같은 존재가 되었

다. 백만장자는 이를 통해 허영심과 소유욕을 만족시켰다. 축구장을 떠난 공격수는 비록 후한 대우를 받으며 고급스러운 생활을 누렸지만 매일 아무것도 하지 않게 된 생활에 참기 힘든 고독감에 휩싸였고, 결국 우울증 때문에 죽음을 선택했다. 이 영화는 '인간은 사회를 떠나 살아갈 수 없는 사회적 동물'이라는 사실을 이야기한다. 사람은 사회와 인간관계를 떠나면 성격이 비뚤어지는데 이는 매우 무서운 일이다. 그래서 롬은 말했다.

"사람의 가장 근본적인 요구는 타인과의 분리를 극복하고 고독의 감옥에서 벗어나는 것이다."

어느 심리학자는 고독감이란 외부에 어떠한 감정도 느끼지 않고, 사고의 교류가 없는 사람에게서 종종 발생하는 것이라고 생각했다. 실제로 당신이 어느 곳에 있든지 주위의 모든 것을 이해하는 능력이 부족하고 자신이 속한 세상과 소통하지 못하면 고독감이 만들어낸 쓴 술을 홀로 삼킬 수밖에 없다.

《청년연구靑年硏究》는 후난湖南 성 미뤄汨羅 현의 구페이古培 마을에서 1년간 열한 명의 청년이 투신자살한 사건을 주제를 전문적으로 보도한 적이 있었다. 투신자살한 사람들 중 여성 세 명은 집단으로 투신자살했으며, 사람들은 이 문제를 더욱 깊이 생각하게 되었다. 세 명의 여성은 모두 스무 살 전후의 연령으로 가정환경이 현지에서도 중상위권에 속하는 유복한 생활을 하고 있었다. 게다가 세 사람 모두 약혼자가 있었고 사이도 좋았다. 다른 가족, 이웃들과의 관계에도 전혀 문제가 없었고, 심지어 말다툼이 발생한 적도 없었다. 그런데 그들은 왜 이 세상에 작별을 고했을까? 세 사람 중 저우(周)라는 성의 여성은 약혼자에게 유서를 남겼다. '미약한 희망, 이는 희망이라고도 부를 수 없어요. 암담한 인생을 살아가는 것보다는 차라리 땅속에 묻혀 깊은 잠에 드는 게 더 나아요.…… 불안한 영혼 하나가 끊어져가는 실에 매달려 하늘에 흔들리고 있습니다. 눈물샘이 마르지 않네요. 이제 곧 멈추게 될 심장은 여전히 뛰고 있어요. 부디 너그럽게 용서하고, 절 잊어주세요. 저는 황천에서 당신의 행복을 빌게요. 부디 건강히 잘 지내세요.' 저우 씨는 포부가 있던 농촌 여성이었다. 그녀는 똑똑하고 배우기를 좋아했지만 대학 입시에서 연달아 실패하고 말았다. 그녀는 풍부한 정신적 생활을 향유하고 싶었지만 어쩔 수 없이 어머니가 걸어온 길을 그대로 따라가게 되었다. 시골 처녀에서 누군가의 아내가 되고, 엄마가 되고, 할머니가 되어 결국에는 조용히 죽음을 맞이하는 길이었다. 그녀의 눈에 이는 암담한 회색빛 길로 비쳤지만 장래에 자신이 가지 않으면 안 되는 길이었다. 그래서 그녀는 깊은 슬픔과 고독을 느꼈다. 그녀를 비롯한 자살자들은 정신적인 가난에 시달렸다. 그들의 생각은 공허했고 내면과 현실은 전혀 부합하지 않았다. 앞날에 자신을 잃은 그들은 결국 선택해서는 안 될 길을 선택하고 말았다.

　세 명의 여성들과 마찬가지로 고독감을 느끼는 대다수의 청년은 결코 자신이 원해서 사람들과 떨어져 홀로 쓸쓸하게 살아가는 것이 아니다. 그들 중 어떤 사람은 평탄치 못한 인생길에서 상심과 고통을 맛보고 고달픈 인생과 각박한 세태와 운명, 위선적인 사람들의 마음을 원망한다. 또 어떤 사람은 다른 사람을 이해하려 하지 않고 혼자서 이 세상의 구석에서 자기에게 만족스러운 길을 가려고 한다. 또 어떤 사람은 자신을 가볍게 여기고 믿지 못한다. 그는 무리 속에서 멋지고 박학다식한 사람을 볼 때마다 자신의 처지를 부끄러워하고, 자기는 외모도 너무 평범하고 재능이 없어서 다른 사람과 감히 교제할 수 없다고 생각한다. 그들이 처한 경우는 모두 다르지만 결과는 비슷하다.

그렇다면 어떻게 해야 홀로 서는 법을 배우고 고독감에 사로잡히지 않을 수 있을까? 다음과 같은 방법을 한번 시도해보자.

우선 자기 비하에서 벗어나라. 항상 자신이 다른 사람과 다르다고 생각해 타인과 접촉하지 못하는 것은 자기 비하 심리가 조성하는 일종의 고독 상태다. 이는 자승자박이나 마찬가지다. 자신을 둘러싼 어둠에서 벗어나려면 반드시 먼저 자기 비하 심리가 만들어낸 굴레를 뚫고 나가야 한다.

사실 남과 다르다고 해서 걱정할 필요는 없다. 사람은 저마다 같은 부분도 있고 다른 부분도 있기 때문이다. 당신이 조금만 더 자신감을 갖고 자신이 만든 굴레를 뚫고 나오면 다른 사람과 어울리는 일이 결코 어렵지 않다는 사실을 발견할 수 있을 것이다. 그리고 우리는 외부와 교류하는 법을 배워야 한다. 홀로 살아간다는 것은 결

네 번째 솔루션

코 외부와의 단절을 의미하지는 않는다. 일기 예보 때문에 오랜 기간 산에서 생활한 일기 예보관은 종종 자신의 생각을 이야기할 사람이 필요했다고 말했다. 그러나 그의 주위에는 털어놓을 사람이 아무도 없어서 그는 편지를 쓰며 자신의 욕구를 만족시켰다고 한다.

고독감을 느낄 때 지인들의 연락처를 한번 넘겨보라. 어쩌면 오랫동안 만나지 못한 친구에게 편지를 보낼 수도 있고, 한 친구에게 전화를 걸어 주말에 함께 영화를 보러 갈 약속을 잡을 수도 있다. 혹은 몇 명의 친구에게 밥을 먹자고 권하며 당신이 직접 주방에 들어가 맛있는 냄새가 진동하는 요리 몇 가지를 만들어보라. 이는 이대로 특별한 정취가 있다.

다음으로 친구들과 수시로 연락을 유지하되 당신이 고독할 때만 그들을 찾아서는 안 된다. 다른 사람도 당신과 마찬가지로 우정과 온기를 필요로 한다는 사실을 알아야 한다. 혹은 다른 사람을 위한 일을 해보는 것도 좋다. 다른 사람들과 함께 있을 때 느끼는 고독은 때로 혼자서 느끼는 고독보다 10배나 힘들다. 이는 당신이 주위 사람과 서로 맞지 않기 때문이다. 마치 말이 통하지 않는 나라에 간 것처럼 주위 사람들과 필요한 소통을 할 수 없을 때, 당신은 그들의 떠들썩한 분위기에 들어가지 못하고 큰 고독을 느낀다. 그리고 떠들썩한 분위기는 당신의 고독을 더욱 두드러지게 한다.

이렇게 난처한 국면을 타파하기 위해서는 자신을 잊어야 한다. 당신이 누군가를 위해 무슨 일을 할 수 있는지 생각하는 것은 매우 좋은 일이다. 다른 사람을 따스하게 비추는 불꽃은 당신 자신도 따스하게 해준다는 사실을 잊지 마라.

마지막으로 흥성흥성하고 소란스러운 세상과 적절한 거리를 유지하고 대자연을 가까이 하면서 그것이 가져다주는 즐거움을 누리는 것도 고독한 기분을 전환하는 좋은 방법이다. 명예와 이익, 생계에 바쁜 사람들은 일찍이 자연의 아름다움을 맛보는 평안한 마음을 잃고 있다.

번잡한 도시 뉴욕에 살고 있는 한 젊은 부부가 있었다. 어느 정도 시간이 흐르자 그들은 생활이 너무 기계적으로 느껴졌다. 비록 항상 바쁘게 돌아가고는 있지만 너무 천편일률적이었다. 여가활동을 즐길 다양한 방법이 많이 있기는 했다. 그러나 맥도날드나 KFC 같은 패스트푸드처럼 일시적인 입맛을 만족시켜 주기는 하지만 여운이 남는 경우는 매우 드물었다. 그래서 그들은 시골로 내려가 한적하게 생활하기로 결심했다. 그들은 차를 타고 남쪽으로 향하다 조용한 구릉지를 발견했다. 자그마한 산자락에 위치한 통나무집 앞에는 현지 주민이 앉아 있었다. 남편이 그에게 물었다. "이렇게 인적이 드문 곳에서 살면 외롭지 않으십니까?"

현지 주민은 말했다. "외롭냐고요? 전혀 외롭지 않습니다. 저기 있는 푸른 산은 언제나 내게 힘을 주지요. 산골짜기를 응시하면 생명의 비밀을 품고 있는 잎사귀들을 볼 수 있답니다. 푸른 하늘을

네 번째 솔루션

바라보면 구름이 마치 든든한 성곽처럼 보이지요. 졸졸 흐르는 계곡물은 내 마음에 무언가를 속삭이는 것 같습니다. 머리를 내 무릎 위에 올려놓은 강아지의 눈을 들여다보면 충성과 신뢰를 느낄 수 있지요. 그리고 아이들이 집에 돌아올 때, 옷은 더럽고 머리는 마구 헝클어져 있지만 그들은 미소를 띤 얼굴로 '아빠'라고 외칩니다. 그리고 어느 순간, 나의 어깨 위를 감싸는 두 손을 느낄 수 있습니다. 바로 아내의 손이지요. 슬프고 힘든 일을 겪을 때 그 두 손은 항상 나를 지탱해줍니다. 이를 통해 나는 인자한 신을 느낍니다. 그런데 외롭냐고요? 절대 그렇지 않습니다!"

감사하는 마음으로 주위의 모든 사물을 대하면 그것은 하나로 융합되어 당신의 내면에 희열과 행복이 자라나게 할 것이다. 마지막으로 인생의 목표를 확립하면 고독감을 떨치는 효과를 볼 수 있다. 나약한 내면을 근본적으로 극복하고 싶다면 스스로 목표를 세우고 취미를 기르는 편이 좋다. 자신이 살아가는 이유를 알고 있는 사람은 고독을 느끼지 않는다. 마찬가지로 사랑을 품고 꿈을 추구하는 사람 또한 고독을 두려워하지 않는다.

머릿속 걱정 몰아내기

혼자 살아가는 것은 매우 중요한 능력 중 하나다. 만약 혼자 사는 것이 두렵고 고독을 싫어한다면, 잠깐이라도 한가해질 때 사람들을 불러 모으고 싶은 충동을 느낀다면 적어도 그 정신력은 아직 약해지지 않았다는 증거다.

자신이 좋아하는 일을 할 것인가,
허울 좋은 일을 할 것인가?

●
●

'

초심을 잊지 말아야
좋은 결과를 얻을 수 있다。

인생의 여정에서 우리는 때로 자기 자신 혹은 나아가야 할 명확한 방향을 잃기도 한다. 여정에서 정확한 항로를 확보하고 예기치 못한 장애물이나 함정에 빠지는 일을 방지하기 위해 당신은 믿을만한 내면의 안내 시스템을 마련할 필요가 있다. 유용한 나침반은 직장에서 곤경에 처해있을 때 성공으로 가는 탄탄대로로 당신을 인도한다.

샤오리小莉는 아주 어렸을 때부터 자신이 과학에 흥미가 있다는 사실을 알고 있었다. 학창 시절 자연 수업을 들을 때마다 그녀는 마치 고기가 물을 만난 것 같았다. 훗날 그녀는 상급 학교로 진학했고 대학에서 화학을 전공했다. 그녀의 첫 번째 직장은 실험과 관련 있는 일이었다. 그녀는 이 일이 자신의 능력을 가장 잘 펼칠 수 있는 분야라고 생각했고 귀속감을 느꼈다. 샤오리는 상사가 맡긴 업무는 물론 자신이 할 일을 스스로 찾아 열심히 일했다. 그녀는 아침 일찍 출근해서 늦은 밤이 되어도 퇴근하지 않았고, 주말에도 실험실로 달려가 일했다.

몇 년간 똑같은 지위에서 일하다 보니 샤오리는 불안해지기 시작했다. 그녀의 업무는 도전성이 강했는데 현재 자신이 가진 지식으로는 따라갈 수 없다고 생각했기 때문이다. 부족한 점을 보완하기 위해 그녀는 학교로 돌아가 연구를 계속하기로 했다. 연구소에서 열심히 공부한 샤오리는 새로운 기술을 배우며 과학의 길에 깊이 빠져들었다. 그녀는 이를 주제로 석사 논문을 쓴 덕택에 명성이 크게 높아졌다. 졸업하자마자 몇몇 회사는 매우 매력적인 조건으로 그녀에게 업무 기회를 제안했다. 결국 그녀는 자신이 배운 것을 실제로 활용해 계속해서 상업적인 연구를 할 수 있는 기회가 있다고 생각한 한 회사의 초청을 받아들였다. 샤오리는 자신의 일에 매우 만족했고, 업무 태도도 우수하고 실적도 탁월했다. 그녀의 업무는 고용주에게 높은 경제적 수익을 가져다 줄 기술적인 발전을 이룩했다. 그녀의 탁월한 성과를 장려하기 위해 회사는 실험 부문의 책임자 자리를 그녀에게 맡기기로 결정했다. 이는 풍족한

네 번째 솔루션

수입과 높은 권위를 가져다주는 직위였지만 그만큼 책임이 막중했다.

샤오리에게 주어진 새로운 직책은 다른 연구원들의 업무 관리를 책임지는 것이었다. 이는 그녀가 생전 처음 맡은 관리 업무였다. 업무 일지를 준비하고, 업무 성과를 평가 및 지도하고, 업무를 감독하고 계획하는 일 등을 맡았다. 그녀는 실험실에서 보내는 시간이 줄었고 사무실에 남아 공문을 처리하고, 전화를 받고, 다른 사람과 접촉할 기회가 늘었다. 그밖에도 쓸데없이 장황한 회의에 참석해야 했다. 샤오리가 가장 싫어하는 일이 바로 회의였다. 그녀는 과거를 그리워하기 시작했다. 실험실에서 일하던 때의 자신은 얼마나 생기발랄했던가. 당시 업무에는 도전성도 충만했다. 현재의 높은 보수와 명예는 이런 부분을 보완해줄 수 없었다.

매일 수많은 불안과 걱정을 가진 사람들이 줄줄이 심리치료사의 진료실을 찾는다. 그 이유는 그들이 인생의 법칙을 받아들이기를 근본적으로 거부하기 때문이다. 우리는 끝없는 욕심을 채울 수도, 한 번에 두 마리 토끼를 잡을 수도 없다. 이는 옛날부터 변하지 않는 도리다. 샤오리는 자신이 열렬히 사랑하고 흥미를 느낄 수 있는 도전성이 풍부한 기술 업무를 맡고 싶기도 했고, 행정 관리자의 길을 걷고 싶기도 했지만 이를 둘 다 얻을 수는 없었다.

우리가 종종 스스로 걱정을 만들어내는 이유는 간단한 사실 하나를 마주하길 원하지 않기 때문이다. 그것은 바로 세상만사가 모두 내 마음대로 되지 않는다는 사실이다. 우리가 날마다 자신을 옭아매며 고뇌에 빠지는 이유는 한 가지 소망을 추구하면 다른 소망을 이루지 못하기 때문이다. 그러나 우리는 이러한 사실을 받아들이기를 거부한다.

샤오리의 나침반은 바로 이렇게 고장나버렸다. 그녀의 나침반은 완전히 반대인 두 방향을 동시에 가리키고 말았고, 그녀는 당혹스러웠다. 샤오리에게는 계속해서 나아갈 수 있는 한 방향만을 가리키는 나침반이 필요했다.

브셴은 대학에서 채광 및 금속 공학을 전공했다. 그는 학교를 졸업하자마자 고향에서 꽤 규모가 있는 한 광업회사에 들어갔다. 그는 자신의 일이 좋았다. 같은 지역에서 친구들과 함께 생활하며 일할 수 있었기 때문에 매우 이상적인 업무라 생각했다. 브셴은 매우 열심히 일했고, 업무 능력도 뛰어나 신속하게 승진했다. 고용주도 그의 업무 능력을 매우 마음에 들어 했고, 고위 간부는 그를 중요한 직책을 맡길 수 있는 큰 잠재력을 가진 직원이라 생각했다.

다양한 직위에서 7년간 일한 그에게 얻기 힘든 기회가 다가왔다. 남미에 위치한 새로운 광산의 공장 관리자 자리가 비게 되었는데 이는 그곳에서 두 번째로 높은 직책이었다. 관리 계층은 브셴을 단련시키기 위해 향후 3~5년 이내에 그를 새로운 광산의 공장 관리자로 파견하려 했다. 브셴은 이 기회를 생각할 때마다 도전성과 이

네 번째 솔루션